KB014071

강원사회연구총서 10

강원 지역의 인적자원관리와 개발

실태와 과제

강원사회연구회 엮음

한울
아카데미

국립중앙도서관 출판시도서목록(CIP)

강원 지역의 인적자원관리와 개발: 실태와 과제 / 엮은이: 강원
사회연구회. -- 파주: 한울, 2007
　　p. ;　　cm. -- (강원사회연구총서 ; 10) (한울아카데미 ; 926)

색인수록
ISBN　978-89-460-3682-6 93330

325.3-KDC4
658.3-DDC21　　　　　　　　　　　　　CIP2007000521

본 연구는 강원도의 재정지원에 의해 이루어졌습니다.

『강원 지역의 인적자원관리와 개발: 실태와 과제』를 펴내면서

  동서고금을 막론하고 '사람'이 중요하지 않은 때가 없었지만 기술 변화의 속도가 빨라지고 세계가 하나의 경제권으로 재편되는 세계화시대에 기술 자체보다 사람(집단)의 역량 및 학습능력이 더욱 중요시되고 있다. 이른바 '한 사람이 만 명을 먹여 살리는' 지식기반시대가 도래됨에 따라 21세기는 인재를 확보하기 위한 전쟁(war for .talents)의 시대라고 규정될 만큼 우수 인재의 가치가 급상승하고 글로벌 차원에서 인재 확보 경쟁이 치열하게 전개되고 있는 실정이다. 따라서 세계화와 지식 경제화라는 메가트렌드 속에서 지식·정보 위주의 신경제구조에 부합하는 인적자원을 개발하지 않으면 국가는 물론 지역사회조차 존립이 위협받는 시대가 열린 셈이다.

  1996년 이래 강원 사회가 안고 있는 여러 문제를 다양한 학문적 시각에서 찾아내어 분석함으로써 강원 지역 주민들에게 비전을 제시하고자 노력해 온 강원사회연구회는 그러한 문명사적 변화를 배경으로 10번째 기획 주제로 인적자원 문제에 천착하기로 회원들이 뜻을 모았다. 「제3차 강원도 종합계획(2000~2020)」을 보면, 강원도의 미래 정책 방향으로 인프라 구축과 자연자원에 대한 활용 계획은 잘 정비되어 있으나 미래 사회의 어젠다인 인적자원의 관리와 개발계획은 문화·복지 차원에서만 일부 반영되어 있을 뿐 전반적인 계획은 전무한 실정이다. 또한 18개 시·군의 발전 방향 및 전략 역시 인적자원의 개발이 반영되어 있지 않다. 이러한 미비를 누군가는 일깨워주어야 한다는 사명감이 이 책을 기획한 동기이다.

  개발연대 동안 한국 사회에서 낙후 지역의 대명사처럼 되어버린 강원 지역으로 눈을 돌려보면 여전히 낙후성을 재확인할 수 있어 희망보다는 우울함이 앞서는 것이 사실이다. 지난해 지역내총생산 증가율이 전국 최하위를 기록했고, 재정 자립도 역시 전국 하위권에 머물러 있다. 게다가 경제의 기반인 인구는 해마다 감소하고 고령화 정도는 타 지역에 비해 높다. 참여정부 들어 지방을 살리기 위한 각종 정책에도 불구하고 강원 지역 경제는 각종 지표를 살펴보지 않아도 얼어붙어 있음을 체감할 수 있다. 과거 중앙정부의 획일화된 통제 방식의 발전 모형에서 각 지방자치단체 중심의 분권적 발전 모형을 도입한 지 여러 해가 지났지만 우리네 삶은 별로 나아지는 기미가 없는 상황이 이 지역에 사는 우리를 절망케 한다. 그렇다고 해서 손 놓고 마냥 남의 탓만 할 수 없다. 원래 먹고사는 문제는 그 순환 과정이 결코 만만치 않고, 특히 개방 경제에서는 양극화가 불가피하기 때문이다. 국가 간 사람과 돈의 자유로운 흐름은 지구촌 구석구석을 하나로 묶어 제한된 생산 자원을 낭비 없이 가장 효율적으로 쓰이게 하는 순기능도 있지만, 한편으로는 국가·지역·조직 단위 간 불균형을 불러와 경제의 양극화를 초래하는 역기능도 있음은 널리 알려진 사실이다.

최근 한국 사회가 IMF 외환위기를 통해 비싼 수업료를 지불하고 터득한 교훈 중의 하나는 '현재가 미래의 최소한'이 아닐 수도 있다는 점이다. 즉, 현재보다 미래가 반드시 나으리라는 것은 우리의 희망 사항일 뿐이라는 사실이다. 시간이 결코 경제발전의 해답일 수 없다. 이런 냉엄한 경제 현실은 한 나라 안의 지역 간에서도 예외일 수 없다. 우리보다 앞서 분권적 지방자치제를 실시하고 있는 선진국의 지방자치단체 파산은 결코 남의 일일 수만 없다. 따라서 강원 지역이 빈곤의 극단에 서지 않기 위해서는 정책을 입안하고 집행하는 전문가·관료 집단은 물론 지역 주민 모두가 기꺼이 발전적 변화에 동참하고 지역을 사랑하는 마음으로 합심해야 한다. 현대 경영학의 아버지 피터 드러커(P. Drucker)는 "변하지 않는 것은 변한다는 사실뿐"이라고 말하지 않았던가. 주민 대다수가 과거에 갇혀 엄중한 변화의 요청을 거부한다면 강원 사회의 미래는 불투명하다. 기술과 자본이 한 나라 혹은 한 지역의 부(wealth)를 결정하는 주요 요인임은 틀림없으나 변화를 창출하는 인자는 결국 사람이기 때문이다. 예나 지금이나 가장 중요한 것은 '사람'이다. '사람'이 변할 때 조직이 살고 지역이 살며 국가가 산다.

『렉서스와 올리브나무』로 잘 알려진 《뉴욕타임스》의 칼럼니스트 토머스 프리드먼(T. Friedman)은 세계화에 본능적인 거부감을 가진 사람들의 상태를 이렇게 비유하고 있다.

이제 존재하는 것은 '빠른 세상'과 '느린 세상'뿐이다. 빠른 세상은 넓게 펼쳐진 열린 평원의 세계요, 느린 세상은 뒤쳐진 사람들 또는 의도적으로 평원에서 떨어져 살려는 사람들의 세계다. 느린 세상의 사람들은 빠른 세상이 너무나 빠르고, 너무나 두렵고, 너무나 동질화될 것을 요구하고, 너무나 많은 능력을 발휘할 것을 요구하기 때문에 어떤 인위적인 장벽이라도 쳐서 그 안에 안주하고자 하는 사람들이다. 세계화 시대에는 자본주의 논리에 따라 비효율적인 기업들이 신속히 파괴되도록 하고 비전 없는 사업에 묶여 있던 돈이 더 혁신적인 사업으로 자유로이 흘러갈 수 있도록 하는 나라들만 번성한다. 반면에 비효율적인 기업들이 창조적 파괴 대상이 되지 않도록 권력의 힘을 빌려 보호하는 나라들은 시대의 낙오자가 될 뿐이다.

개방화·자유화가 우리 삶의 환경을 송두리째 바꾸어 놓는 현실에서 그 변화의 알파와 오메가가 결국은 경제적 자원으로서의 사람이기 때문에, 비록 비교 우위가 있는 물적자원이 상대적으로 빈곤한 강원 지역이라 하더라도 희망을 접을 수는 없는 노릇이다. 본 연구회가 『강원 지역의 인적자원관리와 개발: 실태와 과제』를 통해 강원 지역이 안고 있는 여러 문제점과 그것을 극복하기 위한 대안을 심도 있게 다루고자 함은 강원 사회의 앞날에 대한 희망 찾기의 일환이다. 세상은 우리가 원하든 원치 않든 자신의 방식대로 빠르게 변화해 간다. 무서울 정도로 급변해 가는 세상에서 생존법은 그 환경에 신속히 적응하는 것뿐이다. 적응을 하기 위해 우리는 도래될 환경을 미리 예측하고 대비해야 한다. 나아질 낌새가 보이지 않는 강원경제 현실에서 정부의 지역균형발전정책에 대한 회의와 불신, 지방정부의 무능함을 탓하기에 앞서 우리가 해야 할 일은 우리 스스로 무엇이 문제이고 지역경제 발전을 위해 무엇을 서둘러야 하는가에 대한 치열한 고민과 결단이다. 먹고사는 문제에 대한 (중앙 및 지방) 정부정책의 합리성을 따지기 위해서도 지역 주민 스스로 무엇이 문제이고 무엇이 필요한가부터 알아야 한다.

강원사회연구회의 이번 출간서는 강원 지역의 인적자원의 개발과 관리에 대한 '문제 해결서'라기보다는 '문제 제기서'로서의 성격을 가진다. 문제 해결의 방향을 설정하기 위해 무엇이 문제인가를 명확히 하고 그것에 기초하여 원론적인 해결안을 모색하는 것이 초점이라고 할 수 있다. 핵심 경쟁 원천이 물적자원에서 인적자원으로 급속히 이행되는 문명사적 전환기에 본 책자가 결코 차별화한 내용을 담았다고 생각하지는 않는다. 다만 일정한 기준에 의해 체계화된 틀 속에서 우리 지역의 인적자원 문제를 좀 더 일목요연하게 처음으로 정리했다는 편집위원들의 자부심이 이 연구의 추진에 힘을 실었다. 다소 아쉬운 점은 인적자원 이슈가 그 역사성만큼이나 사회의 여타 부문과 광범위하게 연관되어 있는 무거운 주제여서 점검되어져야 하는 다양한 소주제들이 더 있었지만 미처 다 다루지 못했다는 것이다. 이번에 누락된 소주제들은 본 연구회의 후속 시리즈 어디에선가 다룰 것을 약속한다. 모쪼록 이 연구의 주제가 지역정책을 입안하는 관료들에게 좀 더 현실적인 정책으로 포착되어 우리 지역의 사회·경제정책의 사회적 비용을 줄일 수 있는 전략적 기회로 활용되기를 바란다. 나아가 본 연구회의 이번 연구 결과를 계기로 강원도정이 지역의 경쟁력을 좌우하는 것이 결국은 인적자원임을 새롭게 인식하는 계기가 되기를 소망해 본다.

지난 10년간 강원 사회가 풀고 넘어가야 할 빼놓을 수 없는 여러 현안들 및 미래사회의 어젠다를 연구 주제로 삼아 온 강원사회연구회의 이번 지역총서는 늘 그렇듯이, 본 연구회 편집위원들의 지역사회 사랑과 학자적 열의가 만들어 낸 결과물이다. 이 책자가 편집위원들의 노고에 값하는 좋은 반응을 기대한다. 특히 이번에 출간되는 책자는 시리즈의 한 질을 채우는 10번째 도서로 소위 '강원학'의 새로운 지평을 열었다는 의미를 각별히 부여하고 싶다. 그간 본 연구회는 강원 사회의 위상과 그 뿌리 찾기, 강원 지역의 정치·경제·사회·문화 등 다방면에 대한 진단과 분석을 학술적으로 종합·정리하는 수고를 묵묵히 담당해 왔다. 그러나 여기에 머물지 않고 이제 한 차원 더 높은 도약을 위해 날개를 펴고자 한다. 10년이면 강산도 변한다는 말이 아날로그 시대의 화두였다면 1년이면 강산이 두 번 이상 변할 만큼 속도경쟁이 치열한 디지털 시대에, 본 연구회는 강원 사회의 미래를 위해 속도감 있게 미래 어젠다를 선도할 계획이다.

여러 차례 치열한 논쟁을 통해 주제를 선별하고 내용을 다듬는 수고를 마다하지 않은 TF 팀 및 편집위원 여러분의 노고와, 원고청탁을 마다하지 않고 기꺼이 수락하여 주옥같은 원고를 보내 준 필자 여러분께 머리 깊이 숙여 고마운 마음을 전한다. 또한 강원사회연구회의 연구 사업을 지속적으로 후원해 주고 있는 '강원도'에 진심으로 감사한다.

마지막으로 지역연구 시리즈 발간으로 강원 지역사회 발전에 소리 없이 일조하고 있는 도서출판 한울에도 다시 한 번 감사한다.

2007년 2월

강원사회연구회 대표 박용수

『강원 지역의 인적자원관리와 개발: 실태와 과제』를 펴내면서 3

제1부 | 지역의 미래, 사람에 달렸다 ─────────────── 13

제1장 국가발전 패러다임의 변화: 물적자본에서 인적자본으로 | 최숙희 15

    1. 머리말: 문제 제기 15

    2. 한국 경제 패러다임의 변화 16

    3. 인적자본과 경제성장 21

    4. 향후 경제성장과 인적자본의 역할 30

    5. 맺음말 33

제2장 지역발전과 인적자원개발 | 김승택 37

    1. 머리말 37

    2. 우리나라 인적자원개발의 현황 40

    3. 지역 단위 인적자원개발 현황과 문제점: 강원 지역을 중심으로 45

    4. 맺음말: 지역인적자원개발의 방향 59

제3장 인적자원개발시스템: 개념적 접근 | 김정원 65

    1. 머리말: 연구의 배경과 목적 65

    2. 개념화와 이론 67

    3. 맺음말 78

제2부 | 강원 지역의 인적자원관리와 개발 ──────── 83

제1장 강원도 인적자원개발의 실태 | 염돈민 85

    1. 세계화시대와 지역인적자원개발 85

    2. 강원도 인적자원개발의 여건 변화 전망 90

    3. 인적자원 양성구조의 비효율성 95

    4. 인적자원 수요구조의 취약성 98

    5. 맺음말 103

제2장 강원도 교육시스템과 인적자원 | 김진영 107

    1. 머리말 107

    2. 경제성장과 인적자원개발 109

    3. 인적자원개발과 교육 111

    4. 교육의 역할과 성격 114

    5. 강원도 교육의 현황 118

    6. 맺음말 125

제3장 강원도 기업 부문 인적자원의 관리 실태 | 김재명 129

    1. 머리말 129

    2. 기업의 인적자원관리 과정과 새로운 패러다임 131

    3. 강원도 기업 부문의 인적자원관리 실태 140

    4. 강원도 기업의 인적자원관리 과제와 개선 방안 149

    5. 맺음말 151

제4장 강원도의 문화 콘텐츠 전문 인력 양성: 방송·영상 분야를 중심으로 | 홍성구 155

1. 머리말 155
2. 문화 콘텐츠 인력 양성의 특성 157
3. 강원 지역 문화 콘텐츠 인력 양성: 방송·영상 부문을 중심으로 161
4. 맺음말 166

제5장 로컬 거버넌스와 강원도 정치 환경의 특성 | 이선향 169

1. 머리말 169
2. 지방자치시대 로컬 거버넌스와 리더십 171
3. 강원도 정치적·사회적 환경과 리더십의 과제 182
4. 맺음말 188

제6장 지방자치제 정착을 위한 공직자의 역량 개발 실태 | 사득환 191

1. 머리말 191
2. 지방자치제의 정착과 공직자의 역량 개발 193
3. 지방 공직자의 역량 개발 실태 분석 201
4. 지방 공직자의 역량 강화 방안 207
5. 맺음말 216

제7장 강원도 여성 인적자원의 현황과 개발 실태 | 황선경 221

1. 머리말 221
2. 강원도 여성 인적자원 양성 현황 및 문제점 223
3. 강원도 여성 인적자원 활용 실태 및 문제점 230
4. 강원 지역의 산업구조 특성과 여성의 취업구조 변화 240
5. 맺음말: 강원도 여성 인적자원개발의 활성화 방안 246

제8장 강원도 고령 인력자원의 현황과 개발 실태 | 박준식·김영범　251

　　1. 저출산·고령사회의 도래: 현황과 과제　251
　　2. 노인의 경제활동 및 인력개발: 춘천 지역을 중심으로　255
　　3. 노인 연력의 개발과 활용을 위한 제언　262

제9장 강원도 지역연구의 동향과 활성화 전략 | 김원동　275

　　1. 머리말　275
　　2. 강원도 지역에 대한 인문학 분야의 연구 동향　280
　　3. 강원도 지역에 대한 사회과학 분야의 연구 동향　281
　　4. 맺음말: 요약과 제언　295

제3부 | 미래를 위한 새로운 패러다임 ─────────── 305

제1장 지속가능한 발전을 위한 인적자원체제 구축: 독일 마이스터 제도 도입을

　　중심으로 | 박상규　307

　　1. 머리말　307
　　2. 우리나라 직업교육의 실태와 문제점　309
　　3. 선진국의 직업교육 현황과 독일 마이스터 제도　313
　　4. 강원도의 지속가능한 인적자원체제　326
　　5. 맺음말　332

제2장 평생학습사회 구축과 인재 확대 활용 | 백종면　337

　　1. 지식기반사회와 평생학습시대의 도래　337
　　2. 평생교육 국제 동향　340
　　3. 평생교육의 실태 및 문제점　342
　　4. 평생학습사회 실현을 위한 과제　350

제3장 글로벌 시대의 지역 인재 양성 | 이칭찬   361

   1. 머리말   361
   2. 세계화의 의미   366
   3. 창조도시 모형   371
   4. 지방 인재 양성의 현실   373
   5. 학교교육의 변화   378
   6. 제언   381

찾아보기   387

강원사회연구회 연혁 및 일지   391

제1부

지역의 미래, 사람에 달렸다

20세기를 가로지르면서 우리 역사의 부침은 다른 나라에 비해 심했다. 서구 열강의 각축장이 되었던 20세기 초를 지나 일제강점기와 해방, 전쟁에 의한 남북 분단은 지금도 우리의 삶을 규정짓는 기본 조건 중의 하나로 작동하고 있다. 자원의 빈곤은 그동안 누누이 언급되어 왔던 문제이지만, 그럼에도 불구하고 지금의 경제발전을 이룰 수 있었던 것은 주지하다시피 우수한 인력이 뒷받침되었기 때문에 가능한 일이었다.

하지만 20세기 말부터 현저해진 인구증가율의 둔화는 인력수급에 대한 우려를 갖게 한다. 우리에겐 미래사회의 결정인자도 여전히 인적자원일 텐데 이미 심각하게 진행되고 있는 저출산·고령화문제를 어떻게 풀 것인가. 더욱이 세계화와 지식경제화가 심화되면서 종전의 핵심경쟁 원천 패러다임이 물적자원에서 인적자원으로 급속히 이행되는 문명사적 변화에 우리는 국가적·지역적으로 얼마나 잘 준비하고 있는가. 21세기 한국의 신성장 동력도 결국은 인적자원을 어떻게 관리하고 질적 향상을 도모할 것인가, 그 활용도를 어떻게 효율적으로 만들어나갈 것인가 하는 것에 달려있다. 우리에게는 여전히 '사람'이 중요하다. 인적자원의 중요성을 아무리 강조해도 지나치지 않는다.

1부는 이 책의 머리말 부분에 해당한다. 여기서는 인적자원에 대한 이슈를 거시적으로 들여다보고 있다. 우선 1장에서 최숙희는 한국의 경제성장과 인구 증감의 관계를 다양한 자료를 통하여 논증하고 있다. 나아가 인적자본의 질적 제고를 어떻게 효율적으로 확보할 것인가 하는 문제를 진지하게 탐색하고 있다. 인적자본의 문제를 국가적 관점에서 탐색한 것이 제1장의 논의였다면, 2장에서 김승택은 그 문제를 강원도 지역과 어떻게 연결 지을 수 있을까를 논의하고 있다. 지역의 발전 동력도 결국은 인적자원에 달려 있으므로 인적자원개발 이슈는 무엇보다 중요하다. 한 지역에서 기업·산업체 및 교육훈련기관이 얼마나 강한 연관관계를 가지고 있고, 그들이 서로 소통할 수 있는 정보 인프라가 어느 정도 구축되어 있는지 여부에 따라 지역 발전이 좌우되는 것으로 진단한 것은 앞으로 우리가 인적자원의 지역적 활용 문제와 관련하여 깊이 고민하고 지혜를 모아야 할 부분이라 하겠다. 1부의 마지막 부분인 제3장에서 김정원은 인적자원개발시스템을 이해하기 위한 기본 개념을 제공하고 있다. 인적자원개발에 대한 개념이 명확히 정의되어야 그것을 기초로 사회·경제·문화 등의 정책이 정합적으로 수립될 것이기 때문에 개념 정리는 빠뜨릴 수 없는 기본 이슈이다.

1장

국가발전 패러다임의 변화

물적자본에서 인적자본으로

최숙희 | 삼성경제연구소 수석연구원

1. 머리말: 문제 제기

지난 30년간 우리나라 경제성장의 엔진은 노동 및 자본 투입 증가였다. 그런데 경제성장의 주춧돌이었던 물적자본과 노동 투입의 기여율이 점차로 감소하는 양상을 보이고 있다. 물적자본의 경제성장기여율은 1970년대 57.1%에서 1990년대 후반에 45.6%로 하락했고, 노동 투입의 기여율도 1970년대 30.1%에서 1990년대 후반에 13.8%로 떨어졌다. 이러한 추세는 우리나라의 성장 엔진이 둔화되고 있으며, 양적 투입에 의한 성장에 한계가 오고 있음을 의미한다.

한편, 한국의 출산율은 2002년부터 세계 최저 수준을 지속하고 있으며, 2005년에는 1.08명으로 인구대체율(2.1명)의 절반 수준에 불과했다. 이러한 저출산의 급진전은 고령화를 가속화하는 결과를 가져오는데, 우리나라는 2000년에 고령화사회[1]로 진입한 이후, 2018년에는 고령사회로, 이후 8년 후인 2026년에는 초고령사회에 진입할 것으로 예상된다.

　물적자본과 노동 투입의 증가가 한계에 이르고, 저출산이 지속되어 인구 고령화와 인구 감소가 우려되는 만큼, 인적자본의 증가가 성장잠재력 제고의 유일한 대안이라고 할 수 있다. 또한 인적자본의 증가는 기술적 발전을 나타내는 총요소생산성과 물적자본의 동반 상승을 가능하게 하는 성향을 가지고 있어 성장에 미치는 효과가 지대할 것으로 전망된다.

　따라서 향후 국가발전 패러다임의 변화에 따라 인적자본의 역할이 강조될 수밖에 없다. 본고는 그동안 우리나라 경제성장의 요인을 분석하고 인적자본의 중요성에 대해 고찰하고자 한다. 2절에서는 한국경제의 성장 패러다임의 현황과 인구구조의 변화를 고찰해 보고, 3절에서는 인적자본의 중요성에 대해 살펴보고, 4절에서 향후 우리 경제의 지속적인 성장을 위한 대안으로서의 인적자본의 역할을 분석하고, 마지막 5장에서 시사점을 제시하고자 한다.

2. 한국 경제 패러다임의 변화

1) 경제성장률 추이

　한국 경제는 1970년대 이후 지속적인 고도성장을 유지해 왔으나, 1990년대 중반 이후 성장률이 하락하는 추세이다. 한국의 연평균 경제성장률은 1970년대 7.9%, 1980년대 7.3%, 1990년대 전반까지 7.5%로 지속적인 고성장을 구가했다. 그러나 외환위기 등의 영향으로 1990년대 후반 이후에는 4.4%로

---

1) UN이 정한 고령화사회의 정의에 따르면, 전체 인구 중 65세 이상 고령자 비율을 기준으로 7% 이상이면 고령화사회(aging society), 14% 이상이면 고령사회(aged society), 20% 이상이면 초고령사회(super-aged society)로 분류된다.

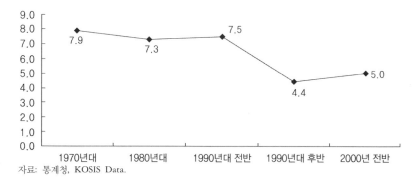

<그림 1-1> 경제성장률 추이(1971~2000년 전반기)

자료: 통계청, KOSIS Data.

하락했고, 그 후 어느 정도 회복하여 2000년 전반기에는 5.0%에 이르렀다.[2] 그러나 2003년 이후 성장률은 다시 5%를 밑돌고 있다. 2003년과 2004년의 경제성장률은 각각 3.1%와 4.7%로 나타났으며, 2005년에도 4.0%에 불과하였다. 2006년의 경제성장률은 다소 증가하여 5.0%로 발표되었으나, 향후 5% 정도의 지속적인 경제성장은 낙관할 수 없는 상황이다. 또한 급격히 심화되고 있는 저출산과 고령화로 인해 우리나라의 경제성장률이 구조적으로 3~4%대로 고착화할 우려도 제기되고 있다.

2) 투입 위주의 경제성장의 한계

지난 30년간 우리 경제는 노동과 자본의 투입 의존형 성장을 지속해 왔다. 성장회계 분석 결과(정권택 외, 2003), 1971~2001년간 연평균 6.4%의 경제성장에 대한 기여도는 물적자본, 노동, 총요소생산성(TFP), 인적자본 순으로 나타났다. 물적자본 기여율이 49.6%로 전체 경제성장에 절반 정도를 기여했고, 노동 기여율 역시 평균 24.4% 수준으로 높게 나타나, 노동의 질을 나타내는 인적자본 기여율 9.6%보다 2.5배 정도 높은 수준이었다. 노동과 물적자본의

---

2) 1999년(9.5%)과 2000년(8.5%)의 고성장은 1998년의 마이너스 성장(-6.9%)에 따른 반등효과로 볼 수 있다.

기여율의 합이 74%로 경제성장률의 3/4를 양적 투입이 주도했다. 결국 과거 우리 경제의 고도성장은 노동과 자본의 양적 투입에 의해 가능했었다고 할 수 있다.

그러나 최근에 물적자본과 노동 등 양적 투입의 증가율이 현저하게 둔화되는 추세이다. 물적자본의 투입에 의한 경제성장률은 1970년대 4.2%p에서 지속적으로 하락하여 1990년대 후반에는 1.7%p에 불과했다. 그리고 물적자본 투입은 일정 규모 이상이 되면 수익률이 떨어지기 때문에 향후에도 지속적인 투입 물량의 증가에는 한계가 있을 것으로 예상된다. 노동 투입에 의한 경제성장률도 1970년대 2.2%p에서 1990년대 후반에 0.5%p로 하락했다. 출산율 저하 및 고령화의 급진전 등으로 향후 노동 투입도 지속적으로 감소될 전망이다. 더 이상 물적자본과 노동 투입에 의존한 경제성장은 기대하기 곤란할 것으로 예상된다. 따라서 투입 의존형 양적 경제성장에서 생산성 주도의 질적 경제성장으로의 전환이 요구되고 있다.

향후 노동과 물적자본 투입의 감소가 예상되는 상황에서 다른 요소의 변화가 없다면 우리 경제의 지속적인 성장은 한계에 부딪힐 가능성이 높다. 그러므로 우리나라의 경제성장 엔진은 양적인 투입에서 향후 질적 요소의 획기적인 향상으로의 전환이 요구된다. 노동의 질적 측면인 인적자본과 기술적 발전을 나타내는 총요소생산성이 경제성장에 기여할 중요한 요소라고 할 수 있다.

3) 인구구조의 변화: 저출산과 고령화

2005년 한국의 합계출산율은 1.08명으로 세계 최저 수준을 기록했다. 한국은 OECD 국가 중에서는 물론이고 세계적으로도 출산율이 가장 낮은 10개국 중 하나[3]로 분류되고 있다. 1970년에 4.53명이던 출산율은 꾸준히 감소하여

---

3) 미국 인구조회국(Population Reference Bureau)은 한국을 대만, 폴란드, 우크라이나, 체코 등과 함께 세계적으로 출산율이 낮은 10개국 중 하나로 분류했다(PRB, 2005.8).

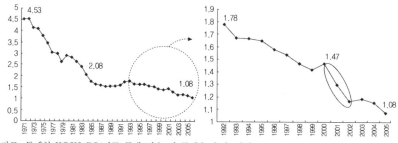

<그림 1-2> 합계출산율 추이(한국)

자료: 통계청 KOSIS DB(인구 동태 건수 및 동태율 추이, 각년도).

1983년에는 2.08명을 기록한 이후 단 한번도 2.0명을 회복하지 못하고 지속적으로 하락해 왔으며, 드디어 2005년에 1.08명이라는 초유의 상황까지 발생했다. 특히, 2001년과 2002년에 출산율이 급격히 하락했다. 2000년에 1.47명을 나타낸 이후에도 출산율의 하락세는 멈추지 않고 계속 진행되어 왔다. 2001년에는 전년의 1.47명에서 1.3명으로 11.6% 하락했으며, 2002년에는 다시 1.17명로 10.0% 하락했다. 2002년의 출산율 수준은 '1.17 쇼크'로 기록될 정도로 사회적 이슈로 등장했다. 이러한 수치는 한 사회가 인구구조를 유지하기 위해 필요한 평균 출생아 수를 나타내는 인구대체율[4] 2.1명에 크게 미치지 못하며, OECD 국가의 평균 출산율인 1.6명보다도 훨씬 낮은 수준이다.

출산율에 대한 획기적인 대책이 없는 한, 한국의 인구는 2020년의 4,995만 6,000명을 정점으로 감소할 것으로 전망되고 있다. 2017년부터 노령 인구의 비중이 유년 인구 비중을 추월하며, 인구는 2050년에는 4,234만 8,000명일 것으로 예상된다.

생산가능인구(15~64세)는 2016년의 3,650만 명을 정점으로 감소세로 전환될 것으로 전망되고 있다. 25~49세 비중은 2005년의 59.6%를 정점으로 지속적으로 감소하여 2050년에는 45.2%로 하락할 것으로 추정된다. 반면,

---

4) 현재의 인구 수준을 유지하기 위해서는 가임여성(15~49세)당 2.1의 자녀를 출산해야 한다. 이를 인구대체율(replacement rate)이라고 한다.

<표 1-1> 생산가능인구 전망 추이

구 분	2000	2005	2010	2020	2030	2050
세(천 명)	33,702	34,671	35,852	35,838	31,892	22,755
15~24세 비중(%)	22.8	19.9	18.0	15.5	13.4	14.2
25~49세 비중(%)	58.8	59.6	57.0	51.3	49.4	45.2
50~64세 비중(%)	18.4	20.5	25.0	33.2	37.2	40.5

주: 각 연령의 비중은 생산가능인구를 기준으로 함.
자료: 통계청(2005).

50세 이상의 생산가능인구는 지속적으로 증가하여 2005년 20.5%에서 2050년에 40.5%로 급증할 것으로 보인다.

저출산은 우리 사회가 겪고 있는 사회·경제적 변화를 반영하는 징후로서 장기간 지속될 가능성이 아주 높다. 문형표·김동석(2004)에 따르면, 저출산 추세가 이대로 지속될 경우 현재 5.0% 수준인 GDP 잠재성장률이 2020년 3.6%, 2030년 2.3% 수준으로 낮아질 전망이다. 출산율 저하는 장기적으로 노동 공급 감소, 연금 부담 증가로 인한 국가 재정의 악화, 젊은 세대의 부담 증가 등 사회 전체에 부작용을 초래할 것으로 예상된다.

2000년 고령화사회로 진입한 이후, 2018년에는 고령사회로, 이후 8년 후인 2026년에는 베이비붐 세대(1955~1963년생)의 고령인구 편입으로 인해 초고령사회에 진입할 것으로 예상된다. 김기호(2005)에 따르면, 고령화가 급속히 진행되는 2030~2050년간 평균 경제성장률이 2% 수준으로 전망되어 평균 5%대의 성장을 시현하고 있는 2000~2005년에 비해 3%p 가량 하락하는 것으로 나타났다. 결과적으로 고령화는 급속한 성장 둔화의 주요 요인으로 작용함을 알 수 있다. 생산가능인구의 감소는 직접적으로 노동 투입 요소의 감소로 직결되므로 성장을 둔화시킬 수 있고, 피부양 인구 비중의 상승은 저축률 하락을 초래하여 자본 축적을 저해함으로써 성장에 직·간접으로 영향을 미칠 수 있기 때문이다.

3. 인적자본과 경제성장[5]

1) 경제성장에 기여한 투입 요소의 변화

성장회계모형(Growth Accounting Model)을 이용하여 경제성장률의 요인을 분석해 보자. 성장회계모형은 각 생산 요소가 경제성장률에 어떠한 기여를 했는가를 분석하는 데 탁월한 모형으로 알려져 있다. 1970~2001년의 경제성장의 요인을 노동 투입, 자본 투입, 인적자본 투입,[6] 그리고 총요소생산성으로 분해하여 각 요인별 기여도를 추정하는 방식이다.

경제성장률의 증가에 있어 노동 투입의 증가율은 지속적으로 하락해 왔다. 노동과 물적자본의 연평균 증가율은 하락하는 추세이다. 노동 투입 증가율은 1970년대의 3.6%에서 1990년대 후반에 0.7%로 지속적으로 하락하고 있다. 자본 투입의 증가율은 1970년대 이후 10% 수준에서 등락을 보이다가 1990년대 후반기에 급락했다. 인적자본 투입의 증가율은 1980년대를 정점으로 1990년대 전반기에 다소 하락했으나, 후반기에 크게 감소했다.

1970년대와 1980년대에 노동 투입은 각각 3.6%와 2.3%의 증가율을 보였고, 자본 투입은 각각 10.6%와 10.2% 증가했다. 따라서 1970년대와 1980년대에는 물적자본 투입의 높은 증가율이 경제성장의 원동력임을 시사한다. 인적자본 투입은 동 기간 중 각각 0.9%와 1.1%의 증가율을 기록했다.

1990년대 후반기에는 노동 투입의 증가율이 전반기 대비 가장 급격히 하락했다. 1990년대 전반기에 노동 투입의 증가율은 2.0%를 기록했으나, 후반기에 급격히 둔화되어 0.7% 증가에 불과했다. 자본 투입 또한 전반기의 12.3%의 증가율에서 후반기에 절반 수준인 6.7%의 증가율로 둔화되었다. 인적자본 투입의 증가율도 전반기 1.0%에서 후반기에는 0.5%의 증가율에 그쳤다.

---

5) 3절은 자료 분석의 한계로 2003년 보고서인 『휴먼캐피털과 성장잠재력』의 분석 내용을 바탕으로 하고 있기 때문에 2001년까지만 분석되었다는 점을 미리 밝혀둔다.

6) 인적자본 투입 변수는 이종화(고려대) 교수의 추계치를 사용했다.

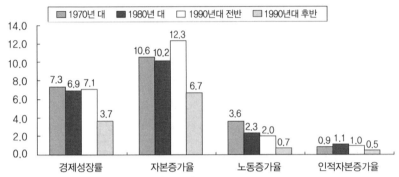

<그림 1-3> 경제성장률과 투입 요소의 증가율 추이

주: 각 연령의 비중은 생산가능인구를 기준으로 함.
자료: 통계청(2005).

2) 노동 및 자본 투입의 성장기여율 하락

1970년대는 물적자본과 노동 투입이 성장의 원동력으로 작용한 것으로 나타났다. 경제성장을 위한 물적자본과 노동의 기여율은 각각 57.1%와 30.1% 로 전체 성장기여율[7])의 87.2%를 차지했다. 1980년대와 1990년대에도 물적 자본과 노동 투입이 여전히 성장의 원동력이나 그 비중은 1970년대에 비해 감소했다. 1980년대의 물적자본과 노동의 기여율은 각각 52.9%와 21.3%로 1970년대에 비해 감소했다. 노동과 물적자본 투입으로 인한 경제성장기여율 은 74.2%로 하락했다.

1990년대 전반기 물적자본의 기여율은 45.7%로 1980년대에 비해 감소했 고, 노동의 기여율도 20.5%로 마찬가지이다. 1990년대 후반기 물적자본의 기여율은 45.6%로 1990년대 전반기와 비슷하나, 노동의 기여율은 13.8%로 전반기에 비해 크게 감소했다. 따라서 노동과 물적자본 투입으로 인한 경제성

---

7) 성장기여율(Rate of Contribution)은 경제성장을 위해 각 요소가 몇 %의 기여를 했는지를 표시하며, 각 요소의 기여율을 합하면 100%가 된다. 성장기여도(Degree of Contribu-tion)는 경제성장률 증가를 위해 각 요소가 얼마만큼의 기여를 했는지 표시하며, 각 요소의 기여도를 합하면 경제성장률 그 자체가 된다.

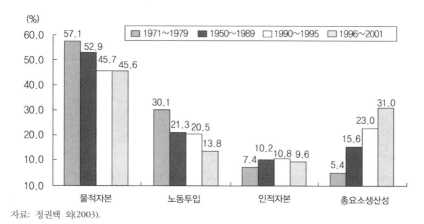

<그림 1-4> 경제성장에 대한 각 요소의 기여율 추이

자료: 정권택 외(2003).

장기여율은 59.4%로 급락했다.

경제성장에 대한 노동과 물적자본의 기여율은 시간이 지남에 따라 감소하는 경향이 나타나고 있다. 게다가 출산율의 감소와 고령화의 급진전으로 인해 경제성장에서 차지하는 노동의 기여도는 지속적으로 하락할 것으로 전망된다. 노동과 물적자본은 투입량이 늘어남에 따라 한계수익이 체감하는 속성을 가지고 있다.

요컨대 지난 30년간의 경제성장은 물적자본과 노동 투입에 의존했으나, 그 기여율은 점차로 감소하고 있다. 질적 변화 없는 양적 투입에 의한 성장은 한계에 도달할 것으로 예측된다. 지속적인 성장을 위해서는 새로운 성장 동력원의 발굴이 시급히 요청된다.

3) 인적자본의 성장기여율 하락

(1) 인적자본의 정의

인적자본[8]에 대해 논의하기에 앞서 노동의 질적 측면인 인적자본(Human Capital)이란 무엇인지 살펴보자. 협의의 인적자본은 생산에 투입되는 근로자

<표 1-2> 경제성장률과 각 요소의 기여도와 기여율

(단위: %p, %)

구분	경제성장률	물적자본 기여도	노동 기여도	인적자본 기여도	TFP 기여도
1971 ~1979년	7.3(100.0)	4.2(57.1)	2.2(30.1)	0.5(7.4)	0.4(5.4)
1980 ~1989년	6.9(100.0)	3.7(52.9)	1.5(21.3)	0.7(10.2)	1.1(15.6)
1990 ~1995년	7.1(100.0)	3.3(45.7)	1.5(20.5)	0.8(10.8)	1.6(23.0)
1996 ~2001년	3.7(100.0)	1.7(45.6)	0.5(13.8)	0.4(9.6)	1.1(31.0)

주: ( )은 경제성장률에 대한 각 요소의 성장기여율.
    성장기여도＝요소투입증가율×요소소득분배율, 성장기여율＝성장기여도 / GDP 성장률.
자료: 정권택 외(2003).

의 노동생산성에 영향을 미치는 지식(knowledge)과 기술숙련도(skill)를 의미하고, 광의의 인적자본은 노동력에 체화된 근로자의 지식, 교육 수준, 직업훈련 정도, 건강 및 영양 상태 등 노동의 질에 영향을 미치는 모든 생산 요소를 포함한다. 게리 베커는 1964년에 출판된『인적자본(Human Capital: A Theoretical and Empirical Analysis, with Special Reference to Education)』을 통해 인적자본의 중요성을 강조했다. 개인이 받는 교육과 훈련도 기업의 설비 투자와 같은 투자의 성격을 지니며, 개인의 생산 능력은 교육 투자의 귀결로 얻어진 인적자본이라고 분석했다. 그는 인적자본 이론으로 학력 간 임금 격차 및 연령 증가에 따른 임금 상승 등 노동시장의 다양한 현상들을 설명했으며 인적자본에 입각한 경제성장론의 기초를 제공했다. 베커의 인적자본은 일반 인적자본과 특수 인적자본으로 구분될 수 있는데, 일반 인적자본은 어떠한 직종이나 어떠한 산업 혹은 분야에 종사하든지 간에 유용하게 사용할 수 있는 인적자본인 반면, 특수 인적자본은 어떤 특정한 분야나 직종, 산업에 종사하게 될

---

8) 인적자본은 근로자의 노동생산성을 이용하여 추정했다. 노동생산성을 노동 소득을 이용하여 측정함으로써 좀 더 정확하게 인적자본의 측정이 가능하다. 노동 소득을 이용하여 추정한 노동투입지수를 양적 지수와 질적 지수로 구분하여 질적 지수를 인적자본지수로 정의한다.

때만 생산성이 향상되는 인적자본이다. 따라서 학교교육은 일반 인적자본 형성을 위한 대표적인 방법이고, 직업교육·사내교육 및 훈련 과정은 특수 인적자본 형성을 위한 방법이라고 할 수 있다.

(2) 인적자본의 기여율 하락

1990년대 중반 이후 인적자본의 기여율이 급락하고 있다. 경제성장에서의 인적자본 기여율이 1990년대 전반의 10.8%에서 1990년대 후반에는 9.6%로 하락했다. 인적자본의 기여율은 1970년대의 7.4%에서 1980년대에 10.2%로 증가했고, 1990년대 전반기에는 10.8%로 증가했다. 1980년대 이후 10% 이상을 유지하던 인적자본의 기여율이 1990년대 후반기 들어 9.6%로 감소하는 현상이 나타난 것이다.

인적자본은 단기간에 축적되거나 소멸되지 않는 질적 자본임에도 불구하고 1990년대 후반 이후 하락한 것이다. 인적자본은 고등교육 진학률의 증가, 생산 기술의 진보에 따른 업무 능력의 향상 및 고급 여성 인력의 사회 진출 확대 등으로 지속적인 증가가 기대되었다. 그러나 1990년대 후반 들어 인적자본이 하락하는 이변이 발생하여 향후의 성장 엔진에 적신호가 켜진 셈이다. 인적자본 증가율은 지속적으로 둔화되고 있으며, 특히 1990년대 후반에 그 증가율이 절반으로 하락했다. 이는 경제성장에 영향을 미치는 인적자본 증가에 문제가 발생하고 있음을 시사한다.

(3) 인적자본 급락의 원인

인적자본 급락의 원인에 대해 분석해 보자. 과거 우리나라 인적자본의 축적은 연평균 1.0% 이상의 교육 수준 증가율이 주도적 역할을 수행했다. 그러나 과거 인적자본의 축적을 주도해 온 교육 수준의 연평균 증가율이 계속적으로 하락하는 추세이다. 교육 수준의 증가에 의한 인적자본 증가율은 1970년 이후 1% 이상으로 증가해 왔으나, 1990년대 후반에는 0.56%로 급락했다.

반면, 산업구조의 고도화로 인한 인적자본의 연평균 증가율은 0.13%에

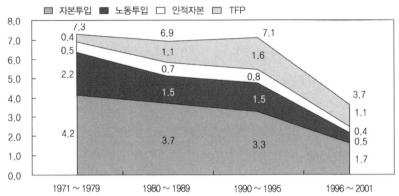

<그림 1-5> 각 요소의 경제성장기여도 추이

■ 자본투입 ■ 노동투입 □ 인적자본 □ TFP

주: 각 요소의 성장기여도를 합하면 경제성장률이 됨.
자료: 정권택 외(2003).

<표 1-3> 노동 투입 요소의 연평균 증가율

(단위: %)

구분	인적자본	성별	교육 수준	산업
1970~1979년	0.88	-0.39	1.22	0.44
1980~1989년	1.10	-0.11	1.41	0.70
1990~1995년	1.04	0.19	1.10	0.43
1996~2001년	0.47	-0.27	0.56	0.13

자료: 이종화 교수 용역 자료, 정권택 외(2003) 참조.

불과했다. 저임금 여성 근로자의 증가는 인적자본 축적에 마이너스 효과
(-0.27%)를 가져왔다. 인적자본 기여도의 급락은 저임금 여성 취업자의 증가와
생산성이 낮은 산업으로의 인력 이동 때문이었다고 분석된다.

여성 취업자의 증가와 생산성이 낮은 서비스 산업에의 취업자 구성 비율의
변화로 인해 1990년대 후반에 인적자본이 급감했다. 여성 취업자는 1996년의
850만 명에서 2001년에 899만 명으로 49만 명 증가하여 전체 취업자 중
41.7% 차지했다. 남성 취업자는 1996년의 1,235만 명에서 2001년에 1,258만
명으로 23만 명 증가하여 전체 취업자 중 58.3%를 차지했다.

1996~2001년 제조업과 건설업의 취업자 수는 크게 감소했고 부동산업과
숙박 및 음식점업 등에서 취업자 수가 증가했다. 같은 기간 중 제조업의 취업자

<표 1-4> 학력별 임금 격차(고졸 남자 평균 임금=100)

구분	남자				여자			
연도	중졸	고졸	초대졸	대졸	중졸	고졸	초대졸	대졸
1971	73.1	100.0	-	168.4	36.6	65.4	-	121.1
1980	78.5	100.0	134.3	202.7	39.8	55.0	88.6	122.8
1990	89.3	100.0	109.6	165.0	49.6	60.9	75.5	104.0
1995	92.5	100.0	104.9	142.0	51.9	63.1	72.3	101.8
2000	91.3	100.0	104.3	150.1	53.8	66.6	72.7	107.1
2001	89.5	100.0	103.5	149.5	54.3	66.9	72.7	105.4

주: 1980년 이후 중졸의 임금은 '중졸 이하'의 평균 임금을 지칭함.
자료: 직종별 임금 실태 조사 보고서, 이종화 교수 용역 자료에서 인용.

수는 473만 명에서 427만 명으로 감소했고, 건설업의 취업자 수는 198만 명에서 159만 명으로 감소했다. 또한 부동산업의 취업자 수는 103만 명에서 153만 명으로 증가했고, 숙박 및 음식점의 취업자 수도 178만 명에서 194만 명으로 증가했다.

외환위기 이후 늘어나기 시작한 비정규직과 하향 취업 등은 생산성을 낮추는 결과를 초래했다. 최근 들어 인적자본 증가율이 둔화된 다른 원인은 상대적으로 남성에 비해 임금 수준이 낮은 여성의 취업률이 증가했기 때문이다. 여성 대졸자의 평균 임금은 남성 대졸자의 70.1% 수준(1971~2001년)에 불과한 것으로 나타났다.

여성의 취업 비율은 상대적으로 임금이 낮은 농업, 도소매·음식·숙박업에서 높았다. 최근에 임금이 상대적으로 높은 운수·창고·통신업, 금융·보험·부동산업의 경우 1995년과 비교해 여성의 취업 비율은 오히려 감소했다. 앞으로 서비스업을 중심으로 여성의 경제활동참가율이 늘어날 것으로 전망되어 인적자본 증가율 둔화가 예상된다.

인적자본 성장세 둔화를 완화하기 위해서는 고등교육자들이 적절한 산업에 잘 배치되어 생산성을 발휘할 수 있는 체제를 갖추는 것이 필요하다. 따라서 여성 취업자의 생산성을 제고하여 성별 생산성의 격차를 줄여나가는 것이 한국의 인적자본 축적에 중요한 영향을 미칠 것으로 예상된다.

인적자본은 경제성장의 선순환을 위한 핵심 요소이므로 인적자본 투자의 증대와 효율적인 관리 대책이 시급하다. 인적자본의 향상은 경제성장에 기여하는 다른 요인에도 파급 효과를 미쳐 경제성장 선순환의 원동력으로 작용한다. 노동력의 증가율이 둔화되고 있는 추세를 감안할 때 인적자본은 노동력의 질적인 증대에 기여할 수 있을 것이다. 또한 물적자본의 효율성을 증가시키고, 총요소생산성의 증가에도 영향을 미친다.

지속적인 경제성장의 핵심인 인적자본에 대한 투자 증대와 효율적인 관리는 더 이상 미루어서는 안 되는 과제임을 인식할 필요성이 있다. 중·장기적인 관점에서 인적자본에 대한 투자와 인식을 제고하기 위한 방안 마련이 절실하다. 따라서 향후의 경제성장 엔진은 양적인 투입에서 질적인 향상으로의 전환이 요구된다.

4) 외국의 사례: OECD 및 동아시아 국가들

동아시아 국가 중에서 싱가포르와 태국은 1980년대 중반 이후 산출물 증가율이 상승했고, 교육의 기여도도 증가하여 경제성장을 주도하고 있다. 싱가포르는 1960~1994년 평균적인 증가율보다 1984~1994년 동안에 산출물의 증가율이 더 높고, 교육의 기여도도 증가했다. 태국도 전반적인 기간에 비해 1984~1994년 동안에 교육의 기여도가 크게 증가했으며, 산출물의 증가율도 급성장했다. 반면, 대만은 1960~1994년 평균적인 증가율보다 1984~1994년 동안에 산출물 증가율이 더 낮아졌고, 교육의 기여도도 감소했다. 그러나 한국은 평균적인 증가율에 비해 1984~1994년 동안에 산출물 증가율이 더 높아졌으나, 교육의 기여도는 오히려 감소한 것으로 나타났다.

한국, 미국과 일본을 비교해 보면, 한국은 노동 투입이 경제성장을 견인했다. 한국의 노동 투입 기여율은 33.4% 수준으로 미국과 일본에 비해 높은 편이다. 일본은 상대적으로 물적자본 투입이 경제성장에 크게 기여했다. 미국의 성장 엔진은 인적자본으로 교육의 경제성장률이 상당히 높은 수준을 유지하고 있

<표 1-5> 동아시아 경제성장 요인 비교(1960~1994년)

(단위:%, %p)

국가	기간	산출물 증가율 (근로자 1인당)	기여도(근로자 1인당)		
			물적자본	교육	총요소생산성
싱가포르	1960~1994년	5.4	3.4	0.4	1.5
	1984~1994년	6.0	2.3	0.6	3.1
태국	1960~1994년	5.0	2.7	0.4	1.8
	1984~1994년	6.9	2.6	0.8	3.3
대만	1960~1994년	5.8	3.1	0.6	2.0
	1984~1994년	5.6	2.3	0.5	2.8
한국	1960~1994년	5.7	3.3	0.8	1.5
	1984~1994년	6.2	3.3	0.6	2.1

자료: Collins, Susan & Barry P. Bosworth(1996).

<표 1-6> 경제성장률과 요소 기여도의 각국 비교

구 분	한국(1963~2000)	일본(1953~1971)	미국(1929~1982)
국민소득 성장률	6.98(100.0)	8.81(100.0)	3.02(100.0)
자본 투입	1.22(17.5)	2.10(23.8)	0.57(18.9)
노동 투입	2.33(33.4)	1.51(17.1)	0.94(31.1)
교육	0.28(4.0)	0.34(3.9)	0.40(13.2)
TFP*	3.15(45.1)	4.86(55.2)	1.11(36.8)

주: ( )는 경제성장률에 대한 각 요소의 기여율.

* 총요소생산성(TFP)은 자원 배분의 개선, 규모의 경제 효과, 환경오염 방지 지출, 불규칙적 요인, 기술 진보 및 기타 요인 등 모두 9개의 요인으로 분해됨.

자료: 김동석·이진면·김민수(2002).

다. 미국의 경제성장률에 대한 교육의 기여율은 13.2%로 한국과 일본에 비해 3배 이상 높았다.

또 강소국(强小國)의 경우 인적자본과 무역 개방이 경제성장의 주요 엔진인 것으로 나타났다. 인적자본은 꾸준히 증가하면서 경제성장에도 크게 기여하고 있다. 핀란드, 아일랜드, 스웨덴, 벨기에, 네덜란드와 영국의 1인당 국민소득 증가에서 인적자본이 가장 크게 기여하고 있다. 특히 아일랜드의 경우 인구 증가는 둔화되고 있으나, 인적자본 투자와 무역 개방으로 지속적인 성장을 유지하고 있다.

OECD 국가들도 물적자본과 노동 투입의 기여도가 줄어들고 있는 추세이

<표 1-7> 1인당 국민소득 증가에 대한 요소별 기여도 변화(1980년대 대비 1990년대)

구분	투자	인적자본	인구 증가	물가 안정	정부 규모	무역 개방
덴마크	0.10	0.20	0.03	0.07	0.01	0.22
핀란드	-0.91	0.44	-0.03	0.05	-0.13	0.33
아일랜드	-0.17	0.54	-0.75	0.35	0.13	0.46
노르웨이	-0.21	0.27	0.15	0.14	-0.41	0.30
스웨덴	-0.19	0.42	-0.05	-0.20	0.02	0.33
벨기에	0.37	0.45	0.17	0.26	0.06	0.24
네덜란드	-0.04	0.43	0.32	0.07	0.10	0.25
스위스	0.02	0.26	0.09	-0.09	-0.07	0.14
영 국	0.08	0.44	0.05	-	0.03	0.25
미 국	0.19	0.07	-0.06	0.13	0.07	0.65

자료: OECD(2002).

다. 핀란드, 아일랜드, 노르웨이, 스웨덴과 네덜란드 등은 투자 증가에 의한 성장기여도가 감소하고 있는 실정이며, 핀란드, 아일랜드, 스웨덴과 미국 등은 인구 증가로 인한 성장기여도가 감소하고 있다.

따라서 지속적인 경제성장을 위해 인적자본에 대한 투자가 중요하며, 교육의 효율성 제고가 인적자본의 질적 제고를 위한 관건으로 작용한다고 할 수 있다. 경제성장률에 대한 교육의 기여율을 4%[9] 수준에서 큰 폭으로 제고하는 것이 향후 과제가 될 전망이다. 교육의 양적 팽창에서 탈피하여 질적인 수준을 제고하는 문제가 인적자본의 효율성 증대에 크게 기여할 것으로 예상된다.

4. 향후 경제성장과 인적자본의 역할

1) 인적자본이 향후 경제성장에 미치는 영향

앞에서 살펴본 바와 같이 우리나라 경제성장의 패러다임이 변화하고 있다. 물적자본과 노동 투입 증가율이 감소하는 추세이고, 여기에 더하여 저출산·고

─────────

9) 경제성장률과 요소 기여도의 각국 비교 표 참조.

<표 1-8> 성장률 추이(2006~2050년)

2006~2010	2011~2020	2021~2030	2031~2040	2041~2050	2006~2050
4.12	3.43	3.33	2.64	1.45	2.87

자료: 김기호(2005).

령화 현상의 심화로 투입 위주의 성장이 한계에 다다르고 있음을 알 수 있다. 결국 인적자본의 질적 제고가 어느 정도 가능한가의 여부에 따라 향후 경제성 장이 좌우될 것이다.

김동석(2004a)은 고령화에 의해 노동과 자본 투입의 증가율이 둔화됨에 따라서 잠재 성장률이 지속적으로 하락하는 것으로 보고 있다. 즉, 총요소생산성 증가율이 2.0%이고 출산율이 현재 수준을 유지하는 경우 잠재성장률은 2020년대 3.56%, 2030년대 2.25%, 2050년대 1.38% 수준으로 하락하는 것으로 전망했다.[10] 신관호·황윤재(2005)는 인구구조의 변화가 노동생산성에 미치는 효과를 분석했는데, 고령화로 인해 2020년경 노동생산성이 급격히 감소하는 것으로 전망했다. 김대일(2004)은 노동 공급의 질적 측면인 인적자본에 대한 투자를 포함하여 고령화의 노동생산성에 대한 영향을 추정했는데, 55세 이상 근로자 비중이 1%p 상승하면 노동생산성이 0.09~0.17% 감소하는 것으로 나타났다. 김기호(2005)는 고령화 과정에서 인적자본이 축적되는 경우에 비해 인적자본 축적이 정체되는 경우에는 성장률이 2050년까지 평균 1.4%p 낮게 나타나 기간 중(2006~2650년) 평균 1.5% 수준에 머무를 것으로 전망했다.

또 김기호(2005)는 해외 노동인력 유입 시 높은 질적 수준을 보유하지 못한 단순 노동의 투입 증대로는 더 이상 성장률을 높이지 못함을 보여주었다. 그리고 여성의 참가율 상승 등으로 전반적인 경제활동참가율이 2001년에 비해 5%p 또는 10%p 상승할 경우 성장률은 2050년까지 평균 3.2% 수준으로 고령화 전망의 경우에 비해 기간별로 0.30~0.38%p 높아지는 것으로 분석했

---

10) 만약 총요소생산성 증가율이 1.5%이고 출산율이 현재 수준을 유지하는 경우 잠재성장률은 2020년대 2.91%, 2030년대 1.60%, 2050년대 0.74% 수준이 되는 것으로 전망했다.

다. 따라서 경제활동참가율의 제고를 통해 일시적으로 생산량을 상당 수준 증대시킬 수는 있지만, 장기적으로는 경제활동참가율의 추가적인 상승이 어려워 성장 효과가 약화된다고 주장했다. 정년의 연장(3년 또는 5년)으로 인한 성장 효과는 평균적으로 2010년까지 미미한 마이너스 값을 지니나 2011~2040년에는 플러스 값으로 전환되면서 평균 0.09~0.33%p 정도 확대되어 기간 전체로는 고령화 전망 대비 평균 0.1%p 정도 상승하는 것으로 분석했다.

이종화(2004)와 김동석(2004b) 등에 의하면 우리나라 총요소생산성은 1980년대 3%대에서 1990년대 들어 2%대 내외로 1%p 정도 하락한 것으로 나타났다. 김기호(2005)는 기초 연구를 중심으로 한 연구·개발 투자 확대 등을 통해 총요소생산성 증가율이 1990년대의 연평균 2.0% 수준에서 분석 기간 중(2001~2050년) 2.5%로 0.5%p 확대되는 경우에 대해 성장률이 연평균 0.6~0.9%p 높아지는 것으로 나타났다. 이러한 총요소생산성 제고의 성장 효과는 해외 노동인력 유입, 경제활동참가율 확대, 정년 연장 등 단순 노동 투입이 늘어나는 경우보다 성장 효과가 클 뿐만 아니라 특히 시간이 지남에 따라 지속적으로 확대되는 특징을 보여주었다.

따라서 저출산·고령화로 노동 투입이 절대적으로 감소하여 경제성장률이 하락하는 것을 완화하기 위해서는 인적자본의 질적 개선을 도모하여 유효 노동력을 확충하는 것이 최우선 과제가 되고 있다.

2) 인적자본 증가에 따른 성장 전망 시나리오

인적자본이 향후 경제성장의 중요 변수로 작용할 전망이다. 인적자본의 증가율과 총요소생산성의 기여도에 따라 경제성장률이 좌우될 것으로 보인다. 따라서 인적자본의 증가율과 총요소생산성의 기여도를 달리하여 2002~2025년의 경제성장률을 시나리오로 구성해 보았다. 인적자본 증가가 전혀 이루어지지 않고, 총요소생산성의 기여도가 1.5%p를 유지한다고 가정하면, 경제성장률은 3.16% 수준에 그칠 전망이다. 인적자본이 매년 0.5%씩 증가하고,

<표 1-9> 시나리오별 경제성장률 전망(2002~2025년)

구분		인적자본 증가율(기여도)		
		0%(0.0%p)	0.5%(0.37%p)	1.0%(0.74%p)
총요소생산성 기여도	1.5%p	3.16 (시나리오 I)	3.53	3.90
	2.0%p	3.66	4.03 (시나리오 II)	4.40
	2.5%p	4.16	4.53	4.90 (시나리오 III)

주: ( ) 안은 경제성장률에서 인적자본의 기여도이며, 노동의 기여도는 0.09, 물적자본의 기여도는 1.57로
　　추정.
자료: 정권택 외(2003).

총요소생산성의 기여도가 2.0%p로 상승하면, 경제성장률은 4.03%로 전망된
다. 인적자본이 매년 1%씩 증가하고, 총요소생산성의 기여도가 2.5%p로 상승
하면, 경제성장률은 4.90%로 5% 성장률에 근접할 것으로 추정된다.

따라서 인적자본이 1% 더 증가하게 되면, 경제성장률은 0.74%p 더 상승하
는 효과가 발생한다. 경제성장의 다른 요소들이 동일하다고 가정할 때, 인적자
본을 1% 더 증가시키면 경제성장률의 직접적인 상승효과는 0.74%p이다.
또한 인적자본의 증가는 노동과 물적자본 투입의 효율성을 높이는 효과도
가져오므로 경제성장에 미치는 직·간접 효과는 0.74%p 이상으로 추정된다.

5. 맺음말

향후에도 경제성장을 지속하기 위해서는 인적자본의 질적 제고가 중요하다.
노동력 감소를 완화하기 위해서는 단기적으로 해외 노동력을 유입하고, 여성
의 경제활동참가율을 확대하고, 정년 연장을 통해 노동 투입을 확대하는 것도
필요하다. 그러나 본질적으로는 인적자본의 축적을 통한 유효 노동력의 확충
과 연구·개발 등으로 총요소생산성이 지속적으로 증대되어야만 장기적인 경
제성장이 가능하게 되는 것이다.

그러나 현재 우리나라의 인적자본 제고를 위한 노력은 비효율적이라고 할 수 있다. 과거 경제성장의 원동력의 하나로서 양질의 인력을 공급하는 원천이었던 공교육은 투자 저조 및 저효율로 인한 부실이 우려된다. 또한 대졸자들은 양산되고 있지만, 질적 수준 저하와 산업 수요와의 불일치로 인해 대규모 청년실업을 초래하고 있다. 막대한 사교육비 지출은 입시 경쟁만을 증폭시켜 성장잠재력의 제고에는 도움이 되지 못하고 있는 실정이다. 또한 외환위기 이후 기업들의 교육 투자도 축소되어 기존 인력의 기능 진부화도 가속화되고 있다. 현재와 같은 상태로는 인적자본 향상을 통한 성장잠재력 제고는 기대하기 어려울 것으로 보인다.

　따라서 질적 성장을 도모하기 위해서는 고등교육제도의 개혁 등을 통해 국제 경쟁력을 보유한 고급 인재를 양성하는 등 인적자본을 확충하는 한편, 기술 및 연구·개발 투자의 활성화를 통해 물적자본을 축적하고 이를 우수한 인적자본과 결합함으로써 생산성을 제고해야 할 것이다.

참고문헌

김기호. 2005. 「인구고령화가 경제성장에 미치는 영향」. 한국은행 금융경제연구원.

김대일. 2004. 「인구고령화와 노동생산성」. 한국개발연구원 주최 심포지엄 '인구구조 고령화 의 경제·사회적 파급효과와 대응과제' 발표논문. 한국개발연구원.

김동석. 2004a. 「인구고령화와 잠재성장률」. 한국개발연구원 주최 심포지엄 '인구구조 고령화 의 경제·사회적 파급효과와 대응과제' 발표논문. 한국개발연구원.

_____. 2004b. 『산업부문별 성장요인 분석 및 국제비교』. 한국개발연구원.

김동석·이진면·김민수. 2002. 『한국경제의 성장요인 분석: 1963~2000』. 한국개발연구원.

문형표·김동석. 2004. 『인구고령화와 거시경제』. KDI.

신관호·황윤재. 2005. 「인구구조의 변화가 실질임금 및 총노동생산성에 미치는 영향」. ≪경제 분석≫, 제11권 제2호.

이종화. 2004. 「생산성 제고: 기술혁신과 교육의 질적 개선」. 함정호 편저. 『선진국 진입을 위한 한국경제의 새로운 성장전략』. 지식산업사.

이종화·김선빈. 1995. 「한국의 인적자본 추계(1963~1993)」. ≪국제경제연구≫, 1(2).

정권택 외. 2003. 『휴먼캐피털과 성장잠재력』. 삼성경제연구소.

통계청. 2005. 「장래인구 특별추계 결과」.

Collins, S & B. P. Bosworth. 1996. "Economic Growth in East Asia: Accumulation versus Assimilation." in *Brookings Papers on Economic Activity 2*, Fall.

OECD. 2002. *Education at a Glance OECD Indicators 2002*.

2장

지역발전과 인적자원개발

김승택 | 한국노동연구원 연구위원

1. 머리말

최근 우리 경제와 노동시장은 급격한 대내외 환경의 변화로 말미암아 심각한 구조적 변화를 겪고 있다. 먼저 FTA 등 개방에 의한 국제 경쟁의 확대, 정보통신산업의 발달과 지식기반경제의 도래 등으로 말미암아 소비자 수요가 급변하는 현상이 나타나고, 경기 주기가 짧아지면서 이에 필요한 새로운 기술과 지식에 대한 습득의 필요성 또한 증가하고 있다. 이러한 상황에서 우리의 산업은 과학과 기술을 기반으로 하는 선진 산업 국가와 저렴한 노동비용을 장점으로 가진 신흥 개발 국가와의 사이에 끼여 어려운 처지(nutcracker 현상)에 놓여 있으며, 이런 상황에서 우리 경제는 과거 고도성장의 폐해(1997년 외환위기가 대표적인 예)를 어렵게 극복하고 경제 규모가 커지는 과정에서 잠재성장률이 하락(고용 증가의 적신호)하는 문제를 겪게 되면서 일자리 창출 능력이 축소되는 심각한 문제에 직면하고 있다.

이런 대내외 경제 상황의 변화는 노동시장의 측면에서 근로자와 취업 희망자에게 실질적인 위협으로 작용하여 부작용을 양산한다. 우선 산업구조가 급격히 변화하면서 상대적으로 안정된 임금 성장과 고생산성을 가진 제조업의 고용 비중이 지속적으로 감소하고, 서비스업의 고용 비중이 증가하는 현상이 나타난다. 그러나 우리나라는 기업에서 퇴직한 인력들의 사적인 사회안전망 역할을 하던 서비스업이 저생산성과 저임금이 만연한 산업으로 전락하면서 영세업자 간의 경쟁으로 말미암은 구조조정이 발생하고 있다.

다른 한편으로 노동시장의 양극화가 다양한 각도에서 진행되고 있다. 우선 비정규직의 비중이 증가함으로써 근로계층 간의 근로 조건 격차와 소득 격차가 확대되고 있으며, 이는 근로를 통해 필요한 소득을 얻고 부를 축적하려는 근로 동기를 잠식하는 부작용을 일으킨다. 또한 기업은 고숙련 기술을 이미 습득한 인력을 외부 시장에서 스카우트하여 채용하려는 한편, 기업 내부의 훈련에 대한 투자를 축소하고 있으며, 저숙련자는 일을 하면서 숙련을 형성하기 위한 학습에의 접근이 더 어려워지면서 숙련 기술과 비숙련 기술과의 양극화가 발생하고 있다. 이렇게 되면 고숙련자의 임금은 상대적으로 상승하고 이들에 대한 인력 부족은 지속되는 한편, 저숙련자들은 양극화의 심화로 점점 상대적으로 나쁜 근로 환경에서 고용 불안정에 시달리며 일하게 되고, 숙련자가 될 수 있는 통로가 좁아져 저숙련·저임금의 함정에서 벗어날 수 없게 된다.

또한 외부 시장에 의한 지식과 기술의 습득이 확대되어 갈수록 정규직의 경우에도 평생 고용이 보장되지 않는 고용의 불안정성이 확대되고, 노동이동 률이 증가함으로써 기업이 자사 근로자에게 직업능력 개발 훈련을 자발적으로 시킬 동기는 지속적으로 감소하게 되고, 결국 노동시장 전체적으로 고용의 악순환[1]에 빠질 위험이 높아지게 된다.

그러므로 숙련의 양극화에 따른 고용의 악순환에 빠지지 않고 이 어려운 상황을 극복할 방안을 제시하기 위해서는 근로자와 취업 희망자의 직업능력을 개발하여 숙련된 근로자들을 양성해 내고, 또한 이들에 대해 지속적인 교육 및 훈련의 기회를 제공하는 인적자본개발체제를 구축하는 것이 사회적으로나 경제적으로 매우 중요하다. 또한 근로자의 입장에서도 경제의 불확실성 및 노동시장의 불안을 극복하기 위해 변화하는 환경에 적응하는 능력이 중요하며, 그러한 능력을 갖출 수 있는 교육훈련시스템의 도입을 필요로 한다.

선진 각국의 인적자원개발은 오랜 지방자치제도의 전통을 바탕으로 지역의 특성과 요구를 반영한 지역의 정책적 과제로 추진되고 있다. 그러나 우리나라는 여전히 지방자치단체의 운영이나 역할이 개발되어 가는 단계에 있고, 특히 경제개발을 최우선 목표로 삼으면서 국가의 모든 기능이 수도권으로 집중되어 지역 간 불균형이 발생했고, 그 격차는 상당 기간 확대되어 심각한 수준에 이르렀다. 참여정부가 들어서면서 국가균형발전을 위한 자립형 지방화, 분권·분산·분업의 '3분 정책' 등의 추진을 통해 이러한 문제를 해결하려는 정책들이 추진되고 있다. 그러나 지역의 균형발전을 위해서는 혁신역량을 갖춘 인적자원의 확보가 반드시 필요하기 때문에 정책적으로 지역인적자원개발정책의 중요성은 더욱 커지고 있다.

이런 문제의식을 바탕으로 본 연구는 다음과 같은 내용을 다루고 있다. 먼저 2절에서는 인적자원개발의 과제를 발굴하기 위해 우리나라 인적자원개발의 현황과 문제점을 짚어본다. 3절에서는 인력 수요와 공급에 관련된 통계자료를 강원도 지역을 중심으로 분석함으로써 지역인적자원개발에서 고려해

---

1) 고용의 악순환 경로(양극화 현상 확대)
　① 필요한 기술에 대한 외부 시장을 이용한 채용 증가 → 경쟁사 간의 스카우트 과열 → 해당 기술 인력의 임금 상승 → 높은 임금을 주는 기업으로 이동하는 비율 상승 → 자사의 신규 인력이나 숙련 인력에 대한 재교육 및 훈련 투자 삭감 → 고급 인력의 부족 현상 지속
　② 비정규직으로 채용된 저숙련 근로자 → 숙련 형성을 할 수 있는 직무에서 배제되어 숙련 형성의 기회 상실 → 고용 불안정으로 기업 간 이동을 하지만 지속적으로 비정규직 저숙련 근로자의 위치를 탈출하지 못함 → 근로 의욕 상실 및 단순 업무 기피 → 단순직 기술자 인력 부족 현상의 지속

야 할 시사점을 도출해 본다. 그리고 4절에서는 앞서 분석한 문제들의 해결방향과 정책 과제를 제시함으로써 결론을 도출한다.

2. 우리나라 인적자원개발의 현황

인적자원은 개인이 지닌 지식, 정보, 기술, 기능, 경험과 지혜 등에 대한 경제적 부가가치를 창출하는 역량을 의미하고, 인적자원개발은 인적자원을 쌓아가는 교육, 훈련, 연구·개발 등의 활동에 의해 개인의 역량을 축적하고, 그러한 역량을 효과적으로 활용하는 일련의 활동으로 정의할 수 있다(권대봉, 2003; 김형만, 2004).[2] 우리나라의 경우 OECD 국가 중에서 GDP 대비 학교교육에 대한 투자는 8.2%로 투입 비용 면에서는 거의 최고의 수준을 기록하고 있으나, 근로자들의 직무 관련 훈련 참여율은 14.3% 수준으로 선진국의 절반에도 미치지 못하는 최하위 수준을 기록하고 있다. 이러한 현상은 우리가 아직도 좋은 학교를 나오면 좋은 직장이 평생 보장되었던 과거의 의식에서 벗어나지 못하고, 빠르게 변화하는 기술과 지식을 습득해야 하는 지식기반사회의 인적자원개발체제를 구축하지 못하고 있는 실정을 보여준다(이재홍, 2005).

우리나라의 교육훈련정책은 학교교육과 연관된 부분에만 치중해 왔다.[3] 그러나 앞서 설명한 대내외 경제 환경과 노동시장의 구조 변화에 따라 정규교

---

2) Swanson & Holton(2001)과 McLean & McLean(2001)은 인적자원개발을 '성과를 개선할 목적으로 개인 또는 국가와 같은 공동체가 교육과 훈련, 연구·개발 등을 통해 인적자원의 역량을 개발하는 과정 또는 활동'으로 정의하고 있다.

3) 이렇게 치중한 학교교육도 경쟁력이라는 측면에서는 아직도 열악한 수준을 벗어나지 못하고 있다. 2005년 발표된 스위스 국제경영개발대학원(IMD)의 국가경쟁력보고서를 보면 2004년 기준으로 우리라라의 교육경쟁력은 60개국 중 44위, 교육체제가 경쟁적인 경제사회의 요구에 부합하는 정도는 52위, 대학교육이 경쟁적인 경제사회의 요구에 부합하는 정도는 59위로 우리 정규교육에 대한 평가가 매우 낮다는 사실을 알 수 있다.

<표 2-1> 성인의 평생학습 참여율 국제비교

(단위: %)

국가	참여율
스웨덴	57.3
미국	56.4
핀란드	54.3
덴마크	53.8
영국	46.2
스위스	44.2
호주	36.7
캐나다	35.3
프랑스	33.5
벨기에	30.4
폴란드	29.1
룩셈부르크	27.3
포르투갈	26.6
독일	23.6
한국	21.6
체코	21.0
아일랜드	20.3
네덜란드	12.8
이탈리아	12.3
그리스	11.3
헝가리	8.7
OECD 평균	31.6

자료: OECD(2006) 및 통계청(2004) 참조.

육만으로는 혁신적인 적응 역량을 요구하는 지식기반사회의 근로자로 살아가기가 어렵다. 우리나라의 정규교육은 과다할 정도의 비용이 투입되지만 1990년 33.2%였던 대학 진학률이 2004년 81.3%에 이르면서 대학교육의 질적인 하락에 대한 비판이 제기되고 있다. 그리고 그 결과로 현재 청년실업과 하향취업 등의 비효율적인 인적자원 배분이 발생하고 있다. 따라서 우리가 필요로 하는 인적자원개발체제는 정규교육에 치중하는 것을 피하고, 기초교육, 정규학교교육, 연구·개발, 인적자원의 배분, 활용 및 인프라에 관련된 제반 사항에

(단위: %)

구 분		평생학습 참여율	평생학습 참여 희망률
전 체		21.6	58.7
연령	15~19세	19.0	66.6
	20~29세	32.5	80.5
	30~39세	29.2	76.9
	40~49세	21.7	62.3
	50~59세	14.4	46.1
	60세 이상	7.3	19.8
학력	초졸 이하	5.0	
	중졸	9.1	
	고졸	18.7	
	대졸 이상	42.6	
직업	전문관리직	46.5	
	사무직	45.1	
	서비스판매직	15.7	
	농어업숙련직	16.7	
	기능노무직	12.7	

자료: 통계청(2004).

대해 포괄적인 접근을 다루는 시스템이다. 그리고 지역에서의 인적자원개발 대상은 그 지역의 학령인구, 청년층을 포함한 모든 주민이어야 한다.

한편 노동시장에 진입한 이후의 인적자원개발 참여는 낮은 편으로 2004~2005년을 기준으로 성인의 평생학습 참여율을 다른 나라와 비교해 보면 스웨덴, 미국, 핀란드, 덴마크 등의 절반에도 미치지 못하는 21.6%를 기록하고 있다. 반면 평생학습 참여 희망률은 58.7%로 참여율에 훨씬 웃돌고 있다. 따라서 현재 우리나라 근로자나 취업 희망자들의 평생학습에 대한 실상은 참여하기를 희망하지만 참여할 수 없는 사정에 처해 있는 경우가 전체의 약 37%라고 볼 수 있다(<표 2-1> 참조).

연령별로 볼 때 30대 주 노동력 계층의 평생학습 참여율이 가장 높으며, 중·장년층은 상대적으로 매우 낮은 수치를 기록한다. 결국 노동시장에서 퇴출 확률이 높은 중·장년층에게는 재교육 및 훈련의 참여가 희박하다. 또한 초졸, 중졸, 고졸자의 평생학습 참여율도 대졸자의 그것보다 매우 낮아 학력의 격차가 지속적으로 유지되는 모습을 보이고, 졸업한 후 시간이 경과할수록 소득과 근로조건의 격차가 확대되는 양극화 현상의 심화가 나타난다. 결국 연령이나 학력 등의 측면에서 평생학습에 대한 수요가 가장 높은 고용 취약 계층이 실제로는 재교육의 기회에서 가장 멀리 있는 구조적인 문제가 드러난다(<표 2-2> 참조).

이러한 현상은 이직 여부별 훈련 현황에서도 잘 나타나는데, <표 2-3>을 보면 이직이 발생한 근로자들에 대한 훈련 참여율이 계속 같은 직장에서 일하는 근로자들의 훈련 참여율보다 낮다. 이는 노동 이동의 압력을 받게 되는 계층의 근로자들이 다른 근로자들에 비해 상대적으로 훈련을 받을 기회가 적다는 것을 보여준다(이병희, 2004).

이와 같은 현상은 고용보험의 지원을 받는 기업 훈련의 참여자를 통해 다시 한 번 확인된다. 실증 자료에 따르면 여성, 저학력, 저숙련 근로자들의 훈련 참여율은 남성, 고학력, 고숙련 근로자들에 비해 상대적으로 매우 낮다. 현재 100인 미만 중소기업의 1인당 교육훈련비 투자는 대기업의 1/10 수준에 미치지 못하는 것을 확인할 수 있다(<표 2-4> 참조). 이러한 현상은 주로 중소기업 근로자들의 학력과 숙련도가 대기업보다 낮은 근로자 특성과 함께 중소기업 사장들의 훈련에 대한 인식 부족에 기인한다.

이러한 교육훈련비 투자의 양극화에 더하여 훈련지원금이 지급되는 사업장의 실적을 살펴보면 1~9인의 경우 사업장 수는 84.2%, 피보험 근로자 규모로는 27.2%를 차지하지만 지원 금액은 9.1%에 지나지 않는 반면, 500인 이상 사업장의 경우 사업장 비중은 0.2%, 피보험 근로자 규모 비중은 21.4%이지만 지원 금액은 68.3%를 점유하고 있는 것으로 나타난다. 이는 기존 제도의 활용에 있어서도 큰 격차가 있음을 확인시켜 준다(<표 2-5> 참조).

<표 2-3> 이직 여부별 고용보험의 지원을 받는 훈련에 대한 참여 현황(2002년)

(단위: 천 명, %)

구분	피보험자 수	훈련참여(A+B)		사업자 훈련(A)		실업사 훈련(B)	
재직근로자	5,166	806	(15.6)	806	(15.6)		
이직근로자	1,655	104	(6.3)	79	(4.8)	26	(1.6)
전체	6,821	910	(13.3)	885	(13.0)	26	(0.4)

자료: 고용보험 DB, HRD Net. 이병희(2004)에서 재인용.

<표 2-4> 규모별 1인당 교육훈련비(월평균)

(단위: 천 원)

구분	10~29	30~99	100~299	300~499	500~999	1000인 이상
1인당 교육훈련비	4.7	6.7	6.7	21.6	25.1	60.7

자료: 노동부(2004).

<표 2-5> 기업 규모별 훈련 지원 실적(2005)

(단위: 개소, 백만 원, %)

구분	전체	1~4	5~9	1029	30~49	50~99	100~299	300~499	500~999	1000인 이상
사업장 수	1,002,638	690,408	153,361	107,061	21,134	16,065	11,180	1,810	1,055	564
	100.0	68.9	15.3	10.7	2.1	1.6	1.1	0.2	0.1	0.1
피보험자수 (A)	7,576,856	1,282,863	781,941	1,222,199	516,094	697,244	1,068,261	385,963	427,660	1,194,631
	100.0	16.9	10.3	16.1	6.8	9.2	14.1	5.1	5.6	15.8
납부 보험료 (B)	732,036	86,100	21,771	38,902	19,550	29,047	101,971	52,962	72,028	309,705
	100.0	11.8	3.0	5.3	2.7	4.0	13.9	7.2	9.8	42.3
지원사 업장수	81,812	12,586	11,974	18,773	7,537	9,175	10,837	2,988	2,990	4,952
	100.0	15.4	14.6	22.9	9.2	11.2	13.2	3.7	3.7	6.1
지원 피보험 자수(C)	2,003,463	103,590	36,184	51,574	27,359	58,531	166,763	83,451	133,499	1,342,512
	100.0	5.2	1.8	2.6	1.4	2.9	8.3	4.2	6.7	67.0
지원 금액 (D)	212,137	13,928	5,225	7,519	3,347	6,971	18,935	9,116	14,922	132,174
	100.0	6.6	2.5	3.5	1.6	3.3	8.9	4.3	7.0	62.3
훈련 참여율 (C/A)	26.4%	8.1%	4.6%	4.2%	5.3%	8.4%	15.6%	21.6%	31.2%	112.4%
수지율 (D/B)	29.0%	16.2%	24.0%	19.3%	17.1%	24.0%	18.6%	17.2%	20.7%	42.7%

자료: 노동부, 고용전산망.

3. 지역 단위 인적자원개발 현황과 문제점: 강원 지역을 중심으로

　인적자원개발은 인력 수요와 공급이 이루어지는 지역에서의 수급이 원활해질 수 있도록 하는 필수적인 수단이다. 그러나 현재 우리나라의 지역 단위 인적자원개발은 수도권과 일부 광역시를 제외하고는 제대로 체제를 갖춘 곳이 드물고, 지역 사업체들이 원하는 인력을 질적으로나 양적으로 적절하게 공급하지 못하는 심각한 현상을 겪고 있다. 이렇게 나타나는 인력 수급의 불일치는 그 지역의 경제발전이나 혁신을 추진해 나가는 데 중대한 걸림돌로 작용하고, 장기적으로는 그 지역을 낙후하게 만드는 원인으로 작용할 수 있다. 따라서 지역발전을 위해서는 원활한 인력 수급이 이루어져야 하고, 원활한 인력 수급을 가져오기 위한 수단이 바로 인적자원개발기관들이 적절한 교육과 훈련 프로그램들을 제공하는 것이다. 물론 우수한 인적자원개발기관과 적절한 교육 훈련 프로그램 외에도 해당 지역의 인력 수요자인 사업체와 인력 공급의 주체인 근로자의 의식이나 행동 또한 중요한 역할을 한다.

　지역 단위의 인력 수요는 <그림 2-1>에서처럼 그 지역의 산업 및 사업체의

<그림 2-1> 인력 수급의 선순환과 인적자원개발의 역할

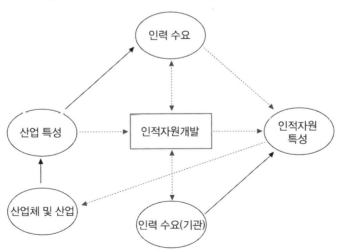

<표 2-6> 강원도 지역내총생산(RGDP) 추이

(단위: 10억 원, %)

구분	전국		강원도		
	RGDP	연평균 성장률	RGDP	연평균 성장률	RGDP 전국 비중
1985	87,975,945	-	3,533,870	-	4.0
1990	194,546,006	20.4	6,542,330	12.1	3.4
1995	410,130,587	17.8	12,039,965	15.2	2.9
2000	577,970,942	9.5	16,462,239	7.0	2.8
2001	620,905,233	7.4	17,112,808	4.0	2.8
2002	685,946,405	10.5	18,609,302	8.7	2.7
2003	731,626,781	6.7	20,637,107	10.9	2.8
2004	786,362,375	7.5	21,676,135	5.0	2.8

주: RGDP(Regional Gross Domestic Product)는 당해 년도 경상가격으로 기록함.

자료: 통계청, KOSIS 통계 DB.

특성에 따라 그 양과 질이 결정된다. 이렇게 형성된 인력 수요에 따라 인력공급 기관들이[4] 적절한 인적자원개발 프로그램을 제공하면서 인력공급기관을 통해 배출하는 인력의 특성이 결정되고, 이 특성이 인력 수요의 주체들이 원하는 내용과 일치할 때 해당 산업과 사업체가 발전하고, 다시 새로운 인력 수요가 생성되면서 산업과 지역경제의 규모가 확대되는 선순환이 이루어지게 된다. 그러나 이러한 순환의 고리에서 어느 한 부분의 괴리가 발생하게 되면 인력 수급의 질적·양적인 불일치가 나타나, 산업 특성에 맞지 않는 인력 공급이 발생하거나 공급되는 인력을 인력 수요 측면에서 모두 소화하지 못하는 등의 문제가 발생하게 된다. 따라서 적절한 인적자원개발체제를 구축하려면 이러한 선순환의 고리를 만들어나가기 위해 노력해야 한다.

따라서 여기서는 강원도의 산업구조와 산업의 특성을 살펴보고, 이들이 구성하는 인력 수요에 부합하는 인력 공급이 인력공급기관을 통해 이루어지는 지를 점검해 본 후 강원도의 인력 수급이 적절히 이루어지는지, 또한 인적자원 개발이라는 수단이 어떻게 작용하고 있는지를 살펴보려 한다.

---

4) 인력공급기관들은 해당 지역에 위치하는 기관들이 중심이 되겠으나, 타 지역의 인력공급 기관들에서도 이 지역에 인력 수요가 있다면 인력을 공급할 수 있다.

<표 2-7> 전국 지역내총생산(RGDP)의 산업별 비중

(단위: %)

구분	농림어업	광공업	전기, 가스·수도 사업	건설업	도소매업	숙박·음식점업	운수업	통신업	금융보험업	사회간접자본·기타서비스업
1985	10.0	25.5	1.4	7.5	7.2	2.4	4.6	0.4	3.3	29.7
1990	5.9	26.2	1.5	10.3	7.1	2.5	4.5	1.0	4.6	27.5
1995	4.7	23.8	1.9	9.8	7.2	2.8	4.2	1.4	6.2	28.2
2000	4.1	26.1	2.2	7.6	6.9	2.5	4.3	2.0	6.1	27.3
2001	4.0	25.5	2.3	7.7	7.1	2.6	4.2	2.6	6.2	27.0
2002	3.6	25.6	2.4	7.3	7.2	2.6	3.9	2.8	7.1	26.3
2003	3.3	25.9	2.4	7.7	6.6	2.5	3.9	2.9	7.1	26.3
2004	3.3	27.5	2.5	7.5	6.2	2.4	4.0	3.0	6.6	25.6

주: 2000년 기준 가격으로 계산한 비중이며, 사회간접자본 및 기타 서비스업=부동산 및 사업서비스업+
공공행정, 국방 및 사회보장+교육서비스업+보건 및 사회복지사업+기타 서비스업, '지역내총생산(시
장가격)=지역내총부가가치(기초가격)+순생산물세'인데, 각 산업의 비중을 합한 항목 외에 순생산물세
를 포함해야, 각 산업별 비중 합계가 100%로 나오는데, 여기서는 생략함.
자료: 통계청, KOSIS 통계 DB.

<표 2-8> 강원도 지역내총생산(RGDP)의 산업별 비중

(단위: %)

구분	농림어업	광공업	전기, 가스·수도 사업	건설업	도소매업	숙박·음식점업	운수업	통신업	금융보험업	사회간접자본·기타서비스업
1985	14.6	19.0	2.7	8.3	3.6	4.0	5.8	0.4	1.1	34.2
1990	8.6	16.9	2.2	14.8	3.9	3.3	5.7	1.0	1.8	33.9
1995	7.6	13.7	1.9	14.5	5.2	4.5	4.4	1.4	3.6	33.5
2000	7.1	14.1	2.5	11.5	4.9	4.9	3.7	1.8	4.3	36.0
2001	6.9	12.8	2.3	11.6	4.9	4.0	3.9	2.4	4.0	38.2
2002	6.7	12.9	2.1	11.7	5.0	3.6	3.7	2.7	5.1	37.4
2003	6.0	12.6	2.2	13.6	4.6	4.1	3.4	3.0	4.8	36.1
2004	6.2	12.3	2.3	12.7	4.8	4.5	3.3	2.9	4.7	36.7

자료: 통계청, KOSIS 통계 DB.

강원도의 지역내총생산(RGDP: regional GDP)은 전국 GDP의 약 2.8%를 차지하고 있다. 이 비중은 1985년에는 전국 대비 4%의 수준에서 지속적으로 감소하다가 2000년대에 들어서면서 2.8%로 안정되는 추세다. 한편 인구는 전국 대비 약 3%를 구성하고 있다. 따라서 인구 비중에 비해 총생산이 약간 낮은 상황이다. 강원도의 RGDP 연평균 성장률은 전국의 성장률보다 매년 대부분 1~2% 낮은 수치를 기록했기(1989, 1996, 2003년은 예외) 때문에 경제발전이 다른 지역보다 늦은 편이다.

산업구조 측면에서 2004년 기준 강원도의 각 산업 비중은 농림어업 6.2%, 광공업 12.3%, 전기가스수도업 2.3%, 건설업 12.7%, 도소매업 4.8%, 숙박음식점업 4.5%, 운수업 3.3%, 통신업 2.9%, 금융보험업 4.7%, 사회간접자본 및 기타 서비스업 36.7%로 전국 규모의 구성(농업 3.3%, 광공업 27.5%, 전기가스수도업 2.5%, 건설업 7.5%, 도소매업 6.2%, 숙박음식점업 2.4%, 운수업 4.0%, 통신업 3.0%, 금융보험업 6.6%, 사회간접자본 및 기타 서비스업 25.6%)과 비교할 때 광공업에서 5.2%p 낮고, 사회간접자본 및 기타 서비스업에서 11.1%p 높은 등 큰 차이를 보인다.

연도별로 보았을 때 농림어업 비중의 감소폭은 전국이나 강원도가 비슷한데, 2004년 현재로 봐서는 당연히 강원도의 농림어업 비중이 약 3%p 높게 나타난다. 광공업은 1985년에 전국 규모보다 약 6%p 낮았는데, 2004년에 전국 광공업 비중은 여전히 27.5%인데, 강원도의 광공업 비중은 12.3%로 낮아져서 오히려 15.2%p로 격차가 확대되고 있다. 반면, 1985년 34.2%였던 사회간접자본 및 기타 서비스업은 36.7%로 다소 증가한 모습을 보인다. 결국 강원도의 산업구조 특성은 과거와 비교할 때 농림어업과 광공업이 감소하고 건설업, 통신업, 금융보험업, 사회간접자본 및 기타 서비스업의 비중이 증가했는데, 특히 광공업의 감소폭이 가장 큰 것으로 나타난다.

강원도의 인구는 1995년 153만 명에서 2005년 152만 명으로 약간 감소했지만 거의 변화가 없다. 그러나 출산을 제외하고 인구 이동의 추이만을 보면 2000년 이후 매년 전출이 전입보다 약 1만 명 더 발생하여 인구의 약 0.65%가

<표 2-9> 강원도 인구 추이

(단위: 천 명)

연도	전국	강원	전국 비중
1995	45,982	1,530	3.33
2000	47,977	1,559	3.25
2001	48,289	1,557	3.22
2002	48,518	1,544	3.18
2003	48,824	1,533	3.14
2004	49,053	1,529	3.12
2005	49,268	1,521	3.09

자료: 통계청, KOSIS 통계 DB.

<표 2-10> 강원도 인구이동 추이

(단위: 천 명)

연도	총전입	총전출	순이동
1995	263,349	272,699	-9,350
2000	255,403	266,537	-11,134
2001	256,767	264,880	-8,113
2002	266,880	284,061	-17,181
2003	269,296	282,359	-13,063
2004	252,902	261,244	-8,342
2005	245,689	257,162	-11,473

자료: 통계청, KOSIS 통계 DB.

유출되는 것으로 나타난다.

이제 인적자원 측면에서의 특성을 분석하기 위해 강원도 인구와 취업자 등의 특성을 살펴보기로 하자.

강원도의 15세 이상 생산가능인구의 숫자는 증가하지 않고 정체되어 있는 상태다. 노령화가 전반적으로 진행되고 있는 상황을 감안할 때 저출산 경향과 함께 청·장년층의 인력 유출로 인해 생산가능인구가 증가하지 않고 있는 것으로 판단된다. 경제활동참가율은 전국 수준보다 낮은 것으로 나타나는데 이는 노령화[5]와 농림어업의 비중이 영향을 미치는 것으로 보인다. 이렇게 경제활동 참가율이 낮기 때문에 2000년 이후 실업률은 오히려 전국 수준보다 2%p

<표 2-11> 강원도의 경제활동인구

(단위: 천 명, %)

구분		15세 이상 인구	경제활동인구			비경제 활동인구	경제활동 참가율	실업률
			계	취업자	실업자			
전국	1995	33,659	20,845	20,415	430	12,814	61.9	2.1
	2000	36,186	22,134	21,156	978	14,052	61.2	4.6
	2001	36,579	22,471	21,572	899	14,108	61.4	4.2
	2002	36,963	22,921	22,169	752	14,042	62.0	3.4
	2003	37,340	22,957	22,139	818	14,383	61.5	3.7
	2004	37,717	23,417	22,557	860	14,300	62.1	3.8
	2005	38,300	23,743	22,856	887	14,557	62.0	3.9
강원도	1995	1,119	646	473	173	473	57.7	0.8
	2000	1,169	687	668	19	482	58.8	2.6
	2001	1,169	678	662	16	491	58.0	2.4
	2002	1,166	696	683	13	470	59.7	1.9
	2003	1,163	678	665	14	484	58.3	2.0
	2004	1,158	684	670	14	474	59.1	2.0
	2005	1,166	683	671	12	484	58.5	1.7

자료: 통계청, KOSIS 통계 DB.

가까이 낮은 성향을 가지고 있다.

이러한 추세는 연령별 추이를 살펴보면 명확하게 드러난다. <표 2-12>에서 강원도의 경우 1992년부터 2005년까지 다른 연령의 경제활동참가율은 전국의 수준과 유사하지만, 20~29세 경제활동인구의 비율은 전국 수준에 비해 낮은 것을 알 수 있다.

---

5) 강원도의 경우 전국적인 규모보다 더 빠른 인구의 노령화 추세가 나타나고 있다. 1990년 강원도의 65세 이상 노령인구는 6.7%였으나 2005년에는 12.8%(전국 시·도 중 5위)로 증가했다. 이는 주요 산업인 농어촌 가구의 출산 연령의 인구가 없는 점과 저출산에 기인하고 있지만, 청·장년층이 수도권으로 이전하는 사례가 많기 때문에 나타나는 현상이기도 하다.

<표 2-12> 강원도 연령별 경제활동인구 비율

(단위: %)

구분		15~19	20~29	30~39	40~49	50~59	60세 이상
전국	1992	14.4	65.5	75.1	78.5	72.3	37.0
	1997	10.8	67.5	76.8	80.5	72.0	40.2
	2003	9.8	65.0	74.8	78.5	69.0	36.5
	2004	9.8	66.3	74.8	79.0	69.4	37.3
	2005	9.1	66.3	74.7	79.0	69.9	37.4
강원도	1992	8.9	60.9	73.0	75.3	70.1	42.1
	1997	8.3	61.3	77.6	78.7	69.7	40
	2003	8.4	58.8	74.7	78.1	66.8	37.6
	2004	8.0	61.7	74.6	78.1	68.6	37.4
	2005	8.7	60.1	73.4	77.8	68.0	37.6

자료: 통계청, KOSIS 통계 DB.

이제 취업 인력의 특성을 분석하기 위해 강원도의 취업자 추이에 대해 살펴보자. 강원도 내에서 농림어업의 취업자가 차지하는 비중은 1995년 64만 명 중 14만 8,000명으로 23%를 차지하고 있었는데, 2005년 16%(67만 명 중 11만 명)로 감소했다. 제조업의 경우 또한 1995년 12.5%에서 2005년 7.8% 로 감소했다. 반면 사업·개인·공공서비스·기타 서비스의 비중은 1995년 19.5%에서 2005년 31.6%로 크게 증가했다.

이런 추세를 앞서 본 <표 2-8>의 지역내총생산 비중의 추이와 비교해 보면 농림어업에서 취업자 비중은 1995년에서 2005년 기간 동안 23.1% → 16.4%로 감소했으나, RGDP는 7.6% →6.2%로 감소하여 개선은 되었지만 노동생산성은 낮은 상황이다. 같은 기간 동안 광공업은 취업자 비중이 12.5% →7.8%로 축소되었는데, RGDP는 13.7% → 12.3%로 감소하여 과거보다 더 높은 노동생산성으로 개선되고 있는 중이다. 사업·개인·공공서비스·기타 서비스6)의 취업자 비중은 19.5% →31.6%로 크게 증가했으나, RGDP는 38.2% →39.6%로 상대적인 노동생산성이 급격하게 낮아지고 있다.

---

6) RGDP의 통신업과 사회간접자본 및 기타 서비스업의 합계를 사용했다.

<표 2-13> 강원도 산업별 취업자 수(지역 내 비중)

(단위: 천 명, %)

구분	전산업	농림 어업	광업	제조업	건설업	도소매· 음식숙박업	사업·개 인·공공 서비스· 기타	전기·운수 ·창고· 금융
1995	640	148 (23.1)	4 (0.6)	76 (11.9)	70 (10.9)	155 (24.2)	125 (19.5)	62 (9.7)
2000	668	133 (19.9)	8 (1.2)	59 (8.8)	65 (9.7)	193 (28.9)	139 (20.8)	71 (10.6)
2001	662	124 (18.7)	8 (1.2)	59 (8.9)	61 (9.2)	186 (28.1)	152 (23.0)	71 (10.7)
2002	683	122 (17.9)	6 (0.9)	57 (8.3)	66 (9.7)	193 (28.3)	165 (24.2)	74 (10.8)
2003	665	120 (18.0)	6 (0.8)	47 (7.1)	66 (9.9)	171 (25.8)	189 (28.5)	66 (9.9)
2004	670	111 (16.5)	5 (0.7)	47 (7.0)	66 (9.8)	181 (27.0)	202 (30.2)	59 (8.7)
2005	671	110 (16.4)	7 (1.0)	45 (6.8)	59 (8.8)	174 (25.9)	212 (31.6)	64 (9.5)

주: ( ) 안은 강원도 지역 내 구성 비중임.
자료: 통계청, KOSIS 통계 DB.

한편, 1995년에 비해 광공업 취업자의 전국 대비 비중과 사회간접자본 및 기타 서비스업의 비중은 다소 증가했으나, 2000년 이후에는 전국 대비 비중이 큰 변화 없이 유지되고 있다. 따라서 2000년 이후에는 전국적으로 나타나는 산업 구조조정이나 고용의 추세가 강원도에서도 동질적으로 나타나고 있다고 본다.

1995~2005년의 강원도 내 취업자의 직종별 분포의 추이는 전국 직종별 분포의 추이와 유사하게 나타나지만, 몇 가지 직종에서 차이를 보인다. 우선 전문가의 경우 전국 단위나 강원도 모두 일정 비중만큼 증가했으나, 기술공 및 준전문가의 경우 전국 단위는 그 비중이 약간 증가한 데 비해 강원도의 경우는 약간 감소한 것으로 나타난다. 또한 서비스 종사자의 경우 전국 단위에

<표 2-14> 강원도 산업별 취업자 수

(단위: 천 명, %)

연도	농림·어업		광공업		사회간접자본 및 기타 서비스업	
	전국	강원도	전국	강원도	전국	강원도
1995	2,403	148(6.2)	4,844	13(0.3)	13,168	64(0.5)
2000	2,243	133(5.9)	4,310	67(1.6)	14,603	469(3.2)
2001	2,148	124(5.8)	4,285	67(1.6)	15,139	471(3.1)
2002	2,069	122(5.9)	4,259	63(1.5)	15,841	498(3.1)
2003	1,950	120(6.2)	4,222	53(1.3)	15,967	492(3.1)
2004	1,825	111(6.1)	4,306	52(1.2)	16,427	507(3.1)
2005	1,815	110(6.1)	4,251	52(1.2)	16,789	508(3.0)

주: ( ) 안은 전국 대비 비중임.

자료: 통계청, KOSIS 통계 DB.

<표 2-15> 전국 단위 직종별 취업자 비중의 추이

(단위: %)

구분	1995	2000	2001	2002	2003	2004	2005
계	100	100	100	100	100	100	100
0.의회의원, 고위임직원 및 관리자	2.5	2.2	2.4	2.6	2.7	2.6	2.5
1.전문가	4.8	6.6	6.9	7.1	7.7	7.7	8.0
2.기술공 및 준전문가	9.1	9.8	9.6	9.5	9.7	10.3	10.3
3.사무 종사자	12.6	11.9	12.4	12.7	14.3	14.1	14.3
4.서비스 종사자	22.1	12.6	12.6	12.8	12.4	12.8	13.0
5.판매 종사자	-	13.4	13.6	13.3	12.8	12.2	11.7
6.농업, 임업 및 어업 숙련 종사자	11.1	10.0	9.4	8.9	8.3	7.5	7.5
7.기능원 및 관련 기능 종사자	15.9	12.7	12.2	12.2	10.9	10.9	10.7
8.장치,기계조작 및 조립 종사자	10.8	10.8	10.8	10.7	10.8	11.0	11.2
9.단순 노무 종사자	11.2	10.0	9.9	10.2	10.5	10.9	10.8

주: 2000년 이전에는 서비스 종사자와 판매 종사자를 합쳐 서비스 근로자 및 상점과 시장 판매 근로자로
분류되었다.

자료: 통계청, KOSIS 통계 DB.

<표 2-16> 강원도 직종별 취업자 비중의 추이

(단위: %)

구 분	1995	2000	2001	2002	2003	2004	2005
0. 의회의원, 고위임직원 및 관리자	2.3	2.8	2.6	2.5	2.1	2.4	2.5
1. 전문가	4.5	4.8	4.7	4.8	7.7	7.5	7.9
2. 기술공 및 준전문가	6.4	4.0	4.1	4.5	5.0	5.4	5.8
3. 사무 종사자	9.4	10.3	10.7	11.0	11.4	11.8	11.9
4. 서비스 종사자	21.3	15.0	15.1	16.0	15.5	15.8	16.2
5. 판매 종사자	-	14.2	14.4	13.6	12.2	11.6	11.3
6. 농업, 임업 및 어업 숙련 종사자	21.4	18.3	17.2	16.4	16.5	14.8	15.5
7. 기능원 및 관련 기능 종사자	11.1	11.1	11.8	10.8	8.7	9.1	8.0
8. 장치·기계조작 및 조립 종사자	9.8	8.4	8.5	8.9	8.1	7.9	8.2
9. 단순 노무 종사자	13.8	11.1	10.7	11.3	12.8	13.7	12.5

자료: 통계청, KOSIS 통계 DB.

서도 그 비중이 증가하고는 있지만 강원도에서는 그 증가 속도가 훨씬 빠르다. 농림어업 숙련종사자의 비중이 전국의 수준보다 높은데, 1995년부터 이미 상대적으로 높은 비중을 가지고 있었으며 감소 추세에 있는 것은 마찬가지로 보인다. 마지막으로 장치·기계 조작 및 조립 종사자의 경우 전국에서는 취업자 비중이 증가하고 있으나 강원도에서는 감소하고 있다.

결국 강원도의 취업자 직종별 분포의 변화도 전국에서 발생하고 있는 변화와 큰 차이를 보이지는 않는다. 그러나 제조업에서 주로 활동하는 직종들의 경우 전국 단위에서는 비중이 증가하는데 강원도에서는 감소하는 추세가 나타난다.

강원도의 연령별 취업자 수를 전국과 비교했을 때 15~19세와 20~29세의 청년층에서 뚜렷한 차이를 보이는데, 15~19세의 경우 연평균 증가율이 높지만 규모가 작은 취업자의 수가 증감을 반복하기 때문에 연평균 증감률이 큰 의미가 없는 반면, 20~29세의 경우 지속적으로 감소하고 있으며 그 감소율도 전국 규모에 비해 절대적으로 높은 문제를 드러내고 있다. 이러한 수치는 강원도의 20~29세 청년층 유출이 전국 규모보다 더 빠르다는 것을 의미한다.

(단위: 천 명, %)

구분		총계	15~19	20~29	30~39	40~49	50~59	60세 이상
전 국	1999	20,291	351	4,340	6,018	4,888	2,829	1,865
	2000	21,156	389	4,490	6,137	5,277	2,899	1,963
	2001	21,572	358	4,457	6,167	5,561	2,959	2,071
	2002	22,169	313	4,486	6,212	5,856	3,098	2,204
	2003	22,139	272	4,334	6,186	6,031	3,174	2,142
	2004	22,557	258	4,320	6,181	6,206	3,334	2,257
	2005	22,856	243	4,207	6,122	6,305	3,599	2,381
	연평균 증감률	1.33	-5.85	-2.63	-0.96	1.59	7.95	5.46
강원도	1999	647	8	118	176	156	100	89
	2000	668	7	122	177	168	101	94
	2001	662	7	115	175	173	99	93
	2002	683	8	112	177	187	102	97
	2003	665	7	102	171	189	103	93
	2004	670	7	101	169	190	109	95
	2005	671	7	96	163	190	116	99
	연평균 증감률	0.09	9.09	-5.35	-3.43	0.00	5.96	4.86

자료: 통계청, KOSIS 통계 DB.

이러한 성향은 30~39세의 경우에도 마찬가지로 나타나며, 인력 순유출이 매년 1만 명씩 나타나는 현상과 일관된 정보를 제공한다.

한편, 2000년 이후 강원도의 전체적인 실업률은 연령에 상관없이 안정적이고 그 수준도 전국보다 상당히 낮다. 따라서 청·장년층의 유출이 일자리가 없고 실업률이 높기 때문이 아니라 구하고자 하는 일자리의 질적인 문제로 인해, 또는 인접한 수도권에서 더 좋은 일자리를 찾을 수 있기 때문에 발생했다고 해석할 수 있다.

이제 마지막으로 강원도의 인력공급기관에 대해 살펴보자. 강원도에는 현재 4년제 대학 8개, 전문대학 10개 등 18개 대학이 있고, 직업교육을 위한 사설 학원이 상당수 존재하고 있다. 염돈민(2005)은 강원도 내 고등학교 졸업생의 규모보다 대학의 입학 정원이 많아 인력 수급의 양적인 괴리를 발생시킨다는 문제를 제기했다. 그러나 최근 지방 대학들의 입학생 구성을 살펴보면

<표 2-18> 전국의 연령계층별 실업률

(단위: %)

연도	총계	15~29세	30~59세	60세 이상
2000	4.4	8.1	3.5	1.5
2001	4.0	7.9	3.0	1.2
2002	3.3	7.0	2.4	1.1
2003	3.6	8.0	2.5	1.0
2004	3.7	8.3	2.6	1.2
2005	3.7	8.0	2.8	1.3

자료: 통계청, KOSIS 통계 DB.

<표 2-19> 강원도의 연령계층별 실업률

(단위: %)

연도	총계	15~29세	30~59세	60세 이상
2000	2.6	5.8	2.2	1.1
2001	2.4	4.7	2.0	0.0
2002	1.9	4.7	1.3	0.0
2003	2.0	6.1	1.3	0.5
2004	2.1	6.7	1.3	0.2
2005	1.8	4.9	1.4	0.1

자료: 통계청, KOSIS 통계 DB.

전국 각지에서 찾아오는 신입생이 많기 때문에 지역 내의 인력 공급에 의해 인력 수요가 충족되어야 할 필요는 없다. 따라서 어느 지역에서 강원도 내의 대학으로 진학했던 인력 수급의 양적인 괴리와는 상관이 없고, 다만 이들이 대학 졸업 후에 과연 강원도 내에서 눈높이를 맞춘 직장을 구할 수 있느냐가 오히려 사업체들의 인력 수요에 걸맞은 공급의 개념이 될 수 있다.

또한 사설 학원을 포함한 모든 직업훈련기관에 대해서는 과연 인력 수요 측면에서 제시되는 산업 특성에 적합한 인력으로 훈련시킬 수 있는 능력이 존재하는가라고 볼 수 있다.

최근 인력 부족 현상은 고급 기술과 지식 부문 면에서 필요한 교육과 훈련을 받은 구직자가 부족해서 발생하는 한편, 단순 기술에 있어서는 저임금 등의

<表 2-20> 강원도 주요 인적자원개발기관 현황(2006)

(단위: 개소, %)

구분		주요 기관	전국 대비 비중(%)	전국 기관
기초교육	초등학교	366	6.5	5,646
	중학교	161	5.5	2,935
	고등학교	114	5.4	2,095
	특수학교	6	4.2	142
대학	전문대학	10	6.3	158
	대학교	8	4.6	173
사설 학원	직업기술 분야	153	3.2	4,789
	국제실무 분야	178	3.2	5,500
	인문사회 분야	5	0.7	670
	경영실무 분야	127	4.3	2,984
	예능 분야	863	3.4	25,758

자료: 통계청의 KOSIS, 강원도 교육청, 한국교육개발원의 교육통계연감(2006).

<表 2-21> 전국의 산업별 인력 수급 실태

(단위: 명, 건, %)

업종	구인		취업		충족률
	구인인원	비율	취업자 수	비율	
전산업	866,013	100.0	415,022	100.0	47.9
농림업	3,244	0.4	881	0.2	27.2
어업	62	0.0	19	0.0	30.6
광업	913	0.1	149	0.0	16.3
제조업	426,080	49.2	57,240	13.8	13.4
건설업	54,916	6.3	10,267	2.5	18.7
도소매, 음식숙박업	105,351	12.2	12,976	3.1	12.3
전기, 운수, 통신, 창고, 금융업	44,460	5.1	8,973	2.2	20.2
사회간접자본 및 기타 서비스업	230,976	26.7	75,563	18.2	32.7
미입력	11	0.0	248,954	60.0	*

주 1) 충족률=취업자 수/구인 직원×100.

　　2) *: 미입력.

자료: 통계청, KOSIS 통계 DB.

<표 2-22> 강원도의 산업별 인력 수급실태

(단위: 명, 건, %)

업종	구인		취업		충족률
	구인인원	비율	취업자 수	비율	
전산업	8,957	100.0	6,181	100.0	69.0
농림업	109	1.2	3	0.0	2.8
어업	2	0.0	1	0.0	50.0
광업	42	0.5	1	0.0	2.4
제조업	2,398	26.8	196	3.2	8.2
건설업	1,155	12.9	131	2.1	11.3
도소매, 음식숙박업	1,357	15.2	138	2.2	10.2
전기, 운수, 통신, 창고, 금융업	731	8.2	118	1.9	16.1
사회간접자본 및 기타 서비스업	3,163	35.3	825	13.3	26.1
미입력	0	0.0	4,768	77.1	*

주: 1) 충족률=취업자 수/구인 직원×100.

　　2) *: 미입력.

자료: 통계청, KOSIS 통계 DB.

열악한 근로 환경과 고된 업무에 대한 기피 현상 때문에 인력 부족이 발생하는 쌍봉형 구조를 가지고 있다. 현재로서는 강원도 사업체에 대한 인력 부족에 대한 실태 조사 결과가 따로 존재하지 않기 때문에 구체적인 분석을 할 수 없지만, 강원도의 경우도 도내 사업체들이 호소하는 인력 부족이 양적이나 질적으로 어떤 부문에서 나타나는지를 파악할 필요가 있다.

다음으로 직장을 구하는 사람들 중 실제 취업되는 비율을 보여주는 취업 충족률을 살펴보면 전체적으로 강원도가 전국 수준보다 높은 것으로 파악된다. 그러나 문제는 취업이 된 사람들이 어느 분야에서 취업이 이루어졌는지를 기입하지 않아 구체적인 취업 충족률을 정확하게 파악할 수가 없다는 점이다. 이와 같은 상황을 미루어볼 때 강원도에서의 인력 수급은 양적인 측면보다는 질적인 측면에서의 문제가 상대적으로 더욱 심각한 것으로 판단된다.

4. 맺음말: 지역인적자원개발의 방향

앞서 지적한 대내외적인 경제 환경과 노동시장 구조의 변화라는 문제점, 그리고 국가인적자원개발에 있어 우리나라가 가지고 있는 노동시장 진입 후 인적자원개발 참여의 저조, 교육훈련비 투자나 교육훈련 자체의 양극화 현상 등의 국가적 문제점에 더하여 선행 연구에서는 다음과 같은 지역인적자원개발의 문제점을 지적하고 있다.

첫째, 인적자원개발은 여전히 중앙정부의 예산과 권한에 소속되어 있어서 지역의 특성을 살리지 못하는 것이 대부분이다. 둘째, 지방자치단체와 관련자의 지역인적자원개발에 대한 인식의 부족으로 추진 체계가 미흡하다. 셋째, 중앙정부와 지방자치단체, 그리고 각 부처 간의 관련 업무와 정책이 중복되거나 서로 미루어 방치하여 중심부서의 존재감이 없다. 넷째, 인적자원개발 인프라가 취약하여 정보 축적이 미흡하다(주용국 외, 2004; 이남철 외, 2003; 이희수 외, 2003).

이러한 문제에 더하여 이 연구에서는 강원도 인력 수급 측면에서 인력 수급의 불균형과 격차 확대라는 더 근본적인 문제점이 존재하는 것을 발견했다. 따라서 강원도 지역의 경우 산업구조의 조정, 산업 발달의 부족 등을 원인으로 좋은 일자리의 창출 부족이라는 인력 수요의 문제가 인구적인 변화와 맞물려 심각한 우려를 전해주고 있으며, 인력 공급의 측면에서는 지역에서 필요로 하는 인력을 적절히 공급하거나 외부로부터 유입하는 데 문제를 겪고 있는 것으로 생각된다.

지역 고용 변동의 특징은 어떤 충격이 지역적으로 나타났을 때 고용의 변동이 발생하면 그 추세에 대한 지속성이 매우 강하다는 점이다(강동희, 2000). 인적자원개발이 미흡한 지역은 인력 수요와 공급의 불일치로 발생하는 고용의 악화가 지속될 것이며, 인적자원개발이 본궤도에 올라서게 된 지역경제는 고용의 선순환과 함께 지역경제가 발전할 가능성이 크다. 따라서 고용의 선순환 사이클을 발생시킬 수 있는 인적자원개발체제의 구축이 지역적으로는 가장 중요한 일이며, 그러한 선순환 구조는 위에서 언급한 정책 과제들의 추진과 함께 인력 수요와 공급 측면에서의 문제를 해결하고자 하는 노력이 집중되어야 한다.

이렇게 선순환 구조로 진입하기 위한 과제들로는 다음과 같은 내용들을 제시할 수 있다.[7]

우선, 지역에서의 유망 기업들의 유인과 집중이 가장 중요하다. 좋은 일자리를 제공할 수 없다면 그 지역에서 우수한 인력을 양성하더라도 다른 지역으로 이동해 버리게 되므로 인력 수요의 창출이 선행되어야 한다. 이를 위해서는 지역경제의 활성화를 시도할 수 있는 정책들, 예를 들어 사업체들을 위한 인프라를 구축하고 세제 감면 등의 인센티브를 부여하는 등의 투자 유치를 통해 성장 산업과 관련 사업체를 유인하려는 노력이 선행되어야 한다. 이런 인력 수요가 창출되면 필요한 분야에 숙련 노동력을 영입해야 하는데, 이 과정에서 교육훈련기관들과 같은 인력공급기관의 적극적인 협조가 필요하다. 따라서 인력 수요자인 기업과 인력 공급자인 교육훈련기관 및 연구기관 간의 정보와 인적 교류를 내용으로 하는 네트워크가 강화되어야 한다. 이 과정에서 필요한 재원을 투자받기 위해서는 지방정부뿐만 아니라 중앙정부로부터의 협조를 얻어내야 하고, 각 부처가 중구난방으로 실시하고 있는 지역인적자원 개발정책들을 유기적으로 연계시키는 노력이 동반되어야 한다.

한편, 근로자들의 의식 또한 변화가 필요하다. 인프라와 교육훈련을 받을 수 있는 방법을 제시하더라도 본인들이 재교육 및 훈련을 통해 숙련노동자가 되려는 의지가 없다면, 아무리 우수한 정책을 추진하더라도 효과가 없을 것이다. 이와 같은 노력이 효과적으로 진행된다면 숙련 인력의 형성과 집중, 지역경제의 활성화, 고용의 증가와 같은 선순환 구조가 작동하게 되면서 지역에서의 규모의 경제가 나타날 것이다.

마지막으로 한 가지. 김안국(2005)에 따르면 지방자치단체의 인적자원개발

---

7) Scott & Storper(2003)에서 아이디어를 찾아냈다.

프로그램이 성공적으로 평가받을 때 공통적으로 나타나는 요인으로 단체장과 고용정책 담당자의 적극적인 의지와 노력이 거의 80%의 비중을 차지하는 것으로 조사되었다. 아직도 고용이나 인적자원개발에 대한 지방자치단체와 단체장 및 관련 공무원들의 인식이 낮은 것이 현실임에도 불구하고, 이 결과는 성공 사례의 필수 요소를 지적한다는 점에서 중요하다.

또 지방자치단체가 기업·기업단체 및 교육훈련기관과 얼마나 강한 연관관계를 가지고 있고, 그들이 서로 활용할 수 있는 정보 인프라가 어느 정도 구축되어 있는지 여부에 따라 지역인적자원개발의 성공이 좌우되는 것으로 나타났다. 따라서 유기적인 연계체제와 정보 인프라를 구축하고 이를 인적자원개발 프로그램을 개발하는 데 적극적으로 활용하는 지방정부의 노력은 지역인적자원개발의 성패를 결정하는 데 필수적인 요인이 될 것이다.

참고문헌

강동희. 2000. 「우리나라 고용변동의 지역간 파급효과: 4대 광역권을 중심으로」. ≪경제학논집≫, 9(2).

권대봉. 2003. 『인적자원개발의 개념 변천과 이론에 대한 종합적 고찰』. 원미사.

김광조. 2005. 「정책 환경의 변화와 인적자원개발정책의 과제」. ≪직업과 인력개발≫, 8(1).

김안국. 2006. 「연구논단: 지방 자치단체의 고용과 인적자원개발 정책의 효과」. ≪직업과 인력개발≫, 9(1).

김형만. 2004. 「연구논단: 인적자원정책의 방향과 과제」. ≪직업과 인력개발≫, 7(1).

노동부. 2004. 『기업체노동비용조사』.

_____. 고용전산망. HRD Net.

염돈민. 2005. 「강원지역의 인적자원개발 현황과 과제」. ≪직업과 인력개발≫, 8(4).

이남철·한상신. 2003. 『지역단위 인적자원개발 활성화를 위한 행·재정지원 인프라 구축 방안』. 한국직업능력개발연구원.

이병희. 2005a. 「노동시장 여건변화와 인적자원개발 정책과제」. ≪노동리뷰≫, 1(2).

_____. 2005b. 「노동시장에서의 인적자원개발 투자 확대돼야」. ≪나라경제≫, 16(1).

이재흥. 2005. 「정책동향: 노동시장 인적자원개발정책 방향」. ≪직업과 인력개발≫, 8(2).

이희수 외. 2003. 『지역인적자원개발 시범지역 운영 성과 분석 및 확대 발전 방안 연구』. 교육인적자원부.

장홍근 외. 2004. 『인적자원개발 동향분석 연구사업』. 한국직업능력개발연구원.

주용국·김수원·김선태. 2004. 『인적자원개발과 리더십: 지방자치단체를 중심으로』. 한국직업능력개발원.

중앙고용정보원. ≪고용동향분석≫, 각 호.

_____. ≪고용보험통계월보≫, 각 호.

통계청. 『경제활동인구연보』, 각 호.

_____. 2005. 『시도별 장례인구 특별추계』.

_____. 2005. 『인구이동통계』.

_____. KOSIS 통계 DB.

_____. 2004. 『사회통계조사』.

한국교육개발원. 2006. 『교육통계연감』.

한국직업능력개발연구원. 2005. 『지방자치단체의 고용과 인적자원개발정책: 지역편』.

Allen J. Scott & Michael Storper. 2003. "Regions, Globalization, Development." *Regional Studies*, 37(6&7).

McLean, G. N. & L. McLean. 2001. "If We Can't define HRD in one country, How can define it in another?" *Human Resource Development International*, 4(3).

OECD. 2006. *Education at a Glance*.

Swanson, Richard A. & Elwood F. Holton. 2001. *Foundations of Human Resource Development*. San Francisco: Berrett-Koehler Publishers, Inc.

3장

인적자원개발시스템

개념적 접근

김정원 | 강원대학교 경영학과 교수

1. 머리말: 연구의 배경과 목적

21세기는 분명 지난 20세기와는 다른 커다란 변화가 빠른 속도로 진행되고 있다. 더 치열해진 경쟁, 급속한 기술 변화, 글로벌 경제 시스템의 정착 등은 이제 모든 조직들이 당면하고 있는 경영환경이다. 이러한 환경 여건의 변화를 맞이하여 선도적 기업들의 경우, 무엇보다도 구성원들의 능력 개발을 통해 환경 변화에 대응하기 위해 끊임없는 투자와 노력을 기울이고 있다. 이들 기업에서 인적자원은 기업 자산 가운데 가장 가치 있는 자산으로 여겨지며, 이 같은 기업 조직의 가장 중요한 자산의 가치를 더욱 확대시키기 위해 구성원의 능력과 역량 개발에 투자와 지원을 아끼지 않고 있다. 그러나 여전히 상당수 조직들의 경우 인적자원개발(HRD: Human Resource Development)의 중요성에 대한 원론적인 논의만 진행하고 있을 뿐, 경영진의 인식 부재와 조직 문화의 폐쇄성 등으로 인해 인적자원개발의 중요성을 인정하고 실천하려는 공감대의 형성이 턱없이 부족한 상황이다.

지식정보화시대를 살아가면서 우리 모두는 조직 경쟁력의 원천이 지식 근로자의 확보와 육성에 달려 있으며, 이러한 지식 근로자의 탄생과 성장은 인적자원개발에 대한 투자를 통해서만 가능하다는 점을 깊이 인식할 필요가 있다. "교육을 보면 미래가 보인다." 지식정보화시대에 인적자원개발의 수준이 일류가 되지 않고서는 결코 어떠한 경쟁력도 확보할 수 없다는 뜻일 것이다. 특히, 기업 조직에서 인적자원은 그 조직의 장기적 자산임과 동시에, 다른 한편으로는 경쟁에 있어서 한 조직을 다른 기업들과 구별시켜 주는 핵심 요인이다. 오늘날 인적자원의 전략적 중요성은 계속 커지고 있으며, 한 조직의 미래를 결정짓는 핵심 성공 요인으로 인식되고 있다. 이에 따라 인적자원의 지속적 개발을 위한 체계적 노력에 대한 필요성은 더욱 커지고 있으며, 이에 응답하는 좀 더 심층적인 연구의 필요성 또한 증대되고 있는 것이 사실이다. 따라서 인적자원개발의 역할도 환경 변화에 대응해 가면서 조직의 성과를 향상시켜 주는 경영전략의 구체적인 수단으로 자리매김해야 한다.

이러한 노력의 일환으로 인적자원개발에 대한 개념의 명확화가 우선적으로 요구된다고 하겠다. 왜냐하면 '인적자원개발'의 정의와 영역의 다양성이 그 개념 자체가 비교적 최근에 대두되었고(Lynham, 2000), 국가별·시대별로 인적자원개발의 개념과 영역을 달리 설정하여 사용하고 있으며, 더 나아가 학제 간 학문이라는 인적자원개발의 학문적 특성에 기인하여 나타날 수 있기 때문이다(Rouna, 2000; McLean & McLean, 2001).

본고의 목적은 심층적인 문헌 조사와 분석을 통해 인적자원개발 관련 개념을 명확히 정의하고, 이러한 정의에 기초하여 인적자원개발에 관련된 객관적이며 이론적인 근거를 제시하며, 인적자원개발시스템의 주요 영역과 실행 프로세스를 체계적으로 설정함으로써 인적자원개발시스템을 이해하기 위한 개념적 기본 틀을 정립하는 데 있다.

2. 개념화와 이론

1) 인적자원개발의 개념

일반적으로 인적자원개발은 개인과 조직의 효율성과 생산성을 향상시키기 위해 조직 내에서 의도된 체계적인 학습활동이라고 정의될 수 있다. 이러한 인적자원개발은 개인과 조직의 발전을 위한 교육·훈련 등 개인 개발의 차원을 넘어 경력 개발, 조직 개발까지 포괄하는 종합적 개념으로 규정될 수 있다. Swanson(2001)은 인적자원개발의 의미를 조직성과를 향상시키기 위해 조직 개발과 개인에 대한 훈련·교육 및 개발을 통해 조직 구성원의 업무 숙련도를 높이고 강화하는 일련의 과정으로 정의했으며, Gilley & Eggland(1989)는 조직의 개인, 집단, 조직 수준에서 구성원의 직무수행능력과 개인적 성장을 강화시키기 위해 조직 내에서 이루어지는 체계화된 모든 학습활동이라고 했다.

최근에는 업무 성격의 본질적 변화와 조직구조의 변화 등이 진행되면서 인적자원개발을 좀 더 광의적인 관점에서 조명하기 시작했다. Swanson & Holton(2001)은 인적자원개발을 업무수행능력의 향상을 위해 조직 개발과 개인 훈련 및 교육 활동을 통해서 조직 내 인적자원의 전문성을 개발하고 향상시키는 과정이라고 정의했는데, 인적자원개발에 대한 이러한 정의에는 교육, 훈련, 개발 활동이 포괄적으로 포함되어 있다고 하겠다. 다시 말해, 조직에서 이루어지는 학습활동을 통해 조직 구성원 개개인의 전반적인 능력 향상(교육)은 물론, 현재 수행하고 있는 직무 능력(훈련)의 제고와 장차 수행하게 될 업무나 역할에 대한 준비(개발) 과정까지도 포함한다는 것이다.

더 나아가, McLean & McLean(2001)은 인적자원개발 활동의 범위를 엄격히 교육훈련으로 한정짓는 것에서부터 구성원들이 신체적·정신적·감정적, 그리고 지적 측면에서 자신들의 전반적인 잠재력을 키울 수 있도록 만드는 활동까지를 포함하는 것은 물론, 동시에 국가적 개발의 과정에서 구성원들의 충분한 참여를 보장하기 위해 그들의 기술적이고 생산적인 기능을 향상시키는 것까지 그 범위는 광범위하다고 주장했다. 다시 말해, 우리 사회 전체가 산업사회에서 정보기술을 기반으로 한 지식정보화사회로 전환됨에 따라 기업 중심의 인적자원개발에서 탈피하여 지역혁신과 국가의 균형발전을 도모하고, 나아가 국가전체의 경쟁력 확대와 전 국민의 삶의 질을 향상시키기 위한 노력이 요구되고 있다. 이에 따라 최근 들어 인적자원개발의 영역은 기업 조직의 교육·훈련에서 시작하여 경력 개발, 조직 개발에 머무르지 않고 지식 경영, 식스 시그마, 전사적 품질관리(TQM), 액션러닝, 학습 조직, 학습 사회 및 지역인적자원개발 (RHRD: Regional Human Resource Development)과 국가인적자원개발(NHRD: National Human Resource Development)까지 확장되고 있다. 이처럼 인적자원개발이라는 개념이 내재하고 있는 의미의 포괄성과 추상성, 그리고 관점의 다양성 등으로 인해 인적자원개발에 대한 인식이 조금씩 다르게 이루어지기 때문에 인적자원개발을 정립된 한 가지 개념으로 정의내리는 데는 한계가 있다. 그러나 분명한 사실은 인적자원개발은 개인, 집단, 조직, 나아가 국가의 이익을 위해 인간의 잠재적 능력을 개발하는 과정이라는 점이다(김진모, 2001).

이상의 내용을 종합해 보면, 인적자원개발은 크게 미시적 관점과 거시적 관점으로 나눌 수 있다. 미시적 관점의 인적자원개발은 개인 수준에서 높은 성과를 이끌어내는 개인적 특성을 주된 분석의 대상으로 하며, 그 접근의 학문적 바탕을 조직 및 산업심리학과 교육학 등에 두고 있다. 반면, 거시적 관점의 인적자원개발은 조직 전체를 하나의 유기체로 보고 산업체 전략의 경쟁력을 확보하는 차원에서 조직이론과 경영전략에 바탕을 두고 접근한다. 인적자원개발에 대한 이러한 개념적 고찰은 인적자원개발의 관점이 개인 학습이나 혹은 집단 학습과 같은 미시적 수준에 편중된 관점에서 집단이나 조직 수준에서의 성과 제고와 같은 미시적 혹은 거시적 수준의 보다 다각화된 관점으로 발전해 왔음을 의미한다. 인적자원개발의 중요성이 개인과 조직의 경쟁력은 물론 지역 및 국가 경쟁력과 성장의 본질적 원천으로 인식되고 있는 것이다. 인적자원개발의 중요성은 이론적으로는 내생적 경제성장의 원천에 근본 바탕을 둔다. Becker(1975)는 인적자본에 대한 개인의 투자가 조직은 물론, 지역과 국가의 내생적 성장의 원천이 된다는 것을 강조하고 있다. 이러한 미시적 관점과 거시적 관점의 인적자원개발이 지향하는 공통점은 고성과 조직이나 고성과 구성원이 나타내는 중요한 특성이나 능력에 있다고 할 수 있다(박우성, 2002).

한편, Lawrie(1986)의 주장에 따르면 조직 수준에서 인적자원개발과 관련된 활동의 목적은 다음과 같이 제시될 수 있다. 첫째, 조직에 처음 입사한 신입사원에 대한 교육과 훈련이고, 둘째, 조직 구성원들을 대상으로 이루어지는 새로운 과업과 임무의 수행을 위한 교육이며, 셋째, 각각의 직무를 맡고 있는 조직 구성원들의 업무수행능력의 개선을 위한 것이며, 끝으로 조직 구성원의 개인적 성장과 승진에 대비한 교육·훈련에 대한 투자이다. 말하자면, 인적자원개발의 과정은 조직 구성원이 조직에 처음 진입한 시기에서부터 배치, 직무 이동, 승진과 같은 조직 내에서의 성장과 발전의 과정까지 지속적으로 이어지는 교육적 지원이라고 할 수 있다. 이를 보다 구체화하면, 인적자원개발은 조직 구성원 개개인에 대한 교육·훈련에 초점을 맞춘 개인 개발(ID: individual development)과 개인의 전문성 증진을 조직의 요구와 통합시켜 나가기 위한 경력 개발(CD: career development), 조직의 효율성과 업무수행능력의 향상을 기하기 위한 조직 개발(OD: organizational development)을 포함하는 3차원 개념이라고 할 수 있다(Gilley & Eggland, 1989). 인적자원개발의 개념과 관련해서 보면, 이들 세 가지 하위 개념들은 서로 구분되는 별개의 영역이라기보다는 개인을 중심으로 하고 조직을 외연으로 하는 동심원상의 상호 연계성을 갖는 보완적 개념이라고 볼 수 있다. 왜냐하면 조직 내에서의 개인 개발은 항상 조직 목표 또는 조직 발전과 불가분의 관계를 맺고 있는 반면, 조직 구성원에 대한 경력 개발이나 조직 개발 역시 개인의 성장이나 발전과 밀접한 관련성을 갖기 때문이다.

그러나 인적자원개발의 개념을 이상과 같이 개인과 조직의 성장과 발전이라고 정의하는 것만으로는 지식정보화시대의 급속한 경영환경의 변화, 특히 기술적 환경의 변화 등 상황적 요인들을 적절히 설명하는 데 한계가 있다.

왜냐하면 인적자원개발은 조직 구성원의 현재와 미래의 직무 수행에 필요한 전문적 기술과 지식을 제공하기 위해 조직에 의해 계획된 체계적인 활동으로서 직무 변화에 대한 반응이기 때문이다. 이런 점에서 인적자원개발은 자원의 효율적인 활용을 보장하려는 조직의 장기 계획 혹은 경영전략을 통합하고 있어야 한다. 이는 결국 인적자원개발이 한정된 자원과 재원을 바탕으로 하는 전략적 선택의 대상임을 의미하는 것이다. 더욱이, 급변하는 외부 경영환경과 내부 조직 특성의 적합성을 추구하는 조직의 경영전략의 경우, 인적자원과 관련된 여러 활동이나 노력들이 조직의 경영전략을 수립하고 실행하는 데 있어 중요한 결정 요인으로 여겨지고 있다. 따라서 조직의 인적자원개발 역시 조직 구성원 개개인에 대한 교육·훈련 및 개발 활동을 유도하는 과정에서 인적자원개발의 조직에 대한 공헌을 명확히 이끌어낼 수 있는 체계적인 수단을 요구한다고 하겠다. 이러한 인적자원개발과 경영전략 사이의 본질적인 상호 필요성으로 인해 전략적 인적자원개발이라는 새로운 개념이 탄생하게 되었다(Rogers & Wright, 1998).

전략적 인적자원개발(SHRD: Strategic Human Resource Development)은 경영전략과 인적자원정책의 통합은 물론, 인적자원관리와 인적자원개발의 상호 연계성을 함께 강조하기 위한 개념이다. 즉, 그동안의 인적자원관리와 인적자원개발이 고용, 배치, 승진, 교육·훈련, 평가, 보상, 복리 후생 등 직능적인 단위 활동 중심으로 이루어져 왔음을 반성하고 기업조직의 전략적 맥락과의 통합을 시도한 개념이라고 할 수 있다. 결국, 전략적 인적자원개발은 단순한 인적자원의 개발이나 활용을 넘어 인적자원개발을 조직의 전략적 파트너로 보는 새로운 시각이라고 해석할 수 있다(Wognum & Mulder, 1999). 이런 점에서 인적자원개발전략은 조직의 사명, 경영 이념, 정책 및 내·외부적 환경 특성을 반영해야 하며, 조직의 인적자원개발의 목표, 프로그램, 기술, 평가 방식 등의 내용을 포함해야 한다(조은상, 2000).

2) 인적자원개발의 영역

1983년 미국의 훈련개발협회(ASTD)에서 수행한 연구 'Model for Excell-ence'는 맥러겐의 주도하에 '인적자원 수레바퀴(Human Resource Wheel)' 모형을 개발하여 인적자원의 영역을 처음으로 체계화했다. 이 모형에 따르면, 인적자원의 실천 영역은 교육훈련과 개발, 경력 개발, 조직 개발, 조직·직무 설계, 인적자원계획, 선발과 직무 배치, 성과관리시스템, 보상, 종업원 지원, 노사 관계, 인적자원정보시스템 등 11가지 영역으로 구분된다. 이들 11개 전체 영역은 다시 2개의 거시적 영역으로 분리되었는데, <그림 3-1>에 명확히 제시되어 있는 것처럼 하나는 인적자원관리 분야로서 조직·직무 설계, 인적자원 계획, 선발과 직무 배치, 성과관리시스템, 보상, 종업원 지원, 노사 관계, 인적자원정보시스템 등 8개의 영역을 포함하며, 다른 하나는 인적자원개발 분야로서 교육훈련과 개발(Training & Development), 경력 개발(CD), 조직 개발(OD) 등 3개의 영역으로 구성되어 있다. 따라서 이를 "HRD=T&D+CD+OD"로 공식화할 수 있다.

<그림 3-1> '인적자원 수레바퀴' 모형

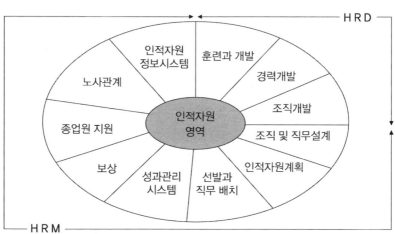

자료: McLagan(1989).

인적자원개발의 구성 요소 중 교육훈련 및 개발은 일반적으로 직무 수행에 필요한 새로운 지식과 기술 및 개선된 행동의 개발 과정을 의미한다. 즉, 계획된 학습활동을 통해 핵심 직무 능력의 개발을 확인하고 평가하며 지원함으로써 조직 구성원이 자신의 현재와 미래의 직무를 효과적으로 수행할 수 있도록 준비하는 과정인 것이다(McLagan, 1989). 이는 공식적 혹은 비공식적 학습활동을 통한 개인 능력과 자질의 확대와 성장에 초점을 맞춘 것으로 현재에 적합한 지식, 역량, 기술, 태도를 향상시키기 위한 조직 구성원들의 학습 노력과 깊은 관련이 있는데, 실질적으로 학습활동의 상당 부분은 비공식적인 현장 훈련(OJT)을 통해 이루어진다. 특히 훈련은 특정한 과업이나 업무의 수행을 위한 특정한 기술, 지식 혹은 경험을 제공하는 데 중점을 두는 반면, 개발 활동은 장기간에 걸쳐 조직 구성원의 직무수행능력과 관련된 포괄적인 능력과 역량을 높이기 위한 전향적인 준비에 초점을 둔다(권대봉, 1998).

경력 개발은 구성원과 조직이 상호 협력을 통해 현재와 미래의 업무를 수행하는 데 필요한 지식, 기술 역량, 태도를 향상시키는 지속적인 과정으로서, 특히 미래의 업무를 위한 지식과 기술의 개발에 필요한 개인의 가치, 흥미, 역량, 활동 및 과업을 분석하고 파악하는 데 초점을 둔다. 일련의 단계를 통해 개인의 발전을 도모하는 경력 개발의 각 단계는 비교적 독특한 이슈, 주제 및 일련의 과업들에 의해 특징지어진다. 이러한 경력 개발은 조직의 전형적인 개발 활동으로 개인 활동과 조직 활동을 모두 포함한다는 점에서 개인의 능력을 향상시키는 동시에 조직의 변화와 수행 역량을 제고시키는 수단이기도 하다. 개인 활동에는 경력 계획, 경력 인식 및 경력자원센터의 활용이 포함되는 반면, 조직 활동은 멘토링, 직무공고제도, 수행 평가, 인적자원계획, 경력경로프로그램, 경력자원센터의 개발과 유지, 경력 상담자로서의 관리자의 역할, 경력 개발 워크숍과 세미나 개최 등이 포함된다. 이러한 경력 개발이 가지는 가장 중요한 의미는 조직 구성원들의 개별적 관심, 가치, 능력, 활동뿐만 아니라 미래의 직무를 대비하기 위해 어떠한 자질을 개발해야 하는가를 파악하는 데 필요한 구체화된 분석 정보를 제공하는 데 있다.

조직 개발은 그 말이 암시하듯 상황적 변화에 맞추어 조직을 개발하고 발전적으로 변화시키는 과정이다. 또한 개인의 능력과 성향을 개발하고 변화시키는 일에 관한 것이기도 하다. 이러한 이중적인 측면은 조직 개발의 독특한 강점이다. 조직 개발은 개인, 집단, 조직의 인간적 혹은 사회적 과정의 효과성을 제고시키는 방법을 찾아내기 위해 조직의 '인간적 측면'과 관련된 문제에 초점을 둔다. 조직의 구조, 과정, 전략, 사람, 그리고 문화 사이의 조화를 강화하고, 새롭고 창의적인 조직 차원의 해결책을 개발하며, 조직의 자기정화능력을 개발하는 것을 목적으로, 조직 차원에서 이루어지는 관련 자료의 수집, 진단, 실행 계획의 설계, 실천, 그리고 평가의 과정으로 이루어진다(Gilley, Eggland & Gilley, 2002). 이러한 조직 개발의 기본 목표는 개인적·전문적 혹은 조직적 성장을 이끌어내는 데 있다. 이러한 성장은 조직 개발이라는 역동적인 과정에서 주로 촉매자의 역할을 수행하는 변화 담당자에 의해 주도된다(김현수, 1999). 조직개발전략을 실제로 추진하는 데에는 조직 개발의 목적이 전사적인 통합적 혁신을 추구하는 것인지, 혹은 업무와 업무수행자 간의 유기적 관계를 구축하는 것인지, 혹은 이질적 문화를 통합하려는 것인지와 같은 구체적인 목적이 제시되어야 하며 설정된 목적에 따라 변화를 이끌어내기 위한 접근 방식과 실행 방법이 차별적으로 적용되어야 한다. 그리고 적용된 실행 방법에 따라 개인, 집단, 조직 전체별로 적절한 개발 기법이 지속적으로 사용되어야 할 것이다.

한편, 오늘날 인적자원개발의 중요성은 국가 경쟁력과 성장의 본질적 원천으로 부각되고 있다. 우리 사회가 지식정보화, 글로벌 무한 경쟁, 다양화 및 디지털 경제화로 특징지어지는 지식기반사회로 급속하게 탈바꿈하면서 경제와 기술 및 사회 각 분야에서 인적자원개발을 통해 국가의 경쟁력을 확보하려는 국가 차원의 노력이 전개되고 있는 것이다(조은상, 2001). 이러한 노력을 국가인적자원개발(NHRD)이라고 하는데, NHRD는 국가 단위의 거시적 차원에서 인적자원을 개발하고 이를 통해 국가의 발전과 국민복지의 향상을 촉진하는 데 기본 목표를 둔다. 한국교육개발원(2002)은 국가인적자원개발을 인적자원, 즉 '사람과 지식'을 균형적 국가발전을 위한 최대의 자원으로 간주하고, 이를 국가 차원에서 개발·배분·활용하고 지원하기 위한 국가적 제반 활동을 의미하며, 국가인적자원개발정책은 이를 위한 정부의 종합적 계획과 행동이라고 규정했다. 또한, 한국직업능력개발원(2000)은 국가인적자원개발을 "21세기 지식기반사회에서 국민의 삶의 질 제고와 국가 경쟁력 강화에 필요한 국가 인적자원의 효율적 개발과 활용을 위한 사회의 제반 노력이라고 규정하며, 개인적·사회적·문화적 차원 등 다면적인 요소로 구성되어 있다"고 했으며, 교육인적자원부(2001)는 국가인적자원의 효율적 개발과 활용을 위한 교육·훈련 및 기타 문화적 활동과 제도 개선을 포함한 국가 사회적 차원의 제반 노력이라고 했다(김진모, 2001). 실제로 우리나라에서는 국가적 차원의 인적자원개발 필요성에 관한 대비와 인식의 전환을 통해 교육인적자원부 장관을 중심으로 관련 부처 간의 합동인적자원개발회의를 활성화하고 시행 계획을 적극적으로 추진함으로써 미래 지향적인 국가인적자원개발시스템을 구축해 나가고 있다. 이 시스템의 핵심 영역은 전 국민의 기본 역량 강화, 성장을 위한 인력 육성과 개발, 국가인적자원의 관리와 활용 선진화, 국가인적자원개발 인프라 구축 등을 포함한다. 종합해 보면, 국가인적자원개발은 우선 국내외적 환경 변화 분석에서 시작하여 국가 차원의 인적자원개발의 개념 및 방향을 정립하고 국가 차원의 인적자원개발의 풍토를 조성하고 인프라를 구축함으로써 국가발전과 국민복지의 향상을 달성하는 데 필요한 인적자원을 장기적으로 개발하는 일련의 조직화된 활동인 것이다(조은상, 2001; 김진모, 2001).

인적자원개발의 영역에 대한 분류는 이미 제시된 개인(교육·훈련) 개발, 경력 개발, 조직 개발의 내용 중심과 기획-분석-개발-실행-평가의 인적자원개발 프로세스 중심의 두 가지 분류 방식으로 대분할 수 있다(Gilley & Eggland, 1989). 내용 중심으로 인적자원개발의 영역을 구분할 경우, 각 영역에 대한 프로세스를 다시금 재적용해야 하는 어려움이 있으므로 개발 프로세스를 중심으로 인적자원개발의 영역을 분류하는 것이 현실적인 강점을 가질 수 있다고 본다.

프로세스 중심의 인적자원개발 영역은 전략 영역(strategy area), 관리 영역(management area), 개발 영역(development area), 전달 영역(delivery area), 자원 영역(resource area), 지원 영역(support area) 및 결과 영역(result area) 등 크게 7가지로 나누어질 수 있다(김 훈 외, 2001). 전략 영역은 인적자원개발의 추진 방향과 전략을 결정하는 조직의 경영전략, 최고 경영자의 인사 철학과 가치관, 리더십, 비전과 경영 이념 등을 포함한다. 다음으로, 인적자원개발이 전략적으로 이루어지기 위해서는 인적자원개발에 대한 기획활동이 면밀하게 이루어져야 하는데, 관리 영역은 이러한 기획활동을 통해 사업 전략과의 연계 및 비전의 실현을 위한 연계성을 도모하며 구체적인 방향성을 확보하는 과정이다. 개발 영역은 인적자원개발의 기획에 기초하여 교육 과정을 설계·개발하며, 그에 따라 구체적인 교육을 개발하고 실행·평가하는 과정이다. 기업연수원에서 실행하는 교육을 곧 인적자원개발로 이해하는 것은 대개의 경우 개발 영역만을 구분하여 인적자원개발로 간주하는 데서 비롯된 것이다. 여기에서 말하는 개발 영역은 교육체제 개발 또는 교수체제 개발 및 설계의 프로세스에 해당된다. 전달 영역은 강사나 교육 담당자를 통해 교육이 실제로 이루어지는 과정을 말한다. 이 경우 학습을 받는 일정 수준의 조직 구성원들은 상당 수준의 조직 경험과 실무적 기초 지식을 가지고 있기 때문에, 그들의 실무적인 경험과 역량을 살릴 수 있는 학습 방법과 매체를 적용하여 교육하는 것이 요망된다. 예를 들어, 과거 '전달 시스템'의 전유물이었던 강사와 책 그리고 칠판 및 분필만으로 살아 있는 학습 행위를 실행하는 데는 분명 한계가 있다. 자원 영역은 인적자원개발이 이루어질 수 있는 물리적·제도적 인프라를 구축하는 활동을 뜻한다. 원활한 인적자원개발의 수행을 위해서는 물리적 인프라와 제도적 인프라가 우선 필요하겠지만, 이에 못지않게 문화적·사회적 인프라도 중요한 자원 요소로 인식되어야 한다. 예를 들어 교육정보시스템은 최근에 진행되고 있는 대표적인 사례라고 할 수 있다. 지원 영역은 인적자원의 개발 과정에서 다각적인 협조와 지원을 받기 위한 조직 문화 또는 조직 분위기적인 지원을 의미하며, 조직 구성원들이 자발적으로 상호 간의 학습과 교육활동을 권장하고 촉진하는 조직 풍토와 분위기를 가리킨다. 마지막으로 결과 영역은 인적자원개발의 결과를 다양한 관점에서 평가함으로써 문제점과 부족한 점을 파악하고 향후 과제나 개선점을 찾아 이를 피드백하는 일련의 과정이다(곽병선·홍영란·유현숙, 2002).

3) 인적자원개발의 실행 절차

조직의 인적자원개발은 조직에서 정한 인적자원계획을 기초로 시작된다. 인적자원계획은 조직에서 필요로 하는 인적자원을 구체적으로 분석하고 예측하는 과정이다. 인적자원계획은 채용과 승진 및 이동에 따른 조직 전반에 걸친 인력의 이동에 대한 예측을 가능토록 하며, 적시에 해당 능력을 보유한 인력을 파악하고 개발이 요구되는 일련의 능력을 평가하는 데 도움이 된다(이지훈·이종구, 2004).

인적자원개발 실행 절차의 출발점으로서 인적자원계획은 개발이 요구되는 능력과 역량을 구체화하는 과정이라 할 수 있다. 인적자원계획을 통해 파악된 능력과 역량은 계획의 실행에 영향을 미친다. 특별히 요구되는 능력이나 역량은 조직 내 리더의 연속성과 승진 인력의 결정뿐만 아니라, 개인개발계획 혹은 조직개발계획과 같이 조직 내에 필요한 개발 계획을 평가하는 데도 영향을 미친다. 인적자원개발을 위한 다양한 접근 기법들은 개발 욕구에 대한 평가에 따라 달리 결정된다. 개발 욕구 평가는 조직, 환경, 과업 특성 및 구성원 성과에 대한 평가를 통해 이루어지는데, 평가 정보는 인적자원개발 노력을 확산시키고, 특정한 훈련과 개발의 목표를 정의하며, 평가 기준을 완성하는 데 사용된다. 끝으로 인적자원개발의 실행·실천 내용은 항상 평가되어야 하고 시간의 경과에 따라 적절히 변화되어야 하며 실행 결과는 향후 계획에 체계적으로 반영되어야 한다. 궁극적으로 모든 인적자원개발 프로그램은 조직 구성원의 행동을 변화시키기 위한 노력이다. 조직 구성원의 특정한 행동을 변화시키기 위해서는 먼저 그들의 행동 원인과 관련된 핵심 요인들을 이해하는 것이

<표 3-1> 조직의 인적자원개발 프로세스의 평가 내용

교육 훈련 실행	1. 동기 부여	1) 조직은 구성원이 목표달성에 필요한 교육훈련지원을 요청할 때 이에 대한 지원을 적절히 하고 있는가? 2) 조직은 교육훈련 결과를 인사 고과 항목에 반영함으로써 동기 부여를 제도적으로 유도하고 있는가?
	2. 교육훈련 설계	1) 핵심역량을 전략적으로 지원하는 교육훈련 과정을 설계하고 있는가? 2) 교육훈련프로그램들은 강사와 교육훈련생들이 원활히 참여할 수 있는 적절한 교육훈련기법을 활용하고 있는가?
	3. 교육훈련 이행	1) 경험이 풍부한 사내 강사를 적절하게 확보하고 있으며 그들을 통하여 실무적인 지식을 전수하고 있는가? 2) 교육훈련 내용에 적절한 교수매체를 이용함으로써 교육·훈련 목표가 적절히 지원될 수 있도록 하고 있는가?
	4. 교육훈련 평가	1) 학습결과에 대한 현장적용 여부를 확인 하는가? 2) 평가결과는 미래의 인적자원개발계획을 수립하는 데 반영되고 있는가?
	5. 교육훈련 결과 활용	1) 경영진은 조직의 경영 성과상 문제점과 분석 결과를 교육훈련을 통하여 해결하고 있는가? 2) 조직은 인적자원개발 담당자에게 인적자원개발 결과에 대하여 자기 평가를 하도록 하고 이를 향후 계획에 피드백하는가?
	6. 지속적 개선	1) 조직은 인적자원개발시스템의 문제점과 그 원인을 최소화하기 위한 예방적 활동을 하고 있는가?

자료: 김미숙·이의규·주용국(2004)의 표를 재구성.

필요하다. 따라서 구성원의 행동에 영향을 미치는 동기 수준, 능력, 태도 등의 내적 요인과 성과, 감독자, 조직 특성, 동료 등의 상황적 요인에 대한 이해가 필요하다(조은상, 2000; 이지훈·이종구, 2004). <표 3-1>은 기업조직에서 인적자원개발의 실행 프로세스를 평가하기 위한 구체적인 내용을 제시하고 있다.

3. 맺음말

21세기 지식기반사회의 도래와 경영환경의 다각적인 변화 속에서 정보기술 및 사회문화적인 발전과 변화로 인한 지식 근로자의 증가는 교육훈련 및 경력 개발의 중요성을 높이는 동시에 이에 따른 인적자원개발의 중요성을 한 차원 더 강화시키고 있다. 지식기반사회에서 조직 경쟁력의 원천은 지식 근로자의 확보 여부에 달려 있다는 점을 깊이 인식하고, 지식 근로자가 성장하고 발전할 수 있도록 적절한 제도를 마련하고 능동적으로 관리함으로써 전향적인 뒷받침 과 지원을 아끼지 말아야 한다. 그러나 상당수 관리자들은 인적자원개발의 중요성을 여전히 원론적 수준에서만 이해하고 있을 뿐이다. 인식의 부족 등으 로 인해 인적자원개발에 대한 투자의 중요성을 절실히 피부로 느낄 정도로 공감대가 아직 형성되어 있지 못한 상황이다.

기업 수준에서 처음 조명된 인적자원개발은 교육과 훈련 및 개발을 아우르 는 활동이다. 개발 활동에는 개인 개발, 경력 개발, 조직 개발이 포함되며, 개발의 중요한 수단은 교육과 학습이다. 그러나 최근 들어 확장된 인적자원개 발의 개념은 교육, 훈련, 기타 문화적 활동 및 제도 개선을 포함하는 국가·사회 적 제반 노력을 의미한다. 1970년대 초반 인적자원개발이란 용어를 처음 사용 한 미국의 경우, 인적자원개발을 기업 등 조직 수준에서의 교육, 훈련, 개발 활동으로서 경영 기능의 한 부문으로 여전히 간주하고 있으나, 영국을 중심으 로 한 일부 국가에서는 인적자원개발이 기업 수준을 뛰어넘어 지역적 수준, 국가적 수준으로 확장되고 있다. 우리나라의 경우 1990년대 이후 기업 수준에 서 이루어진 교육과 훈련이 인적자원개발로 그 패러다임이 바뀌어가고 있으 며, 인적자원개발의 대상 역시 조직의 내부 구성원에서 협력업체 종업원, 가족, 지역사회 주민 및 공무원들로 확대되고 있다. 실제로 우리나라 정부가 국가 차원의 인적자원개발을 추진하겠다고 선포한 것은 2000년이 되어서였다.

인적자원개발의 개념이 기업과 교육 현장에서 변화되고 실행되는 가운데 가지각색의 다양한 정의와 개념이 제시됨에 따라 인적자원개발에 대한 개념과 영역의 변천에 대한 종합적 고찰을 학문적 차원에서 조명할 필요가 제기되었다. 본고에서는 인적자원개발에 관련된 선행 연구들에 대한 조사를 통해 개념, 이론, 영역, 실행 절차 및 평가에 대한 접근 내용을 살펴봄으로써 최근 들어 그 중요성이 더욱 커지고 있는 인적자원개발시스템에 대한 총체적 개념을 기업조직의 관점을 중심으로 정리·평가했다. 21세기 무한 경쟁과 불확실성의 시대에 인적자원의 질적 수준이 조직은 물론, 국가의 경쟁력을 결정한다는 본원적 가정하에 조직과 함께 국가 차원에서 인적자원의 역할과 기능에 대한 미래 지향적인 재해석이 필요하다고 판단된다.

참고문헌

곽병선·홍영란·유현숙. 2002. 『국가 인적자원개발 관련 핵심 추진과제』. 한국교육개발원.

교육인적자원부. 2001. 『국가인적자원개발 정책보고서』.

권대봉. 1998. 『산업교육론』. 학지사.

김미숙·이의규·주용국. 2004. 『기업 내 인적자원개발 평가모형 연구: 정부사업 참여 중소기업을 중심으로』. 한국직업능력개발원.

김진모. 2001. 「21세기 인적자원개발의 목적, 개념, 역할 및 역량에 관한 연구」. ≪한국농촌지도학회지≫, 8(2).

김진모. 2004. 「인적자원개발 연구동향」. ≪한국농업교육학회지≫, 36(4).

김현수. 1999. 「인적자원개발 담당자의 직무능력과 역할수행에 관한 연구」. 서울대학교 박사학위논문.

김 훈 외. 2001. 『기업 내 인적자원개발 지원방안』. 한국노동연구원.

박우성. 2002. 『역량중심의 인적자원관리』. 한국노동연구원.

이지훈·이종구. 2004. 「교육, 훈련, 개발 중심의 HRD 실행전략에 관한 연구」. ≪직업능력개발연구≫, 7(1).

조은상. 2000. 「기업의 인적자원개발전략」. 한국인사관리학회 추계학술발표회.

_____. 2001. 「21세기 국가인적자원개발의 방향 및 정책과제」. ≪인력개발연구≫, 3(1).

주용국·김수원·김선태. 2004. 『인적자원개발과 리더십: 지방자치단체를 중심으로』. 한국직업능력개발원.

한국교육개발원. 2002. 국가인적자원개발 관련 내부 자료.

한국직업능력개발원. 2000. 인적자원개발 관련 내부 자료.

Becker, G. S. 1975. *Human Capital*. The University of Chicago Press.

Gilley, J. W & S. A. Eggland. 1989. *Principles of Human Resource Development*. Addison-Wesley Publishing Company, Inc.

Gilley, J. W., S. A. Eggland & A. M. Gilley. 2002. *Principles of Human Resource Development(2nd ed.)*. Cambridge, Mass.: Preseus Books.

Lawrie, J. 1986. "Revitalizing the HRD Function." *Personnel*, 63(6).

Lynham, S. 2000. "Theory Building in the Human Resource Development." *Human Resource Development Quarterly*, 11(2).

McLagan, P. A. 1989. "Model for HRD Practice." *Training and Development Journal*, 42.

McLean, G. N. & L. D. McLean. 2001. "If We Can't Define HRD in One Country, How Can We Define It in an International Context?" in O. A. Aliaga(ed.). *Academy of Human Resource Development 2001 Conference Proceedings*. Baton Rouge, LA: Academy of Human Resource Development.

Rogers, W. & M. P. Wright. 1998. *Measuring Organizational Performance in Strategic Human Resource Management: Problems and Prospects*. Working Paper, ILR Cornell University.

Rouna, W. E. 2000. "Core Beliefs in Human Resource Development: A Journal for the Profession and Its Professionals." in W. E. Rouna and G. Roth(eds.) *Philosophical Foundations of Human resource Development Practice*. San Francisco: Berrett Koehler.

Swanson, R. A. 2001. "Human Resource Development and Its Underlying Theory." *Human Resource Development International*, 4(3).

Swanson, R. A. & E. F. Holton Ⅲ. 2001. *Foundations of Human Resource Development*. Berrett-Koehler Publishers, Inc.

Wognum, A. A. M. & M. M. Mulder. 1999. "Strategic HRD within Companies." *International Journal of Training and Development*, 3(1).

강원 지역의 인적자원관리와 개발

제2부의 9편의 논문들은 종합적인 시각에서 강원도의 인력양성 실태를 조망하고, 부문별·이슈별로 인력양성에 대해 보다 심도 있는 주장들을 담았다.

　염돈민은 세계화를 비롯한 최근의 사회·경제적 환경 변화 속에서 강원지역의 인력 양성 실태와 문제점을 분석하고, 해결 방안을 모색했다. 강원도의 인적자원개발 실태의 문제점은 수요와 공급 간의 불일치이며 이 문제점을 해결하기 위해 행정기관, 인력양성 기관, 인적자원 수요 기관들 간의 연결망 구축이 필요하다고 주장했다. 김진영은 거시적인 시각에서 강원도의 인적자원 양성 실태에 관해 고찰했다. 강원도의 사회·경제적 낙후성과 인재 유출의 악순환이 강원도의 인력 양성을 어렵게 하는 요소라고 진단했다.

　이상의 논문이 종합적인 시각에서 강원도 인력 양성 분야의 문제점 파악에 고심했다면, 다음 논문들은 보다 세부적인 차원에서 분야별로 강원지역의 인력 양성의 실태와 문제점을 분석하고 해결 방안을 모색하는 데 주력했다. 먼저 기업분야로 김재명은 바이오·해양생문 분야 335개 기업을 대상으로 한 여론조사를 바탕으로 강원도 기업의 인적관리 실태를 분석하고, 개선방안을 모색했다. 홍성구는 문화 콘텐츠 분야의 전문 인력 양성 현황과 실태를 춘천MBC 시청자 미디어 센터, BR 미디어 프로덕션, 강원정보영상진흥원을 중심으로 살펴보고, 지역적 한계를 극복하기 위한 대안으로 인터넷을 통한 인력 양성 교육 활성화가 필요하다고 지적했다. 지역 정치와 관련해서 이선향은 강원 지역의 지방정치가 지니고 있는 한계 상황을 거버넌스의 관점에서 파악하고, 위기에 빠진 강원 지역 지방자치의 탈출구로 강한 리더십이 요구된다고 주장했다. 사득환은 강원지역의 지방 공직자 역량 개발 실태를 분석하고, 지방화·분권화 시대는 지식 창조형 전략적 인사관리를 강화하는 방향으로 공직자에 대한 교육 훈련 제도가 바뀌어야 한다고 지적했다. 황선경은 강원도의 여성 인적자원의 현황과 개발 실태를 교육과 취업 구조를 분석하고 여성 인적자원개발의 활성화 방안에 대해 모색했다. 박준식·김영범은 최근 화두가 되고 있는 고령화 시대에 적합한 고령 인력자원개발에 관해 고찰했는데, 춘천 지역을 대상으로 한 실증 데이터 분석을 통해 고령화 인력 개발의 방향성과 효율적인 활용 방안에 대해 제시했다. 김원동은 강원도 지역연구의 현황을 인문학과 사회과학 분야를 중심으로 분석하고, 지역사회의 구조적 변화와 특징에 관한 연구, 권역별 연구 등이 앞으로 역점을 두어야 할 부분이라고 진단하고 있다.

1_장

강원도 인적자원개발의 실태

염돈민 | 강원발전연구원 부원장

1. 세계화시대와 지역인적자원개발

세계화(globalization)란 "국가 경계를 초월한 경제활동의 지리적인 확산과 이러한 경제활동이 기능적으로 통합되어 나가는 과정에서 나타나는 복합적인 사회적·경제적 변화 추이"를 통칭한다. 세계화가 가지는 지역적 함의는 크게 두 가지로 요약할 수 있다. 첫째, 국가의 규제력 약화와 지방의 자율성 증대이다. 이러한 현상은 국가 경계를 넘는 경제활동의 공간적 확산과 산업 경쟁력 강화를 위한 지역 단위의 공간적 집적과 함께 일어난다. 국가가 예전처럼 모든 의사결정 권한을 독점하기에는 경제적으로 시장 상황이나 기술의 변화가 너무나 급박한 시대가 되었으며 메가트렌드로서의 지방화, 분권화라는 현상이 자연스러운 사회가 되었다. 둘째, 유연생산기술에 기초한 생산양식의 확산이다. 급속한 기술 변화로 인해 만들면 팔리던 시대는 끝났으며, 신제품과 신시장이 계속 확대되고 있다. 경쟁력을 갖추기 위해서는 생산 요소와 생산 조직의 유연성 확보가 중요하다. 시장 수요의 불확실성으로 인해 생산 체인을 한 기업이 수직적으로 통합하기 힘들어지고, 결국 전문화를 위해 생산 체인이 수직적·수평적으로 분화될 수밖에 없다. 이러한 분화와 전문화의 필연적 결과로 기업 간 네트워크의 중요성이 증대된다. 생산 체인의 조직화 방식은 시장에서 주로 일회성 거래를 하는 것과 그룹 내 기업 간, 종속적 하청 거래 등 경영 계층상의 거래 그리고 아웃소싱, 전략적 제휴, 협력적 하청 거래 등의 네트워크 형태가 있을 수 있다. 네트워크는 시장 환경이 불확실한 상황에서 내부화에 따른 위험을 최소화하기 위한 전략으로서, 특히 중소기업에게는 필연적인 선택이라고 할 수 있다. 이렇게 새로이 등장하는 고기술·기술혁신의 시대는 달리 말해 지식이 경제 생산의 중심이 되는 소위 지식경제시대를 의미한다. 우리가 흔히 말하는 평생학습사회의 도래도 따지고 보면 세계화와 지식경제시대의 도래에 따른 것이다. 한번 배워서 평생을 써먹을 수 있는 지식이란 존재할 수가 없다. 또한 정보통신기술의 발달로 개인의 지식 무장이 무한대에 이를 수도 있기 때문에 새로운 지식을 배우고 또 새로이 지식을 창출함으로써 경제발전은 물론 사회 내 개인의 자아실현도 가능한 것이 이 시대의 특징이다.

이러한 세계화의 과정에서 생산 요소의 국제 간 이동이 자유로워지고 해외 자본이 지역에 유입될 가능성도 열리고 있다. 그러나 해외 자본은 국내 선진 지역 입지를 선호하는 경향이 있으며 국내 자본은 생산 단가가 저렴한 제3국으로 유출됨에 따라 국내 지방의 낙후 지역에 대한 투자는 더욱 움츠러들게 된다. 더욱이 세계를 무대로 한 경제활동은 중추 관리 기능과 생산자서비스업이 발달한 세계도시를 중심으로 통합되는 추세이므로 대도시(세계도시)와 지방 간의 공간적 불균형이 심화될 우려가 있다.

세계화시대의 화두는 '국가경쟁력'이다. 치열한 국제 경쟁에서 생존을 위한 '국가전략'과 경쟁 우위를 확보할 '세계전략'은 주요 관심사가 될 수밖에 없다. 전자가 성장잠재력을 확충하기 위한 인적자원·고학력·기술력·국가경영·문화력 등의 향상과 조합에 초점이 있다면, 후자는 국가 간의 경제·무역·안보 관계 등에 있어서 역동적 흐름의 상류에 위치함으로써 국가적 부담을 최소화하면서 경쟁적 우위를 유지하는 틀을 의미한다. 그러나 세계화시대의 국가경쟁력은 중앙뿐만 아니라 지방의 경쟁력을 동시에 포함한다는 데 어려움이 있다. 우리 역사는 오랫동안 중앙 중심적이었다. 특히 지난 반세기 동안의 정부 주도 경제개발 과정에서 국가자원의 중앙 집중적 동원·배분과 그 결과로 말미암아 수도권 일극 집중 및 지방 역량의 개발과 활용이 미흡하여 지방의 국제경쟁력은 매우 취약한 상태이다. 따라서 국가전략뿐만 아니라 지방전략까지 동시에 추진하면서 세계화에 대처해야 하는 발전전략 짜기는 더 어려울 수밖에 없다.

1990년대 초반 미국의 저명한 경제학자인 폴 크루그먼(Paul Krugman) 교수는 '동아시아 성장한계론'에서 기술 진보에 기초한 총요소생산성 증가 없이 요소 투입 증가에만 기댄 경제성장은 곧 한계에 직면한다고 경고했다. 지난 30년간 우리나라 경제성장을 이끌었던 성장 동력은 양적 노동 및 자본의 투입이었으며 1인당 국민소득은 10년 넘게 제자리를 맴돌고 있다. 사실상 크루그먼 교수의 지적대로 성장의 한계에 직면하고 있다. 삼성경제연구소의 추정에 따르면 그동안 우리나라 경제성장에서 차지하는 물적자본 기여율은 50%, 노동 기여율은 25%이며 총요소생산성과 직접적으로 연계되는 노동 질(인적자본)에 의한 기여율은 10%에 불과하다. 주5일제 근무의 확산, 출산율 저하, 고령화의 급속한 진전 등을 고려할 때 우리 사회의 향후 노동 투입도는 지속적으로 감소할 것이다. 물적자본은 일정 규모 이상이 되면 수익률이 하락하므로 이 또한 지속적 증가에 한계가 있다. 미국 '노동력에 대한 교육의 질 연구센터(National Center of the Educational Quality of the Workforce)'에 따르면, 자본 스톡을 10% 증가시킬 때 생산성 증가는 3.4%에 불과하지만 모든 근로자들의 평균 교육을 1년 늘렸을 때 나타나는 생산성 증가 효과는 8.6%에 이른다고 한다. 싱가포르의 1984~1994년 1인당 산출물 증가율이 물적자본 증가보다 총요소생산성과 교육의 증가에 기인한다는 사실이나 유럽 강소국의 경제성장이 인적자본 증가와 무역 개방에 의존한다는 사실은 우리에게 시사하는 바가 많다. 유럽연합(EU)이 미국 경제를 추월하기 위해 2003년 3월 리스본 정상회의에서 합의한 경제 관련 협의사항인 '리스본 어젠다'는 2010년까지 가장 경쟁력 있고 역동적인 지식기반경제를 구축하자고 한다. 지식사회 실현을 위한 3가지 목표 중 하나로서 교육 및 인적자원(education and human capital)을 제시하고 있다.1) 우리의 여건에서도 인적자본 증가가 성장잠재력 제고의 유일한 대안이라는 것이 국가적 판단이다. 교육부를 '교육인적자원부'로 개편하고 2002년에 인적자원개발기본법을 제정하게 된 것도 그러한 배경에서 일어난 일이다.

국가뿐만 아니라 지역 차원에서도 투입 의존형 경제성장에서 생산성 주도의 경제성장으로 전환이 매우 시급한 실정이며 향후 지역 경쟁에서 살아남는 길은 인적자원개발을 통한 지역 생산성 제고에 있다고 해도 과언이 아니다. 향후 제조업 고용구조는 '고기술 산업의 신장과 저기술 산업의 쇠퇴'로 특징지을 수 있다. 1995~2000년 직종별 취업자의 연평균 증가율 전망을 보더라도 고숙련 사무직은 크게 늘고 미숙련 사무직은 미세한 증가, 농림·어업직 및 생산 관련직은 마이너스 성장을 나타낸다. 세계적으로 보더라도 영국, 미국 등 선진국일수록 고숙련 사무직의 취업 증가율이 두드러지고 있다. 앞으로 지식 근로자와 비지식 근로자로 노동시장 양극화 현상은 더욱 심화될 것으로 예상되며 더불어 이에 따른 빈부의 격차도 커지게 될 것이다. 이러한 경향을

---

1) 리스본 전략에서의 목표
   1. 정보화 사회: 전자통신 관련 규제구조 개혁, 정보통신기술(ICT: Information and Communication Technology) 확보, 전자상거래 환경 조성, 이동통신기술 분야의 유럽의 우위 지원.
   2. 연구: 연구와 혁신 간 연계 공간 창설, R&D 지출을 GDP의 3% 수준까지 확대, 유럽을 고급 두뇌들에게 좀 더 매력적인 곳으로 변화, 신기술 촉진.
   3. 교육 및 인적자원: 조기 학업 중단자 수의 반감, 교육훈련 시스템을 지식사회에 걸맞게 전환, 모두를 위한 평생교육 강화.
   유럽연합은 2005년에 신리스본 전략을 발표했으며 여기서도 인적자원개발은 중요한 과제로 채택되었다.

<표 1-1> 중장기 인력 수급 전망

(단위: 명)

연도	노동수요(A)	노동공급(B)	수급 차(A-B)
1995	2,041만 4,000	2,084만 5,000	-43만 1,000
1996	2,085만 3,000	2,128만 9,000	-43만 6,000
1997	2,121만 4,000	2,178만 2,000	-56만 8,000
1998	1,993만 8,000	2,142만 8,000	-149만
1999	2,029만 1,000	2,166만 6,000	-137만 5,000
2000	2,115만 6,000	2,206만 9,000	-91만 3,000
2001	2,157만 2,000	2,241만 7,000	-84만 5,000
2002	2,216만 9,000	2,287만 7,000	-70만 8,000
2003	2,213만 9,000	2,291만 5,000	-77만 6,000
2010	2,522만 7,000	2,523만 2,000	-5,000
2015	2,708만 4,000	2,649만 8,000	58만 6,000
2020	2,857만 9,000	2,734만 5,000	123만 4,000

자료: 한국노동연구원.

볼 때 제조업부문을 비롯한 모든 부문 종사자들은 지식 기반화로의 압력을 받고 있는데 과학기술 집적도가 뒤지는 강원도의 경우 이러한 압력은 더욱 거세다고 할 수 있다. 21세기는 평생직장은 없어지고 평생직업만이 존재한다고 한다. 자기 자신만의 핵심역량을 가진 사람만이 평생직업을 가지고 경제활동을 할 수 있는 사회가 도래하고 있다. 한국노동연구원은 저출산·고령화의 영향으로 2010년부터는 우리나라에서도 본격적인 노동력 부족시대가 도래할 것으로 전망하고 있다. 2015년에는 58만 명, 2020년 123만 명이 부족할 것으로 추정한다.

　노동에 대한 지식 기반화의 압력과 경제활동인구의 급감은 앞에서 언급한 바와 같이 평생학습사회의 형성을 더욱 촉진시킬 것이다. 1999년 G8 정상회담에서 선언된 '쾰른 헌장 – 평생학습을 위한 목표와 야망(Aims and Ambitions for Lifelong Learning)'을 보더라도 평생학습은 이제 국가적 우선순위로 인식되고 있다.[2]

---

2) 우리 정부에서도 1999년 8월 「평생교육법」을 제정하여 평생학습사회 형성을 위한

2. 강원도 인적자원개발의 여건 변화 전망

인적자원개발의 대상은 말 그대로 '사람'이다. 이들을 양성하고 유통시키고 활용하는 과정이 지역인적자원개발의 내부 구조이다. 그리고 이러한 사람들이 처한 사회·경제적 현실은 인적자원개발의 '환경'에 속함으로써 전체적인 지역의 인적자원개발시스템이 형성된다. 강원도는 급속한 인구 감소와 고령화 현상을 겪고 있으며 산업 침체로 인해 인적자원개발에 대한 산·학·관 협력이 저조하고 수급 불안정 등으로 인해 인적자원개발시스템이 매우 취약한 실정이다.

1) 인구 감소의 추세

통계청은 2000년에 발표했던 시·도별 인구추계를 2005년 4월 수정하여 발표했다. 현 추세로 간다면 수도권의 인구는 계속 증가하여 2010년에 전국 인구의 50%에 달할 것이며 2030년에는 54%에 이를 것으로 예측되었다. 특히 경기도의 인구는 2005년 22%에서 2030년 29%가 될 것으로 전망된다. 향후 수도권은 젊은 층의 인구 유입에 따른 자연 증가가 절반 이상의 비중을 차지할 것으로 보인다. 시·도별로 향후 장기적으로 2005년보다 인구가 증가할 곳은 경기, 충남, 대전, 울산, 인천, 광주, 제주 등 7곳이며 나머지 시·도는 모두 감소할 것으로 예측된다.

강원도는 2005년 현재 148만 명의 인구가 상주하는 것으로 추정되는데 지속적으로 감소하여 2020년에는 135만 명 수준으로 떨어진다. 1960년의 인구를 100으로 보았을 때 83%에 불과한 수준이다. 전국 인구를 권역별로 재분류하면 대도시가 발달한 권역에서 상대적으로 인구 증가 폭이 큼을 알

정부 정책을 추진하고 있으며 유럽 강소국의 하나인 핀란드에 있어서도 정부 정책 목표로서 평생학습을 제시하고 있다(Government's goal is to streamline the system and develop it in accordance with the principle of lifelong learning and to make it internationally compatible).

<표 1-2> 권역별 인구 현황 및 인구 전망

(단위: 천 명)

구 분	2000년 통계청 추계자료		2005년 센서스	2005년 통계청 추정 자료
	2005년	2020년	2005년	2020년
수도권	23178 (47.2)	25712 (49.1)	22766 (48.2)	26133 (52.3)
충청권	5016 (10.2)	5475 (10.5)	4792 (10.1)	5111 (10.2)
경상권	13500 (27.5)	13766 (26.3)	12702 (26.9)	12379 (24.8)
전라권	5370 (10.9)	5332 (10.2)	5022 (10.6)	4428 (8.9)
강원도	1502 (3.1)	1478 (2.8)	1465 (3.1)	1351 (2.7)

주: ( ) 안은 전국 인구에 대한 비중(%).
자료: 통계청 인구센서스 홈페이지 및 2005년 이후는 통계청의 2005년 4월 추계 자료.

수 있다. IMF 경제시련의 1990년대를 지난 2000년의 통계를 보면 수도권과 충청권을 제외한 전국의 모든 권역의 인구가 감소하고 있다. 충북권은 중부고속도로 개통에 따른 효과, 충남권은 정부 청사 개발에 따른 혜택으로 인구가 증가한 것으로 추정된다. 전국에서도 농업을 기반으로 하는 호남권의 인구 감소 추세가 두드러지는데, 대도시가 없는 전북에서의 인구 감소폭이 광주광역시가 있는 전남권보다 더 크다. 제주도를 제외하고 전국을 광역적인 권역으로 구분한다면 수도권, 경상권(부산+경북+경남+울산), 충청권(대전+충북+충남), 전라권(광주+전북+전남), 그리고 강원권으로 나눌 수 있는데, 2005년까지 강원권 및 전라권을 제외한 전국의 광역권 인구가 모두 증가했다. 이는 전라권에서 광주시가 권역 중심 도시로서의 역할을 수행하지 못했고, 강원권에서는 춘천, 원주, 강릉이 그 역할을 충실히 수행하지 못했다는 사실을 나타낸다. 그러나 통계청의 새로운 미래 인구 예측은 수도권, 충청권만이 인구가 성장할 것임을 나타낸다. 그동안 수도권과 함께 우리나라 경제발전을 선도해 온 경상권조차 앞으로는 권역으로서의 지역 경쟁력이 떨어짐을 경고하는 것이다. 충청권 행정특별도시 건설과 수도권 규제 완화 등의 조치가 향후 국토균형발전에 어떠한 영향을 미칠지 미지수이나 현재까지의 인구 변동 추세로 보았을 때 국토불균형발전으로 진전되는 데 대한 우려가 크다.

2) 인구의 노령화 추세

인적자원개발의 대상인 인구가 장기적으로 감소하면서 동시에 노령화 추세가 나타나고 있다는 데 문제의 심각성이 있다. 1990년 현재 강원도의 65세 이상 노령인구는 6.7%였으나 2005년 현재 12.8%(19만 명)로 늘었다. 2020년에는 노령인구 20%의 초고령사회에 접어들 것이며 노령인구만 해도 27만 명에 이를 것으로 전망된다. 노령화의 진행은 전 세계적이고 또한 전국적인 현상이나 우리의 경우는 특히 그 속도가 빠르다는 데 문제가 있다. 2005년 현재 강원도의 노령인구 비중은 전국 시·도 중 다섯 번째로 높고 2020년이면 전남, 충남, 전북 다음으로 높은 상태를 기록할 것으로 예상된다. 상대적으로 유년인구나 경제활동인구가 적을 것은 자명하다.

노인 부양에 대한 사회적 부담의 가중 외에도 노령화 진전에 따른 인구구조의 변화는 일반적으로 경제성장을 둔화시키는 결과를 초래한다. 삼성경제연구

<그림 1-1> 고령화가 경제에 미치는 영향

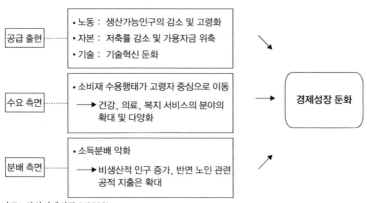

자료: 삼성경제연구소(2002).

<표 1-3> 강원도의 연령계급별 인구 구성비 추이

(단위: %)

구분	1990		2000		2005		2010		2020	
	강원	전국	강원	전국	강원	전국	강원	전국	강원	전국
유년인구	25.3	25.6	20.0	21.1	18.4	19.1	15.6	16.3	11.0	12.6
생산가능인구	68.0	69.3	70.2	71.7	68.8	71.8	69.3	72.8	69.0	71.7
노령인구	6.7	5.1	9.8	7.2	12.8	9.1	15.1	10.9	19.9	15.7
유년부양비	37.3	36.9	28.6	29.4	26.8	26.7	22.5	22.3	16.0	17.6
노년부양비	9.8	7.4	13.9	10.1	18.6	12.6	21.9	14.9	28.9	21.8

주: 유년인구=0~14세, 생산가능인구=15~64세, 노령인구=65세 이상

자료: 통계청(2005).

소는 최근까지 노령화 진전에 따른 부정적 영향이 노동생산성 향상, 여성의 경제 활동 참여 증가 등에 따른 근로 인구 비율의 증가 등으로 상쇄되어 왔으나 향후 노동시장의 큰 변화가 없을 경우 경제성장의 큰 둔화 요인으로 작용할 것으로 추정한다.

자본 공급의 측면에서 볼 때도 노년기의 저축 성향이 청·장년기보다 낮기 때문에 노령화 진전에 따른 민간 저축률 하락으로 인해 가용 자금이 감소하고 투자는 위축될 것이다. 따라서 인구 증가율의 지속적인 둔화 추세 속에 65세 이상의 인구 비중의 증가는 바로 생산에 투입될 수 있는 노동 인력 증가율 둔화 및 1인당 지역총생산 증가율 둔화를 시사한다.[3]

한편 노인을 새로운 수요층으로 하는 실버비즈니스 시장이 크게 성장할 것으로 전망된다. 노인인구가 급증하고 있는 우리나라의 경우 실버산업 시장

---

3) 이러한 상황에서 벗어나는 길은 바로 기술 진보(technological progress)의 개념을 포함하는 총요소생산성(total factor productivity)을 획기적으로 제고하는 길밖에는 없다. 이에 대한 이론적 논거는 폴 로머(Paul Romer) 등에 의해 주장된 내생적 성장(endogenous growth) 이론에서 찾을 수 있다. 이 이론은 신고전학파(neo-classical)의 성장 이론에서처럼 장기 성장에 있어 기술 진보의 역할을 강조하나, 신고전학파와는 달리 기술 진보가 외생적으로 주어지는 것이 아니라 내부적인 혁신에 대한 노력에 의해 기술 진보가 결정될 수 있다고 주장한다.

<표 1-4> 55세 이상 가구주의 연간 가구 소득 추이

(단위: 만 원)

1991년	1995년	1997년	1998년	1999년	2000년	2001년
1,465	2,505	2,975	2,718	2,705	2,720	3,153

자료: 통계청 발표 자료, '도시근로자 가계수지 동향', 각 년도.

도 급성장할 것으로 예상된다. 즉 건강, 의료, 복지 등의 부문 외에도 실버레저, 실버주택 등 일반적인 모든 분야에 노인들을 수요층으로 하는 사업이 증대될 것이다. 특히 80세 이상의 초고령인구가 증가함에 따라 이들을 대상으로 하는 특수 요양 및 사회 서비스 수요가 크게 늘 것이다. 다만 문제는 고령층의 지불 능력 확보인데, 향후 보험, 연금 등 사회제도의 발달과 함께 고령자의 경제적 자립도가 높아짐에 따라 외식, 쇼핑, 문화 소비 등 일상적인 소비에 있어서도 노인들이 주체 세력으로 그 영역을 넓혀갈 것이다. 55세 이상 가구주의 가구 소득은 1991~2001년 연평균 8.9%의 높은 증가율을 보이고 있다. 경제력 확보에 따라 자녀에 대한 의존보다 독립된 노후 생활을 희망하는 노인층이 증가할 것이다. 강원도의 자연 환경적 특성을 고려할 때 이러한 능력 있는 고령자층의 지역 유입도 하나의 지역 경제발전 전략이 될 수도 있다는 점은 긍정적이라 할 것이다.

3) 산업 활동의 저조

인적자원개발의 개념이 등장하게 된 배경이 요소 투입에 의한 경제성장 한계를 극복하자는 데 있다고 볼 때 지역인적자원개발의 1차적 목표는 지역 내 산업경제를 활성화할 인적자원개발에 있다. 그렇게 볼 때 강원도의 취약한 경제 기반은 무엇보다 인적자원개발의 필요성을 극대화함과 동시에 인적자원개발의 제약 조건으로 작용할 것임을 의미한다. 선진국, 특히 핀란드, 싱가포르 등 세계적 강소국들의 경쟁력이 산·학 협력을 통한 맞춤 인력 개발에 기인하는 바 크기 때문이다. 강원도의 지역내총생산(RGDP)은 전국의 2.5% 내외에 불과하며 1인당 RGDP 수준도 전국 평균의 80%에 못 미친다. 낮은 수준의 지역산업총생산 수준은 제조업 기반이 취약하며, 특히 지식기반제조업의 비중이 전국의 0.2%에 불과하다는 취약한 산업구조에 기인한다. 석탄 산업이나 농·수 산업의 대체 산업이 육성되지 않고 있으며 제조업 부문이 미발달되어 지역경제를 선도할 기간산업이 취약하다. 제조업의 내용도 음식료품, 비금속광물 등 기업 간 네트워크 형성이 미약한 산업들이 주종을 이루고 있다.4) 대부분의 기업이 영세하고 기술 개발 투자도 미약하여 전국 비중에서 연구비는 0.5%, 연구 인력은 2.3%를 차지하는 데 불과하며 관광 부문이 성장세이긴 하지만 핵심 성장 산업으로 자리 잡기에는 전후방연계 효과나 부가가치 효과 등에서 아직 미약한 형편이다.

3. 인적자원 양성구조의 비효율성

1) '지방대학'의 부재와 실업계 인력양성기관의 정체성 위기

강원도에는 현재 4년제 대학교 11개(강원대 삼척캠퍼스 포함), 전문대학 10개 등 21개 대학이 있는데, 주로 춘천, 원주, 강릉에 인적자원이 밀집되어 있다. 대학에서 활동하고 있는 교수 인력은 4년제의 경우 2,800명, 전문대를 포함하면 3,000명을 상회하며 공학, 자연과학, 의학까지 포함한 과학기술 인력은 4년제 대학만 해도 1,763명에 이른다. 부문별 입학 정원을 보더라도 전체 대학생의 40% 이상이 과학기술계 인력으로서 21세기 과학기술사회를 염두에 두더라도 그렇게 낮다고 보기는 힘들다.

---

4) 도내 주력 산업인 비금속광물업체의 99.5%, 음식료품업체의 76.4%가 타 업체와 하청 관계가 없으며(염돈민, 2002), 전산업 평균에 대한 상대적 크기로 나타내는 '감응도계수'를 1998년 산업연관표에서 보면 1차 금속 제품이 높은 1.81을 보이는 데 비해 음식료품은 1.23, 비금속광물제품은 0.86에 불과하다(한국은행, 2001).

<표 1-5> 도내 4년제 대학의 교수인력 현황

(단위: 명, %)

구분	강릉대	강원대	경동대	관동대	한중대	강원대 (삼척)	상지대	연세대	춘천교대	한라대	한림대	선제
인문사회	92	211	33	111	38	62	91	67		25	155	885 (31.4)
자연과학	73	238	-	35	4	11	57	60		-	78	556 (19.8)
공학	55	115	24	49	40	113	31	41		55	34	557 (19.8)
예체능	25	36	7	32	14	17	19	6		-	11	167 (5.9)
의학	35	87	-	76	-	-	24	3		-	425	650 (23.1)
계	280	687	64	303	96	203	222	177	68	80	703	2883

주: ( ) 안은 춘천교대 68명을 제외한 전체 교수인력을 100으로 한 백분율.
자료: 교육인적자원부 2006년 홈페이지.

　문제는 대학의 숫자나 입학 정원이 도민 숫자에 비해 많다는 것이다. 도내 4년제 대학의 총 입학 정원은 2006년 현재 1만 7,000명이 넘으며 전문대학 입학 정원도 1만 명을 상회한다. 여기에 산업학사 자격을 주는 한국폴리텍3대학(춘천 소재)과 전문학사를 받을 수 있는 대한상공회의소 강원인력개발원(홍천 소재) 등 직업훈련계 대학급 입학 정원인 417명을 포함하면 4년제, 2년제를 합친 총 대학 입학 정원은 2만 7,677명이다. 이는 도내 고등학교 과정 115개교 전체 졸업자 1만 7,744명이 모두 도내 대학을 진학한다고 하더라도 1만 명 이상 부족한 숫자이다. 도내 소재 대학의 경우 외지 학생들을 영입하지 못하면 존립 기반이 위태로운 실정이다. 결국 지역산업과 밀착된 지역인력 양성에 특화되지 못하고 전국적으로 공통화된 커리큘럼에 의해 전국 인재를 키우는 기관이 될 수밖에 없다. 이는 강원도에 국한된 문제가 아니고 수도권을 제외한 전국의 지방에 공통된 사안이다. 지방에 소재한 대학은 있어도 진정한 '지방대학'은 없는 것이 우리의 현실이다.

　대학 입학 정원이 남아도는 상황은 우리 사회의 과도한 고등교육 진학열과 맞물려 지역산업에 필요한 기능 인력을 부족하게 만드는 애로 요인이 된다. <표 1-7>에서 보듯이 도내 고등학교 졸업자는 취업보다 진학을 선호한다. 일반계 고등학교는 물론이고 실업계 고등학교 졸업생의 경우도 대학 진학자가

<표 1-6> 도내 인적자원양성기관 현황

구분	4년제 대학	2년제 전문대학	직업훈련계 대학	계	인문계고 등학교	실업계고 등학교	계
학교 수	8	10	2	20	67	48	115
입학(졸업) 정원*	17,073	10,177	417	27,677	9,247	8,497	17,744

주: 대학은 입학 정원, 고등학교는 졸업생 수.

자료: 한국교육개발연구원 홈페이지, 교육통계연보 자료(2006).

<표 1-7> 도내 고등학교 졸업자의 분야별 진학 상황

구 분	졸업자	진학자		진학 내역			
		인원	비율	전문대학	교육대학	대학교	각종 학교
일반계	9,247	8,827	95.5	1,431	139	7,199	10
실업계	8,497	6,895	81.1	2,815	31	4,036	11
계	17,744	15,722	88.3	4,246	170	11,235	21

자료: 교육인적자원부(2006).

81%에 이르며 진학률은 매년 높아지고 있다. '대학 정원 채우기 노력→입학 과정의 용이성→진학률 증대→실업계 고등학교의 정체성 위기→지역산업 인력 부족 현상 심화→지역산업 침체'의 악순환 현상이 나타나고 있다. 또한 실업계 고등학교는 인문계 고등학교를 진학하지 못하는 '학습 지진아'가 가는 학교라는 낙인으로 인해 유능한 청소년들의 의욕 상실과 시간 낭비라는 사회적 비용을 크게 발생시키고 있으며, 특히 진학 준비가 부족하여 대학 진학 이후 중도 탈락하는 경우도 많아서 사회 비용을 더 확대시키는 부정적 결과도 발견된다. 최근 음식조리학교, 미용학교 등 전문화된 실업계 고등학교들이 특화된 교육 과정을 가지고 일부 호응을 얻고 있지만 아직 강원도에서는 이러한 학교들이 발달되지 못하고 있다.

전문대학의 정체성 부족도 큰 문제이다. 유럽이나 일본 등 선진국에 있어서 전문대학(유럽의 폴리테크닉)은 저마다의 독특한 '전문성'을 가진 고급 기능인력 양성기관으로 자리 잡고 있는 데 비해 우리의 전문대학은 4년제 대학과 유사한 커리큘럼을 운영함으로써 특성을 살리지 못하는 경우가 많다.

현재 직업훈련기관으로서 가장 큰 역할을 하는 것이 인력개발원이나 한국폴리텍대학 등의 기관이다. 그러나 이 기관들은 고등학교 졸업생들이 '대학'에 진학하려고 하기 때문에 취업할 때 유리함에도 불구하고 정원을 채우는 데 어려움을 겪고 있으며 교과과정이 제조업, IT 등 전국적 인력 수요 부문에 치우쳐, 유능한 인력들이 졸업 후 지역에 남기보다 외부로 유출되고 있는 실정이다.

2) 취약 계층 인적자원개발 소홀

실업계 고등학교 졸업생의 취업 기피 현상과 대학의 지역인적자원개발 한계성 등을 고려할 때 지역산업인력으로 중요하게 대두되는 것은 상대적으로 노동 이동성이 제약되는 여성, 노령자, 장애인 등 사회 내 취약 계층이다. 이들을 적절하게 지역산업인력으로 활용할 수 있다면 지역기능인력 부족이나 지역 내 가구 소득 증대 등 많은 문제를 해결할 수 있다. 도내 60만 명의 여성 경제활동인구 중 경제활동참가율은 절반에도 못 미친다. 노인의 경우에도 20만 명 가까운 인구 중 1/4 정도만이 취업 활동을 하고 있다. 장애인은 더 취약한 실정이다. 6만 명이 넘는 장애인이 있으나 이들을 대상으로 다양한 능력개발 서비스와 직업재활 프로그램을 제공하는 전문교육기관인 직업능력개발센터(전국에 5개 소재)도 없다. 한국장애인고용촉진공단에서 지정하여 훈련비를 지원하는 장애인훈련 과정이 한국폴리텍3대학, 강원인력개발원, 특수학교에 1개교 등에 개설되어 있을 뿐이다.

4. 인적자원 수요구조의 취약성

1) 인적자원의 수요처 미흡

제조업이 발달하지 못한 관계로 강원도에서 인적자원을 수요로 하는 곳은

<표 1-8> 규모별 도내 사업체 현황(2004년)

종사자 규모	사업체 수	비 율(%)	종사자 수	비 율(%)
계	116,338	100	436,787	100
1~4명	101,632	87.4	178,103	40.8
5~9명	8,412	7.2	53,195	12.2
10~19명	3,520	3.0	47,085	10.8
20~49명	2,025	1.7	60,765	13.9
50~99명	512	0.4	34,545	7.9
100~299명	184	0.2	29,138	6.7
300~499명	25	0	9,084	2.1
500~999명	20	0	13,294	3.0
1000명 이상	8	0	11,578	2.7

자료: 강원도(2005a).

주로 도소매·음식숙박업, 개인 서비스업, 농림·어업 등이다. 2004년 현재 농림·어업에 종사하는 사람의 구성비가 전국 평균보다 2배 이상 높은 16.6%이며, 광공업(제조업)에 종사하는 사람의 구성비는 전국 평균보다 12% 낮은 7.7%를 차지하고 있다. 76%를 차지하는 사회간접자본 및 기타 서비스업에서는 개인 사업 및 공공서비스 등이 제일 높으며(30%), 관광과 연계된 음식·숙박업(27%)이나 건설업(9.9%)의 비중도 높다.

대규모 인력을 고용할 제조업이 발달되지 못하다 보니 도내 사업체는 종업원 5인 이하의 소규모 업체가 대부분이다. 도내 총 사업체 수는 2004년 현재 11만 6,000개에 불과한데 이 중 4인 이하 사업장이 87.4%에 달한다. 100명 이상 사업장은 0.2%인 237개이다. 종사자 비중으로 보면 가장 높은 도·소매 및 음식·숙박의 경우 평균 종사자가 2.3명으로 제일 영세하다.

2) 상대적으로 낮은 학력의 근로자 수요

2004년도 강원도 내 취업자는 67만 명으로 전국 취업자의 3%를 차지하고

<표 1-9> 산업별 종사자 수 및 업체당 평균 종사자 수(2004년)

산업 분류	종사자 수	평균 종사자 수	산업 분류	중사지 수	평균 종사자 수
전 산 업	436,787	3.8			
농업및임업	1,810	15.7	통 신 업	5,481	12.6
어 업	151	10.8	금융및보험업	17,968	13.6
광 업	6,046	43.8	부동산·임대	9,344	3.1
제 조 업	44,665	6.8	사업서비스업	12,991	6.2
전기가스수도	2,860	28.0	공공국방사회	25,726	31.4
건 설 업	29,386	7.7	교육서비스업	40,070	9.2
도매및소매업	73,268	2.4	보건사회복지	20,460	8.8
숙박음식점업	78,220	2.3	오락문화운동	16,184	3.7
운 수 업	24,355	2.5	기타 서비스	27,802	2.1

자료: 강원도(2005a).

<표 1-10> 도내 취업자들의 학력 분포

취업자(천 명)	2004		2003		2001		1995	
전국 계	22557	%	22139	%	21572	%	20414	%
초졸 이하	3088	13.69	3190	14.41	3517	16.30	4182	20.49
중졸	2676	11.86	2680	12.11	2947	13.66	3328	16.30
고졸	9749	43.22	9574	43.24	9573	44.38	8969	43.94
전문대졸 이상 (대학교졸 이상)	7044 (4897)	31.23 (21.71)	6695 (4716)	30.24 (21.30)	5535 (3802)	25.66 (17.62)	3936 (2866)	19.28 (14.04)
강원도	670	100.0	664	100.0	662	100.0	640	100.0
초졸 이하	150	22.39	158	23.80	157	23.72	199	31.09
중졸	89	13.28	89	13.40	100	15.11	118	18.44
고졸	267	39.85	266	40.06	280	42.30	236	36.88
전문대졸 이상 (대학교졸 이상)	163 (117)	24.33 (17.46)	152 (110)	22.89 (16.57)	126 (84)	19.03 (12.69)	87 (57)	13.59 (8.91)

자료: 통계청 DB(KOSIS).

있다. 이들 도내 취업자 중 전문대졸 이상의 학력을 가진 취업자의 수는 16만 3,000명으로 24% 정도의 비중을 차지한다. 1995년 8만 7,000명에 비해 2배 가까이 증가한 수치이며 비중도 매년 늘어나는 추세이다. 취업자 학력이 계속

구 분	사무·서비스	전문직	기술·준전문	기능직	단순노무	계
음식료·담배	2.9	17.9	5.3	6.5	12.4	9.9
섬유·의복 등	0.8	4.2	2.0	10.8	4.0	5.9
나무제품	10.0	0.0	0.0	18.2	15.4	15.1
종이제품	0.4	0.0	0.0	4.9	1.5	2.4
화합물제품	4.3	10.3	10.2	12.3	11.6	10.3
비금속광물	2.8	3.3	6.2	3.7	11.7	4.8
1차 금속	4.5	5.0	5.7	4.3	25.0	5.8
조립금속	5.8	16.1	12.5	10.3	8.9	9.5
기 타	2.2	11.1	8.3	5.7	11.2	6.6
전체	3.4	10.3	7.7	7.3	11.1	8.3

자료: 강원발전연구원(2003).

높아지고 있음에도 불구하고 강원도 내 취업자들의 학력은 전국 평균보다 낮은 편이다. 이는 위에서 언급한 바와 같이 강원도의 산업구조 및 취업구조가 취약하여 전반적으로 고기술·고학력의 인력을 수요하지 않는 것으로 해석할 수 있다.

한편 한 조사에 따르면 도내 제조업체의 인력 부족률은 8.3%에 달하며, 특히 강원도의 주요 업종이라 할 수 있는 음식료품, 조립금속 등의 부문에서 전문가의 인력 부족이 심각한 상황이다. 이는 결국 강원도 제조업체의 영세성에서 비롯된다고 할 수 있는데, 전문 기술직의 활동 공간이라 할 수 있는 연구·개발 부서가 전체 업체의 30% 정도에서만 설치되어 있으며 그것도 매출 규모가 20억 이상 업체에 몰려 있는 형편이다. 대학 등 외부 전문가 활용 여부도 약 30%의 업체만이 활용 실적이 있었으며 매출액 규모로 보면 10억 원 이상의 업체가 주로 해당된다. 결국 도내 대학에서 양성·배출되는 인력과 각 기업에서 수요로 하는 인력 간에 심각한 수급 갭 또는 불일치(mismatch)가 존재한다고 추정할 수 있다.

교육인적자원부에서 간행한 『2006년 교육통계연보』의 대학졸업자의 취업

<표 1-12> 대학졸업자의 진로 및 취업 현황

구분	합계	진로 및 취업여부				
		진학자	취업자	입대자	무직자	미상
합계	638,259	46,322	431,182	4,390	120,191	36,174
서울	158,062	17,420	86,670	1,006	26,393	26,573
부산	51,469	3,508	36,711	143	10,296	811
대구	27,611	1,445	21,135	128	4,157	746
인천	18,367	1,073	13,204	224	3,156	710
광주	26,454	1,317	18,023	158	6,303	653
대전	29,717	2,240	21,307	209	5,500	461
울산	6,289	366	4,899	12	917	95
경기	104,569	6,484	76,699	822	18,588	1,976
강원	23,605	1,728	15,604	243	5,676	354
충북	24,114	1,558	17,652	160	4,505	239
충남	37,305	2,355	26,998	292	7,191	469
전북	26,973	1,503	17,760	293	6,716	701
전남	21,922	825	15,738	235	4,380	744
경북	45,626	2,736	32,089	303	9,621	877
경남	29,491	1,486	21,812	98	5,673	422
제주	6,685	278	4,881	64	1,119	343

자료: 교육인적자원부(2006).

<표 1-13> 강원도 일반·실업계 고등학교의 산업별 취업자 현황

(단위: 명, %)

구분	합계	농업 임업 어업 수렵	광업	제조업	도시 가스 수도	건설업	도소매 음식 숙박업	운수 창고 통신	금융 부동산 보험 용역업	개인 서비스	기타
합계	1550 (100.0)	23 (1.5)	-	868 (56.0)	70 (4.5)	74 (4.8)	76 (4.9)	29 (1.9)	38 (2.5)	74 (4.8)	298 (19.2)
일반 고등 학교	159 (100.0)	1 (0.6)	-	40 (25.2)	6 (3.8)	2 (1.3)	12 (7.5)	6 (3.8)	-	44 (27.7)	48 (30.2)
실업계 고등 학교	1391 (100.0)	22 (1.6)	-	828 (59.5)	64 (4.6)	72 (5.2)	64 (4.6)	23 (1.7)	38 (2.7)	30 (2.2)	250 (18.0)

자료: 교육인적자원부(2006).

및 진로 현황을 살펴보면 전국의 대학졸업자 총 63만 8,259명 가운데 진학자 4만 6,322명(7.3%), 취업자 43만 1,182명(67.6%), 무직자 12만 191명(18.8%) 등으로 나타난다. 도내의 대학 총 졸업자는 2만 3,605명이며 이 가운데 진학자 1,728명(7.3%), 취업자 1만 5,604명(66.1%), 무직자 5,676명(24.0%) 등으로 조사되고 있다. 진학자 비중은 비슷하고 취업자 비중은 전국보다 조금 낮다. 반면에, 무직자의 경우는 전국보다 다소 높은 비중을 보인다. 요컨대 강원도는 전국 수준에 비해 대학졸업자의 취업 비중이 낮고 상대적으로 무직자의 비중이 높다.

한편 2005년도 현재 도내 일반 및 실업계 고등학교 졸업자의 총 취업자 수는 1,550명으로 지난 해 2,425명보다 낮은 수준이며 이들 중 90%가 실업계 고등학교 졸업생이다. 그 비중도 전년보다는 3%p 정도 낮아진 것이다. 이러한 현상은 실업계 고등학교 졸업생의 높은 진학률과 무관하지 않다. 산업 부문별 취업 현황에서는 제조업 부문이 압도적으로 높은데, 특히 실업계 고등학교 졸업생의 60%가 제조업에 취업하고 있다. 인문계 고등학교 졸업생들은 개인 서비스나 제조업 부문에 각각 27%, 25% 등으로 취업하여 비슷한 편이다. 이러한 수치들은 제조업이 일자리 창출에서 가지는 위치가 매우 크다는 사실을 나타내며, 제조업의 기반을 형성하는 인력이 실업계 고등학교 졸업생임을 강조하고 있기도 하다.

5. 맺음말

강원도의 인적자원개발 실태를 한마디로 요약하면 수요와 공급 간의 불일치이다. 이는 도내 제조업의 미발달과 인력 양성체계의 비효율에 기인하는 바크다. 통계청의 「2004년 전공과 직업의 일치도 조사」에 따르면 도내에서 전공과 무관한 분야에 취업하는 일자리 불일치 현상이 많이 발생하고 있는데 30.3%만이 일치하고 불일치하는 경우가 47.7%(전국 44.8%)에 이른다. 학력이 낮을수록 불일치 현상이 심한데 실업고의 경우 56.6%(전국 57.0%), 3년제 이하 대학 48.4%(전국 42.3%) 및 대학 이상 34%(전국 32.3%) 등이다. 이러한 전공 불일치 현상은 위에서 지적한 공급·양성구조의 비효율성과 수요구조의 취약성 및 지역 내에 인력 수급 전망에 기초한 인적자원개발체계가 제대로 구축되어 있지 않기 때문이다.

효율적 인적자원개발체계의 구축을 위해서는 초등학교에서 대학, 직업훈련 기관에 이르는 각급 단계의 양성기관들, 도청, 시·군청 및 교육청 등 행정·지원 기관 및 기업 등 인적자원 수요기관들이 모두 분명한 역할을 수행하는 엄밀한 연계망(network)을 형성하고 있어야 한다. 그리고 도민들은 저마다의 능력을 계발하고 활용하는 평생학습의식으로 거듭나야 한다. 우리는 이 모든 면에서 미흡하다. 이는 어느 특정 지역사회의 노력만으로 가능한 것도 아니다. 정부의 전반적 구조혁신정책과 함께, 온 국민들의 참여와 실행 노력이 이루어져야만 가능한 일이다.

참고문헌

강원도. 2005a.『2004년 기준 사업체기초통계조사보고서』.

_____. 2005b.『제1차 강원도지역인적자원개발기본계획』.

강원발전연구원. 2003.『강원도 중소기업 인력실태조사 및 종합대책』.

교육인적자원부. 2006.『교육통계연보』.

삼성경제연구소. 2002.『고령화 시대 도래의 경제적 의미와 대책』(2002. 12. 13, Issue Paper).

_____. 2003.『휴먼캐피털과 성장잠재력』.

염돈민. 2002.「산업구조의 특성과 과제」. 강원사회연구회 엮음.『강원경제의 이해』. 한울.

_____. 2005.「지역인적자원개발의 이슈와 전략」. 지역인적자원개발 국제 심포지엄 발표
　　자료(강원도 춘천).

최경수 외 엮음. 2003.『인구구조 고령화의 영향과 대응과제(1)』. 한국개발연구원.

통계청. 2005.『시도별 장래인구 특별추계 결과』.

황인정 엮음. 2000.『강원도 세상 구현을 위한 기반조성 연구』. 강원개발연구원.

한국은행 엮음. 2001.『1998년 산업연관표(연장표)』.

Marc, Eog et al. 2003. Human Resources in the 21st Century, John Wiley & Sons.

기타

KOSIS 홈페이지. http://kosis.nso.go.kr/

2 장

강원도 교육시스템과 인적자원

김진영 | 강원대학교 사회교육과 교수

1. 머리말

세계화·정보화가 진행되면서 우리의 화두는 국제 경쟁력이 되고 있다. 지방
자치가 시행되면서 중앙과 지방의 관계를 이야기할 때는 지역균형발전이 화두
가 되고 있다. 국제 경쟁력이나 지역균형발전 논의의 핵심에 인적자원개발과
교육이 들어 있다. 국제 경쟁력은 경제적으로 한 국가가 생산하고 수출하는
재화나 서비스가 다른 나라의 그것에 비해서 품질이 앞서며 가격이 낮은 것을
의미한다. 국제 경쟁력을 결정하는 다양한 요인이 있지만 최근에 나온 연구물
들은 공통적으로 사람이 가진 기능이나 지식이 가장 중요하다고 지적한다.
생산 요소로서 토지·자본·노동이 가장 중요하던 산업사회를 지나 정보를 수
집·분석하여 경제활동과 생활에 적용하는 능력과 또 새로운 정보를 창출할

수 있는 능력이 더욱 중요해진 지식기반사회에서는 지식을 활용하고 창출할 수 있는 인적자원의 개발이 국제경쟁력의 확보를 위해서 과거 어느 때보다 중요해졌다.

인구의 수도권 집중과 그에 따른 지방의 쇠퇴는 21세기 한국 사회가 해결해야 될 가장 중요한 사회문제 중 하나이다. 수도권 대학 입학생의 절반이 지방 출신이며 더구나 이들은 지방의 우수한 인재들이다. 인구의 이동은 자연스럽게 돈의 이동을 수반하여 지방의 자금이 서울과 수도권으로 이동하고 있다. 이렇게 지방의 인재가 서울로 이동하는 가장 큰 원인은 학업을 마친 후에 직업을 구하는 데 유리하고 또 생활환경이 지방보다 훨씬 낫기 때문이다. 반대로 지역산업이 고사해 가는 과정에서 지역기업이나 지역으로 입주해 오는 기업들이 가장 큰 애로 요인으로 지적하는 것은 기업에 필요한 전문 인력을 지역에서 구할 수 없다는 점이다. 참여정부는 이런 악순환의 고리를 없애기 위해 지역균형발전을 내세우고 있다.

국가의 경쟁력 확보나 지역균형발전의 핵심에는 지역의 인적자원개발이 있고 인적자원개발의 기본은 교육이다. 교육의 역할은 전인적인 인격 완성이나 자아실현을 강조하는 데서 벗어나 개인의 생산능력 향상이나 국가나 사회가 필요로 하는 노동력을 공급하는 것으로 확대되고 있다. 이런 경향은 교육을 담당하는 국가기관의 명칭 변경에서도 찾아볼 수 있다. 교육을 담당하는 정부 부처가 '문교부'일 때는 교육이 문화 창달이나 문화 전승과 더 깊은 관련이 있으며, '교육부'로 명칭을 바꾼 것은 교육을 인간 행동의 계획적인 변화라는 면을 더 강조한 것으로 보인다. 그러나 2001년부터 사용하기 시작한 '교육인 적자원부(Ministry of Education and Human Resource Development)' 명칭은 교육 과 인적자원개발을 동일한 무게로 본다는 생각이 담겨 있다고 볼 수 있다.

교육의 역할이 이렇게 중요하고 또 국가가 교육에 많은 투자를 하고 있으며 국가 경쟁력 확보와 지역균형발전의 기초가 되는 인적자원개발을 위한 핵심적 인 역할을 교육에 기대하고 있지만 지역의 교육은 그러한 요구를 소화해 내기 에는 무리가 있다. 특히 강원도와 같이 인구의 절대 규모가 작고 자연 환경이 산업발전에 열악하며 농·수산업 중심의 열악한 산업구조는 높은 역량을 가진 인적자원을 더욱더 필요로 한다. 그러나 강원도의 현실은 인적자원개발에 그렇게 우호적이지 않다.

본고에서는 경제성장과 인적자원 교육의 관계를 살펴보고, 강원도의 인적자원개발에 주도적 역할을 하는 강원도의 교육 현황과 문제점을 중심으로 전반적인 강원도 교육시스템을 살펴보기로 한다.

2. 경제성장과 인적자원개발

1960년대는 2차 세계대전 후 독립한 나라들을 중심으로 후진국의 경제성장이 주요 관심사였기 때문에 성장이론이 크게 번창한 시기였다. 당시 경제성장이론의 주요 내용은 생산의 핵심 요소인 자본과 노동의 투입량을 늘리면 생산이 증가하기 때문에 경제성장을 위해서는 이 두 요소의 투입을 확대하는 것이었다. 경제성장은 주로 공업이 주도했기 때문에 농업 부문에서 남는 노동력을 공업 부문으로 이동시키고, 국내 저축을 늘리거나 외국 자본의 차입을 통해 경제성장을 이루는 것이 여러 나라에서 유행했으며, 우리나라도 이런 정책을 추진하여 크게 성공을 거둔 사례에 해당한다. 경제개발의 정도가 낮은 후진국에서는 상대적으로 노동은 풍부한 데 비해 자본이 크게 부족했기 때문에 저축과 투자 확대를 통한 자본 축적을 크게 강조했다.

그러나 시간이 흘러감에 따라 자본과 노동의 투입을 통한 성장이론은 여러 가지 문제점을 노정했다. 이 이론의 가장 큰 약점은 자본과 노동의 한계생산성 체감 때문에 경제성장률에 한계가 있다는 점이다. 노동의 증가는 인구 증가 제약 때문에 투입량의 증가에 한계가 있고, 자본 투입의 양적 증가는 가능하지만 수확체감의 법칙에 따라 성장률에서 제한이 발생한다.

신고전학파 성장이론은 기술적인 한계점 외에 현실에서 관측된 사실과 맞지 않는 문제점이 나타났다. 즉, 이 이론에 따르면 자본 축적이 부족한 나라에서 자본 투자의 효과가 자본 축적이 높은 선진국에 비해 훨씬 더 커서 선진국보다는 후진국의 경제성장률이 더 높을 것이고, 선·후진국을 막론하고 경제의 지속적인 성장을 위해서는 외부에서 기술 진보가 있어야 한다. 그러나 1980년대에 선진국보다 후진국의 경제성장률이 그렇게 높지도 않고 또 각국의 기술진보의 차이도 없는데 성장률이 나라별로 매우 상이하게 나타났다는 사실이 관측되었다.

이 현상을 규명하기 위해 다양한 경제성장이론들이 등장했다. 그중에 '신성장이론' 혹은 '내생적 성장이론'이라 불리는 이론이 가장 크게 주목을 받았다. 과거의 성장이론이 경제성장을 경제 외부의 기술 진보나 인구 증가에 의한 것이라고 보는 반면, 내생적 성장이론은 경제 내부에서 연구·개발(R&D) 투자, 자본과 노동의 새로운 결합[혁신(innovation)], 그리고 교육과 지식이 가지고 있는 긍정적인 복합 효과에서 경제성장의 원인을 찾는다.

교육과 경제성장의 관련성을 찾기 위해 우선 인적자본과 경제성장, 교육과 인적자본의 관계를 알아보기로 한다. 철강 공장, 자동차, 상가 건물 등을 자산 혹은 자본이라 부르는데, 자본은 미래의 장기간에 걸쳐 소득을 발생시킨다. 자본이 많을수록 미래의 소득은 더 많아지기 때문에 미래의 소득을 늘리고 싶으면 자본을 증가시켜야 하는데 자본을 증가시키는 행위를 투자라고 부른다. 건설회사가 삽이나 곡괭이로 땅을 파는 것보다는 굴삭기를 동원하면 훨씬 효과적으로 땅을 팔 수 있다. 건설회사가 삽과 곡괭이 대신 돈을 더 들여서 굴삭기를 구입하는 것은 미래의 수입을 늘리기 위한 투자 행위가 된다.

교육이나 훈련을 더 많이 받은 사람이 그렇지 못한 사람보다 생산능력이 더 크고 허약한 사람보다 건강한 사람의 생산능력이 더 크다는 사실은 분명하다. 이와 같이 사람들에게 돈을 들여서 교육과 훈련을 더 받게 하고 주기적으로 건강을 진단하고 관리하게 하는 것은 건설회사가 굴삭기를 구입하는 투자와 별반 다르지 않다. 따라서 교육, 훈련, 건강관리에 대한 지출을 인적자본에 대한 투자라고 할 수 있다. 굴삭기와 같은 자본은 사람과 분리할 수 있지만 지식, 기술, 건강, 가치관 같은 것은 사람과 분리될 수 없기 때문에 인적자본

혹은 인간자본이라고 불린다.[1]

인적자본을 높이는 투자는 매우 다양한데 사람들의 생명이나 건강을 증진시키는 지출, 기술훈련과 현장훈련에 대한 지출, 학교교육과 평생교육을 포함한 교육에 대한 지출, 그리고 취업이 용이하거나 능력을 잘 발휘할 수 있는 곳으로 이사하는 것도 인적자본에 대한 투자가 된다. 이런 여러 투자 중에서 전통적으로 가장 중요하다고 여겨지고 또 많은 관심을 받는 것은 학교를 통한 공식적인 교육이다.

3. 인적자원개발과 교육

인적자본개발과 관련하여 교육의 중요성이 강조되기 시작한 계기는 세 가지로 볼 수 있다. 앞에서 말한 대로 선진국의 경제성장이나 후진국의 경제성장 과정에서 투입되는 노동자의 수와 자본의 양만으로 설명되지 않는 부분이 발생했다. 즉, 한국이나 미국에서 관찰되는 바와 같이 자본과 노동의 투입 증가율보다 훨씬 빠른 1인당 실질 국민소득의 증가를 설명하기 위해서는 노동이나 자본 외의 다른 요인들이 있어야 가능했다. 슐츠(D. Schultz), 민서(J. Mincer), 베커(G. Becker)와 같은 경제학자들은 투입량을 능가하는 국민소득의 증가는 노동자의 양이 아니고 노동자의 질에서 찾아야 하고, 노동자의 질적 변화를 지칭하는 개념으로 인적자본을 도입했다. 미국이나 아시아의 네 마리 용으로 거론되는 한국, 홍콩, 싱가포르, 대만의 경제성장은 상당 부분 천연자원, 물적지본, 노동량 증가보다 오히려 노동의 질적 변화에 기인하는 바가 크다는 점을 지적했다. 그리고 노동자의 질적 변화, 즉 인적자본의 축적을 주도한 것은 교육이었다.

---

[1] 사람에게 붙어 있어서 사람 자체처럼 활용되기 때문에 인간자본이 더 적절한 표현 같지만 인적자본이란 말이 더 일반화되어 있기 때문에 본고에서도 인적자본이라는 용어를 사용한다.

두 번째 계기는 신성장이론의 일부에서 교육과 지식의 중요성이 강조되기 시작했다는 점이다. 과거의 성장이론이 예언한 바는 선진국의 성장이 수확체감의 벽에 부딪쳐 한계에 이를 것이라는 것이었지만, 선진국의 성장률이 후진국에 비해서 낮지 않다는 점이 통계적으로 확인되었다. 이 문제에 해답을 찾는 과정에서 두 가지 답이 제시되었는데, 하나는 생산 요소의 투입이 증가하면 규모의 경제(economy of scale)가 작용하여 생산성이 더 높아진다는 점이고, 다른 하나는 교육의 역할 때문에 새로운 아이디어가 채택되어 역시 수확체감이 작용하지 않는다는 것이다. 즉, 교육을 통해 경제활동에 참가하는 사람들의 지식이 증가하면 스스로 혁신이 일어나 수확체감을 예방할 수 있다는 것이다.

마지막으로 지식기반사회의 도래다. 1990년대 들어오면서 전통적인 제조업 중심에서 지식산업으로 산업의 중심이 이동하면서 지식과 기술 정보가 경제발전이나 경제성장에 중요한 역할을 하게 되었다. 정보통신기술의 발달은 지식이 단순히 기술의 원천이 되는 것에 머무르지 않고, 새로운 지식 자체가 만들어지고 전파되는 과정에서 경제적 가치를 창출하게 한다. 이렇게 지식의 창출과 전파 가공 활용의 능력을 기르는 데도 역시 교육이 핵심적인 기능을 한다. 세계화시대에서의 국제 경쟁력 강화를 위해서도 교육의 역할이 크게 강조되고 있다. 국가 경쟁력은 기업들이 더 많은 부를 창출하고 국민들이 더 큰 번영을 누릴 수 있도록 하는 국가의 능력을 말한다. 따라서 국가 경쟁력은 사회제도, 보유 자원, 기술, 노동력 등 다양한 요인들이 복합적으로 작용하여 만들어진다.

국가 경쟁력의 결정 요인 중 하나가 바로 교육이다. 스위스의 국제경영개발원(IMD)에서 나온 국가경쟁력보고서에 따르면 교육은 사회기반시설(Social Infrastructure)로서 중요한 역할을 한다. 교육에 대한 공공 지출, 교사-학생의 비율, 중등교육 진학률, 고등교육 이수율, 학생의 학업 성취, 대학교육의 경제적 요구에 대한 충족도, 문해력과 경제학 소양, 재정 교육에 대한 기업의 충족 및 만족도, 유자격 공학도의 활용 용이성, 대학과 기업 간의 지식 및 기술의 상호 이전 정도 등의 지표들이 한 국가의 경쟁력을 결정하는 교육

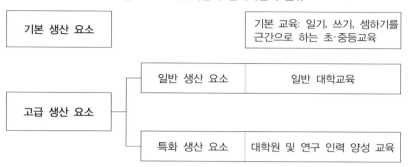

<그림 2-1> 지식자원과 인적자원의 분류

분야의 지표들이다. 여러 지표들이 간접적인 경쟁력 요소이지만 기업의 공학도 이용 가능성, 문해력과 경제학 소양, 기업의 교육에 대한 만족도, 대학과 기업의 기술 이전과 같은 요소들은 곧바로 생산성 향상에 직결된다고 할 수 있다.

한편 세계경제포럼(WEF)도 12개의 국가 경쟁력 핵심 중에 기본적인 인적자원과 고급인적자원을 포함하여 교육을 통한 인적자원의 확보가 국가경쟁력의 근간이 된다는 것을 밝히고 있다. 한편 장수명(2004)은 생산 요소로서 자연자원, 기본 시설, 자본 자원, 그리고 지식자원과 인적자원을 지적하면서 지식자원과 인적자원을 <그림 2-1>과 같이 세분하고 있다.

세계화시대의 국가 경쟁력 확보와 개인의 삶의 질 향상을 위한 교육 투자에 대한 노력은 세계 각국의 교육 정책에서도 쉽게 찾아볼 수 있다. 2006년 미국 상원의 금융위원회에 제출된 바쿠스법안(Baucus Education Competitiveness Act)에 따르면, 교육은 개인의 삶을 보장하고 국가의 경쟁력을 확보해 주는 가장 확실한 길이다.

교육은 미국의 가정에 훌륭한 직업과 금융적 안정을 보장하는 가장 확실한 길이다. 그리고 잘 교육받은 노동력은 국내에 좋은 직업을 확보하고 세계경제를 선도할 수 있는 국가의 능력을 높여준다.[2)]

이와 같이 국가발전, 경제성장, 지역균형발전, 국제 경쟁력의 결정적인 요인이 인적자본이고 인적자본은 교육, 훈련, 건강에 대한 투자로 축적된다. 그러나 그중에서도 교육의 역할이 가장 중요하다. 따라서 교육 그 자체를 인적자본에 대한 투자 혹은 인적자원개발이라고 부르기도 한다.

4. 교육의 역할과 성격

1) 교육의 역할과 성격 변화

오늘날 인적자원개발을 위한 교육이 강조되고 있지만 교육은 인적자원개발 이론이 가정하는 것보다 훨씬 더 폭넓은 개념이다. 누구나 나름대로 교육이 무엇인지는 알면서도 교육을 한마디로 정의하기는 쉽지 않다. 이런 현상은 교육이 매우 다차원적인 현상이란 것을 반영한다.

교육의 역사는 매우 길지만 대체로 교육이 처음 출발할 때는 여가를 누릴 수 있는 귀족들의 전유물이었다. 문자의 발명으로 인해 지식의 생산과 축적, 전수가 가능해지면서부터 지식을 전수하기 위한 귀족들의 교육이 출발했다. 이 당시의 교육은 생산 활동에 직접 참가하지 않아도 생계가 해결될 정도의 귀족이 중심이고 그 대상은 일반인이 아니라 특출한 재능을 가지거나 지적 능력이 뛰어난 사람이었다. 오늘날 우리가 인적자원개발을 이야기할 때 인재 혹은 영재처럼 보통 사람보다 뛰어난 사람을 대상으로 생각하는 경향이 있는데, 이것은 이런 귀족주의 영재교육 전통에서 비롯된 것이라 할 수 있다.

귀족주의 교육에 이어서 등장한 교육은 인문주의적 자유교육이라 할 수 있다. 오늘날 대학에서 인문학 혹은 기초 과학이라고 부르는 학문은 주로 고전이나 문학, 철학, 과학과 같이 '자연과 세상의 이치는 무엇인가', '인간은

---

2) http://finance.senate.gov, Committee on Finance.

왜 사는가?' 혹은 '어떻게 사는 것이 옳은가?'와 같이 철학적이고 근본적인 물음에 답하는 학문이다. 자유교육(liberal education) 혹은 인문주의(humanism)와 같은 용어는 인격 완성을 목표로 하는 통합적 성격의 학문을 전수하는 것을 목적으로 한다. 이런 교육은 의사, 법률가, 기술자를 양성하는 전문 직업교육(professional education)이나 어떤 분야의 학문을 심도 있게 연구하는 학자를 양성하는 전공교육(specialist education)과 분명히 구분된다. 과거의 귀족주의 교육에 비해 인문주의적 자유교육은 일반인을 대상으로 하는 점에서 한결 진보한 것이지만, 생산성이나 실용성을 추구하는 것과 같은 구체적인 목적을 가진 교육이 아니라 여전히 인간 의식의 자유로운 계발과 성장을 목적으로 하는 것이었다.

전통적으로 교육은 인간 의식의 계발과 성장을 위한 활동으로 인식되었었다. 그러나 이런 교육관은 오늘날 많은 변화에 직면해 있다. 배우는 사람이 교육비를 매우 저렴하게 생각하거나 그의 능력이 뛰어나서 국가가 모든 비용을 지불할 수 있는 상황에서는 귀족주의나 인문주의적 자유교육이 주류를 이루었다. 그러나 사회의 발달과 분화가 지속됨에 따라 교육이 사회적 기능이나 역할을 담당하기 위한 수단이 될 수 있다는 점이 부각되었다. 이때부터는 전문 직업교육의 성격이 강조되기 시작했다. 경영학, 법학, 의학, 공학, 행정학과 같이 학문 자체가 특정 직업이나 직종을 위한 지식이나 기능의 전수와 연마를 주로 하는 교육이 강조되기 시작했다. 이처럼 전문 직업교육이 강조되었지만, 그것은 모든 교육의 기본이라 할 수 있는 인문 자유교육의 기초가 있어야만 가능한 것이었다.

교육이 귀족이나 소수의 영재 집단의 전유물에서 일반인의 교양 함양을 위한 수단으로 그 기능이 변해왔다. 그러나 오늘날에 국가나 개인은 교양교육보다는 전문 기능을 훨씬 더 중요시한다. 이런 변화는 대학의 인기 학과나 전공 분야가 어떻게 변화했는지를 살펴보면 쉽게 알 수 있다. 국내 명문 대학의 최고 인기 학과가 과거에는 물리학과나 수학과였지만 지금은 의학과나 전자공학과이고, 인문대학의 영문학과보다 상과대학의 경영학과가 훨씬 인기가 높은 것은 바로 이러한 경향을 대변한다고 볼 수 있다.

교육을 국가가 담당해야 하는가 아니면 민간이 담당해야 하는가 하는 문제는 오랫동안 논쟁을 거듭해 왔다. 동·서양을 막론하고 오랫동안 교육은 소수의 귀족이나 특수한 계층의 사적인 영역에서 이루어졌기 때문에 이런 교육은 국가가 담당해야 할 영역이 아니었다. 심지어 이런 교육은 때때로 국가와 충돌하는 양상을 보이기도 했다.

모든 국민에 대해 국가 주도적으로 추진하는 교육은 19세기 근대 국민국가가 본격적으로 출범하면서 이루어지기 시작했다. 절대국가가 무너지고 시민사회가 형성되면서 국가의 통일성이나 국가발전을 위해서는 국민들이 일정한 수준의 지식과 규범의식을 가지는 것이 필수적이라는 생각이 널리 퍼지면서 학교교육이 출발하게 되었다. 새로운 정치체제의 유지, 국민의 통일된 의식 고취, 그리고 국가의 주요 기능을 담당할 인력 양성을 위해서 국가는 적극적으로 국민의 교육을 담당하기 시작했다. 이런 국가 주도의 교육은 통일성과 보편성을 필수적인 요소로 하였다. 국민국가는 출범과 동시에 국가가 관장하는 초등 의무교육제를 수립하여 전 국민을 대상으로 읽고 쓰고 셈하는 교육을 근간으로 하는 보통교육을 실시했다. 이어서 국가발전이나 경제력의 정도에 따라서 중등 의무교육을 국가의 중요한 역할로 정하고 국가가 주도적으로 국민 교육을 실시했다. 통일된 규범과 가치를 가르치는 교육은 한 사회가 가지고 있는 문화를 젊은이들이 익히도록 하는 사회화의 역할을 담당했다.

세계화가 진행되면서 경제발전이 핵심적인 이슈가 되고 교육의 역할이 강조되자, 교육학자들은 국민을 수동적인 지식의 수용자나 국가적인 가치나 규범의 수입자로 규정하던 시각을 벗어나 국민을 국가의 생산 요소로서 인식하기 시작했다. 이에 따라 교육의 본질을 국가가 필요한 인적자원의 양성에 더 초점을 맞추기 시작했다.

2) 우리나라의 교육제도

오늘날 국민의 기본적인 교육욕구와 국가의 국민 계도를 위한 최소한의 교육인 초등교육 과정과 양질의 국민을 양성하기 위한 중등교육 과정 그리고 국가의 인재와 전문가를 양성하기 위한 고등교육 과정으로 나누어서 학교교육이 이루어지는 모습은 대부분의 나라들에서 비슷한 형태를 띠고 있다.

그러나 교육의 내용이나 방법은 나라마다, 지역마다 다양하게 전개되고 있다. 소수 정예의 엘리트 교육을 강조하는 나라나 지역이 있는 반면, 대중주의 교육을 교육의 본질로 내세우는 나라나 지역도 있다. 또한 학교 급별로 혹은 교육 과정별로 단선적인 교육시스템을 갖거나 복수의 학제를 유지하기도 하며, 중앙집권 교육제도와 지방자치 교육제도로 양분되기도 한다.

우리나라는 학교 급별로는 초등, 중등(중학교와 고등학교 과정), 고등(전문대학 이상) 교육의 3단계로 학교 시스템이 되어 있으며 계열로는 대학이나 상급학교 진학을 목표로 하는 인문 계열과 실업 계열로 나뉘어 있다. 그리고 중등교육 이하에서는 국가의 단일 교육 과정 중심으로 교육 과정을 운영하고 있다. 그러나 이런 분류도 시간이 감에 따라 의미가 약해지고 있다. 실업계 고등학교 졸업자 중에서 취업자보다 진학자가 더 많아지고 대학교육도 고등학교 졸업자의 진학률이 80%를 넘어서 전문가를 위한 엘리트 교육이 아니라 대중 교육의 성격이 강해졌기 때문이다. 앞에서 언급했지만 교육의 성격 자체도 국민의 통합이나 통일된 규범이 아니라 국가발전에 필요한 인적자원의 양성이라는 측면으로 변화되었다.

국가는 국가발전에 필요한 인적자원의 양성을 위해 다양한 교육제도와 프로그램을 마련하고 있고 개인들은 자신의 미래 소득이나 직업을 위해 자신이 필요한 교육기관과 교육 수준을 선택하려 하고 있다. 그러나 교육의 이런 기본적인 틀이 현재 제대로 역할을 하지 못하는 것으로 보인다. 지금 우리 교육이 가지고 있는 문제점은 치열한 입시 경쟁, 빈약한 교육 재정과 열악한 교육 환경, 중앙 집권적 교육 행정 등의 문제점을 안고 있다. 우리나라 교육의 문제점은 강원도 교육의 문제점으로 그대로 투영될 수밖에 없다.

5. 강원도 교육의 현황

1) 입시 경쟁과 지역 편중

강원도의 교육현황은 앞에서 살펴본 한국의 교육 문제를 고스란히 가지고 있으면서 강원도만의 특수한 문제를 더 가지고 있다. 흔히 치열한 입시 경쟁이라고 이야기할 때, 이는 주로 대학입시를 염두에 두고 하는 말이다. 그러나 강원도는 대학 입시와 더불어 고등학교 입시도 선발제를 유지하고 있기 때문에 중학교에서부터 경쟁이 치열하다. 경쟁이 치열한 것 자체는 학업성취를 향상시키기 때문에 인적자원개발을 위해서 좋다고 할 수 있다. 그러나 이런 경쟁이 학생의 실력이나 생산성 향상으로 연결되지 못하고 낭비적인 경쟁이 될 수 있다. 즉, 난이도가 적절하지 않은 시험 문제를 대상으로 내신을 잘 받기 위해서 하는 공부는 학생들의 실력 향상에 도움이 되지 않는다. 또 다른 지역의 우수한 학생을 단순히 재배치하는 식으로 선발제가 작용한다면 학생들의 능력이나 실력 향상 없이 강원도 내의 도시와 농촌 간의, 명문고와 비명문고 간의 격차만 확대될 수 있다.

강원도 내 고등학교 입시는 1978년까지는 완전한 선발제로 고입 연합고사를 통한 학교별 전형이었다. 그러나 정부의 강력한 고교평준화 정책에 따라서 1979년부터 1990년까지 고교평준화가 실시되었다. 그러나 평준화의 결과 명문대학 진학률이 크게 떨어지자 고교입시 부활 여론이 높아지고 다시 선발제가 실시되었다. 1991년부터 실시된 고입 선발제는 고입연합고사와 내신을 병행하여 적용했고 2000년부터는 내신만을 이용하여 선발제가 실시되고 있다. 개인들의 학구열 혹은 교육열은 개인의 인적자원을 축적하려는 의지이다. 개인들의 이런 욕구를 교육제도가 제대로 뒷받침을 하면 개인이나 사회가

지역	학교	법조계	외교	교육	재경	합계
강릉	강릉고	16	11	2		29
춘천	춘천고	10	7	1		18
춘천	강원사대부고	6				6
원주	원주 대성고	3		3		6
춘천	강원고	2		1		3
원주	진광고	1	1	1		3
춘천	성수고	2				2
춘천	봉의고	2				2
영월	영월고	2				2
양양	양양고	1		1		2
철원	신철원종고		1		1	2
횡성	둔내고		1			1
속초	속초고		1			1
철원	철원고	1				1
강릉	강릉상고	1				1
춘천	유봉여고	1				1
횡성	횡성고	1				1
동해	광희고		1			1
춘천	춘천여고	1				1

자료: ≪서울신문≫ 2006년 6월 27일자.

원하는 인적자원개발에 유리하지만 반대의 경우에는 인적자원의 역외 유출이
나 낭비적인 경쟁이 될 수도 있다. 현재는 입시 경쟁으로 강릉 원주 춘천의
세 도시만 살아남고 나머지 시·군 지역은 교육의 황폐화를 겪고 있다.

2) 인구 감소와 학생 감소

강원도의 인구적인 특징은 노령화의 빠른 진행과 더불어 인구 감소 현상이
다. 강원도의 인구는 18개 시·군중에서 원주시와 춘천시를 제외하고 16개
시·군에서 매년 감소하고 있다.

<표 2-2> 강원도 내 주요 도시 인구 변동

(단위: 명)

도/시·군	2003년 말	2004년 말	2005년 말	2006년 8월 말
강원도	1,527,022	1,521,375	1,513,110	1,507,651
춘천시	253,373	254,323	254,999	255,832
원주시	280,726	284,628	288,454	292,224
강릉시	229,073	227,259	224,391	223,012

자료: 행정자치부 2006년 10월 발표.

이와 같이 인구의 지속적인 감소로 인해 강원도 전체의 인구도 2007년에는 150만 명이 되지 않을 것으로 예측되고 있다. 인구가 감소하면 당연히 취학아동의 감소 현상이 나타나고 전체적인 학생 수의 감소로 연결된다. 강원도 내 유치원과 초중고 학생의 숫자 변화를 보면 매년 학생 수가 줄어들고 있는 것을 확연하게 볼 수 있다. 강원도 내 학생의 수는 매년 2,000명 이상이 줄어들고 있으며 특히 초등학생의 감소는 해마다 심각해져서 2006년에는 전 해에 비해서 무려 3,000명 이상이 감소하고 있다.

<표 2-3> 유치원과 초중고의 학생 수 변화

(단위: 명)

구분	합계				국·공립				사립			
	2003	2004	2005	2006	2003	2004	2005	2006	2003	2004	2005	2006
총계	254,973	251,986	250,942	247,299	226,140	223,250	223,396	218,864	28,833	28,736	28,544	28,435
유치원	16,276	15,921	15,595	15,275	6,686	6,526	6,389	6,181	9,588	9,395	9,206	9,094
초등학교	124,305	122,661	120,102	117,025	123,739	122,069	119,449	116,323	566	592	653	702
중학교	56,816	57,523	58,972	60,318	51,226	51,834	53,268	54,518	5,590	5,689	5,704	5,800
일반계 고등학교	28,758	28,294	28,586	28,903	20,276	19,748	20,246	20,274	8,482	8,546	8,540	8,629
실업계 고등학교	27,934	26,708	25,766	24,846	23,425	22,304	21,451	20,636	4,509	4,404	4,315	4,210
특수학교	884	879	886	932	786	789	760	932	98	110	126	0
방송통신 고등학교	-	-	1,035		0	0	1,035		-	-	-	

자료: 행정자치부 2006년 10월 발표.

교육은 사람을 대상으로 하기 때문에 사람이 있어야 교육이 가능하다. 그러나 인구의 감소와 학생 수의 감소는 교육의 성과에 여러 가지 문제를 야기할 수 있다. 우선, 소규모 학교 혹은 소규모 학급의 문제가 발생한다. 강원도는 전라남도와 마찬가지로 벽지(僻地)가 많아 소규모 학교가 많고 학급당 학생 수도 매우 적다. 학급당 학생 수가 많은 과밀 학급의 문제는 잘 알려져 있는 반면, 소규모 학급의 문제점은 상대적으로 소홀히 다루어지고 있다. 학생 수가 일정 수준이 되지 않는 소규모 학급도 과밀 학급 못지않게 교육의 성과를 떨어뜨린다. 가장 중요한 요인은 또래집단효과(peer group effect)가 제대로 발휘될 수 없다는 점이다. 학생들은 동료 간에 서로 경쟁과 협조를 통해 학습하는 것이 교사의 교수에 의한 것 못지않게 큰데 학급의 규모가 일정 수준 이상이 되지 않으면 이런 효과가 제대로 일어날 수 없다.

3) 열악한 교육 재정

한국 교육의 전반적인 문제 중 하나가 빈약한 교육 재정과 열악한 교육 환경이다. 이 문제는 강원도와 같이 도의 경제적 여건이 열악한 경우에 더욱 가중된다고 할 수 있다. 지방교육 재정은 중앙정부의 교부금, 지방정부의 전입금 그리고 자체 수입으로 구성되어 있다. 중앙정부의 교부금은 교육세와 일반 국세의 일정 비율로 구성되는데, 이 금액이 지방 교육의 유지와 운영에 절대적으로 부족하다. 중앙정부의 자금 배분 공식에서 가장 중요한 요인이 인구수인데 강원도는 넓은 지역과 학교 수에 비해서 학생 수가 적기 때문에 교부금을 받을 때 항상 불리한 입장에 처해 있다. 지방자치 단체로부터의 전입금은 지방교육세, 담배세와 시도세의 일부로 구성되는데 강원도는 자체 재정이 열악하기 때문에 전입금의 절대 액수도 적고 광역시에 비해 비율도 낮다.

'교육은 돈이다'라는 속설이 있듯이 교육은 장기간 비용이 많이 들어가는 투자이다. 그러다 보니 의사 결정 위치에 있는 사람들은 교육 투자를 꺼리는 경향이 있다. 대통령 선거에 항상 GDP의 몇 %를 교육 재정으로 확보하겠다는

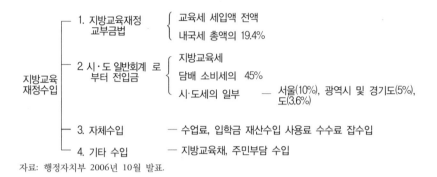

<그림 2-2> 지방 교육 재정 수입구조

```
지방교육      ┌ 1. 지방교육재정     ┌ 교육세 세입액 전액
재정수입      │    교부금법        └ 내국세 총액의 19.4%
              │
              │   2. 시·도 일반회계 로  ┌ 지방교육세
              │      부터 전입금       │ 담배 소비세의 45%
              │                       └ 시·도세의 일부  ─ 서울(10%), 광역시 및 경기도(5%),
              │                                          도(3.6%)
              │
              ├ 3. 자체수입        ─ 수업료, 입학금 재산수입 사용료 수수료 잡수입
              │
              └ 4. 기타 수입       ─ 지방교육채, 주민부담 수입
```

자료: 행정자치부 2006년 10월 발표.

<표 2-4> 강원도 교원 현황

(단위: 명)

구분	합계				국·공립				사립			
	2003	2004	2005	2006	2003	2004	2005	2006	2003	2004	2005	2006
총계	15,025	15,096	15,175	15,374	13,193	13,260	13,344	19,078	1,832	1,836	1,831	1,795
유치원	935	952	973	983	401	410	441	460	534	542	532	523
초등학교	5,765	5,810	5,819	5,958	5,744	5,789	5,795	5,932	21	21	24	26
중학교	3,596	3,658	3,709	3,744	3,264	3,319	3,372	3,400	334	339	337	344
일반계 고등학교	2,183	2,153	2,213	2,221	1,590	1,575	1,632	1,635	593	578	581	586
실업계 고등학교	2,303	2,277	2,207	2,184	1,983	1,957	1,890	1,868	320	320	317	316
특수학교	241	246	254	284	211	210	214	284	30	36	40	0

자료: 행정자치부 2006년 10월 발표.

공약을 하지만 취임하고 나면 이런 약속을 잘 지키지 않으며 지방자치 단체의 교육비 확보에 대한 공약마저도 지키지 않는 경향이 있다. 교육에 대한 투자가 제대로 이루어지지 않으면 교사 확보, 교육기자재 확충, 교육 프로그램 운영 등 모든 교육활동이 위축될 수밖에 없다.

초기의 교육활동이 위축되면 다음 단계의 교육이 제대로 일어날 수 없는 이른바 부의 선택사양효과(option value effect)가 발생할 수 있다. 교육의 선택사양효과는 전 단계에서 교육을 잘 받은 사람이 다음 단계의 교육을 더 잘 받을 수 있고 따라서 미래의 소득이 더 높아진다는 것을 말한다. 따라서 초기 단계의 교육에 대한 투자는 다음 단계의 교육에 긍정적인 효과를 미치고 그 결과 교육의 선택사양효과가 훨씬 크게 일어난다. 이와 같이 초등학교와 중학교 고등학교 단계의 교육에 대한 투자는 장래의 인적자본 개발에 누적적인 효과를 미칠 수 있기 때문에 매우 중요하다. 그러나 지방교육 재정의 열악한 여건 때문에 이런 투자가 제대로 일어나지 못하고 있는 실정이다. 교육 재정의 부족을 단적으로 보여주는 것이 교사의 증가율이다. 중·고등학교는 물론이고 초등교육에서도 교원의 전문성이 강조되는 상황에서 강원도는 교원의 증가가 매우 적은 실정이다.

4) 낙후된 사회문화 환경

맹모삼천지교(孟母三遷之敎)의 교훈은 교육 환경이나 사회 환경이 교육에 매우 중요한 요인이라는 것이다. 미래의 인재를 기르기 위해서는 미래의 인재들이 경험할 수 있는 환경과 유사한 교육 환경이 중요하다. 미국의 진보에는 청교도 정신과 경쟁적인 교육 환경이 기여했고, 미국의 실리콘밸리는 서부의 개척정신이 반영된 것이라는 주장이 있다.

강원도는 농·어·산촌 지역이 많아서 인성 교육에는 유리하지만 21세기에 필요한 세계화시대의 인적자원개발에는 불리할 수도 있다. 기업 활동이나 연구 활동 그리고 관료 세계 등 청소년기에 경험하거나 보고 들어야 할 현실 세계를 체험할 수 있는 기회가 매우 제한되어 있다. 도서관 박물관 체험학습장 기업견학 등 학교의 교실에서 배울 수 없지만 청소년기에 겪고 경험할 적절한 기회를 갖는 것은 교육에 매우 중요한데 강원도에는 이런 기회가 적다. 21세기의 국제 경쟁에서 주도적인 역할을 할 미래의 인재에게 적절한 사회화(socialization)의 기회가 적은 것은 인적자원개발에 매우 취약한 여건을 갖고 있다.

사회적 여건 외에 가정 배경도 교육의 성취에 큰 영향을 미친다. 학업성취도를 측정한 연구들은 부모의 교육 수준, 부모의 직업지위, 자녀에 대한 기대

수준, 자녀의 학업관리와 지원활동 그리고 문화 활동 수준이 학생들의 학업 성취에 모두 긍정적인 영향을 미치고 있는 것으로 밝히고 있다. 이와 더불어 과거에는 사회계층별 학업성취도를 측정하는 경향이 있었지만 지금은 지역별·거주지별로 교육의 격차를 밝히는 연구들이 진행되고 있다. 이런 배경에는 교육의 성과는 교사의 능력이나 학급의 크기와 같은 전통적인 변수보다 가정과 주거환경, 거주지 문화와 같은 사회경제적인 변수가 중요하다는 인식의 변화에 기인한다고 할 수 있다.

가정환경이나 거주환경이 단순히 성적에 영향을 미치는 효과도 지대하지만 학생들의 창의적인 아이디어나 기업가 정신과 같이 미래 사회에 필요한 자질을 결정하는 데 미치는 효과는 더욱 크다고 생각된다. 이런 면에서 강원도의 경제력이 약하고 사회·문화적으로 낙후되어 있다는 것은 인적자원개발과 교육에 누적적으로 부정적인 영향을 미친다고 할 수 있다.

5) 강원도의 학교와 학생 수의 구조

강원도에는 유치원이 758개, 초등학교 444개, 중학교 155개 일반계 고등학교 67개, 실업계 고등학교 48개의 학교가 있다. 강원도에는 2006년 기준으로

<표 2-5> 강원도 학교 수

(단위: 개)

구분	2002년		2003년		2004년		2005년	2006년
	합계	분교	합계	분교	합계	분교		
총계	1,069	92	1,069	92	1,068	87		
유치원	428	-	427	-	424	-	416	758
초등학교	365	92	366	92	366	87		444
중학교	159	-	159	-	160	-		155
일반계 고등학교	63	-	63	-	63	-		67
실업계 고등학교	49	-			49	-		48
특수학교	5	-		-	6	-	6	6

자료: 행정자치부 2006년 10월 발표.

유치원생이 1만 5,275명, 초등학생이 11만 7,025명, 중학생이 6만 318명, 일반계 고등학생이 2만 8,903명, 실업계 고등학생이 2만 4,846명이 있다.

학제로 보면 유치원, 초등학교, 중학교까지는 국민의 보통교육 혹은 국민 공통 기본교육 과정을 이수하기 때문에 인적자원개발을 위한 기본 과정을 이수한다고 할 수 있다. 이 과정에서는 읽기, 쓰기, 셈하기를 기본으로 하여 의사소통 능력, 작문 능력, 외국어 능력 등에 걸쳐서 인적자본을 축적하는 교육이 이루어진다고 할 수 있다. 그러나 실업계 고등학교는 설립 목적 차원에서 본격적인 직업교육을 담당하기 때문에 전형적인 인적자원개발을 담당한다고 할 수 있다. 강원도의 산업 특징인 농·수산업 및 임업 등이 많기 때문에 실업계 고등학교의 비중이 상당히 높은 편이라 할 수 있다. 그러나 실업계 고등학교 진학자의 상당수가 직업 현장으로 가는 것이 아니라 대학 진학을 택하고 있어서 제대로 된 산업인력 양성으로 보기 힘들다.

6. 맺음말

우리나라의 교육 시스템은 유치원을 포함하여 초중고까지의 국민공통교육과 전문대학 이상의 고등교육으로 나누어볼 수 있다. 물론 외국의 K-12 교육 과정을 흉내 내고 있기는 하지만 유치원 교육이 정식의 교육 과정으로 이동 중에 있고 고등학교 단계의 일반 계열과 실업 계열의 구분이 희미해지고 있는 변화의 시기에 있다. 우리나라는 국가 단일의 교육시스템을 갖고 있기 때문에 강원도만의 독자적인 교육제도를 가질 수 가 없고 따라서 다른 지역과 시스템 상의 차이는 없다. 그렇지만 강원 지역의 특수성 때문에 다른 지역과는 차별화된 특징이 있다.

농·어촌 기피 현상과 지역산업의 쇠퇴에 따른 인구 감소와 학생 수 감소 같은 현상 외에도 강원도 교육에 한정되는 몇 가지 특징들은 있다.

지역의 사회·경제적 여건이 낙후되어 있기 때문에 상급 학교로 올라갈수록 역외로 유출되는 우수한 인적자원의 수가 증가한다는 점이다. 상급학교 진학률이 일반적으로 줄어들기 때문에 역외 유출에 따라 줄어드는 숫자가 얼마나 되는지는 심층적인 조사가 필요하지만 중학교 진학 단계에서 그리고 고등학교 진학 단계에서부터 서울과 수도권으로 옮겨가는 현상이 나타나고 있다. 그리고 대학진학 단계에서는 선택의 기회가 다양하고, 구직의 확률, 그리고 대도시 문화에 대한 동경 때문에 서울로 진학하는 숫자가 훨씬 많다.

역내에서도 인적자원의 편중이 심각하다. 넓게는 강릉, 원주, 춘천의 세 도시에 집중 현상이 심각하고 좁게는 농·어촌 지역에서 주변의 시 지역으로 이동이 크게 일어나서 시골지역 학교 공동화 현상이 크게 나타나고 있다. 이런 현상은 지역 교육에서 또래집단효과나 선택사양효과를 떨어뜨리고 있다.

또한 지역의 사회·문화적인 낙후성은 학교 밖 교육 효과와 가정교육 효과를 다른 지역에 비해서 크게 떨어뜨리고 있다. 최근의 연구들은 계층에 따른 교육격차 못지않게 거주 지역의 환경이나 출신 가정환경이 교육 성취도에 중요한 영향을 미친다는 것을 보고하고 있는데, 강원도의 농어촌 환경은 사회·문화적으로나 가정 배경으로나 인적자원개발에 유리한 환경은 아니다.

앞으로 강원도 교육은 이런 한계를 극복하고 국제 경쟁력을 갖춘 인적자원개발 교육, 지역균형발전을 선도할 인적자원개발에 초점을 맞춘 교육이 되어야 한다.

참고문헌

강원도교육청. 『강원교육 통계연보(2004~2006)』.

강원사회연구회. 2003. 『강원교육의 이해』. 한울.

권대봉 외. 2003. 『인적자원개발 개념과 역사』. 원미사.

김경근 외. 2006. 「교육격차 관련 국내 연구동향」. '인적자원정책 협력망 세미나' 자료.

김달웅. 2003. 「'서울이 작아진다'에 거는 기대: 국가 경쟁력 제고를 위한 지역교육 균형발전 방향」. ≪교육개발≫, 통권 제137호(1·2호).

노화준·송희준. 1994. 『세계화와 국가경쟁력』. 나남.

민 기. 2004. 「참여정부의 지방분권 정책이 지방교육재정에 미치는 영향」. 2004년 춘계학술대회 발표 논문집 『참여정부의 정부혁신 방향과 과제』.

유현숙 외. 2001. 『인적자원개발의 효율화를 위한 교육시스템의 재구조화』. 한국교육개발원.

장수명 외. 2004. 『국가 및 산업경쟁력 제고를 위한 교육의 역할』. 한국교육개발원.

황정규 외. 2003. 『교육학개론』. 교육과학사.

Abbot, George. 1990. "American Culture and Its Effect on Engineering Education." *Communications Magazine*, Vol.28.

3장

강원도 기업 부문 인적자원의 관리 실태

김재명 | 강원대학교 경영학과 교수

1. 머리말

치열한 경쟁, 불확실한 경영 환경, 지식과 정보화를 특징으로 하는 현대 산업사회는 기업으로 하여금 창의적이고 지식부가가치를 높이기 위한 기술집약적이고 혁신적인 경제도구로 개편하도록 요구하고 있다. 이를 위해 조직 내부 자원인 인적자원은 기업의 생존과 지속적 경쟁 우위를 창조하고 유지하는 데 필수적 요소이다. 왜냐하면 글로벌 경쟁체제 아래에서 조직 구성원이 갖고 있는 지식, 문제를 인식하고 해결 방안을 선택하는 결정 능력이 기업의 성패를 좌우하는 데 결정적 요인이기 때문이다. 이처럼 인적자원은 기업의 핵심 역량을 결정하는 지식을 창출하고 조직 역량을 강화하는 중요한 요소가 되었다.

인적자원은 기업 특유의 역사, 문화, 사회적 관계 및 조직 지식에 기반을 둔 지속가능한 경쟁 우위의 원천이다(Barney-wright, 1998). 조직의 인적자원은 특유한 역사적 조건, 인과관계의 모호성, 사회적 복잡성, 경로 의존성 등과 같은 내재적 특성을 지닌 까닭에 쉽게 모방되거나 대체될 수 없는 특성을 갖고 있다. 특히 인적자원은 외부 시장에서 쉽게 구매할 수 있는 물적자원과는 달리 즉시 매매될 수 있는 자원이 아니다. 따라서 인적자원계획을 수립하고 채용하여 형성하는 인적자원관리시스템이 주목을 받고 있다.

인적자원을 어떻게 활용하고 어떤 경영 철학을 바탕으로 어떤 인적자원관리 행동을 선택하는 것이 지속적 경쟁 우위를 창조할 수 있는 방식인지에 대한 합의는 아직 존재하지 않는다. 다만, 전통적 통제 중심 방식에서 조직 구성원들의 역량을 키우고 자발적 참여를 통한 다양한 동기 부여를 시도하려는 움직임이 보편적이다. 특히 우리나라는 IMF 금융위기를 경험하면서 엄청난 인적자원관리 패러다임의 변화를 겪고 있다.

한편 대형 조직에서 인적자원 경영이란 이름하에 이루어지는 수많은 활동들은 흔히 인사 또는 인적자원 전문가에 의해 이루어지지만 모든 경영자가 공식적인 인사 담당 부서에서 근무하는 것은 아니다. 이에 비해 소기업 경영자는 일반적으로 인사 부서의 지원 없이 채용 업무를 수행한다. 그러나 인사 담당 부서가 있는지의 여부와 관계없이 모든 경영자는 자기 부서에서 인적자원 경영을 위한 의사 결정에 참여하고 있다.

이에 본고는 강원도 기업 부문의 인적자원관리 활동을 분석하기 위해 먼저 기업의 인적자원관리 과정이 어떻게 구성되고, 어떠한 인적자원관리 수단들이 있는지를 검토한다. 다음으로 IMF 금융위기 이후 새롭게 등장하고 있는 인적자원관리 패러다임을 검토한다. 그 다음으로 강원도 기업 현황을 바탕으로 인적자원관리 환경을 검토하고, 설문조사 분석을 통한 강원도 인적자원관리 실태를 분석한다. 마지막으로 강원도 인적자원관리의 개선 방안과 과제를 제시한다.

2. 기업의 인적자원관리 과정과 새로운 패러다임

1) 인적자원관리 과정 구성 요소

인적자원관리는 섬세한 관리를 필요로 하는 인간을 가치 있는 자원으로 다루는 조직적 활동이다. 즉 인적자원관리란 조직의 성공을 위해 인적자원 계획을 수립하여, 채용하고, 개발하는 모든 활동이다(Anderson & Fenton, 1993). 이처럼 인적자원관리활동은 조직에서 일할 사람들에게 영향을 미치는 철학, 정책, 프로그램, 관례와 관련된 것으로 조직의 전략적 목표를 성취하기 위해 조직 구성원들을 확보하여 유지함은 물론 지시하려는 활동이다.

어떤 조직이든지 생산성과 그에 따른 재무적 수익을 얻기 위해서는 종업원을 가장 중요한 자산으로 고려해야 한다(Peters & Waterman, 1982). 왜냐하면 인적자원, 즉 조직 구성원은 조직의 경쟁 우위를 창조하는 중요한 원천이기 때문이다.

인적자원 경영 정책과 실천 수단은 경영 성과에 결정적인 영향을 미친다(Arthur, 1994; Huselid, Jackson & Schuler, 1997). 특히 Robbins & Coulter(1999)는 자기 지시 작업팀, 성과급제, 문제해결집단, 종업원 태도조사활용, 종합적 종업원 채용절차, 종업원 제안제도, 고도의 기능훈련, 상당한 규모의 정보 공유, 혁신적·창의적 행동 격려, 광범위한 종업원 참여와 훈련, 직무순환, 코치와 멘토링, 종합 품질 관리 절차, 기능 간 통합 등과 같은 인적자원 경영수단이 개별 종업원은 물론 조직의 성과를 모두 향상시킨다고 주장했다. 왜냐하면 이와 같은 인적자원 경영수단은 종업원의 지식, 기능(skills), 능력을 향상시키고 동기를 부여함은 물론 농땡이를 감소시키는 역할을 한다. 특히 실적이 없거나 무능력한 종업원들은 스스로 조직을 떠날 수 있도록 배려하고 대신에 유능한 인재들을 머물러 있도록 하는 경영 수단들이기 때문이다.

이처럼 조직에 요원을 배치하고 높은 업무 수행 성과를 유지하도록 하기 위해 필요한 인적자원경영 과정은 9가지 활동이나 단계로 분류할 수 있다.

즉 처음 3단계는 능력 있는 종업원을 식별하고 선택하는 단계로서 인적자원 계획수립, 모집 또는 감원, 채용으로 구성된다. 다음 2개는 입문교육과 훈련단 계로서 채용된 사람이 최신 기능과 지식을 유지하고, 조직에 적응할 수 있도록 지원하는 단계이다. 그리고 마지막 4개의 단계는 유능한 종업원들이 성심성의 껏 최선을 다함으로써 장기적으로 성과를 유지하도록 하려는 단계로서 업적 평가, 보상과 이득 결정, 경력 개발, 노사관계 관리로 구성된다.

2) 인적자원관리의 패러다임 변화와 유형

(1) 인적자원관리 패러다임의 변화

IMF 금융위기를 겪으면서 우리나라기업들이 조직을 구성하고 생산, 판매에 이르는 경영전반을 지배하는 가치관인 경영패러다임이 바뀌고 있다. 경쟁의 원천이 변화되면 인적자원관리의 패러다임도 함께 변화해야 한다. 이러한 변화는 과거의 연장선상에서 나타나는 점진적 개선이라기보다 새로운 혁신의 성격을 가지고 있다(한국노동연구원, 2001).

유규창·박우성(2000)은 인적자원관리 기본 관점의 변화를 한국의 전통적 사회문화에 기초한 연공주의·전인주의·온정주의·권위주의적 관점에서 시장 과 경쟁원리에 기초한 능력 및 성과주의·전문주의·계약주의·민주주의적 관점 으로 전환될 것이라고 예상했다. 이는 인적자원관리 부문에서 지향하는 축이 변화한다는 것을 의미하는데, 특히 IMF 금융위기를 기점으로 나타나고 있는 것으로 조사되었다(한국노동연구원, 2000a).

① 성과주의 패러다임

능력 및 성과주의는 임금제도의 변화에서 찾아 볼 수 있다. IMF 금융위기 이후 기업들은 동일한 직급에 속하는 종업원들이 근속년수 대신에 능력이나 성과에 따라 차별적으로 적용되는 연봉제를 급속하게 도입하고 있다(유규창·박 우성, 1999; 박우성 외, 2000). 우리나라 기업들이 연봉제를 도입하는 이유 가운데 공통적 요소는 종업원의 동기부여와 생산성 향상이다(한국노동연구원, 2001). 이는 연봉제가 성과주의로 인적자원관리 패러다임이 변화하고 있는 것을 의미하는 제도라는 것을 나타낸다.

한국 기업들이 채택하고 있는 다양한 성과배분제도도 성과주의형 임금제도로 전환하고 있음을 나타내는 증거이다. 왜냐하면 성과배분제도는 성과 향상에 대한 보상수단이기 때문이다. 특히 이익배분제를 중심으로 하는 성과배분제도는 노사 관계 개선이나 경영 위기 극복, 우수한 신규 인력 확보를 위해서라기보다 생산성 향상을 주목적으로 도입하고 있는 것으로 나타난 것에서도 알 수 있다(노동부, 2000).

② 전문주의 패러다임

전문주의는 회사가 필요로 하는 인력을 충원하는 방식에서 전문적 능력을 보유하고 있는지 여부에 따라 외부 인력을 충원대상으로 적극 활용하고 있다는 점이다. 아직도 필요한 인력을 내부에서 충원하는 기업이 상대적으로 많지만 상당수의 기업들이 외부충원정책을 도입하고 있다(한국노동연구원, 2000). 특히 벤처기업의 경우는 필요한 인력을 외부에서 주로 충원하고 있다. 이처럼 외부 인력 충원 정책을 도입하는 것은 기업의 인사제도가 조직 내부에서 인력을 개발하여 사용하던 과거 표준 인재 중시 관점에서 전문 인력을 중시하는 패러다임으로 변화하고 있음을 의미한다.

또한 신유근(1992)이 지적했던 것처럼 전인주의에 기초한 표준형 인재를 선호했기 때문에 부진했던 전문직급제도가 도입된 것도 동일한 맥락에서 이해될 수 있는 변화이다. 특히 벤처기업들은 우수한 연구기술직 전문 인력을 유치하고 유지하기 위해 다양한 인센티브제도를 도입하게 되었다. 다만, IMF 금융위기 이후 오히려 감소하는 경향을 보이는 것은 전문직 제도가 바람직한 취지임에도 불구하고 운영에 어려움이 있음은 물론, 선진국에서도 다양한 문제로 인해 많은 경우 실패한 것으로 보고되고 있는 데서 그 이유를 찾아볼 수 있다.

③ 계약주의 패러다임

본래 한국 기업들은 전통적으로 가부장적 경영 행태를 갖고 온정주의에 기초한 노사관계를 유지하고 있었다(신유근, 1992). 따라서 한 가족이라는 경영 철학이 정리해고라는 고용조정을 금기시해 왔으나 IMF 금융위기는 대부분의 기업들이 구조조정이라는 정리해고 회오리에서 벗어날 수 없게 했다. 이런 현상은 인적자원관리 패러다임이 온정주의에서 계약주의로 전환된 것을 의미한다.

계약주의 인적자원관리 패러다임은 평생고용주의에서 정리해고라는 비자발적 감원정책을 등장시켰고, 종업원들은 평생직장이라는 신념에 의문을 갖게 되었다. 이를 바탕으로 성과주의를 대표할 뿐만 아니라 계약주의를 대표하는 연봉제가 도입되었다. 이에 따라 종업원은 과거와 같은 심리적 계약이 아니라 목표관리에 의한 일정한 과업 내용과 기대성과를 요구하고 이에 상응하는 보상에 관해 명시적으로 계약을 체결하게 되었다.

더욱이 인적자원관리의 유연성을 확보하기 위한 비정규직의 확산은 전형적인 계약주의를 바탕으로 하고 있다. 즉 구체적 계약개념이 없는 정규직과는 달리 비정규직은 구체적 고용형태와 무관하게 고용기간이나 근로 조건에 대해 개별적으로 계약한다.

④ 민주주의 패러다임

IMF 금융위기 이후 한국 기업들은 권위주의 패러다임에서 민주주의 패러다임으로 전환되고 있다. 직급이 단축되고 조직이 수평화되는 수평적 조직구조의 확산은 종업원 각자가 자율적으로 업무를 수행하도록 권한을 폭 넓게 위양받음은 물론 자신의 의견을 표현할 수 있게 됨을 의미한다. 또한 경영참가제도가 내실화·충실화되고 있는 것도 인적자원관리에 민주주의 패러다임이 등장하고 있음을 의미한다.

(2) 인적자원관리 변화 실태

국내외 선진기업의 인적자원관리는 도입의 시기와 방법에는 차이가 있겠지만, '연공(年功) → 능력 → 성과'로 그 중심이 옮겨가고 있다. IMF 금융위기 이후 한국 기업의 인적자원관리도 조직구조, 임금관리, 인사 고과, 채용관리, 승진관리, 교육훈련 등 거의 모든 인적자원관리 영역에서 제도적인 변화를

<표 3-1> 인적자원관리의 변화 방향

구분	전통적 인적자원관리	새로운 인적자원관리
경영 환경	· 안정적 경영환경, 예측 가능한 미래	· 미래 예측이 불가능
인적 자원 철학	· 인적자원을 비용으로 인식 · 장사논리	· 인적자원을 투자로 인식 · 기업 및 경영논리(기업가, 경영자)
경쟁 요소	· 만 명이 한 명 또는 만 명을 먹여 살리는 시대 · 규모 등 하드웨어가 경쟁력의 원천	· 한 명이 만 명을 먹여 살리는 시대 · 핵심인재 등 소프트웨어가 기업 경쟁력의 원천
노동 시장	· 사람이 좋은 회사와 직업을 필요 · 평생직장, 이직에 대해 부정적	· 회사가 우수 인재를 필요 · 평생직업, 노동시장 유동성 증대
필요 인재 상	· 주어진 틀 내에서 잘하는 인재 (Generalist / Specialist) · 다수의 충성스러운 평균적 인재	· 신비즈니스 틀을 창조하는 인재 (Entrepreneur / Professional) · 전문성과 열정을 갖춘 핵심인재
채 용	· 순혈주의, 국내 인재 중심 · 신규졸업자 대량 채용, 획일적 고용 관계	· 혼혈주의, 글로벌 인재 확보 · 상시/중도 또는 직종별 채용, 고용계약의 다양화
승진· 승격	· 연공서열적 직급 운영	· 성과와 역량에 기초한 발탁인사 · 직책 중심의 승진 관리
인력 개발	· 회사 주도의 사내 육성 · 일반 관리 능력 위주 주입식 교육	· 자기 책임하의 시장가치 향상 · 직무 역량 향상, 리더십 교육 강화
인력 운용	· 정규직 중심의 일원적 관리 · 업무의 내부화	· 핵심 인력과 비정규직 등 차별화 · 분사와 아웃소싱 활성화
평가, 보상	· 결과 중시의 블랙박스형 평가 · 보유와 잠재능력, 업적과 태도 평가 · 직급 중시, 연공형 처우, 획일적 복리 후생	· 평가 과정 관리 및 투명성 강화 · 직무성과, 역량 평가, 전략 연계 평가 · 시장가치와 성과에 따른 보상, 선택식 복리 후생
노사 관계	· 대립적 갈등관계(power game) · 노무 팀과 노조 간부 중심, 참여적 경영의 부족 · 인적자원관리와 노사관계의 구분	· 생산적 협력관계(partnership) · 일선관리자 및 현장 중심, 노사공동참여 제도 확대 · 인적자원관리와 노사관계의 통합

자료: AHA Samsung 2002 conference 자료.

경험했다(한국노동연구원, 2000a).

왜냐하면 전통적 연공주의 급여체계와 정년까지의 고용보장은 이제 더 이상 높은 인건비와 낮은 생산성의 구조적 문제를 해결할 수 없게 되었기 때문이다. 더욱이 벤처열풍으로 시작된 IT 등 신기술 중심의 문화는 인적자원관리 형태의 전반을 바꾸어놓았다. 즉 5%의 핵심인재가 95%의 근로자를 선도하는 핵심인재 중심의 인적자원 구조, 시장가치와 실적에 기초한 연봉 산정과 승진제도 운영 등 성과 중심의 보상, 개별적 노사관계 정립으로 개인별 연봉협상의 보편화, 그리고 분사와 아웃소싱의 활성화, 성과와 역량에 기초한 발탁 인사, 전략과 연계된 평가 등의 새로운 인적자원관리의 문화가 빠르게 확산되고 있다(<표 3-1> 참조).

① 모집 방식의 변화

한국 대기업의 채용 방식은 대학교 졸업 시즌을 기준으로 본사가 중심이 되어 그룹 전체에서 필요한 인력을 한꺼번에 채용하는 집권적 형태의 정기 채용이었다. 그러나 금융위기를 겪으면서 각 계열사별로 수시 채용으로 전환했다. 특히 벤처기업이나 비상장기업의 경우 수시 채용 방식을 주로 활용하고 있다.

또한 주요 일간지 광고를 통해 모집하던 기업들이 자사 홈페이지를 통해 인터넷으로 모집하는 형태가 일반화되었다. 왜냐하면 인터넷을 통한 모집은 비용을 절감할 수 있을 뿐만 아니라 입사지원자의 정보를 데이터베이스화하여 관리할 수 있기 때문이다. 더욱이 수시 채용에 따른 모집인원 감소는 인터넷 채용을 정당화시켜 준다.

② 선발 기준의 변화

우리나라 상장기업들 중 66.2%가 인재상을 갖고 있는 것으로 조사되었다(한국노동연구원, 2000a). 이는 아직도 1/3의 기업이 인재상에 대한 명확한 정립 없이 인력을 확보하고 관리하고 있음을 의미한다.

한국 기업들이 추구하는 주요 인재상은 창조·혁신·도전, 성실성, 협동, 전문

능력의 순이다(한국노동연구원, 1998). 이런 인재상은 그 이후 조사에서도 큰 변화가 없는 것으로 나타났는데, 이는 쉽게 바뀔 수 없는 속성을 갖고 있기도 하지만 인재상에 대한 변화가 세계화와 시장개방을 경험하게 된 1990년대 초에서 중반 사이에 주로 발생했기 때문이다(한국노동연구원, 2001).

인재상 가운데 갈등의 소지를 안고 있는 협동과 전문 능력이다. 한국 기업들은 능력은 떨어지지만 인화나 팀워크가 뛰어난 사람을 선호하는 것으로 나타났다. 벤처기업의 경우에도 인화나 협동에 문제가 있는 사람보다는 능력은 떨어지지만 인화나 팀워크가 훌륭한 사람을 선발하겠다는 입장이 지배적이다(한국노동연구원, 2000b). 이런 현상은 한국 기업들이 능력 자체보다 협동을 통해 능력을 발휘하는 것을 선호하는 것이라 해석할 수 있다.

③ 외부 인력 충원 증가

박경규·안희탁(1998)에 따르면 관리직이 공석이 되었을 때 내부로부터 충원한다는 것이 절대적 비중을 차지하는 것으로 나타났다. 특히 대기업의 경우 직급체계와 내부승진제도를 바탕으로 내부 노동시장에 기초한 인적자원관리를 해왔음을 의미한다(박준성, 2000).

그러나 한국노동연구원이 2000년에 조사한 결과에 따르면 외부로부터 충원하겠다는 비중이 크게 증가했고, 운수·창고 및 통신업과 금융·보험업의 경우 훨씬 높은 외부 인력 충원 경향을 보여주고 있다. 이는 한국 기업들은 내부인력 개발을 통해 필요한 인력을 충원하는 방식에서 외부 노동시장으로부터 충원하는 방식을 적극적으로 활용하기 시작했음을 의미한다. 특히 내부인력을 개발해서 사용할 만한 시간적·재정적 여유가 없는 벤처기업은 상대적으로 외부 인력 활용 정도가 훨씬 높은 것으로 나타났다.

④ 비정규직의 활용 증가

IMF 금융위기를 경험하면서 한국 기업들은 경영환경 변화에 적응하기 위한 인력관리 부문의 유연성이 얼마나 중요한지를 체험하게 되었다. 이에 따라

정규직 근로자의 ·비중은 구조조정과 함께 지속적으로 감소하는 대신에 비정규
직 근로자의 비중은 큰 폭으로 증가해 왔다(최강식·이규용, 1999).

⑤ 종업원 교육훈련의 변화

IMF 금융위기를 겪기 전까지 꾸준히 증가하던 교육훈련비가 경영에 어려움
을 겪으면서 불요불급한 교육훈련비를 대폭 삭감하는 현상이 나타났다(한국노
동연구원, 2000c). 경제위기를 극복하면서 교육훈련비가 다시 증가하고 있지만,
경영층이 교육훈련 내용이나 성과를 확신하지 않는 한 급속한 증가를 기대할
수 없다(한국노동연구원, 2001).

대기업을 중심으로 정보 기술과 인터넷을 활용하는 사이버학습이 급속하게
확산되고 있다. 즉 사이버 학습은 근무 시간에 교육 장소까지 이동하는 등
간접비용을 발생시키는 집합 교육보다 종업원 스스로가 편리한 시간에 저렴하
게 교육훈련을 받을 수 있도록 한다는 특징 때문에 주목받는 교육매체가 되었
다. 또한 종업원이 현재와 미래에 필요한 업무 능력을 개발하도록 유도하는
경력개발제도는 장기 고용 관행의 약화, 인력 관리의 유연성 강화, 외부충원정
책 등으로 큰 변화를 보이지 않고 있는 것으로 나타났다(한국노동연구원, 2001).
또한 경력개발제도 도입과 무관하게 실제로 진행되는 경력 개발 경로는 한두
개의 전문 분야를 중심으로 경력을 관리하는 방식이 주종을 이루는 것으로
나타났다.

⑥ 업적 평가의 변화

업적 평가 목적과 방식에도 새로운 변화가 나타났다. 본래 인사 고과는
처우, 특히 승진과 승격에 한정되어 승진 후보자 서열을 정하기 위한 수단으로
사용되었다(안희탁, 1996). 즉 배치전환이나 교육훈련, OJT 등 종업원 육성과
개발 목적의 활용은 상대적으로 낮았다. 그러나 2000년 조사에서는 업적 고과
와 능력 고과를 인재 육성과 경력 관리에도 활용하고 있는 것으로 나타났다(한
국노동연구원, 2000a). 이는 한국 기업의 인적자원관리가 통제 중심에서 인력

활용 중심으로 변하고 있음을 의미한다.

그동안 업적 평가 방식은 상사가 부하를 평가하는 것이었다. 그러나 부하나 동료, 고객 등을 통해 평가하고, 그 결과를 피평가자 개인의 필요한 행동과 능력을 발견하고 개발을 촉진시키는 다면평가제도가 주목받고 있다. 이에 대한 실태 조사 결과가 부족하긴 하지만 전통적 상사 중심의 일방향 평가 방식에서 다면형 평가로 전환되고 있음을 시사하고 있다(한국노동연구원, 2001). 최근의 다면평가제도는 상사에 의한 평가결과를 보완하고 참고하기 위한 목적으로 활용되는 것이 일반적이지만, 그 결과를 인사 고과 평점에 반영하는 비중이 점차 증가하고 있는 것에 주목할 필요가 있다.

⑦ 보상 관리

전통적으로 한국 기업의 임금 관리는 매년 정기적으로 증가하는 호봉제도를 근간으로 하는 연공급적 성격이 매우 강했다. 직급과 근속 년수에 의해 기본급이 결정되었고, 개인별 성과나 고과 평가에 따른 개인별 임금 차등은 거의 존재하지 않았다.

그러나 1990년대 중반 이후 개인별 성과에 기초하여 임금 인상을 차등화하는 연봉제 도입이 급속하게 확산되어 이제는 대기업의 경우 지배적인 임금체계로 자리 잡았다. 특히 대부분의 기업들이 금융위기를 겪으면서 성과주의 임금체계를 도입한 것으로 분석되었다.

연봉제를 도입한 기업의 경우에도 모든 종업원에게 적용되는 것은 아니고, 특정 직종이나 직급에 해당하는 종업원들에게 적용되고 있다(한국노동연구원, 2000a). 즉 연봉제는 주로 생산기능직을 제외한 사무 관리직과 영업직, 연구 기술직 등에 적용되고 있다. 이와 같은 현상은 생산직의 경우 연봉제 도입에 따른 동기부여 효과를 얻기가 쉽지 않기 때문이며(유규창·박우성, 1999), 노조가 연봉제 도입에 반대하기 때문이라 할 수 있다.

이 외에도 이익배분제(profit sharing), 이득배분제(gain sharing), 스톡옵션제, 그리고 팀 인센티브제도 등 성과주의에 기초한 다양한 보상제도가 도입되고 있다. 이와 같은 현상은 동기부여를 통한 경영성과 개선은 물론 인건비를 성과와 연계하여 유연화하려는 시도라 할 수 있다.

⑧ 종업원 참여

한국노동연구원(2000a)에 따르면 한국 기업들은 노사협의회, 제안제도, 태스크포스팀, 품질관리분임조, 인사(징계)위원회에 근로자 대표 참여, 직무충실, 직무확대, 노사공동위원회, 그리고 근로자 설문조사 순으로 종업원의 경영참가제도를 도입하고 있는 것으로 조사되었다. 이러한 종업원의 경영참가제도 도입은 IMF 금융위기 전에 매우 높았다가 금융위기를 겪으면서 크게 감소한 뒤, 2000년의 경우 다소 증가하는 모습을 보였다.

이러한 현상은 경영위기에 따른 구조조정을 겪으면서 상호 신뢰가 약화되어 경영참가제도를 그대로 유지하기 어려웠고, 형식적으로 실시하던 기업들이 포기한 결과라 할 수 있다. 그러나 경제위기를 통해 경영참가제도의 효과를 확인한 기업들은 경영참가제도를 더 내실화하는 방향으로 인적자원관리를 변화시키고 있다고 보인다(한국노동연구원, 2001).

3. 강원도 기업 부문의 인적자원관리 실태

1) 강원도 기업 현황

강원 지역의 산업구조는 제조업 비중이 다른 지역에 비해 크게 낮은 반면 건설업과 관광 관련 사업의 비중이 높다. 더욱이 제조업은 전방연쇄효과가 작은 일부 업종에 편중되어 있어 다른 지역에 비해 산업의 경쟁력을 제고시킬 수 있는 전방 연관 산업의 집적도가 낮은 실정이다(한국은행 강원본부, 2003). 특히 강원도 제조업의 가장 큰 비중을 차지하는 비금속광물업은 다른 업종에 비해 전방연쇄효과가 상대적으로 작은 것으로 나타나 연관 산업의 발달에

<표 3-2> 강원도 조직별 사업체 수와 종사자 수

(단위: 개, 명)

구분	개인사업체		회사법인		회사 외 법인		비법인 단체	
	사업체 수	종사자 수	사업체 수	종사자 수	사업체 수	종사자 수	사업체 수	종사자 수
2000	97,413	220,454	4,255	89,765	5,229	84,618	3,168	10,695
2001	98,272	217,048	4,945	99,792	5,119	88,043	3,274	10,474
2002	98,382	219,208	6,295	110,846	5,556	91,458	3,043	9,552
2003	99,974	218,638	6,463	114,308	5,647	90,288	3,218	9,875
2004	100,637	215,197	6,548	113,503	5,780	96,703	3,373	11,384

도움이 되지 못하는 상황이다. 또한 비금속 광물과 의료 기기를 제외한 도내 제조업의 종업원 1인당 부가가치는 매우 낮아 다른 지역에 비해 경쟁력이 크게 낮은 것으로 평가된다(김재명, 2003).

산업을 구성하는 기업들의 관련 통계지표도 이와 같은 산업구조를 확인하게 해준다. <표 3-2>의 2004년도 강원도 조직별 사업체 수와 종사자 수를 보면 개인사업체가 10만 637개로 86.5%, 회사법인이 6,548개로 5.63%, 회사 외 법인이 4.97%, 그리고 2.9%이다. 이에 따르면 강원도는 평균 2.1명의 종업원을 가진 개인사업체 중심의 경영행위가 이루어지며, 회사법인도 평균 17.3명의 종업원으로 경영하고 있어 소영세기업이 주종을 이루고 있는 것으로 나타났다.

<표 3-3>의 2004년도 규모별 사업체 수와 종사자 수에서도 유사한 현상을 발견할 수 있다. 즉 종업원 수 300명 이상의 대기업은 53개 기업으로 0.05%에 불과하고, 50명 이상 300명 미만의 기업이 696개(0.6%), 5명 이상 50명 미만의 기업이 1만 3,957개(12.0%), 그리고 5명 미만의 사업체가 10만 1,632개로 전체의 87.4%를 차지하고 있는 것으로 나타났다. 이처럼 강원도 기업 대부분이 5명 미만의 소영세기업인 것으로 나타났다.

또한 지위별 종사자 수를 분석해 보면 자영업주가 10만 1,076명(23.1%), 상용종사자가 23만 8,283명(54.6%), 임시 및 일일 종사자가 4만 2,546명 (9.7%), 그리고 무급가족이 3만 4,709명(7.9%), 그리고 무급도 2만 173명(4.6%) 으로 나타났다(<표 3-4> 참조). 이에 따르면 자영업자, 무급가족, 그리고 무급

<표 3-3> 강원도 규모별 사업체 수와 종사자 수

(단위: 개, 명)

규모(명)		2000	2001	2002	2003	2004
1~4	사업체 수	96,397	97,284	98,003	100,153	101,632
	종사자 수	172,151	169,771	174,073	176,176	178,103
5~9	사업체 수	7,796	8,302	8,796	8,741	8,412
	종사자 수	48,997	52,150	55,660	55,075	53,195
10~19	사업체 수	3,350	3,405	3,721	3,630	3,520
	종사자 수	44,618	45,249	49,368	48,416	47,085
20~49	사업체 수	1,826	1,923	2,045	2,051	2,025
	종사자 수	54,510	57,519	60,576	61,225	60,765
50~99	사업체 수	475	473	482	500	512
	종사자 수	31,636	31,403	32,175	34,079	34,545
100~299	사업체 수	174	167	177	175	184
	종사자 수	27,598	26,458	27,889	26,951	29,138
300~499	사업체 수	24	30	25	29	25
	종사자 수	9,487	11,489	9,366	10,869	9,084
500~999	사업체 수	19	19	20	15	20
	종사자 수	11,839	12,823	13,263	9,895	13,294
1000 이상	사업체 수	4	7	7	8	8
	종사자 수	4,696	8,495	8,694	10,423	11,578

<표 3-4> 강원도 지위별 종사자 수

(단위: 명)

지위별	2000	2001	2002	2003	2004
자영업주	98,050	98,527	98,821	100,496	101,076
무급가족	36,370	33,111	34,947	34,642	34,709
상용	215,995	223,669	232,160	230,234	238,283
임시 및 일일	36,964	37,987	41,889	44,204	42,546
무급	18,153	22,063	23,247	23,533	20,173

종사자들은 가족경영단위의 종사자로서 인적자원관리의 대상에서 제외될 수 있는 자들이라 할 수 있다.

이처럼 강원 지역 기업들은 소영세기업 중심의 전통적 경영방식에 따라 경영하는 기업이 대부분일 것으로 분석된다. 왜냐하면 규모가 영세할 뿐만 아니라 대부분의 업종이 전통적 산업에 속하는 것이기 때문이다. 따라서 강원 지역의 기업들은 전반적으로 소영세기업의 한계를 경험하고 있을 것으로 보여

현대적 경영조직과 경영기법을 적용하는 데 어려움이 있을 것으로 여겨진다.

2) 조사 방법

본 연구는 강원도 기업 부문의 인적자원관리 실태를 분석하기 위한 것으로 설문조사 방법을 사용했다. 그 구체적 방법은 다음과 같다.

먼저 본 실태 조사는 「강원도 지역특화산업(바이오·해양생물) 실태조사」를 위한 설문조사 중 인적자원관리 부문에 관한 설문에 기초했다. 즉 본 연구는 강원도 내 핵심전략산업 중 BT산업과 해양생물 산업에 속하는 기업들을 대상으로 모두 10개 영역 중 인적자원관리 영역에 관한 9개 부문, 17개 문항으로 구성된 설문서를 이용하여 이루어졌다(강원전략산업기획단, 2006).

설문조사 기간은 2006년 8월 21일부터 9월 15일까지이었으며, 조사원들이 해당 기업을 방문하여 경영자를 대상으로 설문서를 작성하도록 하는 방법을 사용했다. 조사대상 기업은 강원전략산업기획단에서 보유하고 있는 BT 산업과 해양생물 산업 관련 기업 자료를 중심으로 바이오·해양생물 분야 335개 기업을 강원도 지역별 기업체 수를 고려해 조사하여, 1차 설문에 응답한 170개의 유효 설문지를 SPSS 통계프로그램을 이용하여 분석했다.

2005년을 기준으로 할 때 조사대상 기업의 평균 총자산은 약 21억 원, 평균 총부채는 약 13억 원, 평균매출액은 27억 원, 평균 당기순이익은 2,300만 원으로 나타났다. 또한 분석 대상 기업의 형태별 특징은 <표 3-5>에서 볼 수 있는 것처럼 주식회사가 52.4%이고, 그중에서 71.2%가 본사로서의 역할을 담당하고 있는 것으로 나타났다.

3) 실태 조사 분석 결과

(1) 인적자원 구성 분석

조사 대상 기업의 총 종업원 수가 2003, 2004년에는 약 27명, 2005년에는

<표 3-5> 강원도 기업 일반 현황

기업 형태	주식회사	합자	조합법인	개인회사	특별법인	계
	52.4% (89)	2.4% (4)	7.1% (12)	37.6% (64)	0.6% (1)	100.0% (170)
기업 구분	본사	자회사	지사	기타	-	계
	71.2% (121)	16.5% (28)	5.9% (10)	6.5% (11)	-	100.0% (170)

<표 3-6> 강원도 인적자원관리 현황

항 목		2003년	2004년	2005년
총 종업원 수		27.5명	27.4명	24.3명
연구직	학사	1.3명	1.3명	1.3명
	석사	0.5명	0.5명	0.5명
	박사	0.2명	0.2명	0.2명
비연구직		25.5명	25.4명	22.2명

약 24명으로 나타나 기업 당 약 3명 정도의 종업원 감원이 이루어진 것으로 나타났다. 종업원 감원이 비연구직종에서 이루어진 것은 생산과정에 필요한 최소한의 인원을 연구원으로 고용하고 있기 때문인 것으로 분석된다. 종업원을 직종별로 구분해 보면 2003~2005년 총 종업원 수 중 비연구직이 약 91~93%, 연구직이 7~9%의 비중을 차지하고 있다.

한편 조사 대상 기업 중 상당수가 산업특성상 일반적으로 연구중심의 인적 자원 구조를 가져야 함에 불구하고, 강원도의 경우 매우 취약한 연구·개발 인적자원을 보유하고 있는 것으로 나타났다. 이것은 대부분의 기업이 업종 구분에서는 연구·개발 산업을 표방하고 있으나 실제적으로 진정한 연구·개발 기업이 매우 드문 것으로 해석될 수 있다. 이는 중장기적 연구·개발을 통해 고부가가치 생산물을 상품화하기보다는 단기적이거나 상품화하기 용이한 비연구·개발 생산물을 기업의 주된 수익원으로 갖고 있는 것으로 판단된다.

이에 기업을 계속적으로 영위하기 위해 연구·개발보다는 단순 생산, 영업판매에 필요한 비연구직 종사자에 비중을 두어 기업의 수익성을 확보하는 것으로 판단된다.

직무훈련	기술연수 교육	해외파견	전문가 초 청 세미나	국내외 세미나 참 가	기타	계
74.0%	11.0%	0.6%	1.3%	6.5%	6.5%	100.0%
(114)	(17)	(1)	(2)	(10)	(10)	(154)

(2) 종업원 교육훈련

강원도 기업은 74.0%가 종업원 능력 개발을 위한 교육훈련 방안으로 직무 훈련을 채택하고 있는 것으로 나타났다. 즉 대부분 종업원은 입사 후 선임 종업원들에게 직무에 대해 교육을 받고 직무를 수행하는 것으로 나타났다.

한편, 〈표 3-7〉에 따르면 인적자원에 대한 교육훈련 수단 가운데 비용이 많이 드는 교육훈련 수단일수록 덜 채택하고 있는 것을 알 수 있다. 이는 강원도 산업 전체의 문제인 기업의 영세성이 인적자원개발 분야에서도 여전히 반영되고 있는 것으로 해석할 수 있다.

(3) 인적자원관리의 공식화 정도

강원도 기업의 인적자원관리는 전반적으로 공식화되어 있지 않은 것으로 나타나 경영자가 상황에 따라 자의적으로 결정하는 것이 보편적인 현상으로 보인다. 이를 세부 항목별로 보면 인사 고과의 경우 약 73.7% 정도가 인사 고과를 공식적으로 실시하지 않고 있을 뿐 아니라 인사 관리 규정도 60.9% 정도가 갖추고 있지 않다. 또한 직무기술서가 준비되어 있지 않고(70.5%), 승진 관련 규정도 미흡한 것(72.4%)으로 조사되었다. 특히 노사협의회 설치·운영이 가장 미흡한 것으로 나타났다.

이는 강원도 기업이 가족 중심의 소영세기업인 데서 비롯되는 현상일 뿐만 아니라 조사대상 기업들이 창업 내지 도입기 단계에 있는 벤처형 기업들이기 때문에 나타나는 현상이라고도 해석된다. 즉 가장 기본적인 제반 인사 관리에 관한 규정 정도만을 제정하여 인사 관리의 기준을 마련하고 있는 것으로 보인 다. 이처럼 강원도 기업은 최소한의 인사 관리 규정을 제정하여 부정기적이고,

구분	예	아니오
(1) 매년 공식적으로 인사 고과를 실시한다.	26.3% (41)	73.7% (115)
(2) 제반 인사 관리에 관한 규정이 있다.	39.1% (61)	60.9% (95)
(3) 노사협의회가 설치·운영되고 있다.	14.8% (24)	85.2% (132)
(4) 대부분 직무를 설명하는 직무기술서가 준비되어 있다.	29.5% (46)	70.5% (110)
(5) 승진의 자격 요건, 절차, 시기 등에 대한 공식 규정이 있다.	27.6% (43)	72.4% (113)

비공식적인 인사 고과를 실시하고 있는 것으로 판단된다.

(4) 혁신적 보상제도

국내 전체 기업에서 외환위기 이후 주목받고 있는 연봉제를 강원도 기업에서도 대부분(49.0%)이 채택하고 있는 것으로 나타났다. 성과배분제도와 관련해서는 집단 성과배분제도(8.6%)보다 개별 성과급제도(21.2%)를 종업원 동기부여 수단으로 사용하고 있는 것으로 나타났다. 이 외에도 스톡옵션이나 우리사주 제도와 같은 경영성과 참여를 인정하는 보상제도에 대한 도입 비율이 낮은 것은 소영세기업인 데다 창업 초기 단계에 있고, 상장요건을 충족하기 쉽지 않은 상태이기 때문으로 판단된다.

임금 외의 간접적인 제 급부인 복지후생은 강원도 기업의 영세성에도 불구하고 16.6%의 기업이 종업원에게 제공하고 있다. 이것은 산업사회의 발전과 노사관계의 변화, 그리고 인적자원관리 정책 방향에 따르는 현상으로 판단된다.

<표 3-9> 혁신적 보상제도 현황

스톡옵션 제도	연봉제	개별 성과급제	우리사주 제도	선택적 복리후생 제도	집단성과 분배제도	없음	계
2.0% (3)	49.0% (74)	21.2% (32)	2.0% (3)	16.6% (25)	8.6% (13)	0.7% (1)	100.0% 151

6개월 미만	6개월~1년 미만	1~3년 미만	3년 이상	계
0.6% (1)	10.3% (17)	36.4% (60)	52.7% (87)	100.0% (165)

(5) 종업원 평균 재직 기간

강원도 기업의 종업원 중 52.7%가 3년 이상 재직하고. 36.4%가 1~3년 미만으로 재직하는 것으로 나타났다. 국내 다른 지역에 비해 강원도 지역의 기업 수가 적은 점을 감안할 때 3년 이상 종사자는 소유경영자 내지 이들과 특수한 관계자 지위에 있는 종업원들일 가능성이 높다. 주목할 것은 3년 미만의 재직 기간을 갖는 종사자는 20~30대 종사자로서 타 지역으로 이직할 가능성을 배제할 수 없다.

특히 <표 3-6>에서 보는 바와 같이 연구직 중 학사 이상의 학력을 갖는 종업원이 적은 점을 고려할 때, 3년 이상 재직하고 있는 종사자는 대부분 비연구직으로서 개인능력에 따라 이직이 결정되는 직무보다는 일상적이고 단순한 업무를 수행하는 종사자일 가능성이 높다.

(6) 종업원 이직 사유

강원도 기업의 종업원들은 임금 수준(48.3%), 근무 환경(18.6%), 직장 안정성(13.1%)의 이유로 이직하는 것으로 나타났다. 따라서 <표 3-10>의 종업원 평균 재직 기간과 결합하여 볼 때 3년 미만 재직하고 떠나는 종업원을 확보하고 고용 안정을 유지하기 위한 대표적 정책 변수가 임금 수준임을 알 수 있다.

<표 3-11> 종업원 이직 사유

임금 수준	복리 후생	근무 환경	근로 시간	직 장 안정성	자기개발 가 능 성	자녀 교육	계
48.3% (70)	1.4% (2)	18.6% (27)	7.6% (11)	13.1% (19)	8.3% (12)	2.8% (4)	100.0% (145)

<표 3-12> 종업원 채용 시 고려 사항

전공 지식	대인 관계	마케팅 능력	기획 능력	인간성	출신 지역	계
27.0% (43)	15.7% (25)	6.9% (11)	9.4% (15)	38.4% (61)	2.5% (4)	100.0% (159)

(7) 종업원 채용 결정 요소

강원도 기업은 종업원 채용 시 인간성(38.4%), 전공 지식(27.0%), 대인 관계 (15.7%)를 중시하는 것으로 나타났다. 이는 세분화된 전문 지식을 요구하는 직무가 필요하지 않는 한, 어느 정도의 전공 지식, 성실한 직무 수행 및 원활한 의사소통을 가질 수 있는 인간성과 대인관계 능력을 종업원에게 요구하는 것으로 판단된다.

한편 한국 사회에 보편적 현상으로 인식되고 있는 출신 지역 등 연고에 기초한 인사 관행은 2.5%에 불과한 것으로 나타났다.

(8) 인적자원 양성 지원 필요성

강원도 기업 중 53.6%는 교육 관련 정보 제공을 필요로 하고, 50%가 교육연수 프로그램을 제공받기를 원하고 있는 것을 나타났다. 또한 교육훈련 자금

<표 3-13> 인적자원 양성 지원의 필요성 정도

구분	전혀 불필요	불필요	보통	필요	매우 필요	계
(1) 교육 관련 정보 제공	2.6% (4)	9.7% (15)	34.2% (53)	47.1% (73)	6.5% (10)	100.0% (155)
(2) 교육연수 프로그램 제공	3.2% (5)	14.1% (22)	32.7% (51)	41.7% (65)	8.3% (13)	100.0% (156)
(3) 교육훈련자금 지원	3.2% (5)	11.0% (17)	31.0% (48)	34.8% (54)	20.0% (31)	100.0% (155)
(4) 해외연수 프로그램 지원	7.8% (12)	19.6% (30)	37.9% (58)	26.1% (40)	8.5% (13)	100.0% (153)
(5) 고용유지 지원	3.2% (5)	3.9% (6)	24.5% (38)	45.2% (70)	23.2% (36)	100.0% (155)

지원(54.8%), 해외 연수 프로그램 지원(34.6%), 고용 유지 지원(68.4%)을 요구하고 있는 것으로 조사되었다. 이러한 지원 요구는 강원도 기업들이 규모면이나 비용 측면에서 자체적으로 종업원을 위한 교육 프로그램을 확보할 수 없음을 반증할 뿐만 아니라, 다른 한편으로는 다양한 교육훈련을 통해 인적자원을 양성하려는 욕구가 작지 않음을 보여주는 것으로 판단된다.

4. 강원도 기업의 인적자원관리 과제와 개선 방안

2절에서 살펴본 인적자원관리 과정과 변화 실태 분석은 주로 대기업을 대상으로 조사한 결과를 바탕으로 도출한 것이다. 이는 대기업이 경영환경 변화를 예측하고 적응하는 데 빠르고 과감함을 의미하는 것으로 해석할 수 있으나, 한편으로는 이런 변화에 민감하게 대응하는 혁신을 선도할 수 있는 자원을 더 많이 보유하고 있기 때문이라고 할 수 있다. 그러나 대기업을 중심으로 한 인적자원관리의 변화 흐름은 시차가 있을 뿐 중소기업의 경우에도 동일한 변화를 겪게 될 것이다.

따라서 본 연구도 이러한 맥락에서 강원도 기업 부문의 인적자원관리 과제와 개선 방안을 강원 지역 BT와 해양생물분야 기업에 대한 설문조사 결과들을 바탕으로 분석하면 다음과 같다.

첫째, 인적자원관리의 공식화, 특히 규정 존재 수준이 낮은 것으로 나타났다. 규모가 작을 뿐만 아니라 BT와 해양생물 등 벤처형 기업 특성을 갖기 때문에 나타나는 현상일 수도 있다. 그러나 이런 현상은 대부분의 인적자원관리가 소유경영자의 직관적 판단에 의존하기 때문에 신분의 불안정을 초래해 종업원들로 하여금 조직에 헌신하는 정도를 해치게 할 것이다. 따라서 예측 가능하고 투명한 인적자원관리가 이루어지도록 주요 인사 관리 절차를 공식화하도록 해야 한다.

둘째, 교육훈련관리가 미흡하다. 소영세기업으로서 체계적으로 인적자원을 관리하고 경력을 개발할 수 있는 교육훈련제도를 갖출 수 없는 것이 현실적 여건이다. 그럼에도 불구하고 교육훈련은 지식 자산이 핵심 경쟁력인 현대 산업사회에서 경쟁 우위를 창조하고 유지하기 위해서는 필수적 경영 과제이다. 따라서 소영세기업 경영에 적합한 표준 인적자원관리 기법을 검토하여 지역별 순회 교육을 통해 소유경영자는 물론 종업원들을 가르칠 필요가 있다.

셋째, 전통적 임금제도를 보완하는 현대적 보상 기법을 적용하는 정도가 미흡하다. 이는 종업원 이직률을 높이는 데 기여하는 중요한 요인 중 하나가 되고 있다고 분석된다. 따라서 종업원의 헌신과 열정을 유도할 수 있는 다양한 보상기법을 도입하는 방안을 검토해야 한다.

넷째, 의미 있는 인적자원 양성에 대한 지원 요구가 존재하는 것으로 나타났다. 이는 강원도 기업들이 교육연수 프로그램을 개발하고 교육을 실시하기에는 벅찬 과제인 것을 의미한다. 따라서 강원도 차원에서 교육관련 정보를 이메일이나 웹 페이지를 통해 전달하는 것은 물론 강원도 기업 형편에 적합한 인력양성 교육 프로그램을 개발하여 정기적 내지 부정기적으로 교육을 실시하는 것이 효율적·효과적일 것이다. 특히 인적자원시장에 대한 조사 기능을 중시하고 적극 활용할 수 있는 인적자원 데이터베이스와 네트워크 등을 구축하는 것이 필요하다(송상호, 2000). 그런 의미에서 '강원지역인적자원개발센터' 발족은 의미 있는 시도이자 변화라 할 수 있다.

다만, 고용유지를 위한 지원 욕구도 상대적으로 높은 것으로 나타나, 사회기반시설을 포함한 종업원과 가족들의 욕구를 파악하여 대안을 찾아볼 필요가 있다.

다섯째, 노사협의회가 활성화되어 있지 않은 것으로 나타났다. 이는 소영세기업이 대부분이기 때문에 집단적 노사관계가 중요한 과제로 작용하지 않기 때문인 것으로 분석된다. 그러나 직무태도를 개선하고 고정을 처리할 수 있는 제도적 장치를 마련하는 것은 종업원들의 동기부여를 통한 경영성과 개선을 위해서도 필요하다.

이처럼 강원도 기업 부문의 인적자원관리는 현대적 의미의 인적자원관리 관점에서 볼 때 인적자원관리 각 부문에서 미흡한 점이 적지 않다고 할 수 있다. 이와 같은 문제점 내지 과제를 개선하기 위해서는 경영자의 인적자원관리의 가치에 대한 인식의 전환이 가장 중요하다. 왜냐하면 경쟁력의 최대원천이기도 한 최고경영자가 (벤처)기업의 조건과 성격에 적합한 인적자원관리를 인식하고 실시 의지를 가져야 할 것이기 때문이다(윤영삼·서재흥, 2002).

5. 맺음말

지식경영이 화두로 등장한 현대 산업사회에서 기업의 핵심역량을 좌우하는 것은 기업 자원 중에서 눈에 보이지 않는 인재의 소프트웨어적 역량이다. 즉 지적생산능력은 핵심인재가 제공하는 소프트웨어적 역량에 비례한다. 이러한 인적자원관리 패러다임이 IMF 금융위기를 경험하면서 새로운 흐름을 갖게 되었다.

이에 본 연구는 인적자원관리 과정에 기초하여 인적자원관리 요소별 경영기법들을 검토하고, IMF 금융위기 이후 기업들의 인적자원관리 실태에 관한 선행연구들을 분석했다. 그리고 이러한 분석결과를 바탕으로 강원도 기업 부문의 인적자원관리에 관한 실태 조사를 통해 과제와 개선 방안을 제시했다.

그러나 본 연구는 설문조사가 갖는 일반적 한계 외에, BT와 해양생물 분야 기업을 대상으로 한 설문조사 결과를 중심으로 분석했기 때문에 강원도 기업 부문 전체를 대표할 수 있을 만큼 충분한 조사가 이루어지지 못했고, 설문 구성도 세밀하지 못한 한계를 갖고 있다.

또한 강원도 기업의 인적자원관리 부문에 관한 연구 결과의 타당성을 확보하기 위해서는 강원도 인적자원관리에 관한 실태 조사 분석에 관한 기존의 연구 결과를 통해 비교 분석 등의 내용 분석이 필요하지만, 충분한 자료를 찾을 수 없었다. 따라서 본 연구의 결과와 개선 방안은 주관적 판단이 개입될 수 있다는 한계를 인정할 수밖에 없고, 업종별·규모별·지역별·기간별 추세 연구 등 지속적 연구를 통해 보완될 필요가 있다.

참고문헌

강원전략사업기획단. 2006. 「강원도 지역특화산업 실태조사」.

김재명. 2003. 「강원지역 전통제조업 경영혁신 로드맵」. '지방분권시대 강원지역 기업경영혁신전략탐색' 심포지엄 발표논문집.

노동부. 2000. 「연봉제 및 성과배분제 실태조사 결과보고서」.

박경규·안희탁. 1998. 「한국·독일 기업의 인사관리 비교: 그 실태와 발전방향」. 한국경영자총협회.

박우성·유규창·박종희. 2000. 『연봉제』. 한국노동연구원.

박준성. 2000. 「한국대기업의 인력관리 특성」. 신유근 외. 『한국대기업의 경영특성』. 세경사.

신유근. 1992. 『한국의 경영: 현상과 전망』. 박영사.

AHA Samsung 2002 conference. 「삼성의 인적자원관리 원칙 및 핵심인재 확보·육성 전략」.

안희탁. 1996. 「한국기업의 신인사제도 실태와 도입방안」. 한국경영자총협회.

유규창. 1998. 『인적자원관리의 신조류』. 한국노동연구원.

유규창·박우성. 1999. 「연봉제의 도입과 효과에 관한 이론적 고찰」. ≪인사·조직연구≫, 7권 2호.

_____. 2000. 「인적자원관리 전문가 설문조사」. 한국노동연구원 엮음. 『21세기형 인적자원관리』. 명경사.

윤영삼·서재홍. 2002. 「부산지역의 정보통신벤처기업 인적자원관리의 실태와 개선 방안에 관한 연구」. ≪중소기업연구≫, 제24권 제2호.

최강식·이규용. 1999. 『우리나라 기업의 고용조정 실태(III)』. 한국노동연구원.

한국노동연구원. 1998. 「한국기업의 평가제도 및 인적자원관리 실태에 관한 서베이」.

_____. 2000. 『21세기형 인적자원관리』. 명경사.

_____. 2000a. 「경제위기이후 인적자원관리 및 노사관계 변화에 관한 서베이」.

_____. 2000b. 「인력수급실태에 관한 조사」.

_____. 2000c. 「KLI 노동통계」.

_____. 2001. 「경제위기 이후 인적자원관리 및 노사관계 변화」.

한국은행 강원본부. 2003. 「강원지역 주요산업의 경쟁여건 분석과 산업정책 방향」.

Anderson, L. M. & James W. Fenton, Jr. 1993. "The Light at the End of the HRM Tunnel: Window of Opportunity or an Oncoming Train?" *Business Horizons*, 36.

Arthur, J. B. 1994. "Effects of human Resource Systems on Manufacturing Performance and Turnover." *Academy of Management Journa,.* Vol.37., No.3.

Barney, J. B. & P. M. Wright. 1998. "On becoming a strategic partner: The role of human resources in gaining competitive advantage". *Human Resource Management*, Vol.37.

Huselid, M. A., S. E. Jackson, & R. S. Schuler. 1997. "Technical and Strategic Human Resource Management Effectiveness as Determinants of Performance." *Academy of Management Journal*, Vol.40., No.1.

Peters, T. J. & Robert H. Waterman, Jr. 1982. *In Search of Excellence.* New York: Harper & Row.

Robbins, S. P. & M. Coulter. 1999. *Management.* 6th ed. Englewood Cliffs, N.J.: Prentice-Hall.

강원도의 문화 콘텐츠 전문 인력 양성

방송 · 영상 분야를 중심으로

홍성구 | 강원대학교 신문방송학과 교수

1. 머리말

2000년대를 넘어서면서 지역발전에 있어 문화 콘텐츠가 갖는 지위는 더욱 확고부동해지고 있다. 2004년부터 불기 시작한 강원도의 한류 붐은 지역사회가 문화 콘텐츠의 가치에 대해 새롭게 인식하는 계기가 되었다. 강원도는 2004년 한류 열풍으로 외국인 관광객이 143만 명에 달하는 등 외국인 유치에 성공했다(≪조선일보≫ 2006년 8월 22일자). 최근 강원 지역에는 한류를 지속시키고, 관광과 결합시킬 수 있는 문화 상품 개발이 지역발전에 있어 핵심 동력 중에 하나로 대두되고 있는 실정이다.

이와 같은 배경 때문에 강원 지역의 발전에 대한 대안으로서 문화 콘텐츠 산업에 대한 지역민들의 합의 또한 매우 높은 것으로 나타났다. 2005년 강원발

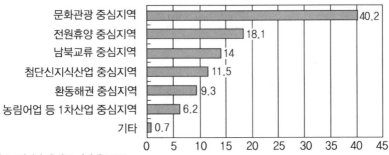

<그림 4-1> 강원도의 미래상

문화관광 중심지역	40.2
전원휴양 중심지역	18.1
남북교류 중심지역	14
첨단신지식산업 중심지역	11.5
환동해권 중심지역	9.3
농림어업 등 1차산업 중심지역	6.2
기타	0.7

자료: 한진만·홍성구·지경배(2005)

전 연구원의 조사에 따르면 강원도의 미래상에 대해 물어본 결과 강원도가 '문화 관광 중심 지역'으로 발전해야 한다고 생각한다는 응답이 전체 응답자의 40.2% 로 여타 부분에 비해 압도적으로 높게 나타났다(한진만·홍성구·지경배, 2005).

지역사회의 새로운 성장 동력으로서 문화 콘텐츠 산업에 대한 관심이 높은 것은 사실이지만, 강원 지역의 문화 콘텐츠 산업은 아직 미발달 상태에 있다고 해도 과언이 아니다. 1990년대에 춘천시가 애니메이션 산업을 집중 육성하기 위해 ANI-TOWN 프로젝트를 추진했으나 산업적 활성화에는 실패했다. 춘천 의 ANI-TOWN 프로젝트가 산업화에 실패한 이유는 복합적이겠지만, 고도의 기술 집약성을 요구하는 문화 콘텐츠 산업이 하루아침에 자치단체의 역량만으 로 성장할 수 없음을 단적으로 보여주었다고 해도 과언이 아니다.

문화 콘텐츠 산업의 활성화 조건은 인프라와 전문 인력이다. 문화 콘텐츠의 인프라는 자본투자로 단시간 내에 이룰 수 있는 것이지만, 인력 육성은 그러하 지 못하다. 문화 콘텐츠 인력은 창의력과 기술력을 동시에 갖추고 있어야 한다. 특히 문화 콘텐츠의 성공 여부를 가늠하는 가장 중요한 요소는 창의력이 다. 문화 콘텐츠 인력에 요구되는 창의력은 단순한 개인적 능력이라기보다는 문화 콘텐츠 인력이 성장하는 문화적 조건이 어떠하냐에 의해 결정되는 바 크다. 그만큼 문화 콘텐츠 인력 양성은 오랜 시간과 노력이 필요한 부문인 것이다.

현재 강원 지역의 문화 콘텐츠 인력 양성은 주로 방송·영상 분야에 집중되어 있으며, 춘천MBC 시청자 미디어 센터, 강원대학교 BR 미디어 프로덕션, (재)강원정보영상진흥원 등이 지역의 문화 콘텐츠 인력양성사업을 주도하고 있다. 본고에서는 문화 콘텐츠 인력 양성의 전반적 특성과 현황에 대해 고찰하고, 앞의 3개 기관에서 추진 중에 있는 인력양성사업의 특성에 대해 알아보았다.[1]

2. 문화 콘텐츠 인력 양성의 특성

문화 콘텐츠는 일반적으로 부호, 문자, 음성, 음향 및 영상 등으로 표현된 모든 종류의 자료 또는 지식 및 이들의 집합물로서 미디어를 전제로 한 내용물을 의미한다. 그러나 문화 콘텐츠의 범주나 구성 요소에 대해서는 규정 주체에 따라 서로 상반된 입장을 나타내고 있다. 우리나라의 문화관광부는 창작적인 '문화적 요소'가 체현된 콘텐츠를 문화 콘텐츠로, 그리고 이를 통해 경제적 부가가치가 창출되는 산업을 문화 콘텐츠 산업으로 보고 있다. 한편 정보통신부의 경우에는 디지털화에 역점을 두어 콘텐츠의 창작보다는 그 결과물의 수집, 가공을 통해 이를 상품화하는 데 중점을 두고 있다(송민정, 2003).[2]

---

1) 본고에서는 방송·영상 콘텐츠 산업 분야를 중심으로 강원 지역의 문화 콘텐츠 인력 양성이 어떤 형태로 이루어지고 있는지 살펴보고자 했다. 강원 지역의 문화 콘텐츠 인력 양성에서 대학을 중심으로 한 정규교육은 논의에서 제외했다.

2) 문화산업은 "문화 상품의 개발, 제작, 생산 유통, 소비 등과 이에 관련된 서비스를 행하는 산업"으로서 (가) 영화와 관련된 산업, (나) 음반, 비디오물, 게임물과 관련된 산업, (다) 출판, 인쇄물, 정기간행물과 관련된 산업, (라) 방송영상물과 관련된 산업, (마) 문화재와 관련된 산업, (바) 예술성, 창의성, 오락성, 여가성, 대중성(이하 '문화적 요소')이 체화되어 경제적 부가가치를 창출하는 캐릭터, 애니메이션 디자인(산업디자인은 제외한다), 광고, 공연, 미술품, 공예품과 관련된 산업, (사) 디지털 문화 콘텐츠의 수집, 가공, 개발, 제작, 생산, 저장, 검색, 유통 등과 이에 관련된 서비스를 행하는 산업, (아) 그 밖의 전통의상, 식품 등 대통령령으로 정하는 산업으로 정의된다(문화산업

구분		Pre-Production		Production		Post-Production	
		기획	창작	개발	제작	유통	유지관리
기능별 역할		사업 혹은 프로젝트 기획, 관리 및 운영	새로운 아이디어와 가치를 창출하고, 문화 콘텐츠 구체화	기술 능력을 기반으로 문화 콘텐츠 설계 담당 역할	제작 기술과 장비 이용 문화 콘텐츠 상품화 역할	문화 콘텐츠를 소비자에게 전달하기 위한 활동 수행 역할	문화 콘텐츠의 유지 및 사후 관리(고객 관계)
주요 직종 예시	애니메이션	기획자 프로듀서	시나리오 작가 디자이너 아트 디렉터	테크니컬 디렉터 프로그래머	원화, 동화, 컬러링, 배경, 3D 모델링, 사운드 엔지니어, 편집	유통 관리 홍보	
	캐릭터	기획자	캐릭터 디자이너 제품 개발자 FLASH 디자이너	-		상품 관리자 라이센스 관리자	
	만화	기획자 만화기자	만화 작가 스토리 작가	웹투니스트	디자이너 구성 작가 어시스턴트	유통 관리 홍보	저작권 관리자
	음악	기획자 프로듀서	작곡자 공연 연출가 작사가	Voice Training, 사운드 엔지니어		유통 관리 홍보	저작권 관리자
	게임	기획자 프로듀서	게임 디렉터 시나리오 작가	프로그래머, 시스템 엔지니어, 게임·캐릭터 디자이너, 그래픽 아티스트, 사운드 개발자		유통 관리 홍보	게임 마스터 시스템 관리자
	방송	프로듀서 방송기자 VJ	방송 작가	방송 엔지니어	촬영, 조명, 의상, 소품, 특수효과 음향, 방송 그래픽	유통 관리 홍보	
	영화	기획자 프로듀서	시나리오 작가 감독	테크니컬 디렉터	연출, 촬영, 캐스팅, 특수효과	유통 관리 홍보	저작권 관리자

자료: 문화콘텐츠진흥원(2004).

문화 콘텐츠 산업의 중요성은 일차적으로 그 경제적 가치에 있다. 영화산업이 국민경제에서 차지하는 역할의 정도와 중요성을 계량적으로 파악해 보기 위한

진흥기본법 제2조 제1항).

<표 4-2> 문화산업 업체 및 종사자 수

(단위: 개, 명, %)

구분	업체 수*	2003 종사자 수	2004 종사자 수	2004 종사자 구성비	종사자 증감률
출판**	18,666	237,347	225,086	49.0	-5.2
만화***	8,912	(2,557)	9,185*****	2.0	-57.9
음악	35,930	62,555	66,870	14.6	6.9
게임	39,594	39,104	47,051	10.3	20.3
영화	11,564	38,108	31,898	7.0	-16.3
에니메이션	319	5,358	3,600	0.8	-33.1
방송	614	31,645	30,530	6.7	-3.5
광고	5,091	31,479	28,854	6.3	-8.3
캐릭터	-	6,257	8,286	1.8	32.4
디지털 교육 및 정보****	380	11,353	7,566	1.6	-33.4
합계	121,070	463,233	458,926	100.0	-0.9

주: * 한 사업체가 여러 개의 산업을 할 경우 해당 산업 모두에 각각 집계되어 전체 합계는 중복 산출된 수치임.

** 2003년 출판산업 종사자에는 만화산업종사자가 중복 포함됨.

*** 2003년 만화산업 종사자는 제작기획배급부분만의 종사자로 유통 부문 종사자는 미포함됨.

**** 2003년 종사자는 인터넷 및 모바일 콘텐츠의 기타산업 종사자로 조사대상 기준이 다름.

***** 2003년에는 유통 부문을 조사하지 않았으나 2004년에는 유통을 포함함으로써 결과수치가 많이 커짐. 그러나 증감률은 유통 부문을 제외하고 계산된 결과임.

자료: 문화관광부·한국문화콘텐츠진흥원, 『2005 문화산업통계』.

산업연관분석(Input-Output Analysis) 결과를 보면, 2000년 기준 영화산업의 생산 유발계수(1.9246)는 자동차(2.5167), 일반 기계(2.1546), 섬유제품(2.1016) 등의 제조업보다는 낮은 수준이지만 전기전자기기(1.7036)보다는 높은 수준이며 사업 서비스(1.6528)나 기타 문화오락 서비스(1.6979) 등 여타 서비스 업종에 비교하면 상당히 높은 것으로 나타났다. 영화산업의 부가가치유발계수(0.8452)는 사업 서비스(0.9234)와 기타 문화오락 서비스(0.9084)보다는 낮지만 주요 제조업들보다는 월등히 높게 나타났다. 취업유발계수(19.1)의 경우에는 비교적 노동집약적 특성이 강한 섬유제품(21.7)과 기타 문화오락 서비스(31.6)보다는 낮지만 사업서비스(17.1)나 여타 제조업보다는 높은 수준이다(도동준, 2006).

문화 콘텐츠 산업 활성화의 조건은 일반적으로 문화 콘텐츠의 산업적 인프라 확보와 인력 육성에 달려 있다. 문화 콘텐츠의 제작 과정은 일반적으로 기획과 창작이 중심이 되는 사전 제작 과정, 제작 과정, 유통을 중심으로 한 사후 과정 등으로 분리할 수 있으며, 각 분야에 소요되는 인력 또한 고유한 전문 지식과 기술을 보유하고 있어야 한다.

우리나라의 문화 콘텐츠 전문 인력 종사자 수는 2004년 46만 3,233명에서 2005년 45만 8,926명으로 어느 정도 감소 추세를 보이고 있다. 문화 콘텐츠 인력의 구성비는 출판이 차지하는 비중이 전체의 49.0%로 가장 높았으며, 음악(14.6%), 게임(10.3%) 순으로 나타났다.

현재까지 한국의 문화 콘텐츠 인력 수급 구조가 지니는 문제점은 산업현장의 수요가 높은 계층을 대상으로 한 사업의 집중화보다는 양적 배출 중심의 사업이 추진되었다는 점에 있다. 다시 말해 산업인력 수급과 전 부문에 걸친 인력 양성 기능 수행을 위해 추진된 사업의 양은 많았으나 집중화를 통한 효율성과 효과성은 미흡했다고 할 수 있다. 다음으로 학교를 통해 배출되는 신규인력을 대상으로 산학협력, 현장 인턴십, 실무 위주 프로젝트 수행 등의 교육을 최근에 도입했으나 아직은 사업의 성과가 미미하여 실무 역량을 갖춘 인력 배출은 미흡한 실정이다. 세 번째로 사업별 성과의 피드백에 의한 사업관리체계가 미흡한 부분으로 지적될 수 있다. 전체 배출 인력 1만 7,366명 및 사이버아카데미, 온라인상시채용관 회원을 대상으로 수혜 이후의 변화 과정 및 사후적 사업 성과에 대한 관리체계가 형성되지 못했으며, 아카데미 교육을 통한 재직자의 전반적인 업무능력 향상에는 기여했으나 직급 향상, 급여 인상, 이직을 통한 경력 발전 등 관련 사업 참여 이후의 사후 관리가 부족하다. 마지막으로 산업인력 정보제공 및 인력 간 네트워크 기능의 부족을 들 수 있다. 온라인 상시 채용관을 중심으로 채용 지원 기능은 가시적인 성과가 있었으나 산업인력에 대한 종합적인 정보 제공의 기반 구축 및 인력 정보의 허브로서의 기능 수행을 위해 다양한 보완책이 요구된다(문화관광부, 2005: 80).

아울러 문화 콘텐츠 인력 양성 기관이 대부분 수도권에 집중되어 있는 상황은 문화 콘텐츠 인력 양성의 심각한 불균형을 초래하고 있다. 그 이유는 대부분의 문화 콘텐츠 산업의 수도권 집중 때문인 것으로 파악할 수 있다. 그러나 2000년을 넘어서면서 범정부적 차원에서 IT·CT 분야의 지역 인력 육성을 위한 제도적 노력들이 이루어지면서 지역사회에도 문화 콘텐츠 인력 양성을 담당하는 기관들이 생겨나기 시작했다. 강원 지역의 (재)강원정보영상 진흥원이 대표적인 경우이다.

방송 제작 과정에 시청자들의 참여를 돕는 지역 시청자 미디어 센터도 일정 부분 문화 콘텐츠 인력 양성 기관으로 볼 수 있다. 지역 시청자 미디어 센터는 방송위원회가 2005년 부산에 설립한 시청자 미디어 센터가 가장 대표적인 경우이며, 2006년부터 방송문화 진흥회도 지방 MBC에 시청자 미디어 센터 설립을 지원하고 있다. 현재 춘천MBC를 비롯해서 전주MBC, 마산MBC, 목포MBC, 울산MBC, 대구MBC 등이 시청자 미디어 센터를 운영하고 있다.

3. 강원 지역 문화 콘텐츠 인력 양성: 방송·영상 부문을 중심으로

1) 춘천MBC 시청자 미디어 센터

춘천MBC의 시청자 미디어 센터는 2005년 12월 개소했으며, 교육사업, 창작 지원 사업, 퍼블릭 액세스 사업, 영상단체 지원 사업 등을 추진하고 있다. 춘천MBC 시청자 미디어 센터는 2006년 1월부터 시민 영상 제작 과정을 비롯한 위탁 교육, 찾아가는 미디어 교실, 사회복지 실무자 및 자원봉사자 미디어 교육 등을 실시하고 있는데, 2006년 11월 현재 시민영상 제작 교육을 수료한 인원은 75명인 것으로 나타났다.

교육 프로그램은 8주 단위로 편성되어 카메라 촬영, 연출, 편집, VJ 프로그램 제작, 인터뷰 등 방송제작 전반에 걸쳐서 운영되며, 춘천MBC 소속 PD와

<표 4-3> 춘천MBC 시청자 미디어 센터의 주요 사업

구분	사 업 내 용
교육 사업	· 디지털 영상 창작교육 · 학생 대상 미디어영상캠프 · 청소년/교사를 위한 미디어 교육
창작 지원 사업	· 촬영장비 대여 및 편집실 개방 · 창작제작지원 프로그램 운영
퍼블릭 액세스 사업	· 시민 액세스의 의미와 활용방안 홍보 · 시민 액세스 프로그램 개발 지원 · 시민 액세스 프로그램 편성과 상영기반 확충
영상단체 지원 사업	· 센터 동아리 조직 및 육성 · 영상창작모임 지원
기타 사업	· 이벤트 프로그램 운영 · 기타 사회 공익적 사업

자료: 춘천MBC 시청자미디어센터 내부 자료.

<표 4-4> 춘천MBC 시청자미디어 센터 교육 프로그램 운영 현황

프로그램 명		기수	교육 기간	수료 인원
시민영상 제작교육		제1기	2006.1.3.~2.14.	21
		제2기	2006.3.21.~5.12.	32
		제3기	2006.8.29.~10.26.	22
위탁 교육	춘천YMCA 청소년 영화 제작 캠프	제1차	2006.7.28.~31.	80
		제2차	2006.8.4.~6.	48
		제3차	2006.8.9~11.	45
찾아가는 미디어 교실		홍천	2006.5.7~7.26.	19
사회복지실무자 및 자원 봉사자 미디어 교육		제1차	2006.6.7.~7.26.	25
		제2차	2006.10.18.~11.22.	15

자료: 춘천MBC 시청자미디어센터 내부 자료.

자체 강사진이 교육을 담당한다.

춘천MBC 시청자 미디어 센터는 방송인력 양성 기관이라는 의미 외에도 퍼블릭 액세스 프로그램(public access program)을 통해 시청자들이 방송 제작에 직접 참여할 수 있는 제작 지원 시설이라는 특성도 강력하게 내포하고 있다.

2) 강원대학교 BR 미디어 프로덕션

2004년 BR 미디어 프로덕션은 강원대학교 내에 학교 기업의 형태로 설립되었으며, 2004년부터 2006년까지 교육인적자원부로부터 8억 9,000만 원을 지원받았다. BR 미디어 프로덕션은 방송 외주 제작을 주 수익원으로 하는 독립 제작사이지만, 학교기업이라는 특성으로 인하여 문화 콘텐츠 연관 학과의 현장 실습교육을 담당하고 있다.

문화 콘텐츠 인력 양성이라는 측면에서 BR 미디어 프로덕션은 산학협력 모델을 구축했다고 말할 수 있다. BR 미디어 프로덕션은 강원대학교 신문방송학과의 'VJ 제작실습', '다큐멘터리 제작 실습', '언론사 인턴십' 등의 과목을 현장 실습 형태로 운영하고 있다.

BR 미디어 프로덕션은 대학교육과 연계된 교육 프로그램 외에도 다양한 형태의 교육 프로그램을 운영하고 있다. <표 4-5>에 제시된 바와 같이 BR 미디어 프로덕션의 교육 프로그램은 문화 콘텐츠 제작 전문 인력 양성을 위한 프로그램, 문화 콘텐츠 제작 전문 인력 재교육 프로그램 등을 중심으로 운영되고 있다.

강원 지역 방송작가 워크숍은 문화 콘텐츠 전문 인력 양성을 위한 교육이라고 할 수 있다. BR 미디어 프로덕션은 강원대학교 및 방송영상진흥원과 함께 2006년 9월 5일부터 2006년 9월 28일까지 방송 작가 연수 교육을 실시했으며, 12명의 교육 참가생들에게 한국방송영상산업진흥원장이 발행하는 수료증을 발급했다.

교육 프로그램은 다큐/교양 부문, 영화 기획, 구성안 및 원고 실습 등으로 나누어서 진행되었으며, 각 부문별 현직 작가들이 교육에 참여했다. 강원 지역 방송작가 워크숍이 지니는 중요성은 강원 지역에서 보기 드물게 프로그램 기획 단계에 대한 인력 양성 교육이라는 점이다. 강원 지역에서 이루어지는 대부분의 문화 콘텐츠 인력 양성 프로그램은 프로덕션(제작)과 포스트 프로덕션(편집)에 집중되어 있는 데 비해 이 교육은 프리 프로덕션(기획)과정에 주안점

<표 4-5> BR 미디어 프로덕션 영상 콘텐츠 교육 현황

프로그램 명	참가 인원	내용
GTB-강원대학교 산학 공동 영상 아카데미	40명	· 2005.9.27.~10.6.(3일 2회) · 강원 지역 11개 소방관서 촬영 담당자
	20명	· 2006.6.28.~7.7.(3일 2회) · 강원 지역 18개 지방청 및 경찰서 관계자
NLF 아비드 연수	20명	· 2006.6.12.~6.16. · 강원 지역 방송사 카메라 기자
강원 지역 방송작가 워크숍	12명	· 2006.9.5.~9.28. · 강원대 재학생

자료: 강원대학교 BR 미디어 프로덕션 내부 자료.

을 두고 있다.

BR 미디어 프로덕션의 교육 프로그램 중 NFL 아비드 연수는 강원 지역의 방송 카메라 기자를 대상으로 한 재교육 프로그램이라는 점에서 주목할 만하다. 문화 콘텐츠 분야에서 종사하는 인력에 대한 재교육 프로그램이 중요한 이유는 방송의 디지털화를 비롯해서 콘텐츠 제작 기술이 하루가 다르게 변하기 때문이다. NFL 아비드 연수는 방송의 비선형 편집 기술에 대한 교육으로 2006년 지역 지상파 방송사의 디지털 전환으로 인해 재교육의 필요성이 대두된 분야이다.

3) (재)강원정보영상진흥원

춘천MBC 시청자 미디어 센터, BR 미디어 프로덕션이 주로 지상파 방송 관련 인력양성사업을 추진하고 있는 데 비해 강원정보영상진흥원은 인터넷 방송 분야에 초점을 맞추어 인력양성사업을 진행하고 있다.

인터넷 방송 분야는 문화 콘텐츠가 생산, 유통, 소비되는 일종에 미디어 플랫폼으로 이해할 수 있다. 인터넷 방송분야가 여타 방송 분야에 대해 갖는 고유성은 방송제작 전문 인력뿐만 아니라 일반 시민들도 문화 콘텐츠 제작

<표 4-6> 강원정보영상진흥원 디지털 콘텐츠 인력 양성 사업 현황

소속단체	동아리 명	참여 인원
강원대학교 신문방송학과	방송반	21명
강원대학교 영상문화	싸이클롭스	42명
강원대학교	방송국(KUBS)	15명
한림성심대학교	리얼 액션	23명
한라대학교	29.97frame	24명

자료: 강원정보영상진흥원 내부 자료.

분야에 참여할 수 있다는 점이다.

인터넷 방송을 중심으로 문화 콘텐츠의 수급과 관련해서 최근 가장 관심을 불러 모으고 있는 것이 사용자 제작 콘텐츠(UCC: User Created Contents)이다. 최근에는 동영상 사용자 제작 콘텐츠 전문 포털 사이트까지 생겨났으며, 기존 포털 사이트도 UCC 서비스에 관심을 집중하고 있다. 포털 사이트에서 UCC를 강조하는 흐름이 생겨나면서 UCC 콘텐츠의 수익을 제공자에게 분배하는 수익 모델까지 생겨나고 있다(≪세계일보≫, 2006년 7월 10일자).[3]

강원정보영상진흥원의 인터넷 방송 인력양성 교육사업은 UCC 분야에 초점을 맞추어 진행하고 있다. 강원정보영상진흥원은 한국소프트웨어진흥원의 예산지원으로 디지털 콘텐츠 실무실습 교육과정사업을 운영했다. 이 사업의 특징은 강원도 내 대학 디지털콘텐츠제작관련 학과 및 동아리, 사업자, 일반인 대상을 대상으로 했다는 점이다. 디지털 콘텐츠 실무실습 교육과정사업은

---

3) UCC에 대한 관심은 한국뿐만 아니라 전 세계적인 경향이 되어가고 있다. 미국의 유튜브 (http://www.youtube.com)의 경우 수백 만 명의 이용자가 매일 3만 5,000개 동영상자료 를 올리고 있으며, 하루 3,000만 개 이상의 동영상이 이용되는 것으로 나타났다(≪뉴스 위크≫ 한국판, 2006년 4월 12일자). UCC의 활성화는 이제 막 시작 단계이지만, 멀티미 디어 콘텐츠 분야에 있어 엄청난 파급 효과를 몰고 올 가능성이 있다. 지금까지 영상 콘텐츠의 공급원은 방송사, 영화사, 독립 프로덕션 등에 국한되었지만, UCC의 활성화로 인해 영상 콘텐츠의 공급원이 다변화될 수 있기 때문이다. 특히 포털 사이트들 간의 경쟁 관계나 DMB, IPTV 등 신규 매체의 출현은 신규 영상 콘텐츠 확보를 위한 치열한 경쟁을 예고하고 있다. 이와 같은 측면에서 UCC는 매우 매력적인 대안일 수밖에 없다.

2006년 7월부터 12월까지 강원대학교 3개 동아리, 한림성심대 1개 동아리, 한라대 1개 동아리, 일반인 동아리 1개 등 6개 동아리들이 참여했다. 이 사업에 참여한 동아리들은 강원정보영상진흥원 소속 강사들의 교육과 자체 교육을 실시했으며, 제작한 영상물은 강원정보영상진흥원이 운영하는 인터넷 방송을 통해 일반에게 공개되었다.

4. 맺음말

강원 지역의 문화 콘텐츠 인력 양성은 크게 보아 두 가지 중심성을 지니고 있다. 첫째는 문화 콘텐츠 인력 양성 분야에서 방송·영상 부문의 집중도가 타 분야에 비해 높다는 것이다. 앞서 살펴본 바와 같이 방송·영상 분야의 경우 춘천MBC 시청자 미디어 센터, 강원대학교 BR 미디어 프로덕션, (재)강원영상 진흥원 등이 주도적으로 문화 콘텐츠 인력 양성 사업에 참여하고 있으나, 여타 분야의 인력 양성을 거의 이루어지지 않고 있다. 둘째는 지역적으로 볼 때, 방송·영상 분야의 인력 양성 교육이 주로 춘천 지역을 중심으로 벌어지고 있다는 것이다. 그것은 지역 지상파 방송사를 비롯하여 춘천 지역에 방송·영상 산업에 집중되어 있기 때문인 것으로 이해할 수 있다.

강원 지역의 문화 콘텐츠 인력 양성에 있어 이 같은 집중화 경향은 결코 바람직한 현상은 아니다. 문화 콘텐츠 인력 양성 교육이 보다 폭넓은 지역에서 그리고 다양한 분야에서 이루어질 수 있도록 관련 산업체나 지방자치단체의 관심이 요구된다고 할 수 있다.

아울러 문화 콘텐츠 인력 양성에 있어 한 가지 주목해야 할 점은 문화 콘텐츠 제작 분야에서 새롭게 대두되는 경향들이다. 우선, 문화 콘텐츠의 생산과 유통에 있어 인터넷의 비중이 점차 커지면서 UCC와 같이 문화 콘텐츠의 소비자들이 직접 콘텐츠 제작에 참여하는 경우가 늘고 있다는 점이다. 인터넷이 몰고 온 이와 같은 현상은 문화 콘텐츠 인력 양성이 전문가 육성에만 국한될 필요가 없음을 보여준다. 문화 콘텐츠 인력 양성이 전문가에 국한되지 않고, 다양한 창작 동아리나 커뮤니티 등으로 확산될 필요가 있다.

둘째는 인터넷이 교육 수단으로 정착하면서 문화 콘텐츠 인력 양성이 지역적 한계를 극복해서 확장될 수 있는 가능성이 높아지고 있다는 점이다. 최근 문화 콘텐츠 관련 교육이 인터넷 교육(e-learning)으로 정착되면서 교육 여건을 갖추지 못한 지역에서도 문화 콘텐츠 인력 양성을 활성화시킬 수 있는 계기가 마련되고 있다. 가장 대표적인 사례는 한국문화콘텐츠진흥원에서 운영하는 사이버 문화 콘텐츠 아카데미(http://contents.connect.or.kr), 한국방송영상산업진흥원에서 운영하는 사이버 방송영상 아카데미 등이다.

참고문헌

도동준. 2006. 『한국영화산업 조세지원정책 방향: 한국영화 동향과 전망』. 영화진흥위원회.

문화관광부. 2005. 『2005 문화미디어산업 백서』. 문화관광부.

문화관광부·한국문화콘텐츠진흥원. 2006. 『2005 문화산업통계』. 문화관광부.

송민정. 2003. 『디지털미디어와 콘텐츠의 이해』. 진한도서.

한국문화콘텐츠진흥원. 2004. 『문화콘텐츠 인력양성 종합계획』. 한국문화콘텐츠진흥원.

한진만·홍성구·지경배. 2005. 『2005 강원도민의식조사』. 강원발전연구원.

홍성구. 2006. 「인터넷 방송의 발달과 서비스 체계」. ≪사회과학연구≫, 45집.

기타

≪조선일보≫, 2006년 8월 22일자.

5장

로컬 거버넌스와 강원도 정치 환경의 특성[*]

이선향 | 강원대학교 정치외교학과 교수

1. 머리말

"지역사회의 민주주의를 담보(擔保)해 줄 것은 무엇인가?" 이것이 이 논문의 문제의식의 출발이다. 현재 우리는 이미 민선 4기의 지방정부가 출범한 시점에서 있다. 21세기 한국 사회를 풍미하고 있는 '개혁', '혁신', '분권', 그리고 '민주적 거버넌스' 등은 역설적으로 진부하고 피로감을 몰고 오는 개념이 되어버린 것 같다. 과연 지방자치가 공공서비스를 향상시켜 줄 뿐만 아니라

---

* 본고는 2006년 강원정치학회 추계 학술세미나(10월 24일, 세종호텔)의 발표문을 수정, 보완한 것임.

지역사회의 민주주의를 진전시켜 줄 것이라는 희망을 우리는 어디에서 찾아야 하는가.

민선 4기 지방정부는 국제적·국가적·지방적 수준과 영역 및 부문을 넘나드는 무한경쟁 속에서 지속적인 자기 혁신과 변화를 주도해야 하는 시대적 요청 앞에 직면하고 있다. 이러한 정치 환경의 변화 속도와 지역사회 발전의 엄연한 현실 사이에서 나타나는 지체 현상은 다양한 문제를 야기하고 있는 것이 사실이다. 지방자치를 통한 지역 다양성, 그리고 자율권을 발휘할 수 있는 작지만 강한 지역공동체를 지향하려는 노력은 한낱 정치적 주장에서 맴돌고 있을 뿐이라는 무력감이 현실을 짓누르고 있다.

글로벌라이제이션이 가속화되고 있지만, 한편으로 지역주의(localism)의 강화 역시 이 시대의 하나의 추세이다. 물론 여기서 말하는 지역주의는 한국 사회가 안고 있는 고질적인 '특정지역 중심 또는 우선주의'가 아닌, 앞에서 말한 각 지역공동체의 다양성과 자율성이 공존할 수 있는 논리를 의미한다. 이러한 추세 속에서 지방정부가 단지 전달 장치(a transmission mechanism) 이상의 주체적·자율적 실체가 되어야 한다는 인식이야말로 지방자치시대 이른바 '로컬 거버넌스(local governance)' 확립의 전제이다.

'거버넌스', 또는 '로컬 거버넌스' 개념의 유행 속에서 이 개념의 적합성과 유용성에 대한 실질적 고민이 부족한 것 같다. 그 개념적 틀 안에서 한 국가가 보여주는 민주화 과정의 특성, 지향 가치, 그리고 현재 및 미래의 위기와 그 대안의 논리를 설명할 수 있어야 함에도 불구하고, 우리는 서구 사회 및 학계에서 유행하는 개념을 설정해 놓고, 그것에 요구되는 현실적 조건을 짜맞추어 민주주의 체제에 걸맞은 거버넌스를 재단하고 있다.

논의의 핵심은 로컬 거버넌스를 통해 지방정부가 상이한 사회 환경 속에서 각 지역에 적합한 재정 지출 권한을 가지고 지역 주민에게 필요한 공공 서비스를 제공하고, 정책 결정의 과정에 지역 주민 또는 지역 시민사회단체가 참여하고, 지역 주민의 의사를 직접 반영할 수 있는 시스템을 구축할 수 있느냐이다.

이상의 문제의식을 바탕으로 이 논문은 로컬 거버넌스에서 리더십의 위상,

의미, 그리고 그 역할 과제를 논리화하고자 한다. 또한 리더십의 문제에 있어 최근의 일반적 수준에서 강조되고 있는 리더십의 정치적 의미 및 그 변화의 맥락 속에서 강원도의 경우 어떠한 문제점 내지 한계를 보여주고 있는지, 강원도가 처한 정치적·사회적 환경 속에서 특별하게 요청되는 리더십이라는 것이 존재하는 것인지, 그러한 요구가 제기되는 원인은 무엇인지 등을 논의할 것이다.

2. 지방자치시대 로컬 거버넌스와 리더십

1) 거버넌스의 의미

왜 우리들은 '정부(government)'에 대한 관심을 넘어 '거버넌스(governance)'에 주목하고 있는가. 이러한 관심의 전환이 타당할 만큼 우리가 우리 스스로를 지배 또는 관리하는 방식에 있어 근본적인 변화가 일어나고 있는가. 이러한 문제에 긍정적인 입장을 취하는 논자들은 이러한 변화를 잘 담아낼 수 있는 개념으로서 '거버넌스'에 적극적이다. 과연 거버넌스란 무엇인가. 그리고 이것이 한 지역사회에 적용되는 로컬 거버넌스란 어떤 개별성을 담고 있는가.

거버넌스를 둘러싼 다양한 분야에서의 연구 경향을 소개한 한 연구에서 거버넌스는 우선 재정적으로 책임 있고, 효율적이며, 업무수행능력을 갖춘 조직의 특징을 제시하는 개념으로 활용되고 있다고 규정된다. 또한 이러한 용례 외, 이제는 예전에 비해 지배 또는 관리 행위가 보다 광범위한 행위자들 사이에서 이루어지고 있으며, 어느 누구도 일방적으로 결과를 통제할 수 없게 되었음을 보여주는 것으로 거버넌스는 다양하고 중층적인 행위자들을 조정하고 협의하게 만드는 과정을 의미하는 개념이라고 설명한다(Jon Pierre, 2000).

정치 과정에서 거버넌스의 등장은 "정부 중심주의적 통치 모델"로부터 권위와 권력이 널리 분산되는 모델로 전환하고 있다는 의미이다. 즉 공적 기능의 이양이 이루어진다. 다시 말해서 일방적으로 결정하고 집행하던 정부의 능력에 제약이 가해지기 시작했다는 것이다. 실제로 과정이 중시되는 거버넌스에서는 지배 또는 관리 행위가 이제는 새로운 제도적 구성을 요구하고 있으며, 국가와 시민사회 간에 보다 적극적인 참여가 강조된다는 의미를 내포한다. 이제 정부는 강제력에 의존함 없이 공공 이익을 집약하고 추구할 수 있는 대안적 전략을 모색하라는 압력에 직면해 있다는 것이다. 그러므로 이러한 시대적 추세에서 지방분권시대 지방정부의 역할이 중요해지고, 로컬 거버넌스 개념이 주목을 받는 것이 당연한 일이다.

거버넌스 모델이 새로운 민주적 관리체제로서 주목을 받는다고 해서 이것이 '국가 쇠퇴론'과 직접 이어지는 것은 아니다. 정부는 여전히 다원주의적 사회에서 다양한 이해관계가 조정, 협상되는 과정의 중심에 서는 역할을 담당해야 하기 때문이다. 그러므로 거버넌스는 21세기의 새로운 정치적·사회적 환경에 적응해야 하는 공권력의 질적 전환의 필요성을 강조하는 의미를 갖는다. 그리고 여기에는 능동적 시민의 적극적 참여가 매우 중요한 비중을 차지한다.

이러한 맥락에서 거버넌스에 있어서 정부와 비정부집단 간 '파트너십' 정립이 중요해진다. '파트너십'이란 이해 당사자 간 원활한 관계 형성을 통한 상호 작용을 의미한다. 거버넌스에 참여하는 정부, 기업, 각종 이익집단 및 시민사회단체 등이 동반자의식을 전제로 하여 효율적 성과를 도출해 내야 하는 공동의 과제를 안고 있기 때문에 '협치(協治)'라는 틀로서 이해되는 특징이 만들어지는 것이다. 다시 말해 거버넌스에서는 정부와 비정부 영역, 영리와 비영리 부문, 중앙정부와 지방정부, 그리고 국내 단체와 국제기구 등 광범위하고 다양하게 연결된 행위자 간 네트워크를 포괄함으로써 효율적인 거버넌스를 위한 행위자 간 협력과 견제를 바탕으로 하는 협력관리체제가 강조된다.

규범적인 측면에서 본다면 '좋은 거버넌스(Good Governance)'는 공동의 공공선(Public Good)을 창출해낼 수 있는 집합적인 정책 결정과 그 실천을 의미하며, 각 행위자는 아래의 그림에서와 같은 위상과 역할을 보여주게 된다(Knight et al., 2002).

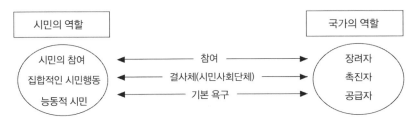

<그림 5-1> 거버넌스의 구성

시민의 역할

시민의 참여
집합적인 시민행동
능동적 시민

참여
결사체(시민사회단체)
기본 욕구

국가의 역할

장려자
촉진자
공급자

사회 구성원의 기본 욕구를 충족시키기 위해 국가(정부 또는 지방정부)는 공급자의 역할을 수행해야 하며, 능동적 시민은 그에 걸맞은 역할을 담당함으로써 공급자의 역할을 보완해 준다. 결사체(association)의 활동이 활성화되는 과정에서 집합적 시민이 '행위자'가 된다. 국가는 이러한 결사체의 활동을 장려함으로써 집합적 시민행동을 구축하고 육성시키는 데 있어 중요한 역할을 수행한다. 그리고 시민참여를 장려함으로써 적극적인 촉진자로서의 역할에 임해야 하고, 시민은 공공의 문제에 적극적인 관심을 표출하고 실천해야 한다 (Knight et al., 2002: 160).

시민, 정부, 결사체 등 삼자의 적절한 상호 관계가 거버넌스 구도의 핵심이다. 여기서 시민의 다양한 역할을 고무시키고 지속시키는 관건은 바로 지도자의 역할, 즉 리더십이다. 사회 각 영역 및 부문의 다양한 이해관계를 조직하고, 조정할 수 있는 존재의 비중이 복잡한 투입의 정치가 강화되는 현재의 정치 과정에서는 상당히 크기 때문이다. 이러한 리더십의 사회적 역할을 강화하기 위해 국가는 그들을 인정하고, 지지하고, 격려해 주어야 한다. 그 실천 방안은 거버넌스의 원활한 작용을 위해 공적 기능의 적절한 이양과 자원 배분의 실행이다. 말하자면 대응적이고 포용적인 거버넌스(responsive and inclusive governance), 형평성과 정의의 거버넌스를 지향하려는 노력이 거버넌스의 가치를 보여주는 것이다.

2) '로컬 거버넌스'의 가능성과 한계

지방자치 시대가 열리면서 '능동적 시민의식', '참여의 확대', '지역문제에 대한 적극적인 개입' 등이 현존의 대의제적 지방정부에 대한 대안으로 강조되고 있다. 문제는 어떻게 업무수행능력을 갖춘 책임 있는 지방정부를 만들어낼 수 있는가이다. 그러나 한국 사회가 직면하고 있는 현실의 한계는 여전하다. 지역 주민의 지방선거에 대한 무관심[1], 지방정부 정책결정 과정에 대한 지역 주민의 심의 과정 부족 및 참여 결여, 지방정부의 지역 주민에 대한 책임성과 대응성의 부족 현상은 오히려 늘고 있다. 그뿐만 아니라 지방정부는 제한적 권한만을 행사할 수 있을 뿐이다.

이러한 현실 속에서 더욱 심각한 문제는 지역사회 내부에서 지역의 연고망을 바탕으로 새로운 권력관계가 형성되는 경향이다. 이른바 '지역유지', 지역의 정치인, 활동가, 지역언론 등을 중심으로 지역의 새로운 권력관계(community power structure)가 형성되고, 이러한 지역사회의 권력구조가 지역사회의 정책결정 과정을 지배하고, 자원배분의 정치를 왜곡하는 결과를 낳는다는 우려가 제기된다.

이와 같은 부정적인 현실적 조건에도 불구하고 새로운 주목을 받고 있는 로컬 거버넌스는 민주적 대표성을 지닌 지방정부가 지역공동체 전체에 영향을 미치는 지역의 공공 서비스를 창출하고 보급하기 위해 공적·사적, 그리고 자발적 부문 등을 조정하는 데 주도적인 역할을 수행할 수 있다는 인식에서

---

1) 역대 지방선거 투표율의 하향 추세가 지속되고 있다. 전국동시지방선거 투표율을 보면 1회 68.4%, 2회 52.7%, 3회 48.9%, 4회 51.6% 등이다. 제3회의 연령대별 투표율은 40대 이상이 65.3%, 30대 39.3%, 20대 31.2%에 불과한 실정이다. 제4회의 경우 연령대별 투표율은 50대 68.2%, 40대 55.4%, 30대 후반 45.6%, 30대 전반 37.0%, 20대 후반 29.6%, 20대 전반 38.3%, 그리고 19세 유권자의 투표율은 37.9%로 분석되었다. 이를 시·도별로 나누어보면 제주 52%, 대전 42%, 대구 41.2%, 서울 40.9%, 부산 39.7%, 경남 38.9%, 그리고 강원도는 31%로 가장 낮았다(중앙선거관리위원회 제4회 전국동시지방선거투표율 분석 자료).

출발한다. 그리고 다른 한편으로는 이러한 주도적인 지방정부의 권한이 위에서 지적한 지역 내 독점적 권력으로 자리 잡는 것이 아니라, 지역의 공적 기능을 다양한 기구 및 주체들에게로 분산시키고, 다양한 지역 행위자들의 참여를 촉진함으로써 지방정부의 역할에 일정한 제약이 가해진다는 의미도 담고 있다.

로컬 거버넌스의 특징은 지방정부를 중심으로 하는 제도적·공식적 관계에 머물지 않고 공공기관, 기업, 시민단체 간 각자의 전략적 목표와 이해관계를 다양하고 다층적인 네트워킹을 통해 반영, 조정, 통합해 나가는 데 있다(김보흠, 2006). 그러므로 로컬 거버넌스의 핵심은 지방정부, 지역경제, 지역단체(NGO) 등이 동반자 의식을 바탕으로 이들이 함께 지역공동체의 지속적인 발전방안을 모색하고 실천해 나가는 데 있을 것이다. 이러한 맥락에서 동반자 의식이 '파트너십'으로 강조되기도 한다(Bonney, 2004). 그러므로 로컬 거버넌스의 주요한 축으로서의 파트너십에 있어서는 각 주체 간 상호 신뢰와 협조가 전제가 되어야 하며, 각 주체의 합의에 의한 정책 형성 및 정책 집행이 초래할 수 있는 '비용' 지불에 관한 규칙이 확립되어야 의미가 있다.

지방자치의 가장 큰 가치는 지역의 문제를 지역 주민이 직접 돌볼 수 있다는 점이다. 그러나 직접 참여의 비용을 덜기 위해 지역의 수준에서도 정기적·정규적으로 대표를 선출하여 지역 문제에 대한 해법을 제시하게 하고, 지역공동체의 과제를 해결할 수 있는 지역의 대표에게 권력을 위임하고 있다. 그러므로 지역공동체에서 어떤 리더십이 구축되느냐는 지역공동체의 사활을 좌우한다. 지역공동체 내에서도 이익 분파가 점차 다양화·다분화되어 가고 있기 때문에 다양한 행위자가 정책 형성 과정 및 결정 과정에 참여하게 될 때 행위자들이 '그들만의 의제'를 추구할 개연성은 상존한다. 또한 엉성한 파트너십과 기획·의도된 협의 과정은 대의제를 기반으로 하는 지방정부의 대표성이 유지해야 할 책임성과 효율성을 오히려 침해할 가능성도 내포한다는 문제이다.

한국 사회의 또 하나의 현실은 로컬 거버넌스 확립을 위한 노력의 이면에 드리워져 있는 어두운 그림자이다. 즉, 지방정부의 부패의 현실이다. 행정자치부의 2006년 국정감사 자료에 따르면, 1995년 7월 초부터 2005년 12월 말까지 10여 년 동안 각종 범법 행위로 기소된 지방자치단체장은 161명에 이른다. 1~3기까지 전체 민선 단체장 741명의 22%에 해당한다. 민선 1기 23명(전체 245명 중), 2기 60명(전체 248명 중), 3기 78명(전체 248명 중) 등 기소되는 단체장의 숫자는 점점 늘고 있다. 기소 내용을 보면 선거법 및 정치자금법 위반 77건, 뇌물 수수 73건, 횡령 등 기타 10건 등으로 선거 과정의 탈법이나 불법적 금품 수수가 대부분이다(≪연합뉴스≫ 자료). 또한 같은 기간 중 사법 처리된 지방의원도 802명에 달했다. 선거법 위반이 426명, 뇌물 수수 109명, 도로교통법 50명, 특정범죄가중처벌법 34건, 변호사법 29명 등으로, 이것이 지역 주민의 대표로 선출된 인사들의 실태이다.

가장 심각한 문제는 민선 지방자치 10여 년의 역사에서 이른바 '지역토착비리'의 망이 형성되었다는 점이다. 2006년 5월 31일 지방선거 전 검찰은 선거 출마자들과 지역 토착 세력 간의 불법 유착 관계를 차단하기 위한 단속을 벌이겠다고 발표했다(≪내일신문≫ 2006년 1월 9일자). 주요 단속 대상은 지방자치단체장 등의 직무 관련 금품 수수 및 직권남용, '지역 토호'들의 이권 관련 불법 청탁 및 알선 명목 금품 수수, 사이비 기자의 이권 개입 비리 등이었다. 출마 예정자나 지방 공무원이 선거 자금 조성을 위해 각종 인허가와 관련하여 금품을 받거나 지역의 유력 인사들이 각종 지역 이권에 개입하는 행위는 이제 놀라운 일도 아니다. 또한 지난 10년간 지방자치단체 관련 전체 뇌물 사건의 55%가 건설 부문에서 유발되었다는 통계로 보아 지방정부 인허가권의 비리는 심각한 수준이다. 이러한 '부패의 연결망'은 주로 선거를 계기로 활성화되어 후보자에게 금전적 지원을 하고 당선 후 대가를 요구하는 형태의 전형적인 비리 사슬이 현실의 고질로 뿌리내린 채 있다[2].

감사원이 전국 지방자치단체를 대상으로 첫 종합감사를 실시하여 내놓은

---

[2] 가장 대표적인 사례가 2006년 1월 발생한 경기도 광주시 오포읍 아파트 인허가 비리 사건이다. 지역 국회의원과 시장이 건설업자로부터 억대의 금품을 받아 구속되었고, 3선 시의원을 지낸 시의장이 구속되었다.

결과가 '자치발전 7대 요인'으로 발표되었다(≪연합뉴스≫, 2006년 2월 9일자). 무분별한 개발사업 추진, 국가기관·자치단체 상호 간 협의 없는 개발, 선심·과시·낭비성 사업의 졸속 추진, 인사권 남용 및 부당인사, 수의계약 남발 및 관내 업체 봐주기 식의 방만한 예산 집행[3], 지방 공무원의 도덕적 해이, 소극적이고 편의주의적인 행정 행태 등이 지적되었다. 민선 지방자치제의 출범 이후 긍정적인 효과가 없지 않음에도 불구하고, 부패, 비리를 비롯한 이상과 같은 '부실한' 면모가 야기한 지방자치에 대한 회의와 불신에 우리가 훨씬 더 익숙하다고 해도 과언이 아닐 것이다.

한국 사회의 이러한 현실적 조건에도 불구하고 우리는 지방자치에서 희망의 단서를 찾아야 한다는 과제 앞에 서 있다. 이것이 더욱 로컬 거버넌스의 다양한 가능성과 실행 방안에 주목하는 이유이다. 지역사회 권력구조에서 지역 주민을 배제시키는 '그들만의 연결망'이 왜곡된 로컬 거버넌스로 구축되는 것을 차단하기 위해서는 자원 배분을 둘러싼 정책 형성, 정책 결정 과정에 있어서 참여(participatory governance)가 관건이다.[4] 참여는 개별적·산발적이 아니라 조직적·체계적으로 진행되어야 효과를 거둘 수 있다. 참여의 수준과 방향을 결정하는 것은 지역공동체 내 다양한 비정부적 결사체의 역량 및 책임성이다.

지역사회의 공공 업무에 있어 책임성(accountability)은 거버넌스의 요체이고, 지역 주민의 실질적인 목소리는 다양한 비정부적 조직체의 자유로운 활동을 가능하게 함으로써 더욱 증대될 수 있다. 정부, 시장, 그리고 시민사회 내 다양한 결사체가 거버넌스의 책임 있는 행위자로서 지역공동체의 발전 전망을 공유하고, 지역사회 내 이해갈등에 의한 긴장과 복잡한 갈등 양상을 풀어내는 데 협력할 수 있는 새로운 패러다임의 요청이 로컬 거버넌스에 대한 관심으로

---

3) 지방자치단체의 전체 계약의 약 76%가 수의계약 방식으로 과다하게 체결되어 특정업체와의 유착의혹이 제기되는 부분이다(감사원 발표자료).

4) 이미 1990년대 초반부터 세계은행(World Bank) 등 국제기구의 거버넌스에서 참여는 정책 형성 및 집행 과정의 불가결한 부분으로 인정하는 추세가 강하게 형성되고 있다 (World Bank, 1994).

집약되고 있는 것이다.

3) 거버넌스와 리더십의 관계

거버넌스는 특히 지역사회의 정치 과정, 정책 형성 및 결정 과정 등에 있어서 시스템의 변화를 의미한다. 즉 지역사회 내 다양한 공적, 준 공적, 사적 행위자의 네트워크 내지 상호 작용에 기반을 두고 이루어지는 유연한 공적 결정 과정의 형태를 가리킨다. 이제 더 이상 공적 결정이 위계적으로 조직화된 관료제에 의존하기보다는 이해 관계자들의 장기적인 상호 관계 속에서 이루어지고 있다는 점에 주목하는 것이다. 그러한 상호 관계 또는 네트워크는 전례 없이 개방적이고 복합적이며, 한편으로는 불안정하기까지 하다는 특징을 내포한다. 왜냐하면 상호 교섭과 신뢰의 구축이 공식적이거나 준거에 맞는 관료제적 절차에 의해서 이루어지는 것도 아니고, 안정된 정당 정치의 틀에 의해서나 특정 권위체에 의해 가능한 것도 아니게 되었기 때문이다. 거버넌스가 가장 강조하는 바는 정부와 비정부적 행위자 간의 새로운 형태의 강력한 네트워크가 등장하고 있다는 점이다(Stoker, 1998). 거버넌스에 대한 관심은 공식적 제도와 절차, 관행으로부터, 협상과 집합행동에 의거한 보다 유연한 과정에 대한 관심으로의 전환을 강조한다.

거버넌스는 복잡한 현실에서 정부가 정책을 조정하고 공적 문제를 해결할 수 있는 역량을 갖추고 있는가에 주목한다. 어느 한 조직이나 개인이 공공선택을 독점하거나 명령할 수 없다는 것이다. 지방정부의 수장이나 지배정당이 특정한 정책이나 프로그램을 예전처럼 일사불란하게 작동시킬 수 없게 되었다는 의미이다. 그렇다고 해서 거버넌스가 정부를 대체할 수 있는 것은 아니다. 민주주의 정치체제에서 정부는 대표성을 기반으로 정부의 절차와 법의 주체라는 정당성을 가지고 권한을 행사하는 존재이고, 거버넌스는 실제의 정책 형성 및 결정 과정에 대한 투입 및 요구를 조정하기 위해 등장한 것이다. 이러한 거버넌스의 부상으로 인해 리더십의 형태 역시 변화하고 있다.

리더십이 거버넌스의 기능과 성공적 운용에 관건이 되는 이유는 탈중앙화, 네트워크, 참여, 파트너십, 관료제의 개혁, 급격한 정책 변화 등이 진행되는 시대에 지역사회의 정책결정 과정에 창의적인 지도력이 필요하기 때문이다. 또한 그러한 지도력을 통해 개인과 조직의 변화의 방향을 제시하고, 협력을 이끌어낼 수 있기 때문이다. 이러한 과정에서 지역의 정체성과 목표 의식을 구체화, 명료화할 수도 있다. 그러나 이와 같이 한편에서는 권력과 권위의 분산을 의미하는 거버넌스를 논하면서 동시에 창의적인 지도력의 필요성을 강조하는 것은 모순이 될 수 있다. 왜냐하면 거버넌스에서는 선택, 즉 정책결정 권의 행사에 대해 고도의 압력이 가해지고, 새로운 갈등구조가 끊임없이 생성 되는 상황에서 리더십은 구조적 제약으로부터 자유로울 수 없기 때문이다. 사회 내부의 이해관계는 복잡하게 얽혀있고, 이해갈등을 조정하는 일은 결코 쉽지 않다. 현재 한국의 지방자치는 구조적으로 중앙정부와 지방정부 간, 자치 단체장과 지방의회 간, 자치단체 상호 간 갈등을 피하기 어려운 상황이다.

이러한 의미에서 지방정치의 리더십은 전문적인 사회적 행위자의 자질을 갖추어야 한다. 지역사회 내 다양한 행위자들이 그들 나름의 이익과 정체성을 지역공동체의 발전 방향과 연계시킬 수 있게 만드는 방안을 제시함으로써 지역사회 내 협력체제를 구축할 수 있는 역량을 보여주어야 하는 것이다. 지역사회가 안고 있는 갈등과 문제를 은폐하거나 왜곡시키지 않고, 그 본질을 명확히 드러내주고, 그것을 해결할 수 있는 방안 내지 문제를 함께 풀어가기 위한 실천의지를 제시해야 한다.

한 지역공동체가 직면한 문제를 해결하기 위해 어느 영역 또는 집단이 특정한 정책을 제안하기 위해 논의의 장 전면에 나서야 하는지를 결정하는 권한을 행사할 수 있는 힘도 리더십에서 나온다. 그러므로 리더십은 지역공동 체 안에서 현안 해결을 위해 그 지역공동체의 정체성과 이해관계를 구체화시 킬 수 있는 역할을 수행해야 하는 것이다. 지역공동체에 대해 무엇인가를 주장할 수 있는 권한은 지역지도자들에게 중요한 자원인 동시에 제약요인이기 도 하다. 자원일 수 있는 이유는 지지를 동원할 수 있는 영향력이 있기 때문이며, 동시에 제약이 되는 이유는 지역의 경제적·사회적·정치적 상황에 따라 입장이나 정책을 수정하지 않는 한 지도자의 주장이 실현될 가능성이 희박하고, 입장과 정책의 수정은 또 다른 문제를 야기하는 원인이 될 수 있기 때문이다.

리더십은 공적 부문은 말할 것도 없고 사회 전 부문에 걸쳐 요구되고 중시되는 가치이다. 이러한 리더십에 대한 각 학문 분과별, 사회 영역별 연구도 무수히 진행 중이며, 강조점의 차이도 크다. 그러나 효율적인 거버넌스가 정부 운영에 있어서 최우선적인 가치로 인식되는 것이 시대적 추세라고 하더라도 정치 과정에서 요구되는 리더십은 사적 조직의 리더십, 말하자면 경영관리 (management)와는 질적인 차이점을 갖는다(<표 5-1>). 특히 지역공동체 수준에 적용해 본다면, 리더십의 핵심적 역할은 국내외의 치열한 경쟁으로 인해 새로운 질서에 대한 요구가 급박하게 제기되는 상황에서 한 지역공동체가 어떠한 방향으로 나아가야 하는가에 대한 방향 설정 및 비전의 제시일 것이다. 한 공동체 안에서 리더십의 필요성과 기능은 단기적 처방보다는 공동체의 가치, 목표, 공존, 조정과 통합 등에 대한 노력에서 찾아진다.

로컬 거버넌스가 일종의 수사(修辭)에 불과한 것인지 현실화될 수 있는지에 대한 고민은 아직도 진행 중이다. 영국의 노동당 정부는 1997년 총선에서 지방정부 개혁을 중요한 공약으로 제시한 바 있었다. 1997년 총선 매니페스토 (election manifesto)와 『1998년 노동당 정부 개혁 백서』(백서의 부제는 "In Touch with the People")는 구체화된 로컬 거버넌스의 비전과 정책을 제안했다(Leach, 2005). 그 핵심적 내용이 지역공동체의 리더십, 발전 전략, 지역의 전략적 파트너십, 그리고 지역공동체의 복지에 대한 책임 등으로 구성되어 있어 우리에게 시사하는 바가 크다. 구체적으로는 지역사회 리더십의 활성화, 시민의 관여와 참여의 증대, 지역맞춤형 서비스와 그 실천, 그리고 중앙정부와 지방정부 간 새로운 관계 형성에 초점을 맞추고 있다.

다시 말해, 로컬 거버넌스의 전제 조건으로서 리더십, 참여, 공공 서비스의 창출, 정부 간 관계를 강조하는 것이다. 우선 지역사회 리더십의 활성화를 위해서는 양질의 전문성을 갖춘 지역 인사의 육성 및 충원과 지역에 적합한

<표 5-1> 리더십과 경영 관리의 차이점

구분	리더십	경영 관리
기본 기능	변화와 변동의 추구	질서와 일관성의 추구
역할	방향 설정 · 비전의 제시 · 기본 구상의 명료화 · 전략 제시	기획/예산 · 의제 설정 · 시간표 작성 · 자원 배분
업무	인적자원의 배열 · 목표에 대한 의사소통 · 충성심의 요구 · 동반자 내지 동맹의 구축	조직/인선 · 기반 구축 · 인력 배치 · 규칙과 절차의 확립
조직운영 방식	자극/격려 · 격려하고 활기를 불어넣는다. · 하위 소속원들에게 힘을 실어준다. · 필요를 충족시킨다.	규율/문제 해결 · 동기 유발 · 창의적 해법의 제시 · 적절한 활동의 취합

자료: John P. Kotter(1990), pp.3~8을 재구성.

정치적·행정적 시스템의 확립이 관건이다. 둘째, 시민의 관여 및 참여의 확대를 위해서는 시민이 관심을 갖게 되면 공공업무의 결과가 달라질 수 있다는 것, 참여할 기회가 만들어져야 한다는 것, 특히 정책 결정 과정에서 배제 내지 소외되어 있는 시민들의 참여 기회가 제공되어야 한다는 점이다. 즉 참여의 동기 유발이 중요하다. 정치적 패배 의식이나 좌절이 팽배한 사회가 지역공동체로 발전하기란 불가능하기 때문이다. 셋째, 공공서비스의 측면에서는 지역 주민의 필요와 선호를 충족시킬 수 있는 지역의 공공 서비스 창출이 중요하다.[5] 전국적 기준과 지역적 차별성에 대한 확인이 이루어져야 하고, 지역적 차별성을 살리기 위한 기술적 노력이 관건이다. 마지막으로 정부 간 새로운 관계 형성은 결국 책임성과 업무 수행성을 둘러싼 권한 이양 문제로 압축된다. 로컬 거버넌스의 주요 축으로서 지방정부의 리더십은 실질적인

---

5) 한 지역공동체 내에서 택지 개발, 기업유치 등이 지역 주민의 우선적 욕구인지, 아니면 자연환경의 보전이 우선인지를 둘러싸고 논쟁하고 심의할 수 있는 공론의 장 마련이 중요한 것도 이 때문이다. 지방정부가 선언적으로 발표하는 '개발계획'에 대한 지역사회의 심의절차 부족은 차후 갈등의 소지가 되기에 충분하다.

조직적·재정적 권한이 확보되지 않는 한 발휘될 수 없다는 사실을 어느 누구도 부인하기는 어렵기 때문이다.

3. 강원도 정치적·사회적 환경과 리더십의 과제

전국 16개 광역단체 중 정치적 영향력 및 발전 지표상 최하위권에 머무르고 있는 강원도의 현안은 아마도 지역경제 침체로 압축될 것이다. 그 연쇄 반응으로 인구 감소 및 인구 유출은 지속되고, 전국에서 고령화사회로의 이행 속도도 가장 빠른 편에 속한다. 몇 가지 우울한 사례를 들어보면, 도내의 자살률이 전북과 함께 전국에서 가장 높은 것으로 나타났다. 강원도 내의 10만 명당 자살자가 38. 4명에 달한다.[6] 초등학교 도서관 보급률 최하위, 학교 보건 시설도 최하위,[7] 또 한국소비자단체협의회의 전국 10대 쌀 선정에 강원도 쌀은 품질이 떨어진다는 이유로 들지 못했다.[8] 고령화사회의 진행은 결국 생산성의 기반 및 생산력 약화를 의미하므로 지역경제에 치명적인 타격이다. 게다가 한국 사회의 새로운 패러다임으로 등장했던 지방분권, 지역균형발전의 실체는 오히려 수도권 규제 완화의 현실이라는 직격탄으로 날아와 강원도를 위기로 내몰고 있다.

강원도는 '청정 환경'의 명분 아래 인적·물적자원의 고갈과 낙후로 인해 아무래도 특별한 '철학'으로 무장하고 있지 않는 한, 소신을 가지고 살기에는

---

6) 2006년 국정감사자료 보도 내용. <KBS 춘천뉴스> 10월 16일.

7) 학교보건법에 따르면 모든 학교는 보건실을 갖춰야 하는데 강원도 내 보건실이 없는 학교는 113개에 달한다. 즉 강원도는 설치율이 82%대로 전국에서 가장 낮다. 학교 도서관 설치율도 전국 최저이다. 초등학교의 40%에는 도서관이 없다. 또한 냉난방 시설 부족 비율은 52%로 전국에서 최고이다. 그리고 학교 화장실의 30%가 아직 재래식으로 남아 있다는 것 등이 강원도교육청에 대한 국정감사 내용이다. <KBS 춘천뉴스> 2006년 10월 16일.

8) <KBS 춘천뉴스> 2006년 10월 17일 보도 내용.

불편하고, 불리한 지역이라고 해도 지나친 말이 아닌 것이 현실 아닌가. 일자리가 없어서, 또는 자녀들 교육 문제 때문에, 아니면 생활 환경 기반 시설에 대한 부족함 때문에 '여기' 살고 싶어 하지 않는 사람들도 상당히 많은 것이 현실이다.

이러한 강원도의 사회 기반 환경을 전제할 경우 강원도 로컬 거버넌스의 최우선 과제가 무엇이 되어야 하는가를 도출하는 일은 그리 어렵지 않다. 그러나 <표 5-2>의 강원도 내 자치단체별 재정 자립도의 실태를 보면, 아무리 의지와 의욕이 충만한 지방정부라 하더라도 '살고 싶은' 지역공동체를 만드는 일이 결코 용이하지 않음을 알 수 있다. 지방정부가 지역공동체 삶의 환경을 책임질 리더십을 발휘하고, 다양한 행위자 간 이해관계를 조정하여 협력적 관리체제를 수립하는 일보다는, 국비 확보 여부가 지방정부의 역량을 좌우하는 실정이기 때문이다.

앞에서 제시된 통계 중 재정 자립도가 가장 높은 서울이 인구 10만 명당 자살자가 19.9명인 반면, 재정 자립도 27%대인 강원도와 전라북도의 자살률이 가장 높다는 현실이 시사하는 바는 지역공동체의 경제적 여건 및 복지 관련 시설이 열악할 경우 그만큼 지역 주민의 삶의 조건도 그렇다는 논리적 유추가 가능하다. 지역사회 내 경제 여건 악화는 다양한 사회적 스트레스로 직결되고, 그 부담을 온전히 개인이 지고 있다는 것이다. 이미 앞서 강조한 바 있지만, 지방정부의 조직적·재정적 권한이 개선되지 않는 한, 지역공동체의 문제의 해법을 제시하고, 발전의 대안을 제안하는 역할을 지역의 리더십이 수행하기를 기대하는 일은 쉽지 않다.

정치 참여와 관련된 사항을 살펴보면, 강원도의 유권자 수는 현재 116만 명 선이다. 국회의원 지역구는 8개로, 강원도를 지역 기반으로 하는 8명의 대표가 국회에서 활동하고 있다.9) 강원도 내 현재 선출직 공직자는 도지사

---

9) 17대 국회 지역구대표는 총 243명으로 서울 48명, 부산 18명, 대구 12명, 인천 12명, 광주 7명, 대전 6명, 울산 6명, 경기 49명, 충북 8명, 충남 10명, 전북 11명, 전남 13명, 경북 15명, 경북 17명, 제주 3명 등으로 구성되어 있다.

<표 5-2> 강원도 내 재정 자립도 현황

자치단체별	재정 자립도[*]
2005년 도 평균	27.5
2004년 도 평균	28.9
도 본청	22.4
시·군 계	22.6
춘천시	34.4
원주시	29.6
강릉시	33.4
동해시	21.9
태백시	16.3
속초시	30.1
삼척시	13.9
홍천군	17.6
횡성군	14.8
영월군	12.9
평창군	18.7
정선군	27.8
철원군	13.0
화천군	12.7
양구군	19.6
인제군	19.1
고성군	17.5
양양군	22.5

주: * 재정 자립도=(지방세 +세외수입)/일반회계예산×100(%)(지방세수입에서 지방교육세를 제외, 세외수입
　　에서 징수교부금(재정보전금 제외)을 포함하여 산출.
자료: 강원도청 홈페이지. 강원통계정보(자치단체별 재정분석 지표).

1명, 시장, 군수 18명, 기초의원 169명(비례 23명 포함), 광역의원 40명(비례
4명 포함)명 등 총 209명이다. 가장 최근에 치러진 제4회 지방선거에서 강원도
의 투표율은 58.7%로, 제주 67.3%, 전남 64.3%, 경북 61.5%에 이어 4위를
차지했다.[10] 역대 선거 과정에서 강원도의 투표율은 전국적으로 늘 상위에
속하는 편이다. 정치 과정의 다른 투입적 측면, 이익 집약 내지 이익 표출을

구분	2회 지방선거 (1998)	16대 총선 (2000)	3회 지방선거 (2002)	16대 대선 (2002)	17대 총선 (2004)	4회 지방선거 (2006)
인구	1,540,410	1,556,288	1,545,881	1,540,691	1,525,726	1,521,099
유권자	1,087,113	1,113,504	1,129,859	1,131,168	1,134,555	1,160,977*

주: * 선거법 개정으로 인한 유권자 연령이 만 19세로 조정되면서 유권자의 수가 늘었다.
자료: 중앙선거관리위원회 역대 선거 정보 및 강원도선거관리위원회 자료.

위한 집합 행동의 수준에 비해 투표율은 높게 나타나고 있다는 것이 특징 중 하나이다. 즉 정치참여의 유형 중 공식적이고 제도화되어 있는 선거 과정을 제외하고 강원도민의 참여는 능동적이지 않고, 참여의 수준은 소극적이다.

강원도는 해방 이후 한국 사회의 격변의 과정에서 변화와 개혁의 주인공이 되어본 적도 없고, 중앙정부로부터 주목의 대상이 되었던 적도 거의 없으며, 중앙정부에 대해 공세적이거나 적극적 요구를 제기해 본 적도 별로 없는 것 같다. 늘 지역의 언론에서는 선거 시기가 되면 강원도의 '3무'에 대한 비판과 자성의 논지를 담은 사설이 정기적으로 게재되고 있다. 즉 사회기반 시설이 부족하고, 자본도 부족하고, 중앙에서 힘을 발휘하는 굵직한 정치인맥도 없다는 한탄이다. 게다가 강원도 내부적으로는 영서와 영동 간 분열 양상을 비롯한 소지역주의적 폐쇄성까지 안고 있다.

강원도 내 정치엘리트의 정치 행태의 일단은 기초단체장의 당적 변경 실태에서도 나타난다. 1998년 이후 전국에서 강원도 내 시장, 군수의 당적 변경률이 최고를 기록했다. 1998년 선거 결과 18개 시장, 군수의 당적은 한나라당 13명, 국민회의 1명, 자민련 2명, 무소속 2명 등이었다. 그러나 이들 중 다수가 당시 행정부 집권당인 민주당으로 당적을 변경하여 한나라 5명, 민주 9명, 자민련 2명, 무소속 2명으로 바뀌었다(이선향, 2005). 즉 정치적 리더십이 예측

---

10) 투표율이 가장 낮은 지역인 인천 44.3%, 광주 46.3%, 경기 46.7%, 부산·대구 각각 48.5%로 집계되었다. 대도시(서울 및 광역시)의 투표율은 48.8%, 9개 도 지역의 투표율은 54.1%로 나타나, 투표율 46.7%를 기록한 경기도를 제외한 9개 도 지역의 투표율이 대도시 지역보다 높다.

<표 5-4> 도내 역대 국회의원 당적 현황

구분	국회의원 수	민정당 민지당 신한국당 한나라당	민주당 국민회의	공화당 자민련	민국당	열린우리당	무소속
13대	14명	8	3	1	-	-	2
14대	14명	8	4	-	-	-	2
15대	13명	9	2	2	-	-	-
16대	9명	3	5	-	1	-	-
17대	8명	6	-	-	-	2	-

자료: 중앙선거관리위원회 역대 선거정보시스템 재구성.

가능한 지향성을 바탕으로 지역 주민의 대표 역할을 수행하지 못한다는 것이다. 물론 이 문제는 한국정당의 불안정성과 제도화의 낮은 단계라고 하는 측면을 배제하고서는 논의할 수 없는 것이 분명하다.

다른 한편, <표 5-4>의 역대 국회의원 당적 현황을 보면 16대의 매우 예외적인 경우만 제외하면 도내 유권자들의 정당선호도는 거의 불변이라고도 할 수 있다. 2006년 제 4회 지방선거 결과 도지사와 기초단체장 18명 전원이 한나라당 소속이었고, 지방의원의 당적 현황은 <표 5-5>와 같다. 강원도 유권자의 정치성향에 대한 평가가 다양한 해석을 낳을 수 있지만, 보수적 성향이어서 한나라당을 지지한다는 해석은 지나친 단순화이다. 강원도 내 유일하게 16·17대 이어 민주당, 열린우리당 지지가 유지되고 있는 지역이 있기 때문이다(이선향, 2006b). 지역사회의 현안이 집권당의 자원 배분권과 민감하게 연결되어 있는 지역 — 예를 들면 평창동계 올림픽, 폐광지역특별법 등이 걸려 있는 평창, 태백, 영월, 정선 — 에서는 현 행정부 집권당 소속 후보에 대한 확실한 지지가 총선, 지방선거 모두에서 지속되고 있다. 이 지역을 제외한 강원도 내 다른 지역의 경우, 전국적인 추세와 마찬가지로 보수적 성향에 덧붙여 아직까지 적극적인 참여보다는 리더십을 통한 문제 해결에 의존하는 전통적인 속성이 강한 정치적 환경에서 현 정부의 정책성과에 대한 비판의 성격이 선거를 통해 표출된 것이다.

<표 5-5> 제4기 강원도 지방의원 당적 현황

구분	한나라당	열린우리당	민주노동당	무소속	계
광역의원	36	2	1	1	40
기초의원	92	32		22	146
강릉시	12	1		3	16
동해시	5	1		1	7
삼척시	4	-		3	7
속초시	4	1		1	6
원주시	16	1		2	19
춘천시	12	4		2	18
태백시	2	3		1	6
고성군	4	1		1	6
양구군	3	2		1	6
양양군	5	-		1	6
영월군	3	3		-	6
인제군	2	2		2	6
정선군	1	5		-	6
철원군	3	1		2	6
평창군	3	3		-	6
홍천군	5	1		1	7
화천군	4	1		1	6
횡성군	4	2		-	6

자료: 중앙선거관리위원회 역대 선거정보시스템 재구성.

이상과 같은 강원도의 정치적·사회적 환경에서 로컬 거버넌스의 가능성은 낙관하기 어려운 것이 사실이다. 바로 이러한 이유로 인해 리더십에 대한 기대가 더욱 절실한 것이다.

로컬 거버넌스 시스템에서 리더십의 과제는 '좋은(good) 리더십', '강한 (strong) 리더십', 그리고 '효율적(effective) 리더십'의 수행으로 압축된다. '좋은' 리더십의 핵심은 도덕성이다. 리더십이 갖추어야 할 도덕성은 지역 공동체 건설, 공동체 구성원에 대한 존중, 공동체에 대한 봉사, 정직성, 정의 구현에 대한 신념 등이다(Northouse, 2004; 311). 이러한 기준에서 보면 한국 사회는 리더십의 위기에 봉착해 있다. 한국의 지방정부의 도덕성에 대한 평가는 여전히 부정적이기 때문이다.[11]

강한 리더십은 지역 내 다양한 이해관계 및 갈등을 해결해낼 수 있는 역량을 갖춘다는 의미를 담고 있으며, 효율적인 리더십은 업무수행능력을 의미한다. 투입과 산출의 비용과 성과를 적절하게 배분할 수 있는 전문성이 요구되는 것이다. 이러한 리더십이야말로 지역의 침체와 위축의 위기에 처한 강원도에 절실한 요소이다. 화려한 개발의 청사진과 추상적인 비전만을 공약으로 내세우는 것이 아니라 지역의 문제를 정직하고 명료하게 드러내고, 지역사회 내 다양한 행위자를 로컬 거버넌스로 포용하여 지역공동체의 필요와 가치를 충족시킬 수 있는 개방적이고 유연한 리더십이 요구되는 것이다. 지역발전의 주도권을 선점하는 데 집착하기보다는 지역 주민에게 다양한 참여의 기회를 보장하고, 실제로 참여를 독려하고 또 참여를 경험해 볼 계기를 마련해 줌으로써 로컬 거버넌스의 틀을 만들어가는 리더십이 지금 필요하다고 본다.

4. 맺음말

현재 강원도가 직면하고 있는 별로 유리할 것 없는 정치적·사회적 환경 속에서 지역의 위기를 기회로 만들기 위해서는 결국 리더십의 역할이 강조될 수밖에 없다. 민주주의가 대의제로 운영되고 있기 때문에 새로운 지배 내지 관리체제로서 등장한 거버넌스에서도 역시 리더십은 기본적이고 중추적인

---

11) 국제투명성기구(TI)의 '2006 뇌물공여지수(BPI)' 조사에 의하면 한국 기업들이 국제무대에서 뇌물을 제공할 가능성이 매우 큰 나라에 속한다. 한국은 하위권인 제3그룹에 속해 있다. 최악의 제4그룹은 대만, 터키, 러시아, 중국, 인도 등이다. 또한 사회 전반의 청렴도에 대한 조사에서 한국 사회가 '부패하다'는 응답이 56.1%, '청렴하다'는 응답은 7.4%이었다. 현재 살고 있는 광역 시·도가 얼마나 부패했다고 생각하는지에 대해 '심각하다' 34.1%, '심각하지 않다' 14.9%, '보통' 50.5% 등이다. 기초 시·군·구의 부패 수준에 대해서도 '심각하다' 25.9%, '심각하지 않다' 21.3%, '보통' 51.7% 등으로 나타났다. 지역사회의 부패도가 '보통'을 넘는다고 생각한다는 것이다. 또 지방자치단체장과 지방의원, 지방 공무원, 지방기업 등 지역사회 주요 구성원들의 청렴도 조사에서도 모두 '보통'(50점) 이하의 부정적인 평가를 받았다. 특히 지방의회 의원이 가장 낮은 점수(44.2점)를 받았다(≪한겨레신문≫ 2006년 4월 24일자).

역할을 담당한다. 거버넌스는 정치체제의 조정과 협의의 틀을 가리키는 것이다. 그러한 과정에서 정부(중앙 및 지방)의 역할은 여전히 중요하다. 그러나 이제 정부의 주도권에 의존하여 발전을 기대하기 어려운 상황이다. 다양한 이해관계의 분화와 갈등 관계, 영향력의 불균형이 초래하는 형평성의 위기가 심각하기 때문이다. 오늘날 결사체적 민주주의(associative democracy)가 긴장을 조정하고, 합의를 도출해낼 수 있는 틀로 강조되는 이유도 여기서 찾을 수 있다.

그러나 앞에서도 이미 지적한 바 있지만, 리더십이 중요하다는 입장과 리더십을 만병통치약으로 인식하는 행태는 별개의 것이다. 조정의 역할, 협의를 창출해낼 수 있는 역할을 리더십에서 찾는다면, 리더십이 거버넌스에서 특히 중시해야 할 부문은 바로 공적 영역과 사적 영역 간 상호 작용, 즉 공사 간 파트너십이 일방적이 아니라 쌍방에서 구축되어야 한다는 점이다. 그리고 다양한 행위자의 참여를 최대한 장려하고, 참여가 조직화될 수 있는 '시민을 위한 공간', 즉 공론화의 장이 지역공동체의 활성화에 필수 요소이다(이선향, 2006a).

지방정부의 리더십의 성패는 정책 환경, 제도적·조직적 구성, 그리고 구성원들과의 관계에 의해 결정된다. 민주화가 진전되면서 나타나는 정치적·사회적 환경 변화를 포착한 틀이 로컬 거버넌스라고 할 수 있다. 그러므로 한 지역공동체가 어떤 목표를 세우고, 그 실현 방안을 어디서 찾을 것인지에 대한 논의가 개방되지 않는 한 로컬 거버넌스의 정착을 기대하기는 어렵다.

참고문헌

김보흠. 2006. 「로컬 거버넌스의 운영과 파트너쉽」. ≪한국부패학보≫ 11집 1호.

바버, 벤자민. 2006. 『강한 시민사회, 강한 민주주의』. 이선향 옮김. 일신사.

이선향. 2005. 「한국의 근대화 과정과 공공성의 문제」. ≪담론 201≫, 7권 2호.

_____. 2006. 「지방정치의 특성과 폐광지역 선거의 동학」. 『카지노와 강원폐광지역사회변동 연구(2)』. 일신사.

Bonney, Norman. 2004. "Local Democracy Renewed?" *Political Quarterly*, 75(1).

Kotter, John P. 1990. *A Force for Change: How Leadership differs from Management.* New York: Free Press.

Knight, Barry(et al.) 2002. *Reviving Democracy.* Earthscan Publications Ltd.

Leach, Steve. 2005. "Local Government: A New Vision, Retoric or Reality?" *Parliamentary Affairs*, 58(2).

Northouse, Peter G. 2004. *Leadership: Theory and Practice(3rd ed).* Sage.

Pierre, Jon. 2000. *Debating Governance: Authority, Streering, and Democracy.* Oxford: Oxford University Press.

Stoker, G. 1998. "Governance as Theory: Five propositions." *International Social Science Journal*, 50(1).

World Bank. 1994. *Governance: The World Bank's Experience.* Washington, D.C.: World Bank.

기타

중앙선거관리위원회 역대 선거정보시스템. http://www.nec.go.kr.

≪연합뉴스≫

≪한겨레신문≫

≪내일신문≫

6장

지방자치제 정착을 위한 공직자의 역량 개발 실태

사득환 | 동우대학교 행정학과 교수

1. 머리말

세계적으로 지방화·분권화의 추세가 가속화되면서 부활된 우리나라의 지방
자치는 새로운 전환기를 맞이하고 있다. 1990년 이후 네 차례의 지방선거를
통해 지방자치가 어느 정도 정착되어 가고 있으며, 지방자치의 기틀을 공고히
할 수 있는 여건도 조성되고 있다(사득환, 1996: 121~140; 권혁순·사득환, 2004:
1~22). 다행히 최근 지방분권과 참여를 통한 지방자치의 진전으로 지방 공직
자의 역량에 대한 관심이 증폭되고 있는바,[1] 이러한 관심은 지방분권이나

---

1) 지방자치에 관한 초기의 연구는 주로 제도론적 관점에서 지방자치의 기틀을 새우는
   데 초점을 두었으나, 1990년대에 접어들면서는 지방정부의 재정 자립도를 높인다는
   취지에서 지방세, 의존 재원, 수익사업 등 지방경영에 대한 연구가 활발히 이루어졌다(권

참여만으로 지방자치제의 올바른 정착이 어렵고, 지방 공직자의 역량 개발이 무엇보다 필요하다는 인식에서 기인되고 있다.

사실 시방자치의 발전은 지방 공직자의 역량과 전문성에 달려 있다고 해도 과언이 아니다. McClelland(1973), 박우성(2002), 김주원(2004), 이승종·윤두섭(2005) 등의 연구는 이러한 현실을 반영하고 있다. 일반적으로 지방 공직자의 역량은 '지방 공무원 개인 또는 조직 차원에서의 성과 창출 행동'(American Compensation Association, 1996: 3)을 지칭하는 것으로, 이를 통해 지방자치의 지속적인 발전을 도모할 수 있다. 지방 공직자의 역량 개발이 중요성을 더해가고 있는 시점에서 지방 공직자의 역량 개발에 관한 연구는 매우 시급한 과제가 아닐 수 없다.

그러나 현실적으로 지방 공직자의 역량은 지방자치를 성숙시킨다는 측면에서뿐만 아니라 지역 주민들에게 양질의 서비스를 제공하기 위한 측면에서도 만족할 만한 수준에 이르지 못하고 있다. 특히 지방 공직자의 역량과 전문성은 민간 부문과의 비교에서도 그렇지만, 국가공무원과의 비교에서도 상당 수준 뒤떨어지는 것으로 조사되고 있다(금창호 외, 2005).

이에 따라 여기서는 지방자치의 성공적인 정착을 위한 지방 공직자의 역량 개발 실태를 분석하며, 더 나아가 이러한 역량을 강화시키기 위한 방안도 탐색한다. 이러한 논의는 우리나라 지방 공직자의 역량강화에 크게 기여할 것으로 보인다. 이를 위해 강원도를 사례로 인사 사이클(personnel cycle)의 핵심적 단계, 즉 신규 충원, 보직 관리, 교육 훈련 및 인사 교류의 측면에서 분석했다.

경득·우무정, 2001: 100; 사득환, 2000: 87~109).

2. 지방자치제의 정착과 공직자의 역량 개발

1) 지방 공직자의 역량 개발의 필요성

오늘날 우리나라 지방정부는 새로운 행정환경하에서 공직자들의 전문성 향상과 더불어 문제해결 및 대응방식 등에 있어서 과거와는 사뭇 다른 근본적인 전환을 요구받고 있다. 다시 말해서 우리 사회가 직면하고 있는 정치·사회·기술적 여건들의 급격한 변화는 필연적으로 행정으로 하여금 적극적이고 유연한 대응을 촉구하고 있다. 이러한 행정환경의 변화에 능동적으로 대응하고, 주민의 삶의 질(quality of life)을 지속적으로 향상시킬 수 있는 여건을 조성하는 것은 지방 공직자의 역량 개발과 밀접한 관련을 맺고 있다.

최근 역량(competency 또는 competence)이란 용어가 인사 관리 분야에서 각광을 받고 있지만 실제로 역량이란 개념은 오래 전부터 사용되어 왔다. 심리학자들은 오래 전부터 개인의 차이를 유발하는 특성에 관심을 가져왔고, 조직론에서도 개인의 특질과 지적 능력에 대해 많은 논의가 이루어져 왔다. 다만, 역량과 관련하여 본격적인 연구가 이루어진 것은 1973년 *American Psychologist*에 발표된 맥클랜드(McClelland)의 연구로 알려지고 있다(박우성, 2002).[2] 그 이후 민간 및 공공 부문에서 역량에 관한 연구가 관심을 받기 시작한 것은 1990년대 이후부터였다.

이처럼 역량개념이 본격적으로 부각하게 된 것은 다음과 같은 국내외적 배경이 작용했기 때문이다. 우선, 국외적으로 1980년대 이래 지속적으로 전개되어 온 세계화의 영향이다. 세계화는 국가 간 장벽 없는 흐름을 통해 보편성에 의한 통합을 촉진하는 한편, 경쟁력을 개별국가의 정책적 이슈로 제기하는

---

2) 맥클랜드는 역량을 업무 성과와 관련된 광범위한 심리적 또는 행동적 특성으로 정의했는데, 후속 연구들은 이렇듯 개인의 내적 특성에 초점을 맞춘 개념 정의를 기본적으로 수용하면서도 개념의 정치화 내지는 범위의 확장을 추구함으로써 역량 개념의 진화가 이루어졌다(이승종·윤두섭, 2005: 7).

결과를 가져왔다. 특히 세계화는 경쟁력을 모든 국가의 행정개혁 목표로 설정하게 만들었고, 또한 행정개혁 과정을 평가하는 유일한 척도로 자리 잡게 되었나. 이러한 경향은 과거와 달리 중앙정부만의 경쟁력을 말하는 것이 아니라 모든 정부단위, 즉 지방자치단체의 경쟁력까지 포괄하는 개념으로 규정하게 되었다. 따라서 지방자치단체의 경쟁력을 강화하기 위해서는 일차적으로 그 구성원인 지방 공직자의 역량을 강화할 필요성이 제기되었다(금창호 외, 2005: 105).

둘째, 1990년대에 접어들면서 성장의 둔화로 나타난 다양한 경영혁신과 인사혁신 바람이다. 전통적인 테일러식의 과학적 관리법은 직무에 초점을 두고 조직설계 및 임금관리제도를 발전시켜 왔으나 이러한 직무중심의 인사제도는 급속한 환경의 변화와 기술혁신에 신속하게 대응할 수 없었고, 내부직원의 인사이동을 막는 유연한 인력관리의 장애요인이 되었다. 역량 개념은 이러한 직무중심의 인사제도가 지닌 한계와 문제점을 극복하기 위한 수단으로 개발이 본격화되었다.

셋째, 연공 중심의 임금제도에 대한 반성과 성과주의 및 능력주의에 대한 공감대 확산을 들 수 있다. 종래의 연공서열식 인사 관리는 정부와 기업에서 우수한 인재확보 및 인력활용에 어려움을 던져주었으며, 유능한 인재채용과 능력 및 전문성 향상이 핵심 과제로 떠올랐다.

끝으로, 인사 관리의 패러다임 전환이다(김판석·권경득, 1999: 19). 전통적 인력자원관리는 인사 관리에서 추구하는 개별 기능 및 행정적 기능을 중시하여 상대적으로 조직의 목표 내지는 전략을 경시하는 경향을 보였다. 이에 반해 새로운 인력관리 방안은 전략적 인사 관리(strategic human resource management)를 중시하면서 지방 공직자의 역량 개발을 통해 업무능력을 향상시키고, 궁극적으로는 조직의 목표를 효과적으로 달성하는 것에 역점을 두고 있다.

한편, Dubois(1993: 17~30)는 역량 개념을 인사 관리에서 핵심적 요소이며 직무 설계, 채용, 성과 관리, 경력 개발, 보직 관리, 승계 계획, 성과 평가,

<표 6-1> 전통적 인력자원관리와 새로운 인력자원관리의 비교

기능	전통적 인력자원관리		새로운 인력자원관리
변화 수용	소극적 수용 및 위험회피		적극적 수용 및 위험 감수
인사 기능	행정적(administration) 기능		전략적(strategic) 기능 중시
임용	· 규격화된(standardized) 임용 · 경직되고 형식 요건 중시	패러다임 전환 ⇒	· 유연한(flexible) 임용 · 실적(성과) 치중
관리	인간 중심의 주종관계적 관리		과업 중심의 합리적 관리
교육 훈련	공급자 중심: 내부기관에서 실시		수요자 중심: 내외 구분 없이 실제 수요 중시
보수 체계	연공적 보수체계(획일적)		성과급 강화(다양화, 차별화)
복무 관리	Negative 제도(처벌 징계 위주)		Positive 제도(보상·포상 활용)

자료: 김판석·권경득(1999), 19쪽.

보상제도 등과 같은 다양한 개념을 하나로 묶어줄 수 있는 개념으로 보았다. 오늘날 상당수의 기업에서 역량중심의 인사관리제도를 도입, 운영하고 있는데, 역량개념을 도입한 기업 중 대부분이 생산성 향상 등 긍정적인 효과가 나타난 것으로 조사되고 있다(Cllonline, 2003).

이러한 역량 중심의 인사 관리는 조직의 전략과 목표를 개인의 역량과 직접적으로 접맥시킬 수 있는 장점이 있다. 이를 통해 직원 개인에게 요구되는 책임과 역할의 명확화가 가능해 지고, 또한 직원의 선발, 교육, 평가 및 경력 개발 등에 필요한 도구를 제공하여 인사 관리의 효과성을 제고시킬 수 있다. 그러나 조직의 목표나 전략을 담은 비전을 제대로 반영하지 못했을 경우 역량개념은 관리상의 비용만 초래할 뿐 큰 의미를 발견하기 어려울 수 있다. 특히 역량개념은 성과가 높은 사람과 그렇지 못한 사람 간의 구별을 가능하게 해주는 신뢰성 있는 역량 모델의 개발이 중요하나, 현실적으로 이러한 역량 모델의 개발은 여러 가지 어려움이 있을 수 있다(김주원, 2004).

2) 역량의 개념화 및 구성 요소

(1) 역량의 개념화

일반적으로 역량에 관한 기존의 연구에서는 역량에 대한 구체적이고 명쾌한 정의가 내려져 있지 않다.[3] 다시 말해서 역량이란 개념은 학자들마다 연구를 통해 얻고자 하는 것이 무엇인가에 따라 각각 다르게 사용되고 있다. 특히 역량개념은 전문성이란 개념과 혼용해서 사용되고 있기 때문에 더욱 복잡한 측면이 있다.[4]

우선, Mirabile(1997)은 역량을 '우수 성과자와 보통 성과자를 구별해 주는 지식, 기술, 능력 및 기타 특성'으로 파악함으로써 역량을 개인이 조직 내에서 성과를 내기 위한 개인의 내적 특성으로 이해하는 맥클랜드의 기본 개념을 따르고 있다. 그리고 Lassey(1998: 18)는 역량을 '일반적으로 수용 가능한 기준을 수행하기 위한 모든 기술, 지식, 능력, 자신감 등의 보유'로 보고 있으며, Hamel과 Prahalad(1990)는 역량을 '지식, 기술 및 능력의 보유'로 정의하고 있다. Klemp(1980: 21)는 역량을 '효과적이고 우수한 성과를 산출하는 개인의 잠재적인 특성'으로 보며, Parry(1996: 50)는 '교육훈련과 개발을 통해 개선될 수 있는 지식, 기술 및 태도의 집합체'로 정의하고 있다.

이상의 개념들은 역량을 개인의 내적 특성으로 한정하여 규정하고 있다. 가령, Sparrow(1996)는 역량의 개념을 개인역량 외의 요소를 역량개념에 포함

---

3) 역량의 영어적 표현은 'competency'와 'capacity'를 포함하고 있다. 사전적인 의미의 competency는 일을 효과적으로 수행할 수 있는 능력을, capacity는 용량적 의미의 능력을 의미하는 것으로 구분되나 둘 간의 명확한 구분은 어려우며 여기서는 혼용해서 사용한다.

4) 통상 전문성이란 특정 분야의 일을 수행하기 위해서 필요한 특정의 역량(금창호 외, 2005: 7)을 의미한다. 이와 은 논의는 흔히 전문가로 지칭되는 특정의 직업군이 공통적으로 갖는 속성에 기초하고 있다. 예를 들어, 전문가로 지칭되는 교수, 의사, 변호사 등은 그들의 직무를 수행할 수 있는 차별화된 역량을 보유하고 있고, 다수의 사람들이 그러한 역량을 인정하고 있다.

시켜 조직 차원까지 확대시켜 정의하고 있다. 그리고 UNDP(1998)에서도 역량을 '효율적으로 그리고 지속적으로 수행할 수 있는 개인 및 조직의 능력'으로 파악하고 있다. 그렇지만 인사 관리 분야에서 가장 보편적으로 사용되고 있는 역량의 개념은 '개인 혹은 조직의 성과에 중대한 영향을 미치는 관찰가능하고 측정가능한 개인의 성과창출 행동'이라고 할 수 있다(American Compensation Association, 1996: 3). 따라서 여기서는 역량개념을 보다 제한적인 측면에서 지방자치제의 정착을 위한 지방 공직자의 인적 역량에 초점을 둔다.

(2) 역량의 구성 요소

최근 사회 환경의 급변에 따른 불확실성의 증가로 이에 대처할 수 있는 조직 구성원의 역량이 기업경쟁력의 원천으로 재인식되면서, 인력 개발(human resources development) 분야에서는 역량 중심(competency based)의 접근법이 대두되고 있다(박우성, 2002). 즉, 조직의 전략 과제 달성에 필요한 조직원의 역량은 무엇인지, 바람직한 조직성과 실현을 위해서는 어떠한 역량을 소유한 사람이, 얼마나, 언제, 어디서 필요할 것인가를 분석하는 데 관심이 증대되고 있다.

이러한 상황에서 공무원 인사제도에도 역량 개념을 2000년 2월 개방형직위제를 도입하면서 사용하기 시작했다. 특히 정부는 성과주의 인사제도 구현을 위해 2000년 외교통상부와 기상청을 대상으로 직위별로 직무분석을 통해 개인의 역량에 부합하는 인사 배치의 기초가 되는 역량 모델 구축사업을 체계적으로 추진해 오고 있다. 역량 모델 구축사업은 현행 능력주의 인사제도가 지닌 구체적인 방법론 부재 현상을 극복하고 성과주의를 극대화하기 위한 목적에서 실시되었다. 이미 실행되고 있는 MBO 제도가 대부분의 공무원들에게 적용되어 운영되고 있으나 성과급을 나누어 먹는 방식으로 비효율성을 나타내고 있고, 공무원 노조가 이의 개선을 요구하는 상황에서 공공 부문의 능력주의에 대한 근본적인 재검토가 불가피하게 되었다.

정부는 개방형직위제 도입하면서 대상 직위별 역량 요건을 도출하기에 앞서

<표 6-2> 대한민국 역량사전

기초행동 역량군(7개)	조직헌신도, 공무원 윤리의식, 전문가 의식, 경영마인드, 고객/수혜자 지향, 자기통제력, 적응성
직무수행 역량군(4개)	정보수집/관리, 문제인식/이해, 전략적 사고, (정책)집행관리
관리 역량군(3개)	목표/방향제시, 자원/조직관리, 지도/육성
관계형성 역량군(5개)	의사소통, 조정/통합력, 정치적 지지, 협조성
기타 특이 역량군	상기 기본역량 외에 각 부처의 특성 등을 고려하여 별도의 역량 추가 가능
지식기술	· 본원적 지식/기술 · 도구적 지식/기술(어학, 정보처리, 자격증, 학위 등)

자료: 김주원(2004), 21쪽.

정부표준역량사전을 사전에 작성했다. 정부표준역량사전이란 대한민국 공무원으로서 갖춰야 할 제반 역량을 외국정부나 국내기업의 역량 모델 구축사업 사례 등을 참고하여 연역적으로 구성하고, 연구용역수행기관과 중앙인사위원회 및 시범적용부처 관계자와 논의를 통해 최종적으로 작성한 각 역량별 개념 정의와 수준별 행동특성을 정의한 역량의 집합체를 의미한다.

일반적으로 역량 모델이란 '조직에서 하나의 역할을 수행하기 위해 필요한 지식, 기술 및 특성의 특정한 조합(combination)'을 지칭한다(정재창 외, 2001: 24). 이러한 역량 모델은 채용, 전환 배치, 교육훈련, 경력 개발, 승진, 평가, 보상 등 인적자원관리의 전 분야에 걸쳐 폭넓게 활용되고 있다(정재창 외, 2001; 민병모 외, 1998).

역량 모델의 효시는 맥클랜드 교수가 주도한 미 국무성 해외초급공보요원 선발의 실제적 연구로 알려지고 있다. 맥클랜드 교수는 전통적인 학업 적성검사나 성취도 검사가 업무 성과나 인생의 성공 여부를 예측하지 못하는 문제점을 지적하고, 직무성과를 예측할 수 있는 변수로서 역량 요인을 규명하는 방법론을 제시했다(McClelland, 1973: 1~14). 주된 내용은 직장에서 성공을 거둔 사람과 그렇지 못한 집단을 선정·비교해 성공 요인을 규명하는 것을

역량	정의	응용	보상
조직역량 (핵심역량)	조직의 전반적 자원 과 능력	비즈니스프로세스 및 전략	지속적인 고용 및 안 정
관리역량	직업 또는 부문의 지 식, 기술, 행동	일반적 직업교육 및 훈련	외부적으로 활용가능 한 업적 및 자격
개인역량 (직무역량)	직무수행과 관련된 행동목록	인력자원의 전반적 영역에서 사용	내부적으로 보상가능 한 업적 및 인정

자료: 박동건(2001), 9쪽.

포함했다. 이러한 개인수준에서의 연구는 Boyatzis(1982)의 연구로 이어졌다. 그는 역량에 관한 정의를 직무에서 효율적이거나 우수한 수행을 보이는 개인의 잠재적 특성으로 보았다.

또한 Hamel과 Prahalad(1990)는 핵심역량이라는 용어를 사용하면서, 핵심역량은 개인수준의 역량이라기보다는 조직의 경쟁전략을 설계하는 구성 요소로 파악하여 역량개념을 조직단위로 끌어올리는 데 기여했다. 이후 역량모델은 Sparrow(1996)에 의해 조직역량(핵심역량), 관리역량, 개인역량(직무역량)으로 정리하여 발전했다.

역량과 역량 모델에 대한 연구를 종합, 분석한 Hendry와 Maggio(1996)는 역량 모델을 다음과 같이 4가지로 정의하고 있다.

· 고성과자와 일반직원이 조직목표에 기여하는 행동의 차이점을 규명하는 것
· 소식목표에 개인이 집중히게 만드는 특성들을 분류, 전달, 평가, 개발하는 것
· 바람직한 결과를 달성하는 데 필요한 행동들을 기술하는 것
· 급여, 성과측정, 선발기준, 교육, 보직, 경력 개발 및 승계계획 등을 위해 필요한 기술, 태도, 특성, 행동을 기술하는 것

한편, 국내에서는 박우성(2002)이 핵심역량이라는 용어를 사용하여 기업을

<표 제목>
<그림 6-1> 포스코의 역량체계

역량모델	기초 역량(3)	변화주도력, 창의력, 프로의식, 고객지향, 윤리의식
	리더십 역량(4)	업무추진력, 팀워크 활성화, 부하지도, 공정평가
	전문 역량(84)	· 기획력, 품질관리, 투자사업 판단력 등 · 부서별 평균 6개 전후 지표

자료: 이홍민·김종인(2003).

대상으로 연구했는데, 역량을 전사적 역량, 개인적 역량, 일반적 역량 및 직무직 역량으로 구분하면서 특히 전사적 일반적 역량과 개인적 직무적 역량의 공통분모를 핵심역량에 해당한다고 논하고 있다.

또한 민간 기업으로서의 포스코는 직무역량체계를 도입하여 채용, 능력평가, 능력개발 및 경력관리와 연계하여 인적자원관리의 혁신을 도모하고 있다. 직무역량은 직원이면 누구나 갖추어야 할 기초 역량, 직책 보임자의 역할수행에 필요한 리더십 역량 및 부서별 업무 전문성을 반영한 전문역량 등 3개로 구분하고 있다(이홍민·김종인, 2003). 전문 역량의 경우 조직별 표준전문역량 개념을 도입하여, 각 프로세스 및 부서차원에서 수행되는 업무의 고유성과 요인으로 구성했으며, 관리자 이하 직원의 전문기능성에 초점을 두었다. 더 나아가 조직별 표준전문역량은 관리역량(management competencies), 기술역량(technical competencies) 및 직무에 특정적인 특화역량(position-specific competencies)으로 구분하고 있다.

이상을 종합해 볼 때, 지방 공직자가 갖추어야 할 역량으로는 일반적으로 다음과 같은 요소들이 제시되고 있다. 즉, 자기규제 윤리규범, 애타 지향적 전문직 문화, 기본소양 및 태도, 전문적 지식과 기술, 업무수행 역량, 정책기획 능력, 조직관리능력 등이 그것이다(Pugh, 1989: 2~3). 이러한 역량의 요소들은 크게 지적 측면에 해당되는 요소들과 행태적 측면에 포함되는 요소들로 구분할 수 있다. 따라서 지방 공직자들의 역량을 개발하기 위한 제도적 장치들이 인사 사이클의 핵심적 단계, 즉 신규 충원, 보직 관리, 교육 훈련 및 인사 교류 측면에서 어떻게 나타나 조직의 생산성과 성과에 기여하고 있는지를 분석하는 작업은 의미 있는 일이다.

우리나라 지방 공무원들의 능력 및 역량 개발 실태를 분석한 김판석·권경득 (1999)의 연구에 따르면, 지방 공무원들의 능력 및 역량 개발을 저해하는 인사 제도상의 문제점으로 다음과 같이 지적하고 있다. 첫째, 채용제도가 경직되고 규격화되어 있으며 형식 요건을 중시하고 있다는 것이다. 최근 개방형 채용제 도(계약제)를 확대하여 우수한 인력의 공직 유인을 모도하고 있으나 그 효과는 아직 미미한 것으로 나타나고 있다. 둘째, 보직 관리의 측면에서 순환보직제의 문제점이다. 지방행정에서 일반적으로 나타나는 잦은 보직 이동으로 말미암아 행정업무의 전문성과 책임성이 확보되지 못하고 있다는 것이다. 셋째, 공무원 의 교육훈련이 능력개발이란 본연의 목적에서 벗어나 승진을 위한 형식요건으 로 인식되고 있으며, 교육훈련과 보직 관리의 연계성 미흡으로 교육훈련의 성과가 저하되고 있다는 것이다. 넷째, 평가의 객관성과 공정성이 문제점으로 지적되고 있다. 평가대상 공무원이 담당하는 직무의 성격을 고려한 객관적이 고 합리적인 성과지표의 개발이 절실히 요청되고 있다(홍준현·윤태범, 1998). 또한 평가가 공무원의 능력과 생산성을 제고시킬 수 있는 효과적인 수단 또는 도구로서 기능하지 못하고 있다.

3. 지방 공직자의 역량 개발 실태 분석

1) 강원도 공직자의 역량 개발 현황

현재 공공 부문에서 도입, 시행되고 있는 역량 개발 방안으로 개방형 직위임 명제, 전문보직관리제, 직위공모제, 인사교류제 등을 지적할 수 있다. 평가제도 의 개선을 위해 다면평가제가 운영되고 있으나 모든 자치단체에서 시행되고 있는 것은 아니다.

<그림 6-2> 지방 공직자 역량 분석을 위한 분석 틀

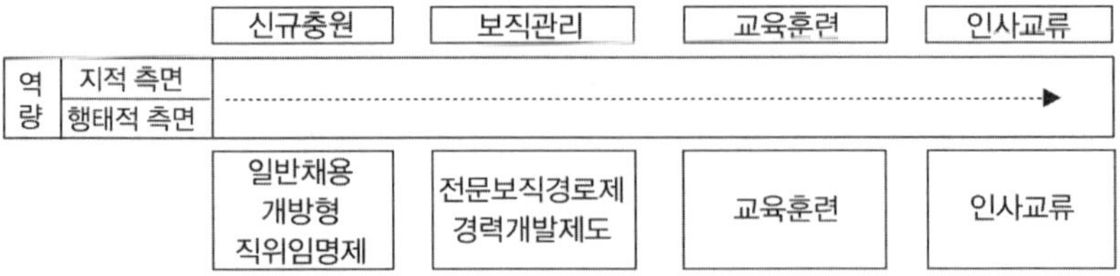

	신규충원	보직관리	교육훈련	인사교류

역량	지적 측면				
	행태적 측면				➔

일반채용 개방형 직위임명제	전문보직경로제 경력개발제도	교육훈련	인사교류

(1) 전문보직경로제와 경력개발제도

강원도는 행정혁신 차원에서 도민들에게 신뢰받고 감동을 주는 행정서비스를 제공하기 위해 공직자의 역량 개발을 단계별로 추진 중에 있다. 공직자의 역량 개발을 위해 전문보직경로제와 경력개발제도를 도입, 운영하고 있다(강원도, 2006). 우선, 전문보직경로제는 강원도 행정에서 역량 개발이 가장 시급하다고 판단되는 교통·환경·세무·해양·상수도 분야를 전문보직관리제 시범 실시 분야로 정하고, 이 분야의 전문 인력 확보를 위해 관련 공무원을 대상으로 희망자를 모집, 선발하여 관리하는 방식이다. 강원도에서는 이들의 전문 지식 습득을 위해 국내외 각종 교육훈련 기회를 제공하고 있으며, 전문 분야 내에서 전보를 시키고, 우대 시책으로 실적 가점을 부여하고 있다.

그러나 공직자의 전문화와 역량 개발을 위한 방안으로서 전문보직경로제를 좀 더 세분화하고 발전시키기 위해서는 개인별 보유 역량을 기반으로 직무(직책)별로 최적의 역량보유자를 선발 및 배치함으로써 보직 관리의 합리성을 제고할 필요가 있다. 순환보직제의 폐단을 극복하고, 개인의 목표 및 적성, 능력, 희망에 대한 체계적인 분석과 조직의 목표 및 직무 분석 등을 통해 공무원을 적재적소에 배치할 수 있어야 한다. 전문보직경로제를 강원도의 발전전략에 부합하는 전문 분야를 정하여 승진 및 보직이동을 실시함으로써 공무원의 전문성을 극대화해야 한다.

전문보직경로제는 ⊥형, ⊤형, 工형, ▽형 등 4가지 유형이 있으며, 장점 및 단점은 다음과 같다.

<표 6-4> 전문보직경로제의 방안

구분	내 용	장 점	단 점
⊥형	· 하위직 개방 · 일정 직급 후 전문보직 경로	· 개개인의 적성 파악 용이 · 상위직 전문성 제고	· 하위직 전문성 약화 · 상위직 업무조정 및 통합 능력 결여 가능성
T형	· 하위직 전문보직경로 · 일정 직급 후 개방	· 하위직 전문성 강화 · 상위직 업무조정 및 통합 능력 강화	· 상위직 전문성 약화 · 개인의 적성파악 곤란
工형	· 하위직 개방 · 일정 직급 전문보직경로 · 일정 직급 후 개방	· 초기 적응 파악 용이 · 중간 관리층의 전문성 강화 · 정책결정자의 종합적 시각 확보 가능	· 하위직 전문성 약화 · 인사 관리 복잡
▽형	· 상위직으로 갈수록 전문보직경로 확대	· 직급별 책임과 권한 부여 · 능력배양에 효과적	· 초기 적성파악 곤란 · 책임성 약화

지방 공직자의 전문보직경로제의 운영은 상위 직급으로 갈수록 유관 직렬을 통폐합하여 관리해야 한다. 8~9급은 다소 세분화된 직렬을 통합 관리하여 기술적 전문성(technical expertise)을 유지하고, 6~7급은 유관 직렬을 일부 통폐합하여 관리함으로써 기술적 전문성의 영역을 확대할 필요가 있다. 반면에 4~5급은 유관 직렬을 보다 넓게 통폐합하여 기술적 전문성과 동시에 관리능력의 향상을 도모해야 한다.

그리고 경력개발제도는 공무원 개인에게 장래 희망하는 경력계획을 설계토록 하고, 조직에서 제공하는 직무체험 및 교육훈련 기회를 활용하여 스스로 역량과 전문성을 축적시켜 나가는 제도를 말한다. 그러나 조직 내 역량과 인적자원 활용의 극대화를 위해서는 개인적 차원에서뿐만 아니라 조직적 차원에서 공무원 개개인의 경력발전에 대한 인식의 제고가 필요하다. 공무원 개개인의 경력 개발은 경력교육, 경력상담, 경력계획 워크숍 등의 차원에서 효율적으로 이루어져야 하며, 자기 주도형 경력 개발을 실현해야 한다.

강원도에서 시행하고 있는 형태는 T형에 해당된다고 볼 수 있는데 상위직의 전문성 약화가 문제시될 수 있다. 따라서 4~5급 공무원에 대한 전문성 강화를 위해 국가전문연수원 교육뿐만 아니라 민간교육기관의 위탁 교육이나

<표 6-5> 전문보직경로제의 운영 방안

4~5급	가 그룹		나 그룹		유관 직렬 통폐합
6~7급	A그룹	B그룹	C그룹	D그룹	· 유관 직렬 통폐합 · 주 전문 분야 · 부 전문 분야
8~9급	a 직렬	b 직렬	c 직렬	d 직렬	e 직렬	f 직렬	g 직렬	h 직렬	a와 b, c와 d, e와 f, g와 h직렬은 각각 상호 유 사직렬

· 기본 방향 및 원칙
· 각 직렬 간 승진 비율의 균형 및 승진 속도의 형평 고려
· 전문보직경로제의 도입으로 역량과 전문성 확보

해외전문과정 등 다양한 교육기회를 허용, 장려해야 한다.

(2) 공직자 역량 개발의 추진 현황 및 성과

2003년 9월부터 직원의견 수렴을 위한 토론회를 통해 전문성 대상 분야를 6개 분야, 15개 직무로 확정한 바 있다. 지방분권, 균형발전 등 정치와 행정적 환경의 변화뿐만 아니라 세계화, 개방화 등 국제환경의 변화에 따른 급변하는 행정수요에 대응한다는 차원에서 공무원의 역량 개발과 전문화는 불가피하다. 지방의 발전은 공무원의 역량 개발 여하에 달려 있다고 해도 과언이 아니다. 공무원의 창의성 있는 사업과 정책의 제시, 또한 그것을 달성하기 위한 주의 깊은 노력들이 주민들의 삶의 질과 수준을 결정한다고 볼 수 있기 때문이다.

강원도는 혁신적 차원에서 전문화시스템을 도입하여 도민의 복지증진과 고객에 대한 행정서비스 향상을 도모하고 있다. 도민서비스 분야를 중심으로 전문화 대상 분야를 확정했고, 개인별 희망분야의 신청과 적성, 경력 등에 의한 전문분야를 지정하여 전문화시스템을 구축하기 위한 노력을 추진해 나가고 있다(강원도, 2006).

지금까지의 성과를 보면 직원들의 전문화에 대한 인식 확산 및 동기 부여가 이루어졌다는 점을 우선 들 수 있다. 직원 개인별로 직무 분야에 대한 전문성을 제고하는 것이 급변하는 행정 환경에 신속히 대응할 수 있다고 인식하기에

<표 6-6> 강원도 전문화 추진 현황

(단위: 명, %)

구분	전문화 대상 인원	신청 인원	과부족	비고
계	126(100%)	237(100%)	+ 111	
국제협력	10(8)	14(6)	+ 4	
일반행정	15(12)	66(28)	+ 51	
재정	25(20)	63(27)	+ 38	
관광/문화/여성	27(21)	37(16)	+ 10	
복지/여성	16(13)	24(10)	+ 8	
산업경제	33(20)	33(14)	0	

자료: 강원도 총무과 내부 자료(2004).

이른 것이다. 따라서 행정 서비스의 질을 높이고 행정의 신뢰성 확보에도 도움이 된 것으로 평가되고 있다.

(3) 향후 추진 계획

공직자들의 전문화에 대한 공감대를 더욱 확산시켜 행정의 전문가라는 긍지와 자부심을 갖도록 유도하기 위해 지금까지 행정직 직원에 초점을 맞추어 전문화계획을 추진해 왔으나 앞으로는 기술직렬, 기능직들도 전문화 의식을 가질 수 있도록 유도하기 위해 기술직렬, 기능직들을 전문화 대상에 포함시킬 필요가 있다(강원도, 2006).

현재 강원도 전체직원 1,681명(소방직 1,474명 제외) 중 409명(정무직, 실국장, 교원직, 7급 이하 행정직)을 제외한 1,272명이 전문화 대상인원이다. 직렬별로 보면 행정직렬이 318명(4급 27명, 5급 118명, 6급 165명, 7급 8명)이며, 기술직렬 510명(4급 15명, 5급 79명, 6급 168명, 7급 218명, 8급 23명, 9급 7명)이다. 그리고 기능직은 401명(6급 11명, 7급 80명, 9급 136명, 10급 14명)이며, 계약직 및 별정직은 43명(계약직 29명, 별정직 14명)이다. 계획대로 진행된다고 가정할 경우 1,274명 중 79.7%인 1,072명이 전문화 대상자가 될 전망이다.

2) 전문 능력 배양을 위한 교육훈련

5급 담당급 4명을 미주지역에 1년간 대학연구소와 주정부 등에 파견시켜 관련 분야 전문가로 육성하기 위한 노력을 기울이고 있다. 또한 6급 이하 공무원 장기교육훈련 과정을 개설하여 1년간 도내 공무원 40명을 대상으로 전문화에 초점을 맞추어 특성화 분야별로 과목을 편성하여 교육훈련을 실시하고 있다. 이 외에도 전문성 강화를 위한 직무분야별 워크숍을 개최하여 각 분야별 발전방안 토론과 사례발표, 특강 등을 실시하고 있다. 아울러 해외 현장체험연수를 통한 전문성 배양을 위해 약 20여 개국에 70여 명의 내외 직원을 단기 연수를 시키고 있다(강원도, 2006).

또한 중앙부처와 유관 기관, 민간 기업체 등에 인사 교류 및 파견 근무를 통해 전문성을 배양하기 위한 노력도 기울이고 있다. 더 나아가 직장교육 시 공무원 역량 개발을 주제로 한 특강과 공무원교육원 장기교육자 과정에 전문화와 연계한 교육 과정을 편성, 운영하고 있다. 또 전문화 분야에 승진 요인 발생 시 전문화 지정자를 발탁·승진하여 전문화 중심의 인사 관리를 강화하고 있다. 담당직무의 자율적이고 창의적인 수행을 위해 가능한 한 최대한 책임성과 권한을 부여해 직무여건을 조성하기 위해 노력 중에 있다(강원도, 2006).

한편, 전문화에 따른 부작용으로 예상되는 문제점으로 ① 선호 부서에 대한 편중 지원, ② 동일 부서 장기 근무로 인한 매너리즘, ③ 창의력 저하, ④ 직무에 대한 독점의식 등을 지적할 수 있다. 이러한 문제점에 대한 대책으로 선호부서로 인식되는 일반 행정 분야의 전문화 범위를 최소화하고 개인의 희망, 경력 등 전문화 분야 지정에 합리성과 객관성을 확보하는 것이 가장 중요하다. 또 전문화 분야 내에서 자리이동, 전보를 통한 관행을 방지하고, 타부서의 업무에 대한 이해증진 및 협조체제를 구축하여 직무의 독점성과 창의력 저하문제를 극복해야 할 것이다.

3) 강원도 역량 개발 추진 시책의 분석

강원도의 역량 개발 추진계획은 그동안 정부가 추진하거나 권장해 왔던 전문보직경로제라고 할 수 있다. 2003년 9월부터 실시했고, 7급부터 4급까지 대상자를 정했다는 측면에서 "工"형에 가깝다고 볼 수 있다. 즉, 하위직은 개방하고 일정 직급 후 보직경로를 제한하다가 일정 직급 후 다시 개방하는 형태로 운영하고 있다. 향후 추진 계획을 보면 기술직렬 8급, 9급과 기능직 8급, 9급, 10급이 포함되어 있다는 점에서 "丅"자 형태로 운영되게 될 것으로 보인다. 즉, 하위직부터 전문보직경로를 설정하여 이동을 제한하고 일정 직급 후 개방하는 형태이다. "丅"형의 경우 대민서비스 분야에서 전문성을 강화시킬 수 있으며, 상위직의 경우 업무 조정과 통합능력을 제공할 수 있다는 장점이 있다. 그러나 상위직의 전문성이 약화될 수 있으며, 주요 정책의 지속성과 책임성의 확보가 곤란하고, 하위직부터 전문 보직을 설정함으로써 개인의 적성파악이 곤란하다는 단점이 있다.

지방분권과 균형발전 등이 가속화될수록 지방 공무원의 역할과 능력의 확대가 필요할 것이기 때문에 자신의 업무분야에 대한 전문성과 역량이 절대적으로 요구된다. 따라서 전문보직관리 분야를 확대하면서 동시에 추진되어야 할 점은 평가를 통한 교육훈련체계를 여하히 정착시키느냐에 달려 있다고 볼 수 있다.

4. 지방 공직자의 역량 강화 방안

1) 공직자의 역량 강화를 위한 기본 방향

지방화가 진척되면 될수록 광역단체의 기능이 보충성의 원칙에 따라 기초자치단체에 더 많이 기능이 이양될 것이기 때문에 광역공무원의 역량 개발 및 강화가 더 중요하게 부각될 수 있다. 이러한 측면에서 강원도에서 이미 시행하고 있는 전문보직경로제와 역량평가관리모델을 결합할 수 있는 대안이 모색되어야 한다. 즉, 중앙성부가 이미 기획하고 있는 역량강화모델을 강원도 실정에 맞게 개발하여 인적자원관리의 혁신을 기하고 공직자의 역량을 강화할 필요가 있다.

2) 강원도형 역량강화모델 개발

(1) 역량 모델 연구의 변천

공직자의 역량 모델의 개발과 활용에 관한 연구는 아래 그림과 같이 세 단계에 걸쳐 발전해 왔다고 볼 수 있다.

역량 모델 개발에 관한 초기의 연구는 맥클랜드와 그의 동료들이 설립한 맥버(McBer)사에 의해 이루어졌다. 당시 연구자들은 심리학에 이론적 기반을 두고, 고성과자의 역량을 발굴하는 방법론을 개발하는 데 초점을 두었다. 이들은 고성과자를 통해 심지어 고성과자 자신들도 정확히 설명할 수 없는 직무를

<그림 6-3> 역량 모델에 대한 연구의 변천

1973년~ 1980년대 초반	1980년대 중반 ~1990년대 초반	1990년대 중반 이후
· 역량 모델링에 필요한 방법론 개발 - 행동사건면접법 개발 - 인터뷰 결과의 테마 분석 기법 - 역량군과 행동지표의 개발 · 고성과자의 역량 발굴에 초점	· 맥버의 전통적인 접근 방법을 교육받은 컨설턴트들을 중심으로 확산 · 기존 방법론에 대한 객관성 제고 노력 추진 - 샘플링 기법 개선 - 다양한 통계적 기법 접목 · 선발과 전문가 육성을 위한 기준 마련	· 직무분석 기법, BPR 등 다양한 방법론 접목 · 기존의 선발, 육성 외에 360도 다면평가를 통한 개인의 경력 개발 및 멘토링 등의 자료로 이용 확대 · 직무의 유동성 증가에 따라 고성과자 중심에서 경쟁력 확보에 필요한 주요 기술을 중심으로 변화

성공적으로 수행하게 만든 것이 무엇인지 규명할 수 있다고 여겼고(Mansfield, 2000: 4), 이 때문에 기존의 직무분석과 다른 새로운 방법론들을 개발했다. 그 대표적인 예가 행태사건면접법(behavioral event interview)이다. 행태사건면접법은 몇몇 중요한 상황에서 어떻게 성공을 거두었고 실패를 하게 되었는지를 분석하는 것으로, 고성과자가 각각의 상황에서 어떤 행동, 발언, 생각을 했는가를 알아내기 위한 방법들로 이루어져 있다. 따라서 초기의 역량 모델은 직무수행자에게 기대하는 역할을 성공적으로 수행하기 위해 필요한 개인적 특성에 초점을 맞추었다(김주원, 2004).

1980년대의 연구는 맥버의 전통적인 접근 방법을 따르는 연구자들의 주도로 이루어졌는데, 이들은 기존의 연구방법을 보다 정교화시키는 데 많은 노력을 기울였다. 1990년대 중반 이후에는 부분적으로 역량 모델을 다른 방법으로 이용하려는 경향이 나타났다. 일부 기업에서는 업무프로세스를 새로 설계하고, 새로운 직무와 기존의 직무를 재설계하는 데 역량 모델을 활용하고 있다. 또한 과거에 직무를 효과적으로 수행하는 데 필요했던 기술보다는 앞으로 부각될 혹은 필요할 것으로 보이는 요구기술에 초점을 맞추고 있다.

오늘날 많은 컨설팅사와 인사관리전문가들은 역량 모델 개발에 많은 관심을 보이고 있는 데, 이들은 주로 3가지 역량 모델, 즉 전문가 패널(resource panel), 행태사건면접법(behavioral event interview), 일반역량사전(general competency dictionary)을 조합하여 역량 모델을 만들고 있으며, 이 밖에 몇몇 자료들을 이용하는 경우도 있다. 예컨대, 일부 연구자들은 설문조사(research survey)를 통해 역량 모델을 개발, 활용하고 있다.

(2) 강원도형 역량강화모델 개발

강원도형 역량 중심 인사평가시스템은 강원도의 비전과 전략을 토대로 과단위의 부서와 직원들에 대한 역량 평가를 기본으로 한다. 강원도의 장기발전전략과 기획(planning)을 실행(doing)하여 개인과 집단에 대한 평가(seeing)가 공정하게 이루어져 보상될 수 있도록 하는 방안이다. 특히 개인과 집단에 대한

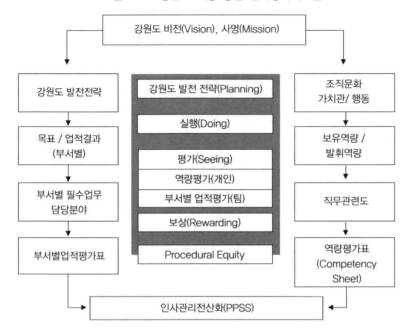

<그림 6-4> 강원도 역량 중심 인사평가시스템

강원도 비전(Vision), 사명(Mission)

강원도 발전전략	강원도 발전 전략(Planning)	조직문화 가치관/ 행동
목표 / 업적결과 (부서별)	실행(Doing)	보유역량 / 발휘역량
부서별 필수업무 담당분야	평가(Seeing) 역량평가(개인) 부서별 업적평가(팀) 보상(Rewarding)	직무관련도
부서별업적평가표	Procedural Equity	역량평가표 (Competency Sheet)

인사관리전산화(PPSS)

평가가 효율적으로 이루어지기 위해서는 인사 관리의 전산화가 이루어져야 하고, 자기입력 및 평가가 가능해야 한다.

공무원 개개인에 대한 역량 평가는 팀별 평가의 기초단위라고 할 수 있기 때문에 매우 중요하다고 할 수 있다. 직급별, 직종별 특성을 반영한 평가지표를 만들어야 하기 때문에 공무원 개인에 대한 평가는 공정성과 객관성을 어떻게 확보하느냐가 성패를 좌우한다고 볼 수 있다. 과 단위 부서장과의 1 대 1 면접을 통해 객관화된 지표를 가지고 논의하는 방식이 고려될 수 있고, 특히 평가지표는 대한민국역량평가사전에 제시된 지표를 가지고 강원도의 전략, 업무특성 등에 맞게 재구성하는 것이 필요하다. 이러한 방식은 역량 평가가 직원들 스스로 참여하여 이루어진 관계로 신뢰도와 순응도를 높일 수 있고, 평가자의 자의성이 개입될 여지를 줄일 수 있다.

<그림 6-5> 전통적 교육훈련제도와 지식 창조형 교육훈련제도의 비교

전통적 교육훈련	맞춤형 교육훈련
· 정형적 교육훈련 방식 · 폐쇄적 체제(closed system) · 교수(teaching) 중심체제 · 공급자중심 사고 · 강의식 교육훈련 · 커리큘럼적 사고	· 비정형적 교육훈련 방식 · 개방체제(open system) · 학습(learning) 중심체제 · 수요자(고객)중심 사고: 맞춤형 · 참여와 현장 체험식 교육훈련 · 학습체제(learning system)

자료: 박천오 외(2000), 227쪽.

3) 지식 창조형 전략적 인사 관리 강화

21세기 지식기반정부에서의 인력개발의 목표는 "배우고 창조하는 정부"를 구현하는 데 중점을 두어야 한다. 지식기반정부(knowledge-base government)는 효율성과 효과성을 동시에 추구하는 정부로서, 지식을 바탕으로 문제를 해결하는 혁신적인 정부를 지향한다. 지식기반정부의 핵심 요소는 지식공직자의 양성이라고 할 수 있다(사득환·김장기, 2002: 167~182). 따라서 공직자가 지속적으로 새로운 지식과 기술을 학습할 수 있는 기회를 제공하는 지식 창조형 인사 관리의 중요성이 강조되고 있다. 지식 창조형 인사 관리를 정착시키기 위해서는 새로운 지식, 기술, 정보의 공유 및 창출을 통해 경쟁력 있는 행정전문가를 육성하고, 역량과 성과를 중시하는 전략적 인사관리체제로 전환할 필요가 있다.

지식 창조형 인사 관리의 특징은 인사 관리가 비정형적이고 개방적으로 이루어지며, 인사 관리 과정이 수요자 중심으로 이루어진다는 점이다. 즉, 공무원 개인에 대해 정확하면서 공정·객관적인 역량 평가를 전제로 하고 있다. 특히 역량평가제도가 제 기능을 발휘하기 위해서는 조직 구성원의 이해와 수용성, 평가대상인 역량에 대한 정확한 설정과 파악, 역량에 대한 공정한 평가 방식이 중요하다. 역량 평가를 위해서 우선, 개방형 직위나 특채를 통해 인선의 적격성을 확보하는 경우 심층적인 면접법을 통해 직위에서 정하고

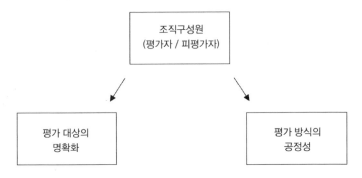

<그림 6-6> 능력주의 인사 관리 실현을 위한 성공 요인

있는 역량을 구비하고 있는지를 언행의 내용분석(content analysis)을 통해 시도하는 방식과 재직자의 전보나 승진 등 인사운영에 활용하기 위해 사전에 정기적인 능력평가제도로 운영되는 경우 상급자나 직장동료 등이 평소에 행태를 관찰하여 평가하는 방식으로 나눌 수 있다.

(1) 채용 방법의 다양화: 낚시형 채용

공무원 채용에 있어서 학력과 같은 외적 조건이나 지식 위주의 필기시험을 최소화하고, 인성평가와 종합적인 사고능력 및 발전가능성을 중점 평가하는 방식으로의 전환이 필요하다. 특히 창의적 문제해결능력을 평가하는 개인능력평가와 조직원으로 적합성을 평가하는 조직적응력 평가를 실시할 필요가 있다 (김주원, 2004). 아울러 면접 과정에서 명확한 평가기준을 제시하여 면접자의 임의적 판단이 아닌 직무의 성공적 수행을 예측할 수 있는 역량에 의한 채용 방식을 도입해야 한다.

(2) 사이버(Cyber) 인력관리시스템 도입

사이버 인력관리시스템이란 수요자와 공급자 간에 사이버 공간을 통해 이루어지는 공개적이고 경쟁적인 인력관리시스템을 의미한다. 사이버 인력관리시스템은 승진대상자의 직무적합성에 대한 공개적인 검증이 가능하다는 장점이

<표 6-7> 지방 공직자의 신규채용제도

구 분	제 도
공개경쟁임용제도	· 5급 행정고등고시: 중앙인사위원회 주관 · 7급: 시·도인사위원회 주관 · 9급: 해당 지방인사위원회 주관(실제는 시·도가 주관)
특별채용제도	· 개방형 직위제 · 전문계약직제

있다. 사이버 인력관리의 운영 절차 및 방안을 보면 다음과 같다.

① Stage 1: 구체적인 직무명세서 작성(인력수요부서)

　- 인력규모, 직급, 직위, 직무내용 등을 구체적으로 명시

② Stage 2: 지원자 공모·응모 및 추천

　- 해당기관: 직무명세서 공개 및 공모

　- 응모자: 전공, 자격증, 경력, 특기 사항 등을 명시하여 응모

　- 추천자: 공직 내외 추천자 신분 공개 및 추천 사유 명시 추천

③ Stage 3: 심사

　- 심사위원회 구성: 기술직 공무원 50% 참여

　- 심사 기준: 업무 연관성, 공직 내외 경력, 전공 및 자격증 등 심사 기준에
　　따라 심사

④ Stage 4: 선발

　- 심사 결과 공개 및 선발

4) 맞춤형 교육훈련시스템 도입 및 시행

(1) 맞춤형 교육훈련 시행

교육훈련프로그램이 목표로 하는 역량 증진에 대한 안내 또는 지침서를
잘 마련하여 교육훈련의 효과성을 제고해야 한다. 개인별 역량 평가와 능력

<표 6-8> 지방 공직자 교육훈련 실적(2004년)

(단위: 명)

구 분	합 계	교육훈련 기관교육	민간기관 교육훈련	장기 위탁 교육		
				소계	국내	국외
교육인원	116,060	94,960	20,735	365	59	306

주: 1) 민간교육기관교육: 자치인력개발원, 시·도지방공무원교육원.
   2) 민간기관교육훈련: 교육훈련기관 외 선택전문교육과정 지정기관.
   3) 장기 위탁 교육(국내): 중앙공무원교육원, 국방대학교, 세종연구소.
   4) 장기 위탁 교육(국외): 직무훈련, 일반훈련, KDI.
자료: 행정자치부 내부 자료(2004).

개발을 연계하여 지식 로드맵(knowledge road map)을 작성하고, 각 지위에서 요구되는 역량에 비해 보유한 역량이 부족한 공직자를 중점 대상으로 교육수요에 기초한 맞춤형 교육을 실시하여 직무수행능력을 제고해야 한다. 이를 위해서 무엇보다 단체장의 교육훈련에 대한 확신과 인식제고가 요구된다.

민간기업의 경우 일찍부터 인력개발에 대해 적극적인 관심을 가져왔고, 특히 교육훈련에 관한 체계적인 제도가 마련되어 있다. 따라서 공직자도 마찬가지로 직무 분석의 실시, 개인별 직무수행능력의 객관적 평가, 전문성 중심의 보직 및 인사 관리를 강화할 필요가 있다. 그리고 교육훈련의 결과를 승진에 적용하고 있는 현행 '선교육 후승진' 원칙을 확대하여 보직 관리까지 적용할 필요가 있다.

(2) 교육바우처제도의 도입

수요자 중심의 교육훈련제도의 활성화를 위해서 수요자가 필요한 대상교육기관을 선정하여 교육받을 수 있는 교육바우처(boucher)제도를 활성화할 필요가 있다. 교육바우처제도는 ① 교육훈련의 적시성·효율성 증대, ② 교육훈련경비의 절감 등 교육훈련의 실효성을 확보할 수 있는 장점이 있다. 현재 미국의 일부 지방자치단체에서 교육바우처제도를 활발히 도입, 시행하고 있다.

교육바우처제도의 구체적인 운영을 보면, 먼저 교육훈련생이 교육대상 기관, 교육 내용 및 교육 기간 등을 선정하고, 소속기관에 본인이 선택한 교육훈련 (내용)을 신청하게 된다. 소속기관에서는 교육기관, 교육내용 등의 적정성을 심사하여 승인한다. 교육훈련생은 정해진 교육기간 동안 교육훈련을 받고 소속 기관에 수강내용 증명서(이수증명서, 성적표 등)를 제출한다. 수강내용 증명서를 접수한 소속기관에서는 교육훈련기관에 실제 소요 경비를 지급하게 된다.

(3) 공직자 교육훈련 강화

① 산학연 협력 프로그램 개발: 공무원 교육기관과 대학 및 민간 교육기관, 전문 연구기관 간의 협력을 통한 지방 공무원의 교육훈련 실시를 활성화 한다.

② 집중 심화 프로그램의 개발: 분야별 집중 심화 교육 프로그램을 개발, 운영한다. 집중 심화 교육 프로그램은 최소한 4주 이상의 기간으로 운영 한다. 동시에 워크숍, 심층 사례 분석 등 다양한 과정도 운영한다.

③ 해외연수 및 민관교류 프로그램 활성화: 공무원의 해외 교육훈련 프로그 램을 활성화하고, 민간 기업에 대한 교육파견 등을 도입, 실시한다.

5) 인사 교류의 활성화

인사 교류는 서로 다른 영역 간의 지식이나 정보를 공유하고 활용함으로써 행정의 성과를 높일 수 있다. 지식정부를 추구하는 데 있어서 인사 교류는 지식기반이나 지식창고의 역할을 수행할 수 있다. 특히 지방화에 따른 제한된 인사 교류는 공무원의 새로운 능력 개발 및 학습의 기회를 박탈함으로써 역량 과 시야 확대를 위협하는 요인으로 작용하고 있다.

지방자치단체 간의 인사 교류는 개인의 역량 강화를 통해 조직의 생산성을 증진시킬 뿐만 아니라 탄력적인 인사 관리에도 기여할 수 있다. 특히 민간이 갖고 있는 노하우(know-how)를 학습할 수 있는 좋은 기회를 제공해 줄 수 있다. 따라서 지방 공직자와 유관 연구기관, 산업계 및 학계 간의 유연한

<표 6-9> 인사 교류의 추진 실적(2004년)

(단위: 명)

구 분	합 계	중앙-지방 간	지방-지방 간	지방-민간 간 (민간교류휴직제노)
교류인원	14,943	554	14,364	25

자료: 행정자치부 내부 자료(2004).

인적교류를 통해 역량을 개발하고 행정의 성과를 제고할 필요가 있다.[5]

5. 맺음말

지방 공직자의 역량 개발과 강화는 급변하는 국내외 환경 속에서 지방자치단체가 생존 및 발전하기 위한 최소한의 요건이다. 무한경쟁으로 대변되는 최근의 행정환경은 생존뿐만 아니라 지역발전과 안정적인 지방자치의 정착화를 요구하고 있다. 이러한 시대적 요청은 지방분권과 참여뿐만 아니라 공직자의 역량 개발에 대한 관심증대로 나타나고 있다.

여기서는 지방 공직자의 역량 개발 실태는 어떠하며, 그러한 역량을 강화시키기 위한 방안에는 어떤 것이 있는가를 모색했다. 특히 지방 공직자의 역량수준을 파악하기 위해 역량개념 및 구성 요소에 대한 상세한 검토와 모형화를 도모하고, 이를 강원도 사례를 통해 분석했다.

분석 결과에 따르면, 강원도의 경우 아직 역량 수준이 저조한 상태에 머물러 있고, 다음과 같은 관련 제도의 개선이 요구되고 있다. 우선, 신규 충원 면에서 공무원의 역량 개발을 위한 목표로 우수인력의 확보에 두어야 한다는 점이다.

---

5) 인사 교류는 행정기관 간 인적자원의 상호 교류를 말하는 것으로 다양한 측면에서 그 필요성이 제기되고, 또한 활용되고 있다. 예를 들면, 행정기관 간 상호 인적자원을 교류함으로써 정책 결정과 집행의 연계성을 강화할 수 있고, 조직 차원에서는 인력의 탄력적 운영을 도모할 수 있으며, 개인적 차원에서는 적성과 능력에 맞는 분야에 근무할 수 있는 기회를 얻게 된다(하태권, 2002: 186~190; 금창호 외, 2005: 93).

이를 위해서는 신규채용 방식을 다양화하고, 검증 방법을 효율화하는 방안이 강구되어야 한다. 특히 시험방법에서 면접의 비중을 높이고, 지역여건을 고려한 시험방법을 도입할 필요가 있다.

둘째, 보직 관리가 공직자의 역량을 강화시킬 수 있도록 개인별 합리적 경력관리가 되도록 개선해야 한다. 이를 위해서는 전문보직경로제의 합리적 정착과 적절한 인사 운영이 중요하다.

셋째, 교육훈련을 통해 지방 공직자의 역량 개발이 이루어질 수 있도록 개인별 역량강화를 위한 시스템의 구축이 필요하다. 이를 위해서 우선, 명확한 행정비전 및 목표의 수립이 선행되어야 하고, 다음으로 수요자 중심의 교육훈련으로 전환되어야 한다.

넷째, 인사 교류를 통해 지방 공직자의 역량 개발이 이루어지기 위해서는 제도 자체의 활용성이 증대되어야 한다. 이를 위해서는 자율적 교류제도의 활용도를 높이고 교류 영역(민간, 외국 등)을 확대하는 데 초점을 맞추어야 한다.

참고문헌

권경득·우무정. 2001. 지방정부 정책·기획능력의 결정요인에 관한 연구: 정책·기획 담당부서 공무원의 인식을 중심으로. ≪한국지방자치학회보≫, 제13권 제4호.

권혁순·사득환. 2004. 「지방분권의 추진과 정부간 기능재배분: 환경사무를 중심으로」. ≪한국 행정과 정책연구≫, 제2권 제1호.

금창호·한부영·권오철. 2005. 『지방공무원의 전문성 제고방안』. 한국지방행정연구원.

김주원. 2004. 『지방공무원의 전문성 제고방안: 역량강화모델 적용을 중심으로』. 강원발전연 구원.

김판석·권경득. 1999. 「지방자치단체의 인사제도 개혁」. ≪한국행정학보≫, 제33권 제1호.

루치아, 앙투아네트·리차드 렙싱거(Anntoniette D. Lucia & Richard Lepsinger). 2001. 『알기 쉬운 역량모델링(The Art and Science of Competency Model)』. 정재창 외 옮김. PSI 컨설팅.

민병모 외 편역. 1998. 『핵심역량모델의 개발과 활용』. PSI컨설팅.

박우성. 2002. 「역량중심의 인적자원관리 혁신방안에 관한 연구」. ≪기업경영연구≫, 제8권 제1호.

박천오 외. 2002. 『인사행정의 이해』. 법문사.

사득환. 1996. 「지방화가 국가경제정책결정과정에 미치는 영향」. ≪지방행정연구≫, 제11권 제3호.

_____. 2000. 「지방정부 재정위기의 요인과 대응」. ≪한국지방자치학회보≫, 제12권 제2호.

사득환·김장기. 2002. 「지식정부의 구현에 있어서 장애요인 탐색: 강원도를 중심으로」. ≪현대 사회와 행정연구≫, 제12권 제4호.

정재창 외 옮김. PSI 컨설팅.이승종·윤두섭. 2005. 「지방정부의 역량에 관한 개념화 연구」. ≪한국지방자치학회보≫, 제17권 제3호.

이홍민·김종인. 2003. 『핵심역량, 핵심인재: 인적자원 핵심역량모델의 개발과 역량평가』. 한국능률협회.

American Compensation Association. 1996. *Raising the Bar: Using Competencies to Enhance Employee Performance*. Arizona: American Compensation Association.

Boyatzis, R. 1982. *The Competent Manager: A Model for Effective Performance*. New York: John Wiley & Sons.

Dubois, David D. 1993. *Competency-Based Performance Improvement: A Strategy for Organizational Change*. Amherst: HRD Press Inc.

Hamel, Gray & C. K. Prahalad. 1990. "The Core Competence of the Corporation." *Harvard Business Review*, May/June.

Hendry I. & Maggio E. 1996. "Tracking Success." *Benefit Canada,* No.71.

Klemp, G. O(ed.). 1980. *The Assessment of Occupational Competence.* Washington, D. C.: Report to the National Institute of Education.

Lassey, Peter. 1998. *Developing a Learning Organization.* London: Kogan Page.

McClelland, D. C. 1973. "Testing for Competency rather than for Intelligence." *American Psychologist,* Vol.28, No.1.

Mirabile, R. J. 1997. "Everything You Wanted to Know About Competency Modeling." *Training and Development,* August.

Parry, S. R. 1996. "The Quest for Competencies." *Training* 2.

Pugh, Darrell. 1989. "Professionalism in Public Administration: Problems, Perspectives and the Role of ASPA." *Public Administration Review,* January/February.

Sparrow, P. R. 1996. "Competency Based Pay Too Good to be True." *People Management,* Dec., 5.

UNDP. 1998. *Capacity Assessment and Development.*

7장

강원도 여성 인적자원의 현황과 개발 실태

황선경 | 강원발전연구원 강원지역인적자원개발지원센터 초빙연구책임연구원

1. 머리말

현대 사회는 '지식기반사회' 또는 '지식경제사회'로 규정되며, 이 시대의 특징으로 '정보기술, 지식, 경제'를 들 수 있다. 이는 과거에 자본, 토지, 천연자원 등의 물적자원을 중시하던 시대가 아닌 기술, 과학, 지식, 경제 등 인간의 노동력을 자원의 하나로 보는 인적자원을 중시하는 시대로 접어들었음을 의미한다.

지식기반경제사회는 지식의 생성, 분배, 활용 등을 기반으로 하며, 이러한 지식 및 지적자본이 국민경제의 경쟁력에 미치는 영향은 매우 지대하다. 지식기반경제사회에서의 국가 또는 지역 경쟁력은 인적자원을 어떻게 개발하느냐에 따라 그 확보 여부가 달려 있다.

왜냐하면 지적자본은 결국 사람에게 체화(體化)된 형태로 나타나는 것이므로 지식기반경제사회에 접어든 오늘날 지역 및 국가의 경쟁력 강화는 어떤 인재를 양성하느냐, 그러한 인재 양성을 위한 인적자원개발을 어떻게 정책적으로 실현시키느냐에 그 여부가 달려 있다.

따라서 중앙정부와 지방자치단체에서는 국가 및 지역 경쟁력을 강화시키기 위해 최근 들어 부쩍 인적자원개발정책에 심혈을 기울이고 있다. 인적자원개발은 여러 시각으로 정의될 수 있으나, 광의적인 해석의 정의를 하자면 직업준비교육, 직업능력 개발을 위한 계속 교육, 그리고 평생학습을 통해 국민들이 행복한 삶을 추구하는 데 목적을 두고 있는 것으로 요약할 수 있다(심미옥, 2005: 9). 이와 같은 인적자원을 개발함에 있어서 굳이 남성과 여성의 차이와 편력으로 가를 이유가 없음에도 불구하고 지금까지 남성 위주의 인적자원개발이 이루어져 왔었음은 부인할 수 없는 주지의 사실이다.

21세기인 현 시대에서는 물리적인 힘을 위주로 하는 인적자원개발보다는 '지식'을 위주로 하는 인적자원개발이 국가와 지역발전의 성패를 좌우한다. 그러므로 물리적인 측면에서 남성보다 취약했던 여성이 상대적으로 경쟁력을 더욱 갖게 됨으로써 여성 인적자원개발의 문제는 매우 중요한 정책적 핵심 과제로 부각되고 있다. 그럼에도 불구하고 우리 사회는 1990년대 중반 이후 여성경제활동참가율이 49%대에서 정체되어 있을 뿐만 아니라, 고학력 여성의 저활용 현상이 매우 심각하여 대졸 여성의 경제활동참가율은 OECD 국가 30개국 중 가장 낮다. 게다가 더욱 심각한 것은 남녀 간 임금 격차에서도 매우 크게 나타나는데, 남성 임금이 100이라 할 때 2004년도 여성 임금은 64.5이다(인정숙, 2005: 86). 이와 같이 남녀 간의 차별적인 요소는 임금만이 아니고 직업 및 직종 분야에서도 나타나고 있는 실정이다. 일반 사무직과 단순 서비스직, 임시직과 일용직 근로자의 여성 비율은 여전히 높은 상태이며 관리직과 전문직 같은 직종으로의 진출은 여전히 낮은 수준이다.

이처럼 여성의 사회 진출에 있어서 어려운 여건임에도 우리 사회 일각에서는 여성의 경제활동이 확대되어야 한다는 사회적 요구가 높을 뿐만 아니라,

시대적 과제인 국민 소득 2만 달러 달성을 위해서도 여성의 경제활동 확대는 필수적이라고 판단하고 있다.

강원도는 산업체의 구조적 특성상 농·림·어업 및 서비스 중심의 산업이 주된 산업이며, 제조업 기반조차도 영세기업 중심으로 이루어져 매우 취약할 뿐만 아니라 소규모의 영세한 음식, 숙박업 구조로 이루어져 있다. 그 때문에 여성들의 사회 진출은 다른 타 시·도에 비해 매우 열악한 환경 속에 놓여 있다고 할 수 있다.

따라서 본고의 주된 목적은 첫째, 강원도 여성 인적자원의 현황을 살펴봄으로써 협의적으로는 여성 인력 수급의 원활한 대책 마련의 시급성을 알리는 데 있다. 둘째, 광의적으로는 지역경제발전을 향상시킬 뿐만 아니라 더 나아가 국가 경쟁력 강화에 밑거름이 될 여성 인적자원개발 정책의 활성화 방안을 모색하는 데 있다.

2. 강원도 여성 인적자원 양성 현황 및 문제점

강원도는 여러 열악한 환경으로 인해 최근 들어 '인적자원'의 활성화에 거는 기대가 더욱 커지고 있다. 그럼에도 불구하고 남성 인적자원개발에 비해 여전히 여성 인적자원의 개발에는 매우 소홀할 뿐만 아니라 여성 인적자원개발을 위한 기초적인 자료도 매우 부족하다. 이에 따라 도내 여성 인적자원이 어느 정도로 양성되고 있으며 또한 그 양성의 과정에 있어 무엇이 문제인지를 밝혀 다음 절의 인적자원 활용과는 어떻게 불일치가 발생하는지 등을 밝히고자 한다.

우선 인적자원의 양성 측면에서 강원도의 상황은 타 시·도에 비해 나쁘지 않다. 고등학교 현황을 보면, 일반계 63개와 실업계 49개의 고등학교의 졸업자 수는 일반 9,647명과 실업계의 9,523으로 총합 1만 9,170명이다. 그중 실업계 고등학교의 성별 취업률과 진학률을 살펴보면 <표 7-1>과 같다.

<표 7-1> 도내 실업계 고등학교의 성별 취업률 및 진학률

(단위: 명, %)

구분	계	여자
졸업자	8,874	7,691
취업자	1,387	774
진학자	7,283	3,814
취업률	15.6	10.1
진학률	82.1	49.6

주: 취업률과 진학률은 무직자, 입대자, 미상자를 포함하지 않은 계산임.
자료: 교육인적자원부(2005).

<표 7-2> 도내 대학(교) 졸업자 수 및 취업률

(단위: 명, %)

구분	졸업자 수	취업자 수	취업률
4년제 대학교	13,438	6,618	49.3
2년제 대학	8,086	5,261	65.1

자료: 교육인적자원부(2005).

<표 7-1>에서 보는 바와 같이 실업계고를 졸업하는 여성의 취업률은 10.1%로 저조하며 진학률은 남성보다도 17.1%나 높은 현상을 보이고 있다. 실업계고 본래의 기능을 상실한 채, 해마다 높아져가는 진학률에서도 여성의 진학률이 남성보다 더 높은 이유는 취업의 기회나 직장의 대우가 남성보다는 여성에게 차별적이었을 가능성이 높기 때문이다.

도내 대학의 인적자원 양성의 현황으로는 4년제 대학교 11개와 2년제 대학 10개를 통해 졸업자들은 4년제 대학교에서 1만 3,438명이고 2년제 대학에서는 8,086명이다.

도내 석·박사 현황은 <표 7-3>과 같다. 그중에서도 여성의 석·박사 현황은 비교적 높은 편이다. 이러한 현상은 대학졸업자의 여성들이 취업을 하지 못하여 진학을 선택한 것이라 추측할 수 있다.

도내에 있는 산업인력 양성기관에서 양성 배출할고 있는 여성 인적자원의 현황은 매우 저조하다. 이유는 도내 산업인력양성기관은 대학급 기관 2개와

<표 7-3> 도내 여학생의 석·박사 과정 현황(2005년 4월 1일 기준)

(단위: 명)

구분	대학원 수	석사과정 학생 수		박사과정 학생 수		졸업자 현황	
		계	여	계	여	석사과정	박사과정
강원도	33	5,078	2,298	937	267	3,062	147

주: 취업률과 진학률은 무직자, 입대자, 미상자를 포함하지 않은 계산임.
자료: 교육인적자원부(2005).「교육통계연보」.

<표 7-4> 강원도 여성인력개발센터의 현황

(단위: 명, %)

구분	입학자 수	졸업자 수	취업자 수	취업률
춘천·강릉	1,465	1,314	668	50.8

주: 두 곳 모두 운영 과정은 3개월, 2개월, 1개월 코스와 그리고 춘천은 2주, 1일 과정이 있으며 강릉은
1주일 과정이 있다. 여기서는 모든 과정의 인원을 포함하여 계산했다.
자료: 춘천·강릉 여성인력개발센터에서 집계된 내용.

직업전문학교 4개가 있는데(2006년도 들어서 기능대학과 4개 직업전문학교는 '한국폴리텍3대학'으로 통합됨) 그들 기관에서 운영하는 교육 과정이 모두 여성들이 관심을 갖는다든가 수료하기에 버거운 전기, 자동차, 용접, 기계 등 물리적인 힘을 위주로 하는 것들로 편성되어 있기 때문이다. 그러므로 여기서는 여성들이 주로 이용하는 산업인력 양성기관으로 여성인력개발센터(춘천, 강릉)의 현황을 살펴보면 <표 7-4>와 같다.

다음 <그림 7-1>은 도내 여성과 남성의 평생학습 참여 여부에 관한 것이다. 그림에서 보는 바와 같이 여성의 평생학습 참여율이 19.6%로 남성의 평생학습 참여율 23.8%보다 4.2%나 낮다.

성인의 평생학습 평균 교육 이수 일수를 살펴보면, 전국 평균일에 비해 크게 뒤떨어지지 않는다(<표 7-5> 참조). 그러나 직장 연수 비율의 경우 전국 평균 여성 10.1일에 비해 강원도는 9.6일로 저조한 실정이며, 교양 강좌 교육 일수 또한 전국 평균 여성 31.1일에 비해 강원도는 23.4일로 차이가 난다.

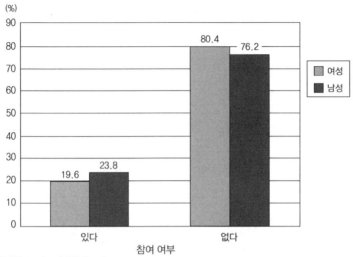

<그림 7-1> 강원도 평생학습 참여 여부

자료: 통계청(2004). 사회통계조사.

마찬가지 직업훈련에 참여한 교육일수도 전국 여성 28.5일에 비해 강원도 여성들은 11.1일이라는 낮은 교육 참여일수를 보이고 있다. 특히 직업훈련 교육이수 일수의 경우는 전국적으로 비교해 보아도 충남 지역(8일) 다음으로 그 참여일수가 매우 부족한 실정이다.

<표 7-6>은 노동부가 실시하고 있는 직업능력 개발 훈련사업의 참여 여성 비율이다. 기능인력 양성훈련은 다기능 기술자 훈련과 훈련교사 양성훈련을 포함하는데, 집중적인 교육으로 높은 수준의 기술자를 양성하는 프로그램에서 여성 비율은 상대적으로 낮다. 즉, 다기능 기술자 훈련에 참여 인원 중 여성 비율은 16.3%에 불과하며, 훈련교사 양성훈련에는 여성 대상자가 전무한 것으로 나타나고 있다.

한편, 한국산업인력공단 중앙고용정보원과 노동부에서 운영하는 인적자원 개발종합정보망(HRD-Net)에 의한, 실업자 직업훈련과 재직자 직업훈련의 DB 에서 나타난 성별 참여 현황은 <표 7-7>과 같다.

실업자 직업훈련은 <표 7-7>에서 보는 바와 같이 전체 참여자 6만 6,148

<표 7-5> 평생학습 평균 교육이수 일수(2004 기준)

(단위: 일)

구분	직장 연수			학원 수강			교양 강좌			직업 훈련			TV 및 라디오 인터넷 강좌			기 타		
	계	여	남	계	여	남	계	여	남	계	여	남	계	여	남	계	여	남
전국	9.9	10.1	9.9	73.5	76.3	69.3	27.9	31.1	19.4	19.5	28.5	15.9	37.7	35.8	39.5	16.6	17.4	15.3
서울	10.8	11.5	10.3	72.8	73.0	72.5	32.0	35.6	21.7	39.7	41.5	38.1	39.8	36.5	42.5	21.8	25.1	17.2
부산	10.2	10.3	10.2	83.6	84.4	82.0	22.5	25.0	13.8	31.8	36.7	27.4	41.4	43.4	39.4	7.9	17.6	2.3
대구	9.7	11.0	8.9	76.5	81.8	69.1	36.3	39.2	29.6	13.4	13.9	13.1	36.7	32.7	41.1	3.3	3.1	4.0
인천	9.0	8.4	9.3	85.2	88.9	79.4	37.3	43.1	15.2	18.7	25.3	16.7	35.0	29.4	41.2	9.7	14.8	4.6
광주	10.1	10.2	10.1	74.4	77.5	69.5	25.7	27.8	22.0	30.5	40.3	25.4	30.5	29.1	32.4	5.7	6.6	4.3
대전	11.7	12.8	11.2	80.1	80.2	80.0	25.2	25.2	25.3	33.8	29.2	35.1	35.3	33.7	33.7	22.6	30.2	10.2
울산	10.6	14.3	9.1	79.7	85.3	74.3	26.4	28.4	17.7	14.0	17.8	12.4	28.0	25.9	30.2	1.0	-	1.0
경기	9.0	8.8	9.1	73.8	79.5	65.6	30.1	34.4	17.7	20.4	30.9	20.8	41.3	39.3	43.0	12.5	13.9	9.1
강원	10.9	9.6	11.4	72.7	81.0	52.3	21.3	23.4	16.2	8.9	11.1	8.3	29.9	29.9	29.9	17.9	24	1.0
충북	10.7	6.9	12.4	65.0	66.2	63.3	20.4	23.5	12.1	7.4	21.9	3.1	34.0	35.0	3.3.3	15.2	3.3	19.3
충남	11.4	8.8	12.6	72.7	76.3	69.1	19.8	21.5	15.4	5.0	8.0	4.5	31.8	30.0	33.0	12.3	14.5	9.2
전북	9.1	10.8	8.3	54.7	57.8	49.3	17.7	21.4	11.4	11.1	15.6	10.1	36.5	33.2	40.4	47.9	65.5	18.8
전남	8.9	8.5	9.0	58.6	61.2	56.1	24.9	27.5	20.8	12.9	21.8	10.0	33.8	17.3	43.3	14.3	17.1	8.9
경북	8.6	10.3	7.9	70.5	78.2	59.7	18.9	20.0	16.0	11.6	14.7	10.8	29.4	26.8	31.9	35.5	24.8	47.6
경남	10.1	10.1	10.1	64.5	63.?	66.?	30.?	30.6	28.8	19.5	36.3	13.4	41.2	46.5	34.5	51.9	16.2	109.7
제주	9.5	7.5	11.0	56.5	61.4	46.8	22.7	28.3	12.2	14.6	20.8	11.7	50.5	74.0	21.6	3.5	3.7	3.0

자료: 통계청(2004).

명 가운데 여자가 3만 5,828명으로 54.2%라는 비중으로 참여도가 높은 편이
다. 여자 참여 비중 순서를 보면 참여자 전원이 여자인 여성가장훈련을 제외하

<표 7-6> 직업능력개발사업(노동부) 참여 인원 중 여성 비율(2003)

(단위: 천 명, %)

구 분	예 산	인 원	여성 비율
기능인력양성훈련	40,311	12,383	
다기능기술자훈련	16,811	9,383	16.3
훈련교사양성훈련	23,500	3,000	0
실업대책 직업훈련	264,119	108,082	
• 재취업훈련	168,301	85,660	
- 실업자재취직훈련	131,991	57,662	56.7
- 고용촉진훈련	12,634	11,700	64.1
- 취업지원훈련	23,676	16,298	50.7
• 인력개발훈련	95,818	22,422	
- 기능사양성훈련	20,486	10,760	15.1
- 우선직종훈련	75,332	11,662	23.5
총계	304,430	120,465	

자료: 고혜원 외(2004). 「여성 인적자원개발 혁신 방안」 재구성.

<표 7-7> 성별 실업자 직업훈련 참여 현황(2005)

(단위: 명, %)

구분	실업자 재취업훈련	취업유망 훈련	정부위탁 훈련	고용촉진 훈련	여성가장 훈련	자활직업 훈련	계
남성	6,644 (39.5)	14,839 (47.0)	6,652 (75.1)	2,138 (30.6)	0 0	43 (19.8)	30,320 (45.8)
여성	10,160 (60.5)	16,731 (53.0)	2,211 (24.9)	4,845 (69.4)	1,711 (100.0)	174 (80.2)	35,828 (54.2)
계	16,804 (100.0)	31,570 (100.0)	8,863 (100.0)	6,983 (100.0)	1,711 (100.0)	217 (100.0)	66,148 (100.0)

주: ( ) 안은 비중.
자료: 한국산업인력공단 중앙고용정보원(2005). HRD-Net 통계 분석.

고, 자활직업훈련(80.2%), 고용촉진훈련(69.4%), 실업자재취업훈련(60.5%) 순
으로 높게 나타나고 있다.

재직자 직업훈련 성별 참여 현황을 살펴보면, 전체 참여자 중 여성의 비중이
20.7%로 매우 낮다(<표 7-8> 참조). 여성재직자의 경우, 비교적 참여 비중이
평균보다 높은 수준을 보이고 있는 훈련 과정은 양성(자체) 훈련(40.6%), 향상

<표 7-8> 성별 재직자 직업훈련 참여 현황

(단위: 명, %)

구분	양성훈련			향상훈련			전직훈련		유급휴가훈련	해외훈련	기타훈련	계
	자체	위탁	자체+위탁	자체	위탁	자체+위탁	자체	위탁				
남	12,193 (59.4)	682 (81.2)	193 (88.1)	544,633 (84.0)	499,018 (74.7)	96,060 (82.8)	428 (55.3)	31 (83.8)	2,804 (92.4)	10 (100.0)	2 (100.0)	1,156,054 (79.3)
여	8,339 (40.6)	158 (18.8)	26 (11.9)	103,858 (16.0)	168,615 (25.3)	19,942 (17.2)	346 (44.7)	6 (16.2)	229 (7.6)	0 (0.0)	0 (0.0)	301,518 (20.7)
분류불능	1 (0.0)	0 (0.0)	0 (0.0)	0 (0.0)	38 (0.0)	0 (0.0)	0 (0.0)	0 (0.0)	0 (0.0)	0 (0.0)	0 (0.0)	39 (0.0)
계	20,532 (100.0)	840 (100.0)	219 (100.0)	648,491 (100.0)	(100.0)	(100.0)	(100.0)	(100.0)	(100.0)	10 (100.0)	2 (100.0)	1,457,611 (100.0)

주: ( ) 안은 비중.

자료: 한국산업인력공단 중앙고용정보원(2005). HRD-Net 통계 분석.

(위탁) 훈련(25.3%), 전직(자체) 훈련(44.7%) 순이다. 재직자 직업훈련 과정의 특색 가운데 또 한 가지는 여성 훈련생의 경우, 연령대가 높아질수록 참여 비중이 급감하고 있다는 사실이다. 10대(84.6%), 20대(42.2%), 30대(15.0%), 50대(12.8%), 40대(5.7%)의 순서로 여성 참여 비중이 급감하고 있음을 보여주고 있다.

지금까지 강원도의 여성 인적자원 양성 현황을 살펴보았다. 양성 현황에서 특징적인 것 몇 가지를 보면, 첫째, 실업계고의 진학률이 매우 높은 추세이며 그중 여학생의 진학률이 49.6%로 전체 82.1%에 대비해 보았을 때 높은 실정이다. 이러한 현상은 실업계고의 교과과정이 여학생이 자기 전공의 전문성을 살려 취업을 할 수 있도록 편성되어 있지 못하다는 의미를 내포하고 있다고 할 수 있다.

둘째, 산업인력양성기관에서의 여성 현황은 매우 저조하며, 그 이유는 남성의 물리적인 힘을 위주로 하는 교과 편성 때문이며 도내 여성의 산업인력 양성기관으로는 춘천과 강릉의 여성인력개발센터와 15곳의 여성회관 및 여성

고용지원기관 정도에 불과하다.

셋째, 여성의 평생학습 참여 여부가 남성보다 4.2%나 낮은 19.6%에 불과하나 평균 교육이수 일수를 비교하면 남성보다 부족하지 않다. 평생학습 참여 여부는 전국적으로도 저조한데, 이는 여전히 평생학습의 중요성에 대한 인식이 부족함을 여실히 보여주고 있다. 따라서 여성의 평생학습참가율을 좀 더 높이기 위해 여성이 관심을 보일 수 있는 평생학습프로그램의 확충과 또한 여성과 자녀가 함께 할 수 있는 교육 프로그램의 신설 및 교육기관의 확충이 매우 중요하다고 할 수 있다.

3. 강원도 여성 인적자원 활용 실태 및 문제점

최근 우리나라는 저출산, 고령화가 급속도로 진행됨으로써 경제활동참가율 증가 추세가 정체 현상을 보이고 있다. 특히 여성 경제활동인구의 증가율은 1990년에서 2003년까지 1.3% 정도에 불과한 매우 둔화된 변화 추이를 보이고 있다(고혜원, 2005: 76).

또한 여성 경제활동참가율을 주요 선진국과 비교해 보면 우리의 수준은 현저히 떨어진다. <표 7-9>에서 보는 바와 같이 OECD 평균인 60.1%보다도 6.2%나 떨어지는 53.9%의 매우 저조한 여성 경제활동참가율을 보여주고 있다.

<그림 7-2>를 보면, 연령별로 여성 경제활동참가율을 국민 소득이 2만

<표 7-9> 국가별 여성 경제활동참가율 비교(2004)

국가	한국	일본	오스트리아	미국	스웨덴	OECD 평균
여성경활률(%)	53.9	60.2	66.3	69.2	76.6	60.1

주: OECD 기준 생산가능인구는 16~64세이다.
자료: OECD Employment Outlook 2005,

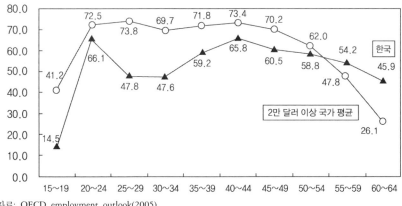

<그림 7-2> 연령별 여성 경제활동참가율

자료: OECD employment outlook(2005).

달러 이상인 국가와 비교했을 때, 우리의 경우는 20대 초반에 급상승하다가 25세부터 34세에 출산과 육아 등으로 인하여 노동시장에서 이탈함으로써 감소된 수치가 정체되는 특이한 현상을 파악할 수가 있다. 또한 35세부터 40대 초반까지 또다시 상승하여 오르다 45세 이후 서서히 하강하는 현상을 볼 수 있다. 다시 말하면 우리의 여성 경제활동참가율 현상은 엠커브(M-Curve)의 구조화 현상을 역력하게 보여주고 있음을 알 수 있다. 반면 주요 선진국은 남성 경활률과 유사한 역U자형 구조로 변화하는 모습을 보이고 있다.

강원도의 여성 경제활동참가율을 살펴보면(<표 7-10> 참조), 48.7%로 남성 경제활동참가율 70.3%에 비해 21.6% 낮다. 그뿐만 아니라 전국을 기준으로 비교해도 전국 남성 경제활동참가율은 75.0%이나 강원도 남성 경제활동참가율은 70.3%로 4.7%나 낮다. 또한 여성의 경우도 마찬가지로 전국 여성 경제활동참가율이 49.9%에 비해 강원도 여성 경제활동참가율은 48.7%로 1.2% 낮게 나타났다. 이 같은 수치로 보아 도내에서는 남녀 모두 인적자원의 활용도가 저조한 것으로 짐작할 수 있다.

이에 대해 부언하자면 도내는 남성 실업률(1.8%)보다 여성 실업률(2.4%)이 0.6% 더 높다. 이 사실은 남성보다 여성이 경제활동에 덜 참여하고 있으며

(단위: 천 명, %)

구분	전 체								남				여			
	15세이상인구	경제활동인구	비경제활동인구	경제활동참가율	취업자		실업자		15세이상인구	경제활동인구	비경제활동인구	경제활동참가율	15세이상인구	경제활동인구	비경제활동인구	경제활동참가율
계	37,717	23,417	14,300	62.1	22,557	100	859.9	100	18,312	13,727	4,584	75.0	19,405	9,690	9,716	49.9
서울	8,039	5,068	2,971	63.0	4,830.7	21.4	236.8	27.5	3,910	2,937	973	75.1	4,129	2,131	1,998	51.6
부산	2,904	1,686	1,218	58.0	1,612.4	7.1	73.4	8.5	1,390	987	403	71.0	1,514	699	815	46.1
대구	1,997	1,224	772	61.3	1,172.3	5.2	51.9	6.0	964	705	258	73.2	1,033	519	514	50.2
인천	2,016	1,249	767	61.9	1,191.9	5.3	56.7	6.6	993	755	239	76.0	1,023	494	528	48.3
광주	1,088	631	458	57.9	603.7	2.7	26.8	3.1	523	362	161	69.3	566	268	297	47.5
대전	1,133	677	456	59.7	648.6	2.9	28.3	3.3	553	404	148	73.1	580	273	308	47.0
울산	823	507	317	61.5	488.2	2.2	18.3	2.1	412	325	87	78.8	411	182	229	44.2
경기	8,076	5,060	3,016	62.7	4,874.3	21.6	185.4	21.6	3,974	3,071	903	77.3	4,102	1,989	2,113	48.5
강원	1,158	684	474	59.1	669.9	3.0	14.4	1.7	558	392	166	70.3	601	293	308	48.7
충북	1,162	696	466	59.9	676.9	3.0	19.0	2.2	563	409	154	72.6	599	287	312	48.0
충남	1,458	942	516	64.6	920.5	4.1	21.4	2.5	707	550	156	77.9	751	392	360	52.1
전북	1,445	846	599	58.5	822.6	3.6	23.0	2.7	689	490	199	71.1	756	356	400	47.1
전남	1,474	955	519	64.8	930.6	4.1	24.0	2.8	700	530	170	75.7	774	424	349	54.9
경북	2,140	1,403	737	65.5	1,365.6	6.1	36.9	4.3	1,028	782	246	76.1	1,112	620	491	55.8
경남	2,397	1,508	889	62.9	1,471.0	6.5	36.8	4.3	1,153	876	276	76.0	1,245	632	613	50.7
제주	409	285	124	69.7	277.9	1.2	7.0	0.8	196	152	44	77.5	213	133	80	62.4

자료: 통계청(2005). 경제활동인구조사 원자료(http://www.nso.go.kr).

<표 7-11> 도내 연도별 및 성별 실업률

연도	성별 실업률	
	남성(%)	여성(%)
1999	4.8	3.6
2000	3.0	2.1
2001	2.8	1.4
2002	2.0	1.3
2003	2.0	2.1
2004	1.8	2.4

주: 실업률 = $\frac{\text{실업자수}}{\text{경제활동참가자수}}$ ×100.

자료: 강원도(2005b).

실업자 수는 더욱 많다는 뜻임을 알 수 있다. <표 7-11>에서 보는 바와 같이 도내 연도별 남성과 여성의 실업률을 대조하여 살펴보면, 남성의 경우는 1999년(4.8%) 이후 1년 사이에 1.8%로 줄어 3.0%의 실업률을 보였다. 그에 비해 여성은 1999년 3.6%의 실업률을 보이다 다음해 1.5% 줄어 2.1%의 실업률을 나타냈고, 해를 거듭해 조금씩 줄어들어 2002년도엔 1.3%의 낮은 실업률을 보여주기도 했다. 그러나 2003년도엔 다시금 0.8%가 늘어 2.1%로, 2004년도엔 2.4%로 점차 늘어나 남성보다 여성의 열악한 인적자원 활용임을 파악할 수 있다. 그뿐만 아니라 1999년부터 2004년까지 실업률 변화 추이를 보면 2002년까지는 남성이 여성보다 실업률이 더욱 높았으나 2003년부터는 여성이 남성보다 조금씩 높게 나타난다는 사실이다.

이 사실로 미루어볼 때, 사회 전반의 경제가 침체될수록 여성들이 탁아비용을 아낀다는 차원에서 스스로 노동시장에 진입하길 꺼리는 경향이 짙어 빚어지는 한 현상일 것이라 짐작한다. 때문에 우선적으로 경제를 살려야 여성들의 경제활동참여율을 증가시킬 수 있을 것이라 보며, 여성들을 노동시장에 끌어들이기 위한 중요한 방법 중 하나는 자녀 보육에 관한 문제를 해결해 주는 것이라 할 수 있다.

<표 7-12> 도내 산업별 여성 취업자 분포(2004년)

(단위: 천 명, %)

구분	강원		전국	
	남성	여성	남성	여성
계	385(100)	285(100)	13,193(100)	9,364(100)
□ 농림어업	63(16.4)	48(16.8)	959(7.3)	866(9.2)
□ 광공업	33(8.6)	19(6.7)	2,812(21.3)	1,494(16.0)
· 제조업	28(7.3)	19(6.7)	2,797(21.2)	1,493(15.9)
□ 사회간접자본 및 기타 서비스업	289(75.1)	218(76.5)	9,423(71.4)	7,004(74.8)
· 건설업	60(15.5)	6(2.1)	1,658(12.6)	162(1.7)
· 도소매·음식숙박업	75(19.5)	106(37.2)	2,646(20.1)	3,217(34.4)
· 전기·운수·창고·금융	45(11.6)	14(4.9)	1,616(12.3)	570(6.1)
· 사업·개인·공공서비스 및 기타	110(28.5)	92(32.3)	3,503(26.5)	3,055(32.6)

자료: 강원도(2005b).

도내 산업별 여성 취업자 현황을 살펴보면(<표 7-12> 참조), 도내 전체
여성 취업자 중 사회간접자본 및 기타 서비스업에 종사하는 여성 취업자는
76.5%로 대다수의 여성들이 이 산업에 종사한다고 볼 수 있다. 그중에서도
도소매·음식숙박업(37.2%)과 사업·개인·공공서비스업(32.3%)의 비중이 높게
나타나고 있다. 이러한 현상은 고급 인력으로 활용되기보다는 임시 또는 일용
직으로 활용되기 쉬운 산업에 편중적으로 높게 나타난다는 인력 활용 면의
문제점으로 지적되기도 한다. 왜냐하면 이는 고급 인력이 취업할 산업체가
부족하다는 의미를 시사할 뿐만 아니라 고학력 여성의 취업률이 점점 낮아지
는 데 주요인으로 작용하기 때문이다. 부언하면, 한국 여성의 학력별 인력활용
을 살펴보면(<그림 7-3> 참조), 초·중학교를 졸업한 인력활용은 높은 반면,
전문대졸 이상의 인력활용은 감소현상을 보임으로써 대졸 이상 고학력 여성
경활률이 OECD 국가 중 최하위 수준으로 나타나고 있다. 따라서 국민소득
2만 달러 국가로 진입하고자 하는 우리는 하루 속히 고학력 여성이 노동시장에
투입할 수 있도록 여건 조성을 마련해주어야 할 것이다.

또한 도내 여성과 전국 여성의 취업분포를 비교해 보았을 때, 농림어업의
구성비가 도내 여성의 경우는 16.8%임에 비해 전국 여성은 9.2%로 도내

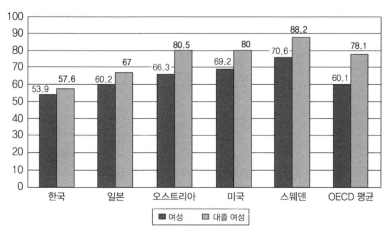

<그림 7-3> OECD 국가의 여성 경제활동참가율

자료: OECD employment outlook(2005).

여성의 농림어업 종사자가 전국 여성의 2배에 달한다. 이것으로 보아 도내
여성의 취업구조는 1차 산업과 3차 산업에 주로 분포되어 편중된 취업구조임
을 알 수 있다.

　다음 <표 7-13>은 도내 직종별 취업자 분포 현황이다. 직종별 분포를
보면 도내 여성들은 전문가·준전문가 및 사무직에 종사하기보다는 서비스
및 판매 근로자로 종사하는 수가 더욱 많다. 구체적으로 보면 서비스 종사자
및 시장 판매 근로자 비율이 40.9%로 가장 많으며, 다음으로 단순 노무(14.7%),
농·어업(13.6%), 사무직(13.3%)의 순서로 분포되어 있다. 이에 비해 전문가
및 준전문가의 종사 비율은 14.4%이며 또한 입법 및 고위 관리직은 0.4%의
비율로 매우 낮은 분포를 보이고 있다. 이 같은 분포상에서 특징적인 것은
서비스 종사자 비율(25.6%)이 남녀 전체 서비스 종사자(15.8%)에 비해 현저하
게 높게 나타났다는 점이다. 이와 같은 수치는 전국 평균(12.8%)보다 2배
정도 높아 도내 여성의 서비스직 종사 비중이 매우 높다는 것을 알 수 있다.

　직종별 여성 취업자의 변화 추이를 보면(<표 7-14> 참조), 농·어업 근로자는
1995년(6만 1,000명)에 비해 2004년도(3만 9,000명)에는 현격하게 줄어들었으

<표 7-13> 도내 여성 직업별 취업자

(단위: 천 명, %)

구분	강원도		전국	
	여성	전체	여성	전체
계	285(100.0)	670(100.0)	9,394(100.0)	22,557(100.0)
의회의원, 고위임원직 및 관리자	1(0.4)	16(2.4)	40(0.4)	576(2.5)
전문가	28(9.8)	50(7.5)	786(8.3)	1,731(7.6)
기술공 및 준전문가	13(4.6)	36(5.4)	756(8.0)	2,324(10.3)
사무종사자	38(13.3)	79(11.8)	1,582(16.8)	3,188(14.1)
서비스종사자	73(25.6)	106(15.8)	2,006(21.3)	2,895(12.8)
판매종사자	44(15.4)	78(11.6)	1,493(15.9)	2,749(12.1)
농업,임업 및 어업숙련종사자	39(13.7)	99(14.8)	764(8.1)	1,700(7.5)
기능원 및 관련기능종사자	5(1.8)	61(9.1)	424(4.5)	2,455(10.8)
장치,기계조작 및 조립종사자	3(1.1)	53(7.9)	345(3.6)	2,490(11.0)
단순노무종사자	42(14.7)	92(13.7)	1,168(12.4)	2,499(11.0)

자료: 강원도(2005b).

며, 서비스 근로자 및 시장 판매 근로자는 2004년(11만 7,000명)도에 1995년(8만 2,000명)에 비해 크게 증가했음을 알 수 있다. 그리고 특이할 만한 것은 전문가 및 준전문가로 취업한 비율이 2000년도에 7.9%이던 것이 2004년도엔 14.4%로 크게 증가했다는 점이다. 이 같은 변화 추이에 주목할 이유는 지식기반경제사회에서는 고학력자의 전문가들 지식과 정보가 매우 중요한데, 도내 여성들이 2000년도에 비해 2004년도에 전문가 및 준전문가로 진출한 비율이 증가했다는 것은 여성의 취업지위가 다소나마 개선되고 있다는 사실로 해석할 수 있기 때문이다.

<표 7-14> 도내 여성 직업별 취업자 추이

(단위: 천 명, %)

구분	1995		2000		2004	
	여자	남자	여자	남자	여자	남자
입법자·고위 임직원 및 관리자	1(0.4)	15(3.7)	1(0.4)	19(4.9)	1(0.3)	15(3.9)
전문가·기술공 및 준전문가	23(8.9)	44(11.1)	22(7.9)	39(0.1)	41(14.4)	45(11.7)
사무직원	29(11.2)	26(6.6)	31(11.2)	30(7.7)	38(13.3)	41(10.7)
서비스 근로자 및 상점과 시장 판매 근로자	82(31.8)	54(13.5)	112(40.3)	66(17.0)	117(40.9)	67(17.5)
농업 및 어업 숙련 근로자	61(23.6)	91(23.3)	49(17.6)	74(19.1)	39(13.6)	60(15.6)
기능원·기계 조작원 및 조립원	21(8.1)	110(28.1)	17(6.1)	111(28.6)	8(2.8)	106(27.6)
단순 노무직 근로자	41(15.9)	49(12.5)	47(16.9))	49(12.6)	42(14.7)	50(13.0)
전체	258(100.0)	389(100.0)	278(100.0)	388(100.0)	285(100.0)	385(100.0)

자료: 강원도(2005b).

<표 7-15>는 도내 여성 연령계층별 취업자 현황이다. 이를 살펴보면 40~49세의 취업자 비율이 28.5%로 가장 높아 강원도는 40대 여성 취업자의 비중이 높다는 것을 알 수 있다. 또한 도내 20대 여성 취업자의 분포는 17.2%로 전국 여성 평균 23.1%보다 매우 낮음을 알 수 있다. 이에 반해 60세 이상의 노년층 취업 비율은 도내 15.4%의 비율에 비해 전국 비율은 10.8%에 불과하다. 이는 즉, 생산 활동이 왕성한 20대 여성 취업자 비율은 낮고 60세 이상의 노년층 취업자 비율이 높다는 것인데 이러한 현상은 도내 여성의 취업 구조가 매우 취약하다는 것을 보여주는 증거라 할 수 있다.

<표 7-16>은 강원도 여성 취업자의 교육 정도별 분포 현황이다. 도내

<표 7-15> 연령계층별 취업자(2005년)

(단위: 천 명, %)

구분	강원도			전 국		
	천 명(%)	남성	여성	계	남성	여성
계	671 (100.0)	387 (100.0)	284 (100.0)	22,856 (100.0)	13,330 (100.0)	9,526 (100.0)
15~19세	7(1.0)	4(1.0)	4(1.4)	243(1.0)	110(0.8)	133(1.4)
20~29세	96(14.3)	46(11.8)	49(17.2)	4,207(18.4)	1,998(14.9)	2,208(23.1)
30~39세	163(24.2)	102(26.3)	61(21.4)	6,122(26.7)	3,922(29.4)	2,200(23.0)
40~49세	190(28.3)	109(28.1)	81(28.5)	6,305(27.5)	3,760(28.2)	2,544(26.7)
50~59세	116(17.2)	70(18.0)	45(15.8)	3,599(15.7)	2,193(16.4)	1,407(14.7)
60세 이상	99(14.7)	55(14.2)	44(15.4)	2,381(10.4)	1,347(10.1)	1,034(10.8)

자료: 강원도(2005b).

<표 7-16> 교육 정도별 취업자 현황(2004)

(단위: 천 명, %)

구분	강 원		전 국	
	여자	남자	여자	남자
초졸 이하	83(29.0)	67(17.4)	1,829(19.5)	1,259(9.5)
중 졸	36(12.6)	54(14.0)	1,241(13.3)	1,435(10.9)
고 졸	105(36.7)	163(42.2)	3,853(41.1)	5,896(44.7)
대졸 이상	62(21.7)	102(26.4)	2,441(26.1)	4,603(34.9)
전 체	285(100.0)	385(100.0)	9,364(100.0)	13,194(100.0)

자료: 통계청(2005b).

여성 전체 취업자의 교육 수준별 분포를 보면 고졸 취업자(36.7%)가 가장 높게 나타났으며 다음은 초졸 이하(29.0%), 대졸 이상(21.7%) 순으로 나타났다. 전국 여성 취업자의 교육 수준별 분포는 고졸 취업자(41.1%)가 가장 높게 나타났으며 다음으로는 대졸 이상(26.1%), 초졸 이하(19.5%)의 순으로 나타났다. 이러한 분포를 통해 알 수 있는 것은 첫째로 도내의 경우 여성 취업자의 학력이 전체적으로 낮다는 것이며, 둘째로 초졸 이하의 저학력 여성 취업자의 구성비가 매우 높다는 것이다. 초졸 이하의 수치는 전국 평균(19.5%)에 비교해 보아도 매우 높은 수치이며 도내의 여성 취업자 저학력 구성 비중이 높음을 확인할 수 있다. 셋째는 대졸 이상의 취업 비율이 남녀 모두 전국 평균에 비해 낮다는 점이고, 넷째는 초졸 이하의 저학력을 제외하곤 학력 수준이 높아질수록 남성의 비중보다는 여성의 비중이 낮아진다는 점이다.

지금까지 강원도 여성 인적자원 활용 실태에 대해 살펴보았다. 이를 통해 앞서 살핀 인적자원의 양성에 비례한 도내 여성 인적자원의 활용 면에서의 다음 몇 가지 중요한 문제점을 도출할 수 있었다.

첫째, 도내 여성은 경제활동참가율이 남성보다 낮아 인적자원 활용도 면에서 매우 저조함을 나타내고 있다.

둘째, 산업별 여성 취업자 실태를 보았을 때 도소매, 음식·숙박업과 사업·개인·공공서비스업의 구성 비중이 높아 고급 인력으로 활용되기보다는 임시직 또는 일용직으로 활용되기 쉬운 산업에 편중되어 분포되어 있다는 점이다. 이러한 문제는 고급 인력이 취업할 산업체가 부족하다는 의미로도 해석이 가능하나 더욱 문제가 되는 것은 도내 교육 수준별 취업자 분포상에서 저학력자의 분포가 높게 나타나게 하는 주요인이므로 고학력자의 취업률을 높일 방안을 하루 빨리 마련해야 할 것이다.

셋째, 도내 직종별 취업자 분포에서는 서비스 종사자와 시장 판매 종사자 수가 전문가 및 준전문가 또는 사무직에 종사하는 수보다 많아 이 또한 고학력자의 취업 기회와 관련한 심각한 문제라 할 수 있다. 현대는 지식기반경제사회로 지식과 정보가 지역 및 국가의 경쟁력을 강화하는 데 매우 지대한 영향을 끼치는 주요인이다. 다시 말하면 고학력자의 전문가적인 지식 및 정보가 지역의 경쟁력을 강화하는 데 매우 중요한 요소이기 때문에 고학력 여성의 취업기회를 확보할 방안 마련에 고심해야 할 필요가 있다는 점이다.

넷째, 도내 여성의 노동인구가 점차 고령화되고 있다는 문제점이다. 연령계층별 여성 취업자 분포를 보았을 때, 20대의 생산적인 젊은 여성의 취업자 비율은 줄어들고 60세 이상의 노년층 비율이 늘어난다는 것은 도내 여성 취업구조가 매우 취약하다는 것을 입증하는 것이다. 이러한 사실은 노인복지 차원에서도 매우 중요하게 보아야 할 문제로 이유인즉, 선진국에서는 60대 이후의 여성들은 직장이나 일터에서 은퇴하여 사회복지의 혜택을 받는 수혜자가 되는 것이 일반적이기 때문이다(강원여성백서, 2005: 89).

이처럼 도내 여성 인적자원 활용의 문제는 여러 가지로 제한적이라 할 수 있다. 따라서 생산력이 왕성한 젊은 20대의 여성 인력과 전문가적인 고학력 인력이 취업할 수 있는 기회제공 및 취업할 산업체가 늘어나야 함은 자명한 사실이다. 그뿐만 아니라 출산 및 육아로 인한 전업주부의 재취업 기회를 부여하기 위해 보육에 관한 여러 문제의 해결은 도내 여성 인력 활용의 활성화를 위한 중요한 기반이 될 것이라 판단한다.

4. 강원 지역의 산업구조 특성과 여성의 취업구조 변화

강원도는 산업구조상 1차 산업인 농림·어업과 3차 산업인 서비스업의 비중이 높고 제조업 기반이 매우 취약하다. 또한 도내 1인당 지역내총생산도 전국보다 낮은 수준이다(염돈민, 2001: 193~195). 그뿐만 아니라 해마다 인구가 감소하고 있으며 고령화사회가 타 시·도보다 빨리 진행되고 있어서 지역경제 발전에 장애요인으로 작용한다. 이처럼 열악한 산업구조 특성을 지닌 강원도에서 여성의 취업구조는 어떻게 변화해야 할런지에 대한 대응책 마련은 곧 여성 인적자원 개발 정책의 활성화 방안이 될 것이다. 따라서 여기서는 강원도의 산업구조 특성에 대해 간략하게나마 살펴보고, 이에 따른 여성의 취업구조 변화에 대해서도 간단하게 살펴보고자 한다.

<표 7-17> 강원도 종사자 규모별 사업체 수 및 종사자 수(2004년)

(단위: 명, %)

구분	계	영세기업 1~4명	소기업			중기업		대기업		
			5~9명	10~19명	20~49명	50~99명	100~299명	300~499명	500~999명	1,000명 이상
종업원 수	436,787 (100.0)	178,103 (40.7)	53,195 (12.1)	47,085 (10.7)	60,765 (13.9)	34,545 (7.9)	29,138 (6.6)	9,084 (2.0)	13,294 (3.0)	11,578 (2.6)
강원도 사업체 수	116,338 (100.0)	101,632 (87.4)	8,412 (7.2)	3,520 (3.0)	2,025 (1.7)	512 (0.4)	184 (0.1)	25 (0.0)	20 (0.0)	8 (0.0)

자료: 강원도(2005b).

1) 영세기업 중심의 취약한 제조업 기반

현재 강원도에는 총 11만 6,338개의 사업체가 있다. 이 사업체 가운데 종업원 수가 5인 미만인 영세기업체 수는 10만 1,632개로 도내 전체 사업체들 가운데 87.4%나 차지하고 있다. 종업원 수가 5인 이상 50인 미만인 소기업체 비중도 11.9%나 되며 종업원 수가 300인 이상의 대기업체는 오히려 0.04%에 불과한 53개의 사업체뿐으로 나머지 대다수는 영세기업이 차지하고 있다. 이는 종사자 수를 보더라도 강원도 전체 사업체 종업원의 92.4%나 되는 비중이 중소기업 또는 영세기업에 고용되어 있음을 알 수 있다.

다음의 도내 산업대 분류별 사업체 수를 살펴보면(<표 7-18> 참조), 강원도 내에 제조업체 구성비가 매우 취약함을 확실하게 알 수 있다. 우선 숙박 및 음식점업이 3만 3,380개로 구성비가 28.7%나 되며 도매 및 소매업이 3만 418개로 구성비는 26.1%이다. 이 두 산업의 비중이 전체의 54.8%를 차지하고 있으며, 기타공공, 수리 및 개인 서비스업은 1만 3,229개(11.4%)를 차지하고 있다. 다음으로는 운수업과 제조업체의 순서로 즉, 운수업은 9,831개(8.5%)로 그리고 제조업은 6,538개(5.6%)로 나타났다.

<표 7-18> 강원도 산업대분류별 사업체 수(2004년)

(단위: 개, %)

산업 분류	강 원 도	
	116,338	구성비(%)
농업 및 임업	115	0.1
어업	14	0.01
광업	138	0.1
제조업	6,538	5.6
전기, 가스, 수도사업	102	0.1
건설업	3,831	3.3
도매 및 소매업	30,418	26.1
숙박 및 음식점업	33,380	28.7
운수업	9,831	8.5
통신업	434	0.4
금융 및 보험업	1,317	1.1
부동산업 및 임대업	2,979	2.6
사업서비스업	2,108	1.8
공공행정 및 사회보장행정	820	0.7
교육서비스업	4,366	3.8
보건 및 사회복지사업	2,332	2.0
오락, 문화 및 운동 관련 산업	4,386	3.8
기타 공공, 수리 및 개인 서비스업	13,229	11.4

자료: 강원도(2004).

2) 도내 산업구조의 특성과 여성의 취업구조

이처럼 영세기업 중심의 취약한 제조업 기반의 산업구조 특성을 지닌 강원도에서는 여성의 취업구조도 많은 변화가 뒤따를 수밖에 없다. <표 7-19>는 강원도 규모별 여성 분포 현황에 대한 것이다. 이를 살펴보면 4인 이하의 소규모 영세업체가 83.7%로 업체의 대부분을 차지하고 있으며 5인 이상 50인 미만의 소규모 업체도 15.8%로 상당수 차지하고 있다. 단지 300인 이상의 대기업체는 0.02%인 8개 업체에 불과해 여성고용업체의 규모가 매우 영세하

<표 7-19> 강원도 규모별 여성분포 현황

(단위: 개, %)

구분		업체 수	4인 이하	5~10인	11~ 50인	51~ 100인	101~ 300인	301인 이상	평균 고용 인원
계		33,309 (100.0)	27,885 (83.7)	3,606 (10.8)	1,649 (5.0)	117 (0.4)	44 (0.1)	8 (0.0)	4.01
시·군	춘천	5,674 (17.0)	4,740	638	261	25	8	2	4.12
	원주	6,324 (19.0)	5,320	652	311	27	12	2	4.29
	강릉	5,091 (15.3)	4,273	542	244	22	8	2	4.24
	소계	24,787 (74.4)	20,805	2,617	1,230	93	36	6	4.10
	홍천	1,315 (3.9)	1,105	142	64	2	2	-	3.73
	횡성	831 (2.5)	671	101	53	4	1	1	4.50
	영월	847 (2.5)	705	99	40	3	-	-	3.46
	소계	8,522 (25.6)	7,080	989	419	24	8	2	3.76

주: 1) 시·군 지역 일부만 작성.
　　2) 농림어업 및 서비스업 중심의 산업구조.
자료: 강원도(2003) 참조.

다는 것을 파악할 수 있다. 그뿐만 아니라 강원도 내의 한 사업체당 여성종사자 평균은 4.01명이며 시 지역은 4.10명, 군 지역은 3.76명으로 나타나 이것으로도 여성취업자의 근로 조건이 영세한 데다 불안정하고 취약하다는 것을 알 수 있게 한다.

　강원도의 산업구조는 1차 산업인 농림·어업과 3차 산업인 서비스업의 비중은 높은 반면, 2차 산업인 제조업의 비중은 낮다. 산업별 생산구조 비교를 살펴보면(<표 7-20>), 농림·어업의 비중(6.2%)이 전국 평균(3.1%)에 비해 2배 차이로 높으며 광업의 비중도 1.5%로 전국 평균 0.2%에 비해 7배 이상 높다. 제조업의 비중은 9.2%로 전국 평균 23.2%에 비해 2.5배나 차이가 나는 불균형 상태를 보이고 있다. 그뿐만 아니라 도내 제조업 지역총생산이 1조 8,858억

<표 7-20> 산업별 생산구조 비교(2003)

(단위: 백만 원, %)

구분	강원도		전국	
지역내총생산	20,440,100	100.0	727,604,537	100.0
농림어업	1,272,494	6.2	22,912,464	3.1
광업	314,048	1.5	1,403,272	0.2
제조업	1,885,823	9.2	169,020,547	23.2
전기가스수도사업	420,903	2.1	16,941225	2.3
건설업	2,995,646	14.7	61,686,152	8.5
도소매업	861,984	4.2	46,210,941	6.4
숙박및음식점업	747,606	3.7	18,338,728	2.5
운수업	651,358	3.2	28,456,963	3.9
통신업	416,359	2.0	16,641,692	2.3
금융보험업	1,091,466	5.3	56,891,664	7.8
부동산사업서비스	1,404,240	6.9	86,694,466	11.9
공공행정, 국방및사회보장	3,406,380	16.7	39,155,383	5.4
교육서비스업	1,372,850	6.7	36,884,980	5.1
보건및사회복지사업	496,966	2.4	15,774,993	2.2
기타 서비스업	988,353	4.8	25,305,204	3.3
순생산물세	2,113,624	10.3	86,282,863	11.9

자료: 통계청 DB(KOSIS) 강원도(2003).

2,300만 원임에 비해 전국 제조업 지역총생산은 169조 205억 4,700만 원으로 무려 9배나 차이가 난다.

<표 7-21>은 연도별로 산업별 사업체 수와 종사자 수에 대한 비중의 변화수치이다. 이를 살펴보면 2004년도에 1차 산업이 0.1%, 2차 산업이 9.0%, 3차 산업이 90.9%로 3차 산업인 서비스업의 비중이 매우 크다는 것을 알 수 있다. 또한 1차 산업에 종사하는 종사자 비중은 0.5%이며 2차 산업엔 18.3%, 그리고 3차 산업엔 81.2%로 3차 산업에 편중되어 종사하고 있음을 알 수 있다. 그리고 사업체 수는 2003년도와 2004년도에 다른 차이가 없으나, 종사자 수는 2차 산업의 비중이 0.5% 감소하고 3차 산업의 비중은 0.5% 더 증가했음을 알 수 있다. 이를 보았을 때, 2차 산업 중 제조업은 그나마도

<표 7-21> 산업별 사업체 수 및 종사자 수 비중

연도	사업체 수 구성비(%)				종사자 수 구성비(%)			
	계	1차산업	2차산업	3차산업	계	1차산업	2차산업	3차산업
1998년	100.0	0.2	8.6	91.3	100.0	0.6	19.2	80.2
1999년	100.0	0.1	8.5	91.4	100.0	0.6	17.5	81.9
2000년	100.0	0.1	8.5	91.4	100.0	0.5	17.9	81.6
2001년	100.0	0.1	9.0	90.9	100.0	0.4	18.3	81.2
2002년	100.0	0.1	9.2	90.7	100.0	0.5	18.8	80.7
2003년	100.0	0.1	9.0	90.9	100.0	0.5	18.8	80.7
2004년	100.0	0.1	9.0	90.9	100.0	0.5	18.3	81.2

주: 1) 1차 산업: 농업 및 임업, 어업(개인이 경영하는 농림어업 사업체는 제외).

　　2) 2차 산업: 광업, 제조업, 건설업.

　　3) 3차 산업: 기타 산업.

자료: 강원도(2004).

영세한 문제점을 지닌 데다 종사자 수도 점점 감소하는 추세로 변화할 가능성이 있기에 이에 대한 사전대비를 신중하게 검토해야 할 시점이라 할 수 있다.

이와 같이 1차와 3차 산업에 비중이 높은 도내 산업구조의 특성은 여성의 취업구조 또한 1차와 3차 산업에 종사하는 비율을 높이는 데 한몫하고 있다. 앞서 <표 7-12>에서 보았듯이 광공업 및 제조업의 전국 여성 취업자 비중이 16.0%였으나 강원도 여성 취업자 비중은 6.7%에 불과했다. 반면에 3차 산업인 사회간접자본 및 기타 서비스업 부문에는 도내 여성 취업자 비중이 76.5%로 전국 여성 취업자 비율인 74.8%보다 높다. 이렇듯 1·3차 산업이 비중 높은 것에 문제의식을 두는 이유는 첫째, 임시직 또는 일용직에 종사할 확률이 높아 고용불안정을 초래할 수 있기 때문이다. 도내의 여성 가운데 경제활동에 참여 비중이 제일 높은 연령층은 40대이다. 30, 40대 연령층의 여성 취업자들은 자녀교육 등 가사활동과 관련한 여러 문제들로 인하여 가정생활과 직장생활을 양립하는 데 부담감이 덜한 직업을 선호하므로 영세한 직업 또는 불안정한 서비스업종에 분포될 가능성이 크다. 이를 바꾸어 생각하면, 사업체의 입장에서도 노동력이 왕성한 젊은 여성 취업자가 아닌 연령층이 노후되어 가는 취업자를 고용하는 문제를 지닌다고 할 수 있다. 이 같은 문제는 불안정한 취입구조로 연속되는 악순환을 거듭하게 할 따름이다.

둘째, 1·3차 산업중심의 취업구조로 인한 또 하나의 동반되는 문제는 고학력자의 취업기회 부족이다. 3차 산업 내에서도 안정적인 금융 및 교육 서비스 부문도 있지만 도내의 경우는 개인, 도소매·음식숙박업과 같은 서비스업 부문이 주로 분포되어 있어서 고학력자의 취업은 매우 열악한 실정이다. 그러므로 1·3차 산업중심인 강원도 여성 취업구조의 개선은 고용 불안정과 노동시장의 노후화, 그리고 고학력자 실업난을 극복하는 지름길이 될 것이다.

5. 맺음말: 강원도 여성 인적자원개발의 활성화 방안

현대 사회는 물적자원이 고갈되고 인적자원으로 경제를 활성화하는 전략적 수립을 통해 국가 간의 경쟁력을 확보하고 있다. 지역의 경쟁력 확보 방안 또한 인적자원개발정책에 따라 그 순위가 달라질 것이며 그런 의미에서 각 지역에서는 저마다 인적자원개발정책을 활성화하는 방안을 심도 있게 추진해 나가고 있다.

그런데 우리의 경우, 여성 인적자원개발에 대해서는 매우 소홀했다고 해도 과언이 아니다. 사회·문화적으로도 남녀평등의식에 대해 개방적으로 전환되었을 뿐만 아니라 경제사회에서도 남녀 간의 대등한 경쟁력을 통해 소득창출을 하는 시대에 있으면서도 정작 여성 인적자원개발을 활성화하는 방안에 대해서는 무관심했던 것이다.

따라서 본고는 소홀했던 여성 인적자원개발정책을 활성화하기 위해서 현재까지의 강원도 여성 인적자원 양성과 활용의 실태를 살펴보고 각각의 문제들을 밝힘으로써 여성 인적자원개발정책에 반영할 내용을 찾는 데 주력했다. 또한 강원도의 산업구조 특성과 그에 따른 여성의 취업구조 변화를 살핌으로써 여성들의 열악한 고용 환경과 조건들을 해결해 나갈 방안을 모색하고자 했다.

따라서 다음과 같은 몇 가지의 여성 인적자원개발정책 방안을 제시하고자 한다.

첫째, 여성 직업훈련정책의 강화이다.

여성 직업훈련정책은 주로 노동부와 여성가족부에서 이루어지고 있다. 노동부는 '여성 직업훈련 개선 방안'과 '민간기업 여성고용 확대방안'을 시행하고 있으며, 여성가족부는 청년층 여성과 경력단절여성에게 특화된 사업을 실시하고 있다. 그러나 강원도는 중앙부처에서 운영되는 프로그램과 사업에 동참되는 비중이 높지 않을 뿐만 아니라 지방자치단체 내에서 운영되는 여성고용확대 프로그램개발 및 직종개발에도 매우 미흡한 편이다. 그뿐만 아니라 재직근로여성들과 실업여성근로자들을 위한 직업훈련 강화 및 직업능력 개발 프로그램을 전문적으로 전담할 기관과 인적 요원이 부족한 실정이다. 그러므로 여성 고용촉진 및 직업능력 개발을 전담하는 여성전문 직업능력개발센터를 확대하고 여성의 직업능력 개발 프로그램을 전문화함으로써 체계적인 직업훈련정책을 시행해야 할 것이다.

둘째, 고학력 여성 인력의 활용정책 방안이다.

강원도는 진학률이 높아 고학력자의 인력난이 매우 심각하다고 할 수 있다. 그러므로 여대생의 경력 개발 및 취업지원 사업, 석·박사 과정 여학생의 취업지원 사업 등을 펼침으로써 고학력 여성 인력활용을 위한 제도적 정비를 마련해야 할 것이다. 또한 강원도는 산업구조 특성상 서비스업에 많은 인력이 분포되어 있어 처우문제 및 저학력자의 집중 분포, 그리고 일자리의 고용불안정 등과 같은 문제들이 함께 맞물려 있다는 점에 유념해야 할 것이다. 따라서 서비스업 부문에서도 교육, 문화, 보육과 같은 서비스에 관련된 일자리를 창출하여 고용을 촉진, 장려해야 한다. 이는 또한 일자리의 전문직화 문제도 동시에 해결할 수 있는 방안이 될 것이라 생각한다.

셋째, 여성 창업 직종개발 및 지원정책이다.

강원도는 제조업체 수가 부족할 뿐만 아니라 영세한 업체가 대다수를 차지한다. 따라서 향후엔 지식을 기반으로 하는 제조업을 개발해 여성 인력을 적극 활용해야 할 것으로 생각한다. 또한 도내는 40내 경력 단절 여성들의 노동시장 재진입 요구가 많으나 취업할 직장이 부족하여 인력손실의 문제를 감수하고 있다. 그러므로 40대의 일자리 창출과 취업지원, 그리고 노동시장 복귀를 위한 직업재교육 및 창업교육을 강화하는 방안을 마련해야 할 것이다.

참고문헌

강문구. 2005. 『강원도 산업특성 및 여성고용 현황』. 강원도여성정책개발센터.

강원도. 2003. 「강원도 여성취업 실태조사」.

_____. 2004. 「사업체기초통계조사보고서」.

_____. 2005a. 『강원여성백서』.

_____. 2005b. 『강원통계연보』.

강원도교육청. 2005. 「강원교육통계연보」.

강원비전포럼. 2004. 『강원도인적자원개발의 방향과 과제』. 강원발전연구원.

강원사회연구회 엮음. 2001. 『강원교육과 인재양성』. 한울.

강원지역인적자원개발지원센터. 2005. 『강원도 인적자원개발 기본계획』. 강원도.

고혜원. 2005. 「여성인적자원개발과 여성고용 창출」, ≪The HRD Review≫, 8권 1호.

고혜원 외. 2004. 「여성 인적자원개발 혁신방안」.

교육인적자원부. 2005. 「교육통계연보」.

김승희·김은숙. 2005. 『잠재인적자원의 취업실태와 고용방안』. 강원발전연구원.

김은숙·서혜경·나운환. 2004. 『취약 계층의 고용촉진제도와 기본방향』. 강원발전연구원.

김태홍 외. 2003. 『지속적인 경제성장을 위한 여성 일자리 창출 방안』. 한국여성개발원.

박성정 외. 2005. 『중장년층 여성인적자원개발 실태와 정책과제』. 한국여성개발원.

신현옥. 2005. 「정부의 여성인적자원개발정책」. ≪한국여성개발원 여성정책포럼≫, 여름호.

심미옥. 2005. 「인적자원양성의 실태와 과제」, ≪강원광장≫, 67호.

여성가족부. 2004. 『여성백서』.

_____. 2005. 『여성인력개발 종합계획(2006~2010)』.

염돈민. 2001. 「산업인력 수급」. 강원사회연구회 엮음. 『강원교육과 인재양성』. 한울.

인정숙. 2005. 「여성가족부의 주요 인적자원개발 정책」. ≪The HRD Review≫, 8권 4호.

장지연. 2001. 『여성의 직업능력개발과 취업지원 정책과제』. 한국노동연구원.

전병유·장지연·박찬임. 2004. 『2만불 시대의 여성경제활동참가의 변화 추이와 정책적 함의』. 여성가족부.

통계청. 2004. 『경제활동인구연보』.

한국노동연구원. 2001. 『21세기 지식기반사회에서의 근로여성 중기 정책방향 및 목표설정』.

한국산업인력공단. 2003. 『여성 직종 노동시장 및 직업능력개발에 관한 연구』.

한국여성개발원. 2000. 『여성고용구조의 변화와 향후 정책 방향』.

_____. 『OECD회원국의 여성고용정책』.

8장

강원도 고령 인력자원의 현황과 개발 실태

박준식 | 한림대 사회학과 교수
김영범 | 한림대 고령사회교육센터 연구조교수

1. 저출산·고령사회의 도래: 현황과 과제

1) 고령사회의 도래

현재 우리나라는 저출산·고령사회로 급속히 진입하고 있다. 저출산·고령사회는 노령인구의 절대적·상대적 비율이 증가한 사회를 의미하는데, 이는 몇 가지 요인에 기인한다.

첫째, 평균 수명이 급속도로 증가했다. 평균 수명은 남성의 경우 1971년 58.99세에서 2000년 72.06세로 증가했으며, 향후 2010에는 76.17세에 이를 것으로 예상된다. 여성의 경우도 1970년 66.07세에서 200년 79.50세로 증가했으며, 2010년에는 82.60세에 이를 것으로 예상된다.

<表 8-1> 각국의 인구 노령화 속도

국가	65세 이상 인구 비율의 도달 연도			기간(년)	
	고령화사회 (7%)	고령사회 (14%)	초고령사회 (20%)	고령화 → 고령사회	고령 → 초고령사회
한 국	2000	2018	2026	18	8
일 본	1970	1994	2006	24	12
미 국	1942	2014	2030	72	16
독 일	1932	1972	2010	40	38
프랑스	1864	1979	2019	115	40

자료: 대한민국정부(2006), 3쪽.

둘째, 평균 수명의 증가와는 반대로 출산율은 큰 폭으로 하락했는데, 합계출산율(여성 1인이 가임 기간 동안 갖게 될 평균 출생아의 수)은 1970년 4.53명에서 2000년 1.47명으로 감소했다(통계청, 2005).

평균 수명의 증가와 출산율의 감소로 인해 전체 인구에서 노령인구가 차지하는 비율도 빠르게 증가했는데, 인구의 7%가 65세 이상인 사회를 지칭하는 고령화사회로 2000년에 진입한 이후, 2018년이면 14% 이상이 65세 이상인 고령사회로 진입할 것으로 예상되며, 2026년이면 20% 이상이 65세 이상 고령자인 초고령사회에 진입할 것으로 예상되고 있다.

저출산·고령사회로의 이행은 우리나라뿐만 아니라 전 세계적인 현상이다. 다만 문제는 우리나라의 경우 다른 국가들에 비해 훨씬 빠르게 이루어지고 있다는 특성을 보인다. 일례로 고령화사회에서 고령사회로 이동한 기간을 살펴보면 프랑스의 경우 115년, 독일의 경우 40년이 소요되었으며. 인구의 고령화가 매우 빠르게 진행된 일본의 경우도 25년이 소요되었다. 이러한 선진 국가들의 경험은 한국의 인구 고령화 속도가 얼마나 빠른 것인지를 보여주는 예라 할 수 있다. 인구의 고령화 추세가 이대로 진행되는 경우 한국은 2050년에는 노령인구 비율이 세계 최고 수준에 이를 전망이다.

2) 강원도 인구구조의 변화와 전망

저출산·고령사회로의 이행은 그 진행 속도에 있어서 지역에 따라 큰 차이를 보이는데, 대도시 지역의 경우 일자리와 교육을 위해 젊은 연령층이 모이는 반면, 농촌 지역의 경우는 동일한 이유로 젊은 연령층이 떠나기 때문이다.

강원도의 경우 전국 평균에 비해 고령화 정도가 매우 높다는 특징을 보이고 있다. 고령사회로의 진입과 관련해 강원도에서 나타나는 특징을 살펴보자.

첫째, 강원도의 경우 이미 지속적으로 인구가 감소하는 모습을 보이고 있다. 통계청(2005)의 발표 자료에 의하면 강원도 인구는 2005년 현재 14만 8,100명으로 나타나고 있는데, 이후 지속적으로 감소하여 2010년에는 14만 1,100명, 2020년에는 13만 5,100명, 2030년에는 12만 5,500명까지 감소될 것으로 예상되고 있다.

둘째, 인구의 감소보다 더욱 심각한 문제는 인구의 고령화가 다른 시·도에 비해 훨씬 빠르게 진행되고 있다는 점이다. 연령별 인구 구성비에 대한 통계청의 추계를 살펴보면 위 표와 같다. 우선, 유년인구의 비율을 살펴보면 시·도별 유년인구(0~14세)는 지속적인 출생아 수 감소로 모든 시·도에서 낮아질 것으로 예상되는데, 전국 평균의 경우 2005년 19.1%에서 2030년 11.2%로 낮아질 것으로 예상된다. 강원도는 2005년에도 이미 18.4%로 전국 평균을 밑돌았는데, 2030년에는 10.2%로 유년인구의 비율이 더욱 낮아질 것으로 예상된다.

<표 8-2> 시·도별 장래인구 추계

(단위: 천 명)

구 분	2000년	2005년	2010년	2015년	2020년	2030년
강 원	1,516	1,481	1,441	1,398	1,351	1,255
전 국	47,008	48,294	49,220	49,803	49,956	49,329
서 울	10,078	10,033	10,072	10,055	9,959	9,587
수도권	21,747	23,336	24,572	25,512	26,133	26,602
7대 도시	22,677	22,763	23,894	22,923	22,789	22,139

자료: 통계청(2005).

<표 8-3> 시·도별 연령별 인구 구성비

지역	구 분	2000	2005	2010	2020	2030
전 국	영유아(0~14세)	21.1	19.1	16.3	12.6	11.2
	생산가능인구(15~64세)	71.7	71.8	72.8	71.7	64.7
	노령인구(65세 이상)	7.2	9.1	10.9	15.7	24.1
강 원	영유아(0~14세)	20.0	18.4	15.6	11.0	10.2
	생산가능인구(15~64세)	70.2	68.8	69.3	69.0	60.0
	노령인구(65세 이상)	9.8	12.8	15.1	19.9	29.8
충 남	영유아(0~14세)	20.1	18.8	16.3	12.4	11.5
	생산가능인구(15~64세)	68.0	66.9	68.3	69.5	64.2
	노령인구(65세 이상)	11.9	14.4	15.5	18.0	24.3
전 북	영유아(0~14세)	20.4	19.1	16.1	10.9	10.7
	생산가능인구(15~64세)	68.6	66.9	67.5	66.8	58.0
	노령인구(65세 이상)	11.1	14.0	16.4	22.3	31.3
전 남	영유아(0~14세)	20.0	18.4	14.9	9.2	9.4
	생산가능인구(15~64세)	66.6	64.1	64.8	64.9	55.7
	노령인구(65세 이상)	13.4	17.5	20.3	25.9	34.8
경 북	영유아(0~14세)	19.7	17.7	14.5	10.3	9.3
	생산가능인구(15~64세)	68.9	68.0	68.9	67.8	59.1
	노령인구(65세 이상)	11.4	14.3	16.5	22.0	31.6

자료: 통계청(2005).

생산활동을 담당하는 생산가능인구(15~64세)의 경우도 전국 평균이 2005년 71.8%에서 2030년 64.7%로 낮아질 것으로 예상되고 있다. 강원도의 경우 생산가능인구는 2005년 68.8%로 전국 평균보다 낮은 것으로 나타나고 있는데, 2030년에도 60.0%로 전국 평균을 훨씬 밑돌 것으로 예상된다.

셋째, 유년인구와 생산가능인구가 시간이 지날수록 감소하는 반면, 노령인구는 급속히 증가할 것으로 예상된다. 강원도의 경우 노령인구 비율은 2005년 12.8%로 전국 평균보다 훨씬 높은 수준을 기록하고 있는데, 시간이 지날수록 노령인구의 비율이 증가해 2030년에는 29.8%에 이를 것으로 예상되고 있다. 이러한 수치는 전국 평균보다도 훨씬 높을 뿐만 아니라 전북, 전남, 경북, 충남을 제외하곤 가장 높은 비율이다.

넷째, 고령인구의 급속한 증가와 유년인구 및 생산가능인구의 급속한 감소는 생산가능인구 1인당 부양해야 할 부양인구의 수를 크게 증가시키는데,

생산가능인구 100인당 부양해야 할 사람의 수를 의미하는 부양지수를 지역별로 살펴보면 시간이 지남에 따라 부양지수가 크게 증가하는 것을 확인할 수 있다. 구체적으로 부양지수의 전국 평균은 2005년 39.3에서 2030년 54.7로 증가하는 것으로 예상되는데, 강원도의 경우는 같은 기간에 45.4에서 66.7로 급증할 것으로 예상되어 전국 평균에 비해 부양비가 매우 높은 것을 확인할 수 있다. 즉 강원도의 경우 2005년 생산가능인구 1인당 .45명을 부양한 반면, 2030년에는 1인당 .66명을 부양해야 한다는 것이다. 이러한 수치는 전북, 전남, 전북을 제외하면 가장 높은 것이다.

이러한 인구의 고령화는 경제적 활력을 약화시킴으로써 지역 경제의 장기적인 성장잠재력을 약화시키는 요인이 될 뿐만 아니라 단기적으로는 노인 부양에 대한 사회적 비용을 증가시키는 요인이 된다. 고령사회로의 진입에 따른 사회적·경제적 문제를 해결하기 위해서는 다양한 방법이 제시될 수 있는데,[1] 그중 하나가 고령층의 경제활동을 증가시키고, 이들의 생산성을 증가시키는 것이다. 고령층의 경제활동을 증가시키는 것은 연금 등 사회보험의 급여 지급을 늦출 수 있다는 점에서 노인 부양에 대한 사회적 부담을 줄인다는 장점이 있다. 고령자의 경제활동은 또한 사회활동을 통해 활력을 유지하고, 삶의 의미를 부여한다는 측면에서 고령자의 삶의 만족을 높이는 데도 기여할 수 있다.

2. 노인의 경제활동 및 인력개발: 춘천 지역을 중심으로

1) 노인 인력의 경제활동

한림대학교 지방대학역량강화사업단에서는 춘천 지역 65세 이상 노인을

---

1) 예를 들면 여성 등 비경제활동인구의 경제활동참가율을 증가시키는 것, 경제활동인구의 생산성을 높이는 것 등을 들 수 있다.

<표 8-4> 춘천 지역 거주 노인의 경제활동 상황

구 분	빈도	비율
은퇴하였다	259	51.7
주된 일자리에서는 은퇴/소일거리 일 지속	44	8.8
은퇴하지 않았다	175	34.9
과거에 한 번도 취업활동을 한 적이 없다	20	4.0
무응답	3	0.6
합 계	501	100.0

대상으로 노인의 삶의 질에 대한 조사를 실시한 바 있다. 이 자료에는 경제활동과 인력개발과 관련된 여러 문항을 포함되어 있는데, 이를 통해 춘천 지역 노인의 경제활동과 인력개발의 현황을 살펴보자.

먼저 현재 경제활동을 하고 있는 노인의 경우 전체 응답자의 34.9%로 나타났으며, 주된 일자리에서는 은퇴했지만 여전히 소일거리로 일을 하고 있다는 노인이 8.8%로 나타났다. 즉 경제활동에 참여하는 노인은 43.7%에 이르고 있다.

다음으로 현재 수입이 되는 일을 하고 있는지 질문했다. 이에 대해 211명이 현재 일을 하고 있다고 응답하여 65세 이상 노인층의 경우 경제활동에 참여하거나 또는 소일거리를 하는 노인의 경우 대부분 일을 하는 것으로 나타났다. 이러한 결과는 노인층의 경우 원하는 사람 모두 취업한다는 의미라기보다는 일자리가 있는 노인만 일을 하기 때문으로 해석하는 것이 타당하다.

현재 일을 하는 고령자를 대상으로 그 일을 질문한 결과 무응답/해당 없음을 제외하면 농사를 짓는 경우가 전체 응답자의 34.6%로 가장 높은 비율을 차지하고 있으며, 이 외에 행상·노점상, 건설 현장 인부, 농업노동자·품일꾼 등이 비교적 높은 응답 비율을 차지하고 있다. 자영업으로서 농업이 가장 높은 비율을 차지하고 있는 것은 우선 춘천 지역이 도시와 농촌의 복합적 성격을 갖고 있다는 점에서 당연하다고 판단된다.

<표 8-5> 현재 근로 유무

응답 범주	빈도	비율
일을 하고 있음	211	42.1
일을 하고 있지 않음	262	52.3
무응답	28	5.6
합 계	501	100.0

<표 8-6> 현재 종사하는 직업

응답 범주	빈도	비율
기타전문직 종사자	2	0.4
기타관리직 종사자	1	0.2
도/소매 경영주	3	0.6
도/소매 판매원	4	0.8
서비스직 종업원	1	0.2
행상,노점상, 파출부	7	1.4
기타 판매서 비스직	1	0.2
숙련 노동자(기능공)	4	0.8
반숙련 노동자	1	0.2
건설현장 인부, 청소원, 막노동자	6	01.2
부농(6,000평 이상)	8	01.6
중농(3,000평 이상)	35	7.0
소농(1,500평 이상)	56	11.2
빈농(1,500평 미만)	74	14.8
농업노동자, 품일꾼	13	2.6
무응답/해당 없음	285	56.9
합 계	501	100.0

구 분	빈도	비율
일하는 것이 좋아서	24	4.8
돈이 필요해서	126	25.1
건강유지를 위해서	37	7.4
시간을 보내기 위하여	8	1.6
스스로 능력이 있다고 느끼고 싶어서	6	1.2
일손이 모자라서	17	3.4
무응답/해당 없음	283	56.5
합 계	501	100.0

<표 8-8> 일을 하지 않는 이유

구 분	빈도	비율
일을 하고 싶지 않아서	24	4.8
일할 필요가 없어서	18	3.6
건강이 좋지 않아서	169	33.7
일자리가 없어서	38	7.6
가사/가족 수발 때문에	22	4.4
자녀들이 못 하게 해서	12	2.4
기타	1	0.2
무응답/해당 없음	217	43.3
합 계	501	100.0

그러나 그 외에 다른 직업이 대체로 단순 노무직의 성격을 갖고 있다는 점에서 춘천 지역의 고령자는 경제활동의 비율에서는 바람직하지만 일의 내용이 높은 생산성을 가진 전문적인 성격이라기보다는 단순한 육체노동에 가까운 것임을 알 수 있다.

응답 노인들을 대상으로 일을 하는 이유를 질문한 결과 '무응답/해당 없음'

<표 8-9> 향후 근로에 대한 의사: 일을 하지 않는 노인대상

구 분	빈 도	비 율
아니오	223	44.5
예	66	13.2
무응답/해당 없음	212	42.3
합 계	501	100.0

을 제외하면 돈이 필요하다는 응답이 전체 응답 중 25.1%를 차지하고 있다. 이는 일을 하는 노인들만을 대상으로 한 경우(218명) 58%에 해당하는 비율이다. 경제적 이유 외에 일하는 것이 좋아서, 건강 유지를 위해, 일손이 모자라서 등이 비교적 높은 응답 비율을 보이고 있다. 즉, 노인의 경우 경제적 목적 외에 다른 목적을 위해 일을 하는 경우가 많음을 확인할 수 있다.

일을 하지 않는 이유의 경우(<표 8-8> 참조)는 무응답/해당 없음을 제외하면 건강이 좋지 않아서(33.7%), 일자리가 없어서(7.7%) 등이 비교적 높은 응답 비율을 보이고 있다.

일을 하지 않는 노인의 경우는 대부분 일을 할 의사가 없는 것으로 나타났는데(<표 8-9> 참조), 이는 건강상 일을 못하는 노인이 대부분이라는 점에서 당연한 결과로 보인다. 건강상의 이유를 제외한 일자리 부족의 경우는 제도적으로 개선할 여지가 많은 부분으로 판단된다.[2]

2) 노인 인력 개발 실태

다음으로 춘천 지역 노인들을 대상으로 인력 개발 실태를 살펴보자. 우선 춘천 지역 노인들의 학력을 살펴보면 무학이 34.1%, 초등학교 졸업 이하가

---

[2] 자원봉사활동에 대한 참여 역시 노인 인력을 활용하는 방안이 될 수 있다. 참고로 자원봉사 참여 경험에 대한 조사 결과에 의하면 응답자의 13.8%만이 자원봉사활동에 참여한 경험이 있는 것으로 나타나고 있다.

<表 8-10> 노인의 학력

구 분	빈도	비율
무학	171	34.1
초등학교 졸업	175	34.9
중학교 입학 이상	155	30.9
합 계	501	100.0

<표 8-11> 평생 교육 참여 경험

구 분	빈도	비율
참여한 경험이 없다	407	81.2
과거에 참여한 경험이 있다	52	10.4
현재 참여하고 있다	36	7.2
무응답/해당 없음	6	1.2
합 계	501	100.0

34.9%, 중학교 입학 이상이 30.9%로 나타나고 있다. 학력이 낮다는 점은 노인들의 직업이 왜 단순한 육체노동에 집중되어 있는지 설명하는 이유가 될 수 있다.

평생교육 참여 경험을 살펴보면 참여한 경험이 없다는 응답이 81.2%로 대부분이 노인들이 평생교육에 참여한 경험이 없는 것으로 나타났다. 평생교육은 물론 직업을 얻는 데 필요한 교육을 포함하여 문화, 예술, 여가 등 다양한 분야에 대한 교육을 포함한다. 이들 교육에 대한 참여율이 매우 저조하다는 점은 노인들의 인력 개발을 위한 교육이 매우 빈약하다는 점을 방증하는 것으로 해석할 수 있을 것이다.

교육받고 싶은 분야를 질문한 결과 '무응답/해당 없음'을 제외하면 여가/취미 활동에 대한 교육 욕구가 가장 높은 것을 확인할 수 있었다. 이 외에 기초 학습에 대한 욕구 역시 비교적 높은 것으로 나타났다. 노령 인력의 활용과

<표 8-12> 향후 참여하고 싶은 교육 프로그램

구 분	빈도	비율
한글/한자/수학교실 등 기초학습	21	4.2
영어/일어 등 외국어학습	3	0.6
여가/취미 프로그램	84	16.8
자격증 취득을 위한 기술교육	1	0.2
재취업관련프로그램	1	0.2
기타	2	0.4
무응답/해당 없음	390	77.8
합 계	501	100.0

관련하여 재취업 관련 프로그램이나 자격증 취득을 위한 프로그램의 경우는 거의 교육에 대한 욕구가 없는 것으로 조사되었다.

노인의 인력개발 실태에 대한 앞서의 조사 결과는 노인들에게 새로운 지식과 기술을 전수하는 것이 매우 어렵다는 점을 방증하는 것으로 보인다. 이처럼 일자리와 관련된 교육에 대한 욕구가 대단히 낮은 것은 여러 가지 이유가 있을 것으로 추론해 볼 수 있는데, 우선 노인들의 학력이 전반적으로 낮아서 새로운 것을 배우는 데 두려움이 있을 가능성이 있다. 다른 한편으로 노인들에게 새로운 지식과 기술을 전수하는 지역 내 프로그램이 부족하거나 또는 교육 프로그램에 대한 정보가 공유되지 못하기 때문에 나타나는 현상일 수도 있다. 어떤 이유든지 간에 고령 인력의 활용이 단지 저임금 저숙련 육체노동에 그치지 않기 위해서는 새로운 기술과 지식을 적극적으로 수용할 수 있도록 노인들의 교육에 대한 욕구를 항상시키는 프로그램이 필요하다고 판단된다.

3. 노인 연력의 개발과 활용을 위한 제언[3]

1) 고령 인력 활용을 위한 정책

(1) 선진 국가들의 사례

선진 국가들의 고령자들에 대한 정책을 사회 및 경제활동 참여를 증진시키기 위한 정책은 크게 두 부분으로 나누어 볼 수 있다.

첫째, 고령자의 경제활동 참가를 증진시키는 정책은 다음과 같다.

· 연금 수급 연령의 상향 조정
· 연금 보험료 납입 기간의 연장
· 연금 급여의 인하

이러한 조치들을 통해 조기 퇴직을 어렵게 함으로써 고령자들로 하여금 더 오래 노동시장에 참여하도록 유도하고자 한다. 이 외에 부분 연금제도를 도입함으로써 노동시장에서 완전히 은퇴하지 않아도 연금을 수령할 수 있게 한다든지, 또는 조기퇴직연금제도를 폐지하거나 또는 축소함으로써 노동시장으로부터의 조기 퇴직을 어렵게 하는 것 역시 일반적으로 연금과 관련된 주된 정책 방향이다.

둘째, 고령자의 고용 가능성을 증진시키는 정책은 다음과 같은 정책을 포함한다.

미국의 경우 고령자의 취업을 지원하기 위해 고령자 지역사회서비스 고용 프로그램(Senior Community Service Employment Program)을 실시하고 있다. 프로그램의 구체적인 내용은 <표 8-13>과 같다.

---

3) 이하 내용은 2005년 강원발전연구원에서 주최한 「고령사회 대응 강원도노인인력활용방안」 심포지엄에서 발표된 내용을 수정했음을 밝혀둔다.

<표 8-13> 미국의 고령자 지역사회 서비스 고용 프로그램

구분	내 용
대상	지역사회 빈곤선의 125% 미만 소득 55세 이상 노인
직업 알선	- 지역의 공공기관 또는 비영리기관에 배치하여 주 20시간 정도 근로 · 사회, 건강, 복지(아동, 청소년, 노인, 장애인) 교육서비스 · 법률상담(세금보고서 작성, 재무상담 포함) · 도서관 및 기타 여가 서비스 · 자연환경보호, 유지, 보수 · 지역사회 미화작업 · 공해 및 환경의 질 개선 · 피원조자 가정의 단열재 보수 · 지역경제개발 · 기타 노동성이 권장하는 사업
임금	최저 임금을 지급
교육	필요한 경우 취업교육 실시

일본의 경우 대표적인 고령자 고용알선기관으로 실버인재센터 및 고령·장애자 고용지원기관을 들 수 있다. 전자의 경우는 지역의 고령자들에게 일거리를 제공해 주는 역할에 집중하는 반면, 후자는 기업이 고령자를 지속적으로 채용할 수 있도록 제도 및 관행을 고치는 데 주력하고 있다. 각각의 특징 및 프로그램에 대해 살펴보면 다음과 같다.

· 고령·장애자 고용지원기관(<표 8-14> 참조)

<표 8-14> 일본의 고령·장애자 고용지원기관 프로그램

구분	내 용
건립	2003년 10월 1일 고령·장애자 고용지원기관 개소
목적	고령자 및 장애자에 대한 고용안정 지원
사업 내용	- 고령자 및 장애자에 대해 아래의 사업을 수행 · 고령 근로자 고용 시 기업에 대해 보조금 지급 · 고령 근로자 고용과 관련한 상담 및 보조 · 고령자 창업 시 지원 · 고령 근로자의 직업과 관련된 조언 및 가이드라인 제공 (정년 연장 및 철폐에 관한 홍보 및 지원)

<표 8-15> 일본의 실버인재센터 프로그램

구분	내 용
대상	- 건강하고 활동적인 60세 이상 노인 - 자발적인 가입을 통해 회원제로 운영
목적	- 건강한 노인들에게 지역사회의 일거리를 배분
운영	- 지역 단위의 센터가 모여 협회를 구성 - 중앙 및 지방자치단체의 예산 지원으로 운영
주요 사업	- 지역 내 가정과 공공기관의 일거리 위탁 및 배분 - 지역 내 기업의 결원 발생 시 고용서비스 제공 * 주요 일자리 · 관리 분야: 지역문화센터관리, 주차장 관리 · 홍보 분야: 홍보지 배포, 검침, 수금 · 전문기술 분야: 보습교실 교사, 번역, 통역, 가정교수, 경리, 사무 등 · 기술 분야: 식목, 목수, 페인트 등 · 사무 분야: 문서관리, 대필, 사무접수 등 · 옥내외 일반작업: 공원 청소, 소독 및 제초, 풀베기, 포장 등 · 서비스 분야: 가사 원조, 육아, 개호서비스, 관광가이드 등

· 실버인재센터: 1975년 최초로 설치되었으며, 주로 중앙정부 및 지방자치
  단체로부터 보조금 및 인적지원을 받아 운영된다. 구체적인 대상 및 사업
  내용은 <표 8-15>와 같다.

(2) 한국의 사례

현재 정부가 진행하고 있는 고령자 인적자원개발제도는 주로 고령자의 취업
지원 정책에 집중되어 있다. 구체적인 취업지원 정책으로는 고령자 고용촉진
법에 따른 고령자 우선고용직종 선정, 고령자(55세 이상)에 대한 고용보험 지원,
고령자취업알선센터 운영 및 사회적 일자리를 통한 고용지원 프로그램으로
구분해 볼 수 있다. 이들 내용들을 구체적으로 살펴보면 다음과 같다.

· 고령자우선고용직종: 이 제도는 고령자를 우선적으로 채용할 것을 권장하
  는 직종을 개발함으로써 고령자에 대한 수요를 증진시키는 것이 그 목적이
  다. 구체적인 내용은 <표 8-16>과 같다.

<표 8-16> 한국의 고령자우선고용직종

구분	내 용
근거	고령자고용촉진법 제15조
대상	- 준고령자: 50세 이상 55세 미만인 자 - 고령자: 55세 이상인 자
적용사업장	- 공공 부문: 국가, 지방자치단체, 정부투자기관, 정부출연기관 및 정부출자위탁기관 - 민간 부문: 동법 제2조에 의한 사업주
의무	우선고용직종에 신규채용 및 인력보충 등의 사유가 발생한 경우 준고령자를 우선 고용
우선고용직종	공공 및 민간 부문 일자리 총 160개

<표 8-17> 한국의 고용보험 내 고령자 지원 프로그램

구분	지원 요건	지원 수준 및 지원 기간
고령자다수 고용촉진장려금	· 55세 이상 고령자를 업종별 기준 고용률(4~42%) 이상 고용	· 고령자 1인당 분기 15만 원 지원 · 매 분기당 근로자 수의 15% 한도
신규고용촉진 장려금	· 구직 등록 후 6개월을 초과하여 실업 상태에 있는 고령자 고용	· 채용 1인당 월 30만 원 6개월(500인 이하 제조업은 12월) 간 지급
정년퇴직자 계속고용장려금	· 정년이 57세 이상인 사업장에서 18개월 이상 근무한 고령자 정년 후 재고용	· 계속 고용 1인당 월 30만 원 6개월(500인 이하 제조업은 12개월) 간 지원

· 고용보험 내 고령자 지원 프로그램: 이 프로그램은 고용보험 중 고용안정 사업의 일환으로 정년이 지난 고령자를 신규 혹은 계속 고용할 경우 정부가 금전적 지원을 제공함으로써 고령자의 고용을 촉진시키고자 하는 제도이다.

· 고령자취업알선센터: 이 제도는 직업알선 및 교육을 목표로 하는데, 지역 및 운영주체에 따라 세 가지 형태로 구분되어 진행되고 있다. 자세한 내용은 <표 8-18>과 같다.

· 사회적 일자리 사업: 최근 노인을 대상으로 한 일자리 사업 중 가장 주목받

<표 8-18> 한국의 고령자 취업 알선 기관

사업명	주요 특징
고령자인재은행	- 노동부 지원 사업 - 현재 전국적으로 37개소 운영(강원도 내 1곳) - 고령자 취업 알선 및 교육
고령자취업알선센터	- 서울시 지원 사업 - 서울에서만 운영(서울 내 13개소) - 고령자 취업 알선 및 교육
노인취업알선센터	- 보건복지부 지원 사업 - 각 시·도별로 다수 운영(강원도 내 4개소) - 고령자 취업 알선 및 교육

<표 8-19> 한국의 사회적 일자리 사업

구분	내 용
대상	장애인, 고령자, 여성 등 취업취약 계층 및 일반 구직자
사업 내용	공익형 및 수익형 일자리 제공 ※ 55세 이상 노인의 경우 고령자적합형 일자리 제공
사업 주체	비영리단체 중 정부 및 지방자치단체에 신고된 기관

고 있는 사업이다. 이 사업은 고령자를 포함하여 사회적 약자들에게 필요하지만 시장에서는 적절하게 공급될 수 없는 일자리를 제공하는 것이 그 목적이다. 그 구체적인 내용은 <표 8-19>과 같다.

현재 사회적 일자리 사업은 크게 네 개의 범주로 구분된 일자리를 제공하고 있다. 구체적으로 살펴보면 <표 8-20>과 같다.

강원도의 경우 이들 사업을 활용하거나 도 차원에서 개발한 노인일자리 사업을 추진하고 있는데, 강원도에서 추진하는 사업은 크게 세 가지로 구분해 볼 수 있다.

· 노인일자리 창출사업: 이 사업은 사회적 일자리 사업의 일환으로 추진되고 있는데, 현재 노인복지회관이나, 시니어클럽 등이 주체가 되어 노인 일자

<표 8-20> 한국의 사회적 일자리 사업 유형

구 분		정 의	일자리 예시
공공참여형		· 지방자치단체의 고유사업(환경, 행정, 복지) 중 노인에게 적합한 일자리를 창출, 제공함으로써 공공의 이익 도모 · 지방자치단체의 사업 중 노인에게 적합한 일자리는 노인인력이 전담하도록 적극 추천	① 노인지킴이사업: 자연환경정비, 거리환경개선, 교통질서지도, 방범순찰, 취약 계층 지원, 행정기관보조 등 ② 기타부문사업: 공원관리원, 매표원, 화장실청소원, 주차관리원, 학교 내 학습장 관리 등
사회 참여형	공익 강사형	특정 분야 전문지식, 경험 소유자가 복지시설 및 교육기관 등에서 강의, 교육훈련비 및 보수(일정 기간) 지원	숲생태해설가사업, 문화재해설가사업, 교육강사파견사업(1-3세대 연계 등), 복지시설 및 교육기관 등
	인력 파견형	· 지역사회 내 수요처를 발굴하고 맞춤형 교육을 실시 · 인력풀을 구성, 파견. · 보수는 수요처에서 부담	주유원, 판매원, 운전원, 급식지도원, 주례원, 가사도우미, 주차원, 베이비시터 파견, 간병도우미 파견
시장참여형		시장지향형의 소규모 사업을 공동으로 운영하거나 기업을 공동으로 창업하여 운영하는 사업단 형태. 시장에서 경쟁을 통한 수익창출지향(취업알선 포함)	지하철 택배, 세탁방, 도시락사업, 재활용품상, 번역-통역사업, 유기농사업, 주말농장운영, 실버용품숍, 실버대리운전, 떡 방앗간 등

리 사업을 진행하고 있다. 현재 이 사업은 4,000여 개의 일자리 창출을 목표로 진행되고 있으며, 대표적인 일자리로는 춘천시니어클럽에서 진행 중인 쥐눈이콩나물 공장을 들 수 있다.

· '2006강원노인일자리박람회': 2005년 처음 실시된 노인일자리박람회는 노인연력을 필요로 하는 사업장과 일자리를 원하는 노인을 연결하는 교류의 장이 되고 있다. 2006년의 경우 10월 13일 개최될 원주에서 개최될 예정이다.

· 기타: 경로당을 중심으로 필요한 사업을 개발하여 노인에게 일자리를 제공하는 노인보람일터가꾸기 사업도 춘천노인회를 중심으로 확대되고 있다.

선진 국가들에서 진행되는 프로그램과 우리나라에서 진행되는 프로그램을 비교하면 선진 국가들이나 우리나라 모두 일자리를 알선하는 데 많은 노력을 기울이고 있음을 확인할 수 있다. 이러한 유사성과 더불어 차이점 역시 발견할 수 있는데, 우리나라의 경우 일단 은퇴하거나 주된 직장에서 퇴직한 노인을 다시 취업시키는 네 집중하는 반면, 해외 프로그램의 경우는 이와 더불어 기존 직장에서 해고되지 않도록 법과 제도를 정비하는 노력을 병행하고 있다. 기존 직장에서 오랫동안 일할 수 있는 환경을 마련하는 것은 소득의 측면뿐만 아니라 자신의 경험을 활용한다는 측면에서 새로운 직장에 취업하는 것보다 바람직하다고 판단된다. 따라서 우리나라에서도 법과 제도를 정비해 가능한 기존 직장에서 일을 계속할 수 있는 환경을 마련하는 것이 필요하다.

2) 강원도 고령 인력 활용을 위한 제언

고령사회의 도래와 더불어 지역의 경제적 활력을 유지하기 위해서는 노인 인력을 적절하게 활용하는 것이 무엇보다 중요하다. 앞서 우리는 중앙정부뿐만 아니라 강원도 지역에서도 노인인력을 활용하기 위한 다양한 프로그램을 실시하고 있음을 확인했다.

고령자의 경제활동에 대한 조사 결과는 고령자의 경제활동이 소득을 넘어서서 다양한 목적을 가지고 있음을 확인할 수 있었다. 또 고령자의 건강, 인적자원개발 수준 등에 있어서도 매우 다양하다는 점을 확인할 수 있었다. 따라서 고령 인력을 적절하게 활용하기 위해서는 이들이 갖고 있는 다양성을 충분히 반영하는 방안을 마련해야만 할 것이다. 아래에서는 고령자의 다양한 상황에 주목하여 고령자를 몇 가지 집단으로 구분한 후 각각을 위한 프로그램을 제안하고자 한다.

(1) 고령자의 경제활동 목표

고령자의 경제활동 참여는 대부분 소득을 위한 것임을 확인할 수 있다. 고령자의 소득은 크게 두 가지로 구분해 볼 수 있는데, 생계를 위한 주 소득원과 생계를 보조하기 위한 보조 소득원이 그것이다. 자신의 소득을 어떤 용도로 파악하느냐에 따라 근로시간이나 근로 조건 등에 큰 차이를 가져오기 때문에 양자를 구분할 필요가 있다.

(2) 고령자의 연령

앞서 본 연구에서는 주로 65세 이상을 대상으로 자료를 분석했다. 그러나 55~64세 집단과 65세 이상 집단은 근로에 대한 태도나 목적이 상이할 가능성이 크다. 따라서 이러한 차이를 고려한 전략이 필요하다고 판단된다.

근로의 목적과 연령을 고려하여 적합한 일자리를 구분하면 <표 8-21>과 같이 구분해 볼 수 있다. 각각의 유형이 갖는 특징 및 사회 및 경제활동을 위한 정책은 아래와 같다.

① 시장일자리형: 이 집단은 기존 직장에서 퇴직하거나 또는 퇴직을 준비하고 있는 집단이며, 주로 퇴직 후에도 자신 및 가계의 생계를 책임지고 있는 유형이다. 이들 집단에 대해서는 무엇보다도 시장에서 비교적 안정된 소득을 얻을 수 있는 일자리를 얻을 수 있도록 유도하는 것이 중요하다. 따라서 직무와 급여 등의 조건에서 기존 일자리와 유사한 일자리를 알선하는 것, 새로운 분야의 취업이 가능하도록 직무교육을 제공하는 것, 자영업 창업을 지원하는 것 등의 정책이 필요하다. 이 외에 위의 방법을 통해 안정적인 일자리를 찾기 어려운 경우는 기존 사회적 일자리 중 시장일자리형에 해당하는 일자리를 알선하는 것도 가능하다.

현실적으로 시장일자리형이 필요한 집단의 경우 일을 하고 싶어 하는 고령

<표 8-21> 일자리 유형

구분	연령	
	중고령자(55~64세)	고령자(65세 이상)
주 소득원	시장일자리형	사회일자리형
보조 소득원	사회봉사형	

자에 비해 고령자의 일거리가 너무 적다. 따라서 적극적으로 고령자의 일거리를 찾아내는 작업이 필요하다. 특히 민간 부문에서 고령자가 일할 수 있는 자리를 찾아내는 데 집중할 필요가 있다. 민간 부문에서의 고령자 일자리 확대를 위해서는 다음과 같은 노력이 필요하다.

- 고령자 채용 시 지역 단위의 인센티브 개발
  - 민간 부문에서 고령자 일자리를 일력알선기관에 통보하는 경우 인센티브 제공
  - 민간 부문에서 고령자를 채용하는 경우 인센티브 제공
- 채용 시 연령에 따른 차별 철폐를 위한 지역 단위의 노력
  - 채용 시 연령차별을 철폐한 기업이나 기관에 대해 인센티브 제공
  - 채용 시 연령차별을 철폐하기 위한 광고 및 홍보 활동 강화
  - 고령자 채용 비율 준수 여부를 관리·감독
- 퇴직 연령의 상향 조정 및 폐지를 위한 지역 단위의 노력
  - 퇴직 연령의 상향 조정 및 폐지를 위한 홍보활동
  - 퇴직 연령의 상향 조정 및 폐지 시 인센티브 제공
- 지역 내 고령자 일자리 정보의 통합 및 공유 시스템 개발: 지역 내 고령자 일자리 및 고령 근로자 정보를 데이터베이스화하고 상호 연결시키는 기구 및 프로그램을 개발

② 사회일자리형: 이 집단은 연령 상 노동시장에서 일자리를 얻기 힘들지만 여전히 안정적인 소득이 필요한 집단이다. 이들 집단에 대해서는 사회적 일자리 사업을 통해 안정적인 소득원을 보장해 줄 필요가 있다. 다만 기존 사회적 일자리는 지원이 일시적이며, 일정 기간 지원 후 자립을 요구한다는 점에서 개선이 필요하다. 따라서 기존 사회적 일자리 사업 대상자를 선별하여 사회봉사형으로 이전시킬 수 있는 경우는 사회봉사형으로 이전하고 사회일자리가 필요한 대상자들에 대해 보다 과감한 지원을 할 필요가 있다.

이들 집단의 사회 및 경제활동을 위해 개선되어야 할 사항은 다음과 같다.

· 고령자의 특성에 부합하는 다양한 사회적 일자리 개발: 고령자의 교육
  수준이나 전직 배경 등을 고려한 사회적 일자리 개발
· 사회적 일자리의 지원 방식 개선
  - 지속적인 지원 및 급여의 인상 추진
  - 사회적 일자리 사업에 대한 정부의 예산 지원 확대
· 지역 특성에 부합하는 다양한 일자리 개발: 사회적 일자리 사업 공모
  방식이나 결정방식의 개선을 통해 다양한 분야의 일자리 발굴
· 지속적인 교육에 대한 투자: 사회적 일자리에 필요한 교육을 지속할 수
  있는 기관의 지원

③ 사회봉사형: 이 집단은 소득이라는 측면보다는 사회활동 그 자체에 의미
를 두는 집단이다. 따라서 이들 집단에 대해서는 자원봉사 형태의 사회활동이
가능하도록 지원하는 프로그램이 필요하다. 사회봉사형 고령 인력활용을 위해
서는 다음과 같은 사항에 대한 개선이 필요하다. 다만 이들 집단의 경우 그
수가 많지 않다는 점에서 자원봉사 참여를 높일 수 있는 교육이 지속적으로
요구된다.

· 자원봉사 인력 및 수요처의 정보 공유: 고령자원봉사자 및 자원봉사 수요
  처의 데이터베이스화 및 이를 공유하는 시스템 확보
· 자원봉사자 수준에 대한 감독: 자원봉사의 질을 유지하고 향상시키기 위해
  지속적으로 자원봉사의 질에 대한 심사 및 평가 체제를 개발할 필요성
· 유급자원봉사체계의 개발: 사회적 일자리에서 활동하는 고령자를 사회봉
  사형 일자리로 전환시키기 위해서는 봉사에 대한 일정한 금전적 보상이
  따를 필요가 있음
· 자원봉사자에 대한 보수교육체계의 개발: 선의의 도움이 필요한 사람에게

진정한 혜택으로 이어질 수 있도록 자원봉사자에 대한 보수교육체계를 개발

세 집단의 특성별 정책과 세 집단에 대한 정책의 효율성을 강화하기 위해서는 세 가지 항목에 대한 개선이 필요하다고 판단된다.

첫째, 고령자의 교육과 일자리 정보가 결합될 수 있는 제도를 마련하는 것이 필요하다. 일자리에 대한 정보는 고령자들로 하여금 취업이 가장 용이한 분야로의 교육을 가능케 한다. 다른 한편으로 일자리에 대한 정보가 있는 교육을 통해 더욱더 많은 고령자들을 교육에 참여하도록 유도할 수 있다.

둘째, 정보가 공유되는 체계를 마련할 필요가 있다. 정보 공유의 체계는 정보를 얻기 위한 노력을 줄인다는 점에서 고령자의 사회 및 경제활동 참여를 용이하게 할 뿐만 아니라 수요처 입장에서도 쉽게 결원을 채울 수 있다는 점에서 비용을 절약할 수 있다.

셋째, 고령 인력의 활용에 대해서는 전국 단위의 정보만 존재할 뿐 지역 단위의 정보를 얻는 것은 거의 불가능하다. 따라서 강원도 내 고령자를 대상으로 가칭 '고령 인력의 사회 및 경제활동 참여조사'를 주기적으로 실시할 필요가 있다.

참고문헌

김동배. 2004. 「고령자 취업 적합직종 발굴 및 수요처 개발방안」. 『제2차 노인일자리사업 포럼 발표논문집』. 국민연금관리공단 노인인력운영센터.

김수근. 2002. 「고령자 적합직종의 현황과 개선방향」. 『고용동향분석 1/4분기』. 한국고용정보원.

이인재. 2004. 「노인일자리 사업과제와 노인일자리 사업수행기관의 역할」. 『제1차 노인일자리사업 포럼 발표논문집』. 국민연금관리센터 노인인력운영센터.

장혜경 외. 2003. 「고령사회 대비 여성노인 고용활성화 방안」. 한국여성개발원.

전병유 외. 2003. 『사회적 일자리 창출연구』. 한국: 한국노동연구원.

지은구. 2004. 「노인일자리 사업과 자원봉사의 사업성격 정립」. 『제1차 노인일자리사업 포럼 발표논문집』. 국민연금관리센터 노인인력운영센터.

통계청. 2005. 『시도별 장래인구 특별추계결과』. 대전: 통계청.

황덕순. 2005. 「한국의 사회적 일자리 창출 정책의 전개과정과 향후 발전방향」. 『사람입국·일자리정책 심포지엄 자료집』.

Lilley, Susan. 2002. "Policies for Aging Population: An International Perspective." Paper prepared for Population and Public Health Branch Atlantic Regional Office.

World Health Organization. 2002. 『Active Aging: A Policy Framework』. Geneva: WHO.

기타

대한민국정부. 2006. "제1차 저출산고령사회기본계획(안)". http://www.news.go.kr.

Japan Organization for Employment of the Elderly and Persons with Disabilities. 2005. "outline of JEED," "Elderly Employment Service." http://www.jeed.or.jp/english/.

9장

강원도 지역연구의 동향과 활성화 전략

김원동 | 강원대학교 사회학과 교수

1. 머리말

1) 문제 제기

현 정부는 '국가균형발전'과 '지방분권'을 주요 국정 목표로 채택하여 추진해 오고 있다. 이 같은 국정 기조에는 기본적으로 두 가지 의미가 내포되어 있다. 첫째, 수도권과 비수도권 지역 간의 발전 격차가 심화되어 지방은 물론 국가 전체의 경쟁력이 한계 상황에 이르렀다는 것이다. 수도권에 집중되어 있는 각종 자원의 비수도권 지역으로의 재배치를 유도하고 촉진할 수 있는 분산정책의 불가피성이 도출되는 것은 이런 맥락에서이다. 수도권의 과밀화를 해소하고 전국의 균형적 발전을 도모하기 위해서는 수도권과 비수도권 간의 자원재배분정책을 국가적 차원에서 반드시 추진해야 한다. 둘째, 지금과 같은 중앙집권적 국가운영체제로는 지구화·정보화·분권화 시대에 효율적으로 대처할 수 없을 뿐만 아니라 국가경쟁력도 담보할 수 없다는 것이다. 급속한 국내외적 변화와 도전에 기동성 있게 대처하면서 지역 및 국가 경쟁력을 강화하고자 한다면, 중앙정부보다는 개별 지역 사정에 밝은 지방정부가 지역정책을 자율적으로 기획하고 집행할 수 있는 분권형 국가운영체제를 만들어야 한다. 요컨대, 노무현 정부는 분권·분산개혁에 기초해 개별 지역이 주도하는 자율적인 지역발전, 이른바 '자립형 지방화'(김원동, 2006)를 통해 수도권과 비수도권의 상생발전을 도모하면서 지역과 국가의 경쟁력을 새롭게 끌어올리려는 정책을 국정 기조로 천명하고 추진해 온 것이다.

이러한 국정 기조의 방향은 지방자치의 흐름과 맞물려 있다. 1995년 6·27 지방선거로 지방선거의 외형적 복원이 이루어진 지 이미 10여 년이 지났고, 최근 5·31 지방선거의 실시로 민선 4기가 시작되었다. 이로 인해 정부가 강조해 온 '국가균형발전'이나 '지역혁신'과 더불어 '지방자치'도 새삼 주목을 받고 있다.

이 같은 거시적·구조적 변화를 지향하는 움직임들이 지역에서 실제로 체감되고 소기의 정책 효과를 거둘 수 있으려면 과연 어떤 조건들이 충족되어야할까. 수도권에 포진해 있는 일부 공공기관을 지방으로 옮기고 중앙정부의 권한을 지방정부로 이양한다고 해서 지역혁신과 자립적 지방화가 실현될 수있을까. 대선을 앞두고 기성 정당들의 이합집산이 초읽기에 들어간 상태에서 지역의 불확실한 미래에 희망을 줄 수 있는 견고한 토대를 어디에서 찾아야할까. 또한 그나마 지지부진하게 추진되어 온 분산정책과 분권정책의 향배를 제대로 가늠하기 어려운 현실에서 그 불씨를 확실하게 이어갈 수 있는 방법은 무엇일까.

이러한 의문들을 풀어가기 위해서는 거시적·미시적 수준에서의 복합적인 중·장기적 대안들이 요구됨은 재론의 여지가 없다. 필자는 본고에서 그 실마리를 사회과학적인 기초 지역연구의 활성화에서 찾아야 함을 강조하고자 한다. 개별 지역의 대학과 연구소, 연구원, 현장 등에서 활동하는 연구 인력들이

해당 지역의 영역별로 심도 있고 체계적인 기초 연구들을 지속적으로 축적해 갈 수 있는 제도적·문화적 환경을 조성하는 것이야말로 지역발전의 기초체력을 강화하는 가장 기본적이면서도 효과적인 처방이 될 수 있다고 보기 때문이다. 분권, 지역균형발전, 지방자치, 자립적 지방화, 지역혁신 등 그 어떤 측면에서 보더라도 개별 지역의 현황과 쟁점 및 과제들에 대한 객관적인 진단이 없이는 사실상 정책적 수준에서의 합리적인 대처가 불가능하다. 지방 전체의 차원에서 살펴봐도 사정은 크게 다르지 않은 듯하다. 예컨대, 지방에서는 수시로 터져 나오는 수도권 규제 완화 움직임에 대해 강력하게 대응할 수 있는 공동의 대응 논리와 전략을 개발하는 연대적 성격의 포괄적인 연구 시스템을 아직까지 구축하지 못한 상태이다. 이는 개별 지역과 지방 전체가 봉착해 있는 제반 문제에 대한 종합적인 대응책이 하루아침에 마련될 수 없음을 시사하는 것이기도 하다. 이런 관점에서 볼 때, 답답하더라도 장기적인 처방에 주목할 수밖에 없는데, 지역별 연구의 강화가 그 첫걸음이 될 수 있다는 것이 필자의 생각이다. 이런 문제의식 아래 시도되는 이 연구에서는 주로 사회과학 분야에서의 강원도 지역연구 동향을 짚어보는 데 주력하고자 한다. 본고의 말미에서는 강원도 지역연구의 활성화를 위한 몇 가지 전략을 제시해 보고자 한다.

2) 연구 대상과 연구 방법

여기서는 강원도 전체 또는 도내의 개별 권역이나 지역을 대상으로 한 연구를 통틀어 강원도 지역연구로 간주하고자 한다. 강원도 지역연구를 이런 식으로 이해할 경우에 그 대상은 매우 많아질 수밖에 없다. 인문사회 분야에 한정해 살펴보더라도 강원 지역의 정치, 경제, 문화, 교육, 시민사회, 복지, 관광, 예술, 민속, 방언, 역사, 지리, 축제 등과 같은 세부 영역에서 이루어져 온 연구들이 모두 여기에 포함될 수 있기 때문이다. 분야마다 차이는 있지만 이러한 개별 영역들은 대개 내부적으로 적지 않은 연구 성과를 축적해 왔다.

예컨대, 『강원경제의 이해』에 부록으로 첨부된 '강원경제분야의 연구 목록'(원구현, 2002)의 분량만 해도 15쪽이나 된다. 따라서 한 편의 짧은 논문에서 이런 제반 분야의 연구 성과를 체계적으로 분류하여 담아낸다는 것은 현실적으로 불가능하다. 강원도 지역연구의 주요 성과들을 빠짐없이 확인하여 검토하는 것 자체가 어려운 데에는 양적인 방대함 외에 다른 이유들도 있다. 강원도 지역연구 성과들이 학회지, 학술대회 발표 자료집, 단행본, 연구보고서 등과 같은 여러 매체들을 통해 발표되어 왔기 때문이다. 주요 학회지나 학술대회에서 발표된 연구 성과들 중 상당수는 '한국학술정보' DB나 검색 엔진, 학회지 홈페이지 등을 통해 확보할 수 있지만 제목에 강원도 지역과 연관된 주제어를 직접 포함하고 있지 않은 단행본이나 단행본에 편입되어 발표된 글들의 경우에는 확인이 거의 불가능한 경우가 많다. 강원도 지역을 포함한 지역연구 결과들을 집대성한 지역연구 DB의 구축이 이런 난관을 극복할 수 있는 근본적인 대안이 됨은 더 말할 나위도 없다.[1] 장기적인 대안 모색은 이런 방향에서 찾는다 하더라도 강원도 지역연구 DB가 없는 지금의 현실에서 강원도 지역에 관한 연구 현황의 윤곽을 점검해 보는 효율적인 방법은 어떤 것일까.

본고에서 시도하는 연구 방법은 다음과 같다. 첫째, 연구 대상을 강원도 지역에 대한 사회과학적 연구로 한정하는 것이다. 물론 사회과학적 연구가

---

[1] 이 같은 연구 여건의 어려움을 감안할 때 '강원학'의 정립을 위한 기초자료 조사의 일환으로 강원도 지역연구들(단행본, 석·박사학위논문, 일반논문, 연구보고서 등)을 종합적으로 정리한 김병철의 연구(2002)가 눈길을 끈다. 그의 연구에 의하면, 1970년부터 1998년까지 발표된 지역연구들의 연구 분야들 중 1위는 지역사 분야(17.9%), 2위는 지역경제 분야(17.5%), 3위는 민속 분야(13.5%), 그리고 4위는 지역개발 분야(12.0%)인 것으로 나타났다. 즉, "강원도에 대한 지역연구는 강원도의 역사적·문화적 특수성을 규명하려는 역사·민속분야의 연구와 지역의 저발전 구조를 극복하고자 하는 지역경제·지역개발 분야를 중심으로 수행되어 왔음을 알 수 있다"는 것이다(김병철, 2002: 159). 이와 같은 선행 작업의 성과를 염두에 두면서 본고에서는 분석 시기를 주로 1990년대 후반 이후 최근까지로 하고, 분석 대상을 논문보다는 단행본으로, 그리고 분석 영역을 사회과학 분야로 한정하고자 한다.

구체적으로 무엇을 지칭하는 것이냐 하는 원론적인 물음이 제기될 수 있다. 여기서는 그것을 정치학, 경제학, 사회학, 사회복지학, 언론학 등과 같은 일반적인 사회과학 분야의 연구자들에 의해 생산된 강원도 지역연구 성과를 의미하는 것으로 보고자 한다. 둘째, 본고에서는 이런 개별 연구 영역에서의 연구성과들 중 단행본의 형태로 출간된 것들에 초점을 맞춰 강원도 지역연구의 동향과 연구의 활성화를 위한 전략적 과제를 살펴보는 방식을 취하고자 한다. 앞서도 언급했듯이, 학회지나 학술대회, 토론회, 연구보고서 등을 매개로 발표된 글들을 연구 대상에 모두 포함시킬 경우에는 사회과학의 어느 한 분야의 연구 결과들만 검토하려 해도 분석 대상이 너무 많아져 한꺼번에 살펴볼 수 없기 때문이다. 셋째, 강원도 지역연구 단행본의 경우, 사회과학자들이 집필자로 대거 참여했거나 그렇지는 않더라도 사회과학적인 연구 주제에 해당하는 것을 다룬 연구서라고 판단되는 것들은 분석의 대상에 포함시키고자 한다. 이런 관점에서 여기서는 사회과학 인접 분야의 연구자들이 함께 참여한 공동연구 성과물도 짚어보려 한다.

이와 같이 이 연구는 사회과학 연구자들에 의해 단행본 형태로 생산된 연구 성과들을 주된 분석 대상으로 설정하고 있기 때문에 상당수의 선행 연구들이 누락될 수밖에 없다는 분명한 한계를 안고 출발하게 된다. 그럼에도 불구하고 이 같은 연구 방법상의 전략은 제한된 지면을 활용하는 논문 형태의 연구에서는 나름대로 강점을 지닐 수 있다고 본다. 왜냐하면 단행본에는 강원도 지역연구를 수행한 많은 연구자들의 고민과 혜안이 특정한 주제를 중심으로 집결되어 있고, 논문으로 이미 발표한 것들을 수정, 보완하여 실은 것들이 많아서 내용의 질적인 측면에서 오히려 완성도가 높은 글들이 많기 때문이다. 이런 점에서 강원도 지역 문제를 다룬 단행본들을 분석 대상으로 삼는 것은 최근 연구 동향의 큰 흐름과 과제를 읽어내는 데 효율적인 연구 전략이 될 수 있다고 생각한다.

2. 강원도 지역에 대한 인문학 분야의 연구 동향

본고에서 주목하고자 하는 강원도 지역에 대한 사회과학 분야의 연구 성과들을 살펴보기에 앞서 사회과학과 가장 인접한 인문학 분야의 지역연구 동향을 일별해 볼 필요가 있다. 이는 강원도 지역연구 단행본들을 볼 때 사회과학적 연구와 인문학적 연구가 혼재되어 있는 경우가 적지 않고, 사회과학적 연구를 심화시킬 수 있는 기초가 바로 인문학적 연구 결과들이라고 보기 때문이다.

강원도 지역연구에 대한 일부 인문학적 성과를 개관하고자 한 작업이 근자에 ≪강원학연구≫에서 시도된 바 있다. 강원발전연구원의 ≪강원학연구≫ 창간호에서 특집으로 다룬 '강원의 선사문화', '강원 지역의 고·중세사', '조선시대 강원지방사', '강원 지역 근현대 지역사' 등에서의 연구 현황과 과제에 대한 검토가 그것이다. 강원도 지역사 연구의 현황과 과제를 개괄적으로 점검해 보는 작업이 세부 영역별로 시도된 것이다.[2] 한편, 강원도 지역을 대표하는 인문학적 연구 주제들을 단행본의 형태로 출간해 온 것 중에는 무엇보다도 강원발전연구원의 '강원학총서'와 '강원학학술총서'가 돋보인다. 『강릉단오제』(장정룡, 2003), 『강원의 풍수와 인물』(옥한석, 2003), 『정선아리랑』(진용선, 2004), 『한국 DMZ, 그 자연사적 탐방』(함광복, 2005), 『강원 한시의 이해』(김풍기, 2006), 『강원의 동족마을』(오영교, 2004), 『강원도 민요와 삶의 현장』(이보형 외, 2005), 『강원도와 고구려』(금경숙 외, 2006) 등이 그것이다. 그런가 하면 최근에는 동일한 연구 주제를 갖고 강원도 전 지역을 조명한 연구들도 선을 보였다. 강원도 내 18개 시·군 지역의 설화들을 3개 지역씩 묶어서 6권의 단행본으로 출간한 『강원설화총람』(2006)과 『강원문화의 이해』(2005)를 대표적인 연구 성과로 꼽을 수 있다. 전자는 최웅 연구팀이 한국학술진흥재단과 강원도의 지원을 받아 수행한 연구 결과이고, 후자는 강원사회연구회가 강원

---

2) 창간호에 실린 각 논문에는 해당 주제에 대한 학위논문, 일반논문, 자료집, 도내 대학연구소, 민간연구단체, 연구기관별 발간 학술지, 논저목록 등이 체계적으로 정리되어 있다. 자세한 내용은 관련 논문들을 참조할 것.

도의 재정적 지원으로 공동 연구진의 작업을 통해 출간한 단행본이다. 전자가 순수 인문학적 연구서인 데 비해, 후자는 사회과학적 성격의 연구 논문들[3]도 일부 포함한 연구서라고 할 수 있다. 『강원문화의 이해』에는 '강원 지역의 문화적 특성', '강원도의 동해안 지방의 민속과 내륙지방의 민속', '강원 지역의 주요 문화재와 문화유산', '강릉단오제와 정선아리랑제 유래 및 특징' 등을 비롯한 15편 정도의 인문학 분야의 연구논문들이 수록되어 있다.

이 밖에 도내의 개별 지역을 대상으로 특정한 주제를 다룬 연구들도 눈에 띈다. 이를테면, 『화천 사람들의 삶과 민속문화』(김의숙 외, 2005), 『화천사람들의 축제와 구비문학』(김의숙 외, 2005), 『한국 강릉지역의 설화』(두창구, 1999), 『동해시 지역의 설화』(두창구, 2001), 『삼척지역의 설화』(두창구, 2003), 『동해안 별신굿』(박경신, 2002), 『강릉 그 아득한 시간-해방 전후와 전란기』(최철, 2005), 『도깨비 되어볼까』(유현옥, 2003), 『원주 역사를 찾아서』(장영민, 2004), 『고성 속초지역의 설화』(두창구·김경남, 2000), 『평창군의 설화』(김선풍·장정룡·김경남, 2002), 『강원도 삼척시 도계읍 탄광촌 사람들의 삶과 문화』(삼척시립박물관, 2005) 등이다.

이와 같이 강원도 지역의 인문학적 연구 동향을 최근 출간된 단행본들을 중심으로 개략적으로 살펴보았을 때, 주로 지역연구자들에 의해 강원도 전역이나 도내 개별 지역의 역사, 설화, 축제, 문학, 민요, 풍수, 문화 등과 같은 다양한 연구 주제들이 지속적으로 다루어져 왔음을 알 수 있다.

3. 강원도 지역에 대한 사회과학 분야의 연구 동향

강원도 지역에 대한 단행본 형태의 인문학적 연구들이 도내 여러 지역의

---

3) 이를테면, '춘천의 문화산업과 애니메이션', '정부의 문화정책과 강원 지역 문화정책의 방향', '강원의 문화지역과 지역정체성' 등을 들 수 있다.

다양한 소재들을 주제로 진행되었음에 비해, 사회과학 분야의 연구는 일부 지역에 편중되거나 아예 도 전역을 개관하는 연구의 형태로 이루어져 온 경향이 있다. 여기서는 춘천, 원주, 탄광지역을 대상으로 한 연구 성과들을 살펴보고, 이어서 강원도 전역을 대상으로 한 연구들을 점검해 봄으로써 강원도 지역에 대한 사회과학 분야의 연구 동향을 짚어보고자 한다.

1) 춘천 지역사회 연구

춘천 지역사회를 대상으로 한 사회과학적 연구 논문들은 최근 몇 년 사이의 것만 추려보아도 적은 편은 아니다. 예컨대, 지역 정보화, 인터넷 네트워크, 시민운동, 복지정책, 농촌정책, 춘천시 의회, 시민의 정체성, 지역 축제 등과 같은 일부 주제에 국한해 살펴볼 경우에도 학술지나 학술대회 논문집을 통해 여러 편의 논문들이 발표되었음을 알 수 있다(김원동, 1999, 2000; 김주원, 2004; 김창환 외, 2006; 송낙헌, 2005; 신형철, 2004a, 2004b; 유팔무, 2004a, 2004b; 유팔무·김원동, 2000; 이선향, 2004; 이재혁, 2004; 최균, 2004). 그러면, 춘천 지역사회를 대상으로 한 단행본 형태의 사회과학적 연구 성과로는 어떤 것들이 있는가.

춘천 지역사회 연구를 얘기할 때 제일 먼저 떠오르는 것은 역시 『춘천리포트: 지방자치와 전환의 모색』(1991), 『'99 춘천리포트: 춘천의 삶과 꿈』(1999), 『춘천리포트 3: 분권시대의 춘천』(2004)이다. 한림대 사회조사연구소가 춘천문화방송의 재정적 지원을 받아 지금까지 3번에 걸쳐 춘천 지역시민들의 삶의 모습을 주로 사회학적 관점에서 조명해 온 대표적인 지역연구 성과물이 바로 이 3권의 연구서라고 할 수 있다. 이 책에 포함된 장별 연구의 대부분은 조사원들이 표본 집단으로 선정된 춘천 시민들을 직접 방문하여 질문지에 근거해 면접 조사를 해서 얻은 자료들을 분석한 것이다.

지방자치가 외형적으로도 복원되지 않았고, 지방에 대한 관심마저 저조했던 1990년대 초반에 시작된 『춘천리포트』 작업은 이후 개별 지역연구들을 촉발하는 계기[4]가 되었을 뿐만 아니라 자체의 후속 연구로 이어졌다는 점에서 지역사회 연구를 선도해 오고 있다는 평가를 받을 만하다. 송호근, 신광영, 유팔무, 성경륭 등의 4명이 집필자로 참여해 1991년 처음 출간한 『춘천리포트』는 '지역사회의 기초 환경과 시민생활', '중간조직과 시민사회의 구조', '지방 정치의 역학 관계와 지역발전 문제', '종합 정리 및 정책 제안'의 4부로 구성되어 있다. 책의 장별 제목을 중심으로 살펴보면, 그 주요 내용은 '춘천시의 인구와 경제, 사회문화적 기반', '춘천시민의 생활상태', '여가생활과 문화활동', '정치의식과 정치참여', '조직의 분류와 성격: 조직 특성 및 활동', '중심조직과 주변조직', '지역사회의 권력구조와 지방정치', '춘천지역사회 발전사의 회고', '지역사회의 발전 전망', '지역사회의 특성, 문제 및 발전 대안', '장기발전 구상과 중단기 발전 전략' 등이다.

『'99년 춘천리포트』는 서문에서 1991년판의 문제의식을 유지하면서도 좀더 구체적으로 춘천시민들의 '경제적·사회적·문화적 및 정치적 삶'에 초점을 맞춰 연구가 진행되었음을 밝히고 있다. 박준식, 성경륭, 신광영, 유팔무, 이재혁, 전상인 등 6명의 연구진에 의해 이루어진 『춘천리포트』 제2권에서는 '춘천 소프트', '지역사회 구조와 변동', '문화와 일상생활', '삶의 질과 지역사회의 구성', '시민사회', '지방화와 지역정치', '지방자치와 지역발전' 등과 같은 소주제들이 다루어졌다.

『춘천리포트』 2권이 출간되고 나서 5년이 지난 2004년에는 김원동, 박기남, 박준식, 이기홍, 이주일, 전상인 등의 6명을 공동 연구원으로 한 『춘천리포트』 제3권이 모습을 드러냈다. 여기서의 연구 주제는 '춘천주민의 삶의 질', '춘천 지역민의 사회생활', '춘천의 권력구조와 지방자치', '여성의 시각으로 바라본 춘천', '춘천, 한 중견작가의 고향: 소설가 최수철을 중심으로', '춘천사람들의 가치관'이었다. 앞서의 1, 2권과 뚜렷한 차이점이 있다고 한다면, 『춘천리포트』

---

4) 이후 해당 지역에서 활동하고 있거나 지역 연고가 있는 연구자들에 의해 광주·전남(문석 남 외, 1994), 대구·경북(대구사회연구소, 1995), 제주(신행철 외, 1995, 1998), 충청(이 재열 외, 2004) 등과 같은 전국 여러 지역사회들을 대상으로 한 공동 연구 작업들이 이어졌다.

3권에서는 한 중견 소설가의 삶과 연결 지어 본 춘천의 성향과 여성의 시각으로 본 춘천의 모습이 가미되었다는 점이다. 양자의 접근 방법에 의해 드러난 춘천의 특징은 통상적인 분석방법에 의해 확인된 춘천의 또 다른 특징들과 함께 춘천 지역사회의 다채로운 모습들을 보여주고 있다.

『춘천리포트』시리즈와 더불어 주목할 만한 또 하나의 춘천 지역사회 연구는『지방분권시대 춘천 읽기』이다. 이것은 강원대학교 사회과학연구소가 '지방분권시대의 춘천'이라는 대주제 아래 세 학기에 걸쳐 진행했던 수요콜로키엄의 발표 원고를 편집하여 2005년에 펴낸 공동연구물이다. 홍숙기, 김세건, 정경춘, 홍성구 등을 비롯한 16명의 필자에 의해 만들어진 이 책에서는 춘천시민들의 삶의 모습에 대한 다각적인 조명이 이뤄지고 있다.『춘천리포트』시리즈에서 미처 검토하지 못한 주제들을 중심으로 책의 내용을 짚어보면, 이 책에는 '지방분권시대 춘천의 현실', '지역사회발전과 지역언론', '춘천의 문화예술을 만드는 사람들', '춘천 풍물시장 사람들의 삶과 문화', '춘천시내 고등학생의 일상적 삶과 갈등', '춘천지역 대학생의 삶과 꿈', '춘천의 권력구조와 지역신문', '춘천지역의 교육문제', '춘천읽기: 부분과 전체로서의 건축과 도시 그리고 삶' 등이 담겨져 있다. 이런 소주제들을 염두에 두고『지방분권시대 춘천 읽기』와 일련의『춘천리포트』의 내용들을 종합해 보면, 양자는 춘천 지역사회의 윤곽을 파악하는 데 있어 상호보완적인 정보와 분석을 제공해 주고 있음을 알 수 있다. 이런 점에서 이 책들을 함께 읽는다면, 춘천 지역사회의 전체적인 모습과 특징을 보다 포괄적이고 총체적으로 이해하는데 큰 도움을 받을 수 있을 것으로 보인다.

2) 원주 지역사회 연구

원주 지역과 관련해서도 최근의 사회과학적 연구 논문들5)이 눈에 띄지만(예

---

5) 김병철(2002)의 분석에 따르면, 1970년부터 1998년까지 발표된 원주 지역에 관한 인문

컨대, 김명숙, 2005; 유광호·박기관, 2005) 단행본 형태의 신간은 찾아보기 어렵다. 원주 지역사회에 대한 대표적인 사회과학적 연구서로는 여전히 1998년에 출간된 『원주사회 연구 I』을 꼽아야 할 듯하다.

상지대 사회과학연구소에서 펴낸 『원주사회 연구 I』은 원주 지역 소재의 연구자 20명의 공동연구 결과물로서 5부 16장의 편제로 되어 있다.[6] 원주 지역사회의 이해를 위한 입문에 해당하는 제1부 '원주지역사회의 과거와 현재'에는 「원주지역사의 개관」과 「원주인구의 변화와 특성」이라는 2편의 논문이 실려 있다. 원주 지역사회에 대한 본격적인 사회과학적 분석에 앞서 최소한 지역의 역사적 배경과 인구 변화의 추이 및 특징을 알고 출발할 필요가 있다는 의미를 담은 것으로 보인다. 제2부 '정치'에는 제1공화국에서부터 제6공화국 시대에 이르기까지의 총선 결과에 대한 분석을 통해 원주시민들의 투표성향을 이해하고자 시도한 「국회의원 선거와 원주시민의 투표성향」, 원주시민들을 대상으로 한 표본조사에 근거해 지역사회, 지역정부, 지역정치에 대한 시민들의 의식을 밝히고자 한 「원주시민의 사회·정치의식 조사연구」, 원주시의회의 활동에 대한 분석을 통해 1991~1995년의 원주시 지방자치를 평가해 보려 한 「원주시 지방자치 5년의 평가와 과제」 등의 3편의 논문이 있다. 제3부 '경제'에는 원주 지역경제의 구조적 특징을 살펴보고 그것에 기초해 지역경제의 발전을 위한 정책 방향을 제시하고자 한 「원주 지역경제의 구조와 특질에 관한 연구」, 원주 지역 중소기업의 실태에 대한 검토를 바탕으로 경영상의 특성과 문제점을 짚어보고 중소기업의 활성화와 지역경제의 발전

및 사회과학 분야의 연구는 90여 편에 이른다. 물론 이 숫자는 단행본뿐만 아니라 일반논문, 학위논문, 보고서 등 여러 매체를 통해 발표된 성과들을 모두 포함한 것이다. 이 연구에서는 사회과학 분야를 별도로 구별해서 제시하고 있지는 않기 때문에 정확하게 추론할 수는 없지만, 주제별 분류 방식과 분포(김병철, 2002: 166의 <표 5> 참조)를 볼 때 이 중의 절반 이상은 사회과학적 연구라고 보아도 무방할 것으로 보인다.

6) 여기서는 이 책에 실린 논문 제목들을 통해 대략적인 내용을 훑어보고자 하기 때문에 자세한 부연설명은 생략하려 한다. 이 책에 대한 좀 더 자세한 이해를 위해서는 '책머리에'에 있는 공제욱의 소개의 글을 참조하기 바란다.

을 위한 제언을 하고자 한 「원주지역 중소기업의 경영특성과 관리활동 실태에 관한 연구」, 강원도 지역에서의 농지개혁 과정을 개괄적으로 살펴보고자 한 「원주의 농지개혁과 식민지지주제의 해체」 등의 3편의 논문이 포진해 있다. 제4부 '사회'에는 원주시 소재 사회단체들에 대한 실태조사 자료를 토대로 이를 유형화하고 조직 유형별 특징을 검토하고자 한 「원주시의 지방자치와 사회단체」, 원주 지역의 언론이 처해 있는 현실적 환경과 구조적 변화의 과정을 살펴보면서 과제를 제시하고자 한 「언론환경의 변화와 지역 언론의 구조변동」, 원주 지역에서의 가정 법률 상담사례들을 부부 관계에 초점을 맞춰 내용 분석을 시도함으로써 그 특징을 파악하고자 한 「원주지역 가정 법률 상담사례 분석」 등의 3편의 논문이 배치되어 있다. 제5부 '문화·지역운동'에는 5편의 논문이 실려 있다. 즉, 문화경제학적인 시각에서 원주시 예술문화단체별 활동 상황과 경영상태, 예술문화공간의 현황, 문화예술진흥예산 등을 분석함으로써 원주시 문화예술의 실태를 파악하고 예술문화의 진흥을 위한 정책 과제를 도출하고자 한 「문화경제학적인 시각에서 본 원주시 예술문화의 실태와 정책 과제」, 인구 통계적 요인을 중심으로 원주시민들의 여가 실태를 분석함으로써 원주시의 여가정책과 여가산업의 촉진에 필요한 기초 자료를 제공하고자 한 「원주시민의 여가생활」, 원주 지역에서의 사회운동의 전개 과정을 시기별로 검토해 보면서 특징을 살펴보고 운동의 활성화 방안을 제시하고자 한 「원주지역의 사회운동」, 원주 지역의 환경문제 현황을 중앙정부 및 원주시의 환경정책과 관련지어 검토해 보면서 대안을 모색해 보고자 한 「지역의 환경문제와 가능한 대안」, 원주시 여성의 현실을 인구적 특성, 경제활동 참여 현황, 정치 및 행정 분야에서의 참여 현황 등의 측면에서 점검해 보고, 이를 원주시의 여성정책 및 여성운동과 관련지어 개선책을 제시해 보고자 한 「원주시 여성의 현실과 여성운동」 등이 그것이다.

이상이 개별 논문의 세부 분석 결과보다는 각각의 연구 의도를 중심으로 살펴본 『원주사회 연구 Ⅰ』의 개략적인 내용이다. 개괄적인 검토 과정에서 보았듯이, 이 책에서는 정치, 경제, 사회, 문화, 사회운동 등과 같은 다양한 측면에서 원주 지역사회의 구조적 변화 과정과 특징 및 과제가 비교적 골고루 다루어지고 있다. 이런 점에서 이 책은 원주 지역사회의 변화와 현실을 사회과 학적 관점에서 총체적으로 이해하는 데 있어 매우 요긴한 기초 자료로 활용될 수 있을 것으로 보인다. 그럼에도 불구하고 『원주사회 연구 I』이 출간된 지 8년이 지난 지금까지도 후속편이 나오지 않고 있음은 대단히 아쉬운 대목이 아닐 수 없다. 특히 원주는 교통요지일 뿐만 아니라 기업도시, 혁신도시 논의의 중심에 서 있어 이목이 더욱 집중되고 있는 지역임을 감안할 때, 이러한 최근의 흐름들을 다각도로 분석하고 지역사회의 미래를 종합적으로 전망해 보아야 할 필요성이 도내 어느 지역보다도 큰 곳이다. 따라서 원주사회의 구조적 변화와 특징에 대한 전반적인 이해를 위해서는 『원주사회 연구 I』과 같은 부류의 공동 연구 작업들이 원주 지역의 특정한 영역에 대한 개별 연구 이상으 로 절실히 요구된다고 할 수 있다.

3) 폐광 지역사회 연구

'폐광 지역' 또는 '광산 지역'이라고 불리는 태백시, 삼척시, 정선군, 영월군 등의 지역사회에서 진행되어 온 구조적 변화와 주민들의 생존을 위한 몸부림 및 삶의 현재적 모습을 이해하려는 연구들은 그간에 일반 논문, 석사학위 논문, 단행본 등과 같은 여러 형태로 꾸준히 이어져왔다. 이를테면, 탄광 지역 사회의 구조적 변화와 개발 방향에 대한 연구(김두식 외, 1991), 탄광 도시의 성장과 쇠퇴 과정에 대한 연구(김만재, 1996), 석탄산업의 역사와 생태에 관한 연구(김용환 외, 1996), 폐광의 공간적 활용 전략 연구(권재석, 1998), 광산 지역의 운동 사례 연구(이강익, 1998), 탄광촌 사람들의 삶에 대한 연구(사북청년회의소, 2001) 등이 그것이다.

하지만 관련 자료를 검색해 보면, 폐광 지역사회의 변화 과정과 구조적 특징을 사회과학적 관점에서 종합적으로 분석한 단행본은 사실상 거의 전무하 다고 해도 과언이 아니다. 다행히 근자에 강원도 폐광 지역에서 전개되어 온 최근까지의 사회 변화상을 정리해 보고자 시도한 사회과학적 연구물이 선을 보였다. 한국학술진흥재단의 지원을 받아 2년에 걸쳐 이태원을 비롯한 공동연구진에 의해 수행된『폐광촌과 카지노: 강원폐광지역사회변동연구(1)』(2005),『카지노와 폐광촌-강원폐광지역사회변동연구(2)』(2006)가 그것이다. 따라서 여기서는 이 두 권의 단행본에 실린 글들을 통해 폐광 지역사회에 대한 연구 동향을 살펴보려 한다.

『폐광촌과 카지노: 강원폐광지역사회변동연구(1)』의 편제는 3부 12장으로 되어 있다. 제1부 '폐광지역의 사회변동과 지역정치'에는 5편의 논문이 실려 있다. 강원 남부 탄광 지역의 구조적 특성, 지역의 쇠퇴 과정, 지역의 쇠퇴 과정에서 일어난 산업구조 및 인구구조의 변화 양상 등을 검토하고자 한「탄광지역의 쇠퇴와 사회변동」, 석탄산업화조치로 인한 석탄산업의 쇠퇴 과정에서 해체의 길을 걷도록 강요된 탄광노동자계급에 주목한「탄광노동자계급의 성장과 쇠퇴」, 석탄산업합리화사업으로부터 카지노 건립까지의 과정에서 전개된 폐광 지역에서의 지역정치와 갈등의 구조적 성격을 밝히고자 한「폐광지역의 지역정치와 갈등구조」, 폐광지역개발지원특별법의 제정을 위한 주민운동의 배경과 전개 과정 및 그에 대한 평가를 시도한「폐광지역개발지원특별법 제정과 주민운동」, 정선군 고한·사북지역에서의 엘리트 형성 과정과 존재양식 및 특성을 분석한「폐광지역의 지역엘리트 형성의 정치적 역동성」등이 그것이다. 제2부 '도박의 합법화와 카지노의 심리학'에는 3편의 논문이 실려 있다. 즉, 카지노 출입자들의 도박 중독 상태, 도박 동기, 도박의 실태 등을 분석한「카지노 출입자의 도박중독 및 실태」, 강원랜드 카지노장의 고객 중 상당수가 중증 도박자임을 입증해 준「카지노게임의 심리학」, 태백과 정선지역 거주 청소년들의 도박 행동과 정신 건강 수준을 다른 지역 청소년들의 그것과 비교를 시도한「카지노 접근성과 청소년의 도박행동 및 정신건강」등이다. 마지막 제3부 '폐광촌의 생활세계'는 4편의 논문으로 짜여 있다. 탄광촌 중 하나인 철암 지역 주민들의 기억 속에서 재현되고 있는 모순적인 탄광촌의 모습을 그려낸「탄광촌 철암의 시공간적 구성과 변화」, 탄광개발 시기에서부터 강원랜드 중심의 관광개발 시기 사이에 있었던 탄광 개발과 그로 인한 탄광촌 사북읍 지역에서의 환경 파괴 및 주민들의 피폐해진 육체의 문제 등을 다룬 「<찌들은 몸>: 탄광개발과 환경문제」, 탄광촌 철암의 형성과 발전 및 폐광촌으로의 전락 과정을 살펴보면서 지역의 재활성화 방안을 찾고자 한 「탄광촌의 쇠락과 폐광촌의 미래」, 강원남부주민주식회사의 기혼여성노동자들을 대상으로 이들의 경제적 여건, 취업이유, 성역할가치, 가족생활, 일에 대한 태도와 직업만족도 등을 종합적으로 검토한 「폐광촌 기혼여성노동자들의 일과 가정생활」 등이 그것이다.

『카지노와 폐광촌: 강원폐광지역사회변동연구(2)』는 13명의 공동 연구자가 각각 1편씩 작성한 글을 모은 것으로서 4부 13장으로 구성되어 있다. 제1부 '폐광촌의 지역정치와 노동세계'에는 태백시와 정선군에서 1980년대 중반 이후 실시된 각종 선거 결과에 대한 분석을 통해 지역 주민들의 정치의식을 이해해 보고자 한 「지방정치의 특성과 폐광지역 선거의 동학」, 태백지역사회운동조직의 설립 배경과 현황, 운동 주체, 동원구조, 행위전략 등에 대한 분석을 통해 폐광지역사회운동단체의 형성과 분화 과정을 고찰한 「폐광지역 지역사회운동조직의 형성과 분화」, 태백 지역 장성광업소의 노동자들을 대상으로 이들의 직업 정체성을 파악하고자 한 「탄광노동자계급의 직업정체성」, 정선군 고한읍과 사북읍 및 태백시 황지동의 소규모 자영업자들을 대상으로 이들의 성역할 가치와 사업가 정체성을 조사한 「폐광지역 자영업자의 성역할 가치와 사업가 정체성」 등 4편의 논문이 실려 있다. 제2부 '폐광촌 사람들의 삶'은 「생애사를 통해 본 탄광촌 주민의 삶」, 「한 사회운동가의 삶과 폐광지역사회변동」, 「<배팅하는 몸>: 카지노 노숙자들의 삶」 등의 3편의 글로 구성되어 있다. 특히 「한 사회운동가의 삶과 폐광지역사회변동」은 1985년 태백으로 이주해 탄광지역운동에 헌신해 온 집필자 원기준 자신의 삶의 체험과 연관지어 폐광 지역의 사회 변화를 조명해 보고 있다는 점에서 눈길이 가는 글이다. 제3부 '카지노와 주민들의 의식세계'에는 정선군 폐광 지역의 카지노 설립이 지역사회의 범죄 발생에 미친 영향을 검증해 보고자 한 「카지노 도박과 지역사회 범죄」를 비롯해서 「카지노와 지역 주민의 삶」, 「카지노와 청소년의 반사회적 행동」 등의 3편의 논문이 포함된다. 제4부 '폐광지역의 개발현황과 문제점'에는 '광해'[7]정책과 환경 거버넌스의 문제를 다룬 「폐광지역의 환경 거버넌스와 광해정책」을 포함한 「폐광지역의 개발현황과 과제」, 「지역발전의 패러독스」 등 3편의 논문이 포함되어 있다.

이와 같이 『폐광촌과 카지노: 강원폐광지역사회변동연구(1)』과 『카지노와 폐광촌: 강원폐광지역사회변동연구(2)』는 폐광 지역의 지역정치, 노동세계, 카지노, 주민의 생활세계 등의 기본 틀과 상호 연계성을 바탕으로 강원 폐광 지역사회의 변화와 현실을 다각도로 조명하고 분석해 줌으로써 폐광 지역사회에 대한 종합적인 이해에 한걸음 더 다가서게 하는 계기를 마련했다고 볼 수 있다.

4) 강원 지역사회에 대한 총체적 연구

1970년 이후 1998년까지의 강원도 지역연구 성과들을 연구 대상 지역에 따라 강원도 전역, 춘천권, 원주권, 강릉권, 그리고 춘천을 비롯한 18개 시·군 지역으로 나누어 살펴본 김병철의 조사(2002: 168)에 의하면, 강원도 전역을 대상으로 한 연구가 그중 약 40%에 이르는 것으로 나타났다. 즉, 1990년대 후반까지의 강원도 지역연구를 보면, 개별 권역이나 시·군 개별 지역에 대한 연구보다는 강원도 전역을 대상으로 한 지역연구가 압도적으로 많았다는 것이다. 그 후로도 강원도 지역을 대상으로 한 개별적 수준의 다양한 연구들이 꾸준히 이어졌다. 이를테면, 강원도 경제의 국제화전략(구정모 외, 2005), 강원도의 복지정책(김주원, 2004), 강원도의 지역주의 투표(신병식, 2002), 강원 지역의 NGO(안득기, 2005), 강원도의 전략산업(염돈민, 2004), 강원도 여성정책(최정

---

7)여기서 말하는 '광해'란 "광업에 의하여 유발되는 환경피해나 지하자원의 개발로 인하여 발생하는 공해현상"(이태원 외, 2006: 370)을 의미한다.

남, 2004) 등을 들 수 있다.

이와 같이 개인 또는 소수의 연구진에 의한 강원도 지역연구가 이미 많이 이루어져 온 것은 사실이지만 대표적인 공동연구는 강원사회연구회에서 엮어 펴낸 일련의 강원사회연구총서라고 할 수 있다. 앞서도 지적했듯이, 강원사회연구회에서는 강원도의 재정적 지원을 받아 1997년부터 강원도지역에 대한 공동 연구 작업을 수행해 왔다. 강원도 지역 개론서라고 할 수 있는 『강원사회의 이해』(1997)를 필두로 『강원환경의 이해』(1998), 『분단강원의 이해』(1999), 『강원관광의 이해』(2000), 『강원교육과 인재양성』(2001), 『강원경제의 이해』(2002), 『강원복지의 이해』(2003), 『강원문화의 이해』(2005), 『문화의 세기와 강원문화』(2006) 등의 총서를 거의 매년 한 권씩 출간해 온 것이다.

이러한 총서는 강원사회연구회의 회원들을 중심으로 하되 연구 주제별로 그때마다 적합한 외부 전문가들과 함께 연구진을 구성해 공동으로 작업한 소산물들이다. 연도별 연구의 대주제는 공동 연구에 앞서 회원들의 의견과 편집회의의 검토를 거쳐 확정된 것들이다. 거의 매년 1개의 대주제를 다루어왔지만 문화 주제의 경우는 연구 범위의 방대함을 고려해 2번으로 나누어 탐색했다. 책의 성격을 보면, 대개 적게는 20여 명에서 많게는 40여 명에 이르는 연구자들이 하나의 대주제를 중심으로 기획된 세부 주제별 연구와 집필을 한 뒤 이를 묶어 출간하는 형식을 취했기 때문에 해당 대주제에 대한 강원도의 분야별 실태, 과제, 발전 방안 등이 다각도로 모색되고 제안되었다고 할 수 있다(김원동, 2005). 이들 총서를 글의 성격이라는 측면에서 대략적으로 살펴보면, 인문학적인 성격의 단행본, 사회과학적인 성격의 단행본, 인문학적 및 사회과학적 성격이 뒤섞여 있는 단행본으로 나누어볼 수 있는데, 여기서는 주로 사회과학적 논문들로 구성된 단행본들을 선별해서 살펴보고자 한다.8)

---

8) 『강원환경의 이해』, 『강원관광의 이해』, 『강원교육과 인재양성』, 『강원문화의 이해』, 『문화의 세기와 강원문화』에도 강원도 지역사회를 분석 대상으로 한 여러 편의 사회과학적 연구들이 뒤섞여 있지만, 이 책들에 대한 검토는 다음 기회로 미루고 여기서는 『강원사회의 이해』, 『분단강원의 이해』, 『강원경제의 이해』, 『강원복지의 이해』, 『강원문화의

검토방법은 지면 관계상 개별 논문의 내용에 대한 검토보다는 단행본 안의 부문별 제목과 세부 논문의 주제를 통해 훑어보는 방식을 택하고자 한다.

먼저『강원사회의 이해』는 강원 지역사회 연구의 총론이라고 할 수 있는 연구물로서 6부 41장으로 구성되어 있다. 제1부 '강원사회의 위상과 역사'에서는 전체 한국 사회에서 차지하는 강원 사회의 위상과 문화 및 역사가 국가, 정치, 지역 갈등, 세계화, 정보화, 지방화 등의 맥락에서 논의되었다. 제2부 '자치시대 강원의 정치와 행정'에서는 강원도 유권자의 투표 행태, 강원도 의회의 활동에 대한 평가, 강원도 지방행정조직의 실태와 발전전략, 강원지방 재정지표의 실태 분석, 주민 참여의 행태 분석과 발전 과제, 강원 지역 개발의 현황과 낙후 원인 및 개발 과제 등의 주제에 대한 연구가 이루어졌다. 제3부 '강원경제의 구조적 특성'에서는 강원 지역 경제의 전반적 현황과 경제 활성화 방안, 강원도의 산업구조와 지역 경제의 특성, 강원 지역 농업구조의 특징과 변화, 강원임업의 현황과 여건 변화 및 정책과제, 강원 지역 석탄산업의 변천 과정과 전망, 강원도 지역 관광산업개발의 실태와 문제점 및 대책, 강원 지역 금융기관의 운영 실태와 문제점 및 활성화 대책 등에 대한 검토가 이루어졌다. 제4부 '강원사회 시민의식과 삶의 질'에서는 강원 지역 시민사회의 현실과 도민의 시민의식, 분단시대의 강원도와 통일 문제, 강원 교육의 구조적 특성과 정책방향, 강원 사회에서의 법과 인권의 현주소 및 고등법원·고등검찰청의 설치 문제, 지역언론의 기능과 강원 지역언론의 현황, 강원 지역의 정보화 현황과 정책 방향, 강원 지역 도시환경의 특징과 내용 및 녹지 공간, 강원도민의 삶의 질 현황 등이 다루어졌다. 제5부 '강원도의 문화와 예술'에서는 강원도의 유교문화, 민속 문화, 한시, 문학, 춘천의 유적과 유물 및 문화도시로서의 가능성, 춘천의 근대미술 등과 같은 주로 인문학적인 연구 주제들이 검토되었다. 제7부 '강원 지역의 사회운동'에서는 강원 지역의 민족운동, 농민운동,

---

이해』에 대해 살펴보려 한다. 전형적인 사회과학적 분석들이 대개 이러한 책들에 집중되어 있다고 판단했기 때문이다.

탄광지역 노동운동, 민간환경운동, 교육민주화운동, 시민운동 등이 논의되었다. 이와 같이 『강원사회의 이해』는 주로 사회과학적 관점에서 강원 사회의 위상, 정치, 행정, 경제, 시민사회, 사회운동, 문화 등과 같은 제반 사회 영역의 세부 주제들을 분석함으로써 강원 사회에 대한 포괄적인 안내서의 역할을 하고 있다.

『분단강원의 이해』는 유일한 분단도인 강원도의 현실에 주목하면서 '한반도의 분단과 강원 사회', '분단 이후의 남북 강원', '분단 강원의 생활과 문화', '남북 강원의 자원과 경제 협력', '남북 강원의 교류와 협력', '통일시대 강원 사회의 위상과 전망' 등 6부 37장으로 짜여 있다. 이 책은 다양한 학문적 배경을 지닌 연구자들에 의해 집필된 책이라 전적으로 사회과학 분야의 연구 성과라고 분류하기는 어렵다. 책의 내용 중 사회과학 분야의 연구라고 할 수 있는 것들을 예시해 보면, 분단과 강원 사회, 남북 강원행정구역의 현황과 개편 방향, 분단과 비무장지대에 대한 문화인류학적 검토, 수복지구 남북한의 토지개혁 과정과 통일 후 북한지역의 토지문제, 남북 강원의 경제협력과 자원의 보전 및 이용, 남북 교류를 통한 강원도 관광개발 방안, 남북협력사업의 국제법적 의미, 북 강원 지역에 대한 투자와 전망, 환동해권 교류협력과 강원도의 대응전략, 대북경제협력사업, 통일교육의 현황과 전망, 통일에 대한 지방분권적 접근, 통일 이후 시기의 강원도 경제에 대한 전망, 통일 이후 강원 사회의 정치적 위상에 대한 전망 등이 있다. 이처럼 『분단강원의 이해』에서는 기본적으로 분단 조건에서의 남북교류협력사업과 통일 이후의 경제적·정치적 상황 전개에 대한 전망에 관심을 갖는 사회과학적 연구들이 상당 부분 모습을 드러내고 있다.

『강원경제의 이해』는 3부 21장과 2개의 부록으로 구성되어 있다. 제1부 '한국경제와 강원경제'에서는 강원도 경제의 현황과 발전 방향, 강원도 주요 경제지표의 추이와 강원도 경제의 특징 및 전망, 강원도의 산업발전 방향과 전략산업의 평가 등의 3개 소주제가 다루어졌다. 제2부 '강원경제의 구조적 특성'에서는 강원도 산업구조의 특성과 변화 전망 및 과제, 강원도 경제의 저발전과 공간구조의 특성 및 문제점, 강원도의 인구적 특성과 산업인력, 강원도 제조업의 현황과 특징, 강원도의 환경보존과 개발, 강원지방재정의 특성과 과제 및 개선방향, 강원 지역금융의 현황과 특징 및 과제 등의 7개 소주제가 논의되었다. 제3부 '강원경제의 대내적 발전전략'에서는 강원 지역의 대안적 발전모델과 발전전략, 강원도 관광 개발의 현황과 특성 및 관광 개발 방안, 강원 6T 산업의 현황과 잠재력 및 육성전략, 강원 문화관광자원의 환경과 상품화전략, 강원 농업의 현황과 특징 및 발전전략, 강원 지역의 산학연 협력 현황과 이를 통한 지역경제 발전 방안, 강원 지역산업 활동의 현황과 인프라 확충 전략, 강원 지역의 경제활동 촉진을 위한 중앙정부 및 지방정부의 역할 등의 8개 소주제가 검토되었다. 제4부 '강원경제의 대외적 발전전략'에서는 환동해권 경제협력의 현황과 확대방안, 남북경협의 현황과 강원도 경제의 발전을 위한 활성화 전략, 강원도의 외국인 투자 현황과 외자 유치 전략 등의 3개 주제가 발표되었다. 지금까지 살펴본 바와 같이 『강원경제의 이해』는 한국경제에서 차지하는 강원도 경제의 위상을 살펴보고, 이어서 강원도 경제의 구조적 특성을 산업구조, 공간구조, 인구구조, 제조업, 환경, 지방재정, 지역금융 등의 측면에서 검토해 본 연후에 강원도 경제의 대내외적 발전전략을 관광, 6T 산업, 농업, 산학연 협력, 정부의 역할, 환동해권 경제협력, 남북경협, 외자유치 등과 관련지어 탐색한다.

『강원복지의 이해』는 모두 5부 20장으로 구성되어 있다. 제1부 '복지국가와 강원복지'에는 세계화시대의 복지정책, 서구 복지국가의 발전과 한국 복지체제의 미래, 강원 사회복지의 역사와 발전 과제 등과 같은 강원복지의 이해를 위한 입문적 성격의 3편의 논문이 실렸다. 제2부 '강원복지의 대상별 현황과 과제'에는 아동복지, 여성복지, 노인복지, 장애인복지 등의 현황과 과제를 검토한 4편의 글이 소개되었다. 제3부 '강원복지의 영역별 현황과 과제'에는 강원 지역사회복지의 현황과 종합사회복지의 방향, 복지사회에서의 여가정책, 농촌복지, 노동복지, 보건의료, 주거복지, 환경복지, 정보복지 등의 8편의 글이 자리를 잡았다. 제4부 '강원복지의 전달체계'에는 강원 사회복지전달체계의 현황과 구조 및 개선 방안, 강원복지재정 등의 2가지 주제가, 그리고 마지막 제5부 '강원복지의 비전'에는 강원도 사회복지부문의 발전 과제와 전략, 강원도 사회복지의 사회경제적 조건과 복지증진을 위한 비전, 강원도 실버산업의 과제와 발전 전략 등의 3가지 주제가 검토되었다. 이와 같이 『강원복지의 이해』는 서구 복지국가와 복지정책 및 강원 사회복지의 역사에 대한 이해에 기초해 아동복지, 여성복지, 노인복지, 장애인복지, 농촌복지, 노동복지, 보건의료복지, 주거복지, 환경복지, 정보복지 등과 같은 강원복지의 영역별 현황과 과제를 짚어보면서 강원도 사회복지의 증진을 위한 비전과 발전 전략을 종합적으로 모색하고 있다.

이상의 검토에서도 알 수 있듯이, 강원사회연구회에서 지금까지 출간해온 강원사회연구총서에서는 강원 사회 전체뿐만 아니라 환경, 분단과 통일, 관광, 교육, 경제, 복지, 문화 등과 같은 개별적인 대주제 내의 다양한 세부 주제들을 다루어 옴으로써 강원 지역사회의 현실과 쟁점 및 과제에 대한 요긴한 정보들을 다각도로 제공해 주고 있다. 물론 여기서의 연구 성과들을 실마리 삼아 개별 소주제별로 최근까지의 상황을 추가로 점검하고 새로운 단서와 대안을 찾아가는 작업은 전적으로 후속 연구자들의 몫이다.

4. 맺음말: 요약과 제언

지역연구의 경우에는 출판 비용이나 연구수행 경비를 외부에서 지원받지 않는 한 일반적으로 그 성과의 단행본 출간이 쉽지 않다. 전국적 사안에 비해 개별 지역 사례에 대한 연구는 폭넓은 독자층을 확보하기 어려워 상업성이 현저히 떨어지기 때문에 출판사에서 출판 자체를 꺼리기 때문이다. 지역연구 중 소지역을 대상으로 한 연구는 더 말할 나위도 없다. 그러다 보니 강원도 지역연구에서도 18개 시·군의 개별 지역보다는 강원도 전체를 대상으로 한 개괄적인 연구들이 일반 논문이나 보고서뿐만 아니라 단행본의 경우에도 훨씬 많은 편이다. 그런가 하면, 행정구역을 기준으로 했을 때 단행본으로 나온 사회과학 분야의 도내 개별 지역연구 중에서는 춘천에 관한 연구가 가장 많다. 강원대학교와 한림대학교를 비롯한 춘천 소재의 여러 대학에 사회과학 전문 인력이 상대적으로 많기 때문인 것으로 보인다. 권역을 대상으로 한 사회과학 분야의 연구 중에서는 폐광 지역사회에 관한 연구가 눈에 띈다.

한편, 강원도 지역연구의 주요 연구 수행 주체를 살펴본 결과, 연구 주체는 주로 도내 대학의 사회과학 분야 연구소나 연구회에 소속된 연구자들과 일부 인접 분야의 전문가들인 것으로 확인되었다. 단행본으로 출간된 연구 성과의 형태를 보면, 개별 연구자에 의한 연구서보다는 일군의 연구자들에 의해 생산 된 공동연구서가 대부분이었다. 그리고 사회과학 분야의 강원도 지역연구를 재정적으로 뒷받침해 온 대표적인 기관은 강원도(강원사회연구총서), 춘천문화 방송(『춘천리포트』), 한국학술진흥재단(강원폐광지역사회변동연구) 등이었다. 그 러면, 단행본 연구 성과들을 중심으로 살펴본 이와 같은 연구 동향이 강원도 지역연구의 활성화를 위해 시사하는 전략으로는 어떤 것들이 있는가.

첫째, 춘천시를 비롯한 강원도 내 18개 시·군 개별 지역사회의 구조적 변화 와 특징을 규명하는 기초 연구에 주목해야 한다. 앞서 살펴본 바와 같이, 춘천 지역사회에 대한 기초 연구는 절대적 수준에서는 아직 부족하지만 다른 나머지 지역과 비교해 본다면 유일하게 많은 편[9]이라고 할 수 있다. 사회과학 분야의 강원도 지역연구 단행본에 준거해 볼 때, 춘천을 제외한 나머지 시·군 지역에 대한 연구는 실제로 거의 전무하다고 해도 과언이 아니다.[10] 이러한

---

9) 필자와의 대화 중에 한 연구자도 지적했듯이, 춘천 지역연구의 경우에도 앞으로 다양한 색깔의 『춘천리포트』가 계속 출간되어야 한다. 그래야 경쟁적인 시각과 주제에 초점을 맞춰 춘천 지역사회를 다채롭게 이해할 가능성이 그만큼 커지기 때문이다.

10) 1970년부터 1998년까지의 강원도 지역연구들을 분석한 김병철의 연구(2002: 168~169)에 따르면, 춘천시, 원주시, 강릉시 등의 3개 시에 대한 연구가 전체 시·군 연구의 50% 이상을 차지하는 데 반해, 군 지역에 대한 연구가 차지하는 비중은 대부분 1% 이하인 것으로 드러났다. 그런데 사회과학 분야의 공동 연구적 성격을 띤 단행본의 경우를 보면, 춘천과 원주 외의 나머지 도내 16개 시·군 지역사회에 대한 종합적인

현실은 도내 시·군 지역에서의 정책 수립이나 추진이 객관적인 기초 연구의 토대 없이 이루어져 왔을 공산이 크다는 것을 함축한다. 지역사회에 대한 객관적인 진단이나 실태 파악도 없이 수립되는 지역정책이 내실 있는 지방자치로 이어질 가능성은 매우 적다. 따라서 현 단계에서의 일차적인 과제는 강원도 내 개별 지역사회의 현실을 정확하게 보여줄 수 있는 기초 자료들을 발굴하여 정리하고 정기적인 재검토 작업이 이루어질 수 있는 토양을 마련하는 일이라고 할 수 있다.

둘째, 강원도 내 권역별 연구의 활성화도 중요한 전략의 하나로 인식해야 한다. 이를테면, 영동권, 영서권, 강원북부권 등과 같은 권역 대상의 다각적인 연구들이 폐광 지역사회에 대한 연구 못지않게 활발하게 이루어져야 한다는 것이다. 만약 여러 권역별 연구들을 통해 준(準)광역단위에서의 주민들의 생활권을 점검하고 행정권역과의 관계를 새롭게 조명해 보는 지속적인 작업이 이루어진다면, 그러한 탐색 결과는 강원도의 장기적인 발전 전략의 구상에 필요한 기초적인 정책 자료로 얼마든지 활용될 수 있을 것이다. 이러한 권역별 연구는 해당 권역의 인근에 위치한 대학들이 중심이 되고, 부족한 전문 인력을 주변 다른 대학 전문가들의 도움을 받아 추진하는 방식이 효율적일 것으로 보인다. 아무래도 소재지나 인근 지역 대학의 연구자들이 원거리 지역의 인사들보다는 해당 권역의 사정에 밝고 지속적인 교류의 측면에서도 유리한 점이 많을 것이기 때문이다. 이런 점에서 이 방식은 소재지의 지리적 근접성을 기준으로 한 일종의 대학별 연구 분업 전략이라고도 할 수 있다.

셋째, 강원도, 시·군, 지역 언론사 등이 강원도 지역에 대한 사회과학적 기초 연구에 깊은 관심을 갖고 재정적 지원을 할 수 있는 시스템을 구축해야 한다. 강원도에서 지원해 온 강원사회연구총서나 춘천문화방송에서 후원해 온 『춘천리포트』는 그러한 작업의 중요성과 가능성을 보여준 사례라고 할 수 있다. 지방자치단체와 도내 대학의 연구진이 함께 지역문제에 애정을 갖고

기초 연구는 거의 찾아볼 수 없는 게 현실이다.

협력해서 심층적인 연구를 축적해 갈 수 있도록 지역연구기금을 조성한다거나 지역기초연구총서의 발간에 일정한 예산을 배정하는 제도를 구축하는 것도 하나의 방법이 될 수 있을 것이다.[11] 또한 지역의 전문가들이 언론사의 후원 아래 지역의 현안들을 집중적으로 연구하고, 언론사는 그 성과를 토대로 깊이 있는 프로그램을 제작하여 보도의 질적 제고를 도모하는 선순환적 관계를 조성하려는 노력도 있어야 할 것이다. 이런 방식의 활성화는 지방언론과 지방 대학의 상생전략이 될 수 있다는 점에서 주목을 요한다. 왜냐하면, 이는 양자의 현실적 취약성을 상호협력체계의 구축을 통해 반전시키는 계기가 될 수 있기 때문이다. 이런 관점에서 볼 때, 지방자치단체나 지역의 언론사는 해당 지역의 부실한 기초 통계 자료를 보완한다거나 자료적 가치가 있다고 판단되는 기초 연구들을 지원하고, 그 결과를 정책 수립이나 프로그램 제작에 적극 활용하고자 하는 전향적인 의식을 갖는 것이 중요하다.

넷째, 대학 자체적으로도 강원도 지역연구의 중요성을 인식하고 이를 활성화할 수 있는 제도적 장치를 마련하려는 전략을 세워야 한다. 예컨대, 기존의 지역개발연구소나 그와 유사한 연구기관들을 통폐합하여 '(가칭) 강원지역사회연구원'을 설립하고, 연구원 안에 강원지역정치, 강원지역경제, 강원지역문화, 강원지역관광 등과 같은 세부 연구실을 두어 강원 지역을 대상으로 한 특화된 다양한 기초 연구를 수행할 수 있도록 하자는 것이다. 이런 틀은 기초 연구와 지역정책의 결합 가능성을 높여준다는 점에서 산·학·연·관 형태의 사회과학적 협동 연구를 촉진하는 토대가 될 수 있을 것이다. 이와 함께 강원지역사회연구원에서 이루어지는 다각적인 세부 지역연구들이 강원도지역연구 총서로 빛을 볼 수 있도록 대학 차원에서의 재정적 지원책을 제도화하는 일도 중요한 과제로 설정되어야 한다. 각 대학에서는 이와 같은 내부적인 작업과

---

11) 예컨대, 강원발전연구원의 강원학총서나 강원학학술총서의 경우에는 그 지원영역을 인문학에서 사회과학 영역으로 확대할 필요가 있다. 현실성 있는 지역발전정책의 기획과 수립은 인문학적인 기초자료 못지않게 탄탄한 사회과학적 연구 성과와 자료의 축적이 있어야 비로소 가능하기 때문이다.

더불어 도내의 다른 대학 전문 인력들과의 지역연구네트워크를 구축하는 일에도 관심을 기울여야 한다. 이를테면, 연구 주제별 대학 간 공동연구팀의 구성, 지역연구 DB의 구축과 정보 교류 및 공유 등의 작업을 활성화하는 일에 주목해야 한다.

참고문헌

강대덕. 2005. 「강원지역 근현대 지역사 연구의 현황과 과제」. ≪강원학연구≫, 창간호.

강원대사회과학연구소 엮음. 2005. 『지방분권시대 춘천 읽기』. 강원대학교출판부.

강원도. 2004a. 『강원도 제1차 지역혁신발전5개년 계획(2004~2008)』.

_____. 2004b. 『지표로 본 강원도세(2004년판)』.

강원사회연구회 엮음. 1997. 『강원사회의 이해』. 한울.

_____. 1998. 『강원환경의 이해』. 한울.

_____. 1999. 『분단강원의 이해』. 한울.

_____. 2000. 『강원관광의 이해』. 한울.

_____. 2001. 『강원교육과 인재양성』. 한울.

_____. 2002. 『강원경제의 이해』. 한울.

_____. 2003. 『강원복지의 이해』. 한울.

_____. 2005. 『강원문화의 이해』. 한울.

_____. 2006. 『문화의 세기와 강원문화』. 한울.

구정모·이현훈·허현승. 2005. 「지역경제의 국제화 전략: 강원도의 환동해권 협력전략을 중심으로」. ≪동북아경제연구≫, 제17권 1호.

권재석. 1998. 「폐광을 활용한 관광위락공간 조성 전략: 동해시 무릉계 폐철광굴을 중심으로」. ≪관광학연구≫, 제22권 2호.

금경숙. 2005. 「강원지역 고·중세사 연구 현황」. ≪강원학연구≫, 창간호.

금경숙·임기환·공석구(편저). 2006. 『강원도와 고구려』(강원학 학술총서3). 집문당.

김경남. 2004. 『강릉지역 서낭당 연구』. 보고사.

김두식·한상덕·김남선. 1991. 「탄광지역사회의 구조적 변동과 개발방향에 관한 경험적 연구-태백시를 중심으로」. ≪한국사회학≫, 제25권 2호.

김만재. 1996. 「탄광도시의 성장과 쇠퇴: 태백시의 사례연구」. ≪한국지역개발학회지≫, 제8권 2호.

김명숙. 2005. 「로컬 거버넌스와 주민의 정치참여」. ≪한국사회와 행정연구≫, 제16권 3호.

김병철. 2002. 「강원학 정립을 위한 기초조사 연구」. ≪한국사회학평론≫, 제7집.

김선풍·장정룡·김경남. 2002a. 『평창군의 설화』. 국학자료원.

_____. 2002b. 『평창군 민속지: 용평면』. 국학자료원.

김용환·김재동. 1996. 「석탄산업의 생태와 역사: 태백지역을 중심으로」. ≪한국문화인류학≫, 제29권 1호.

김원동. 1999. 「춘천지역의 시민운동-현황과 과제」. ≪동향과 전망≫, 겨울호.

_____. 2000. 「인터넷 지역사회정보망을 통한 지역정보화 촉진방안-춘천시 넷'의 사례」. ≪한국사회학≫, 제34집(여름호).

_____. 2005. 「강원북부권의 실태와 지역발전의 전략적 전제 조건」. ≪지역개발연구≫, 제13집.

_____. 2006. 「<자립형 지방화>: 정치사회적 조건과 지역혁신 전략」. 강원정치학회·강원발전연구원 외. 『지방분권, 이제 무엇을 할 것인가?』. 분권개혁과 지역발전 심포지엄 자료집.

김의숙·이창식·이학주·최명환. 2005a. 『화천사람들의 삶과 민속문화』(화천문화총서1). 대선.

_____. 2005b. 『화천사람들의 축제와 구비문학』(화천문화총서2). 대선.

김주원. 2004. 「농촌노인 경제활동 실태분석을 통한 지방정부 복지정책 개선 방안-강원도지역 유형별 농촌노인 설문조사를 중심으로-」. ≪한국지방자치학회보≫, 제16권 3호.

김창환·신영근·정성훈. 2006. 「지역축제의 지방화: 춘천마임축제 사례」. ≪한국지역지리학회지≫, 제12권 1호.

김풍기. 2006. 『강원 한시의 이해』(강원발전연구원 강원학총서5). 집문당.

대구사회연구소. 1995. 『대구·경북사회의 이해』. 한울.

두창구. 1999. 『한국 강릉지역의 설화』. 국학자료원.

_____. 2001. 『동해시 지역의 설화』. 국학자료원.

_____. 2003. 『삼척지역의 설화』. 국학자료원.

두창구·김경남. 2000. 『고성 속초지역의 설화』. 국학자료원.

두창구·이동철. 2002. 『영동 지역 민요 설화설』. 국학자료원.

문석남·지병문·정근식. 1994. 『지역사회와 사회의식』. 문학과지성사.

박경신. 2002. 『동해안 별신굿』. 화산문화.

사북청년회의소. 2001. 『탄광촌의 삶과 애환』. 선인.

삼척시립박물관. 2005. 『강원도 삼척시 도계읍 탄광촌 사람들의 삶과 문화』. 민속원.

상지대 사회과학연구소 편. 1998. 『원주사회 연구 I』. 한울.

송낙헌. 2005. 「도농복합시 정책효과 분석: 춘천시를 중심으로」. ≪강원학연구≫, 창간호.

신병식. 2002. 「지역주의와 강원도: 여당투표와 지역주의 투표의 관계를 중심으로」. ≪한국사회학평론≫, 제7집.

신행철 외. 1995. 『제주사회론』. 한울.

_____. 1998. 『제주사회론2』. 한울.

신형철. 2004a. 「가상도시의 실존실태: 춘천의 사례」. 유재천 외. 『가상정보공간을 통한 지역개발 활성화 전략』. 집문당.

_____. 2004b. 「가상도시 속에서의 네트워크 사례: 인터넷을 통한 에이즈 예방교육」. 유재천 외. 『가상정보공간을 통한 지역개발 활성화 전략』. 집문당.

안득기. 2005. 「강원지역 NGO에 대한 신뢰 연구」. ≪한국부패학회보≫, 제10권 4호.

염돈민. 2004. 「강원도의 전략산업: '생명·건강산업'」. 『한국의 지역전략산업』. 폴리테이아.

오영교. 2004. 『강원의 동족마을』(강원학 학술총서1). 집문당.

_____. 2005. 「조선시대 강원지방사 연구의 현황과 과제」. ≪강원학연구≫, 창간호.

옥한석. 2003. 『강원의 풍수와 인물』(강원발전연구원 강원학총서2). 집문당.

원구현. 2002. 「부록 1: 강원경제분야 연구 목록」. 『강원경제의 이해』. 한울.

유광호·박기관. 2005. 「지방의회 의정활동의 성과평가에 관한 연구: 원주시 여대의회의 비교를 중심으로」. ≪한국지방자치학회보≫, 제17권 2호.

유팔무. 2004a. 「춘천지역의 시민운동과 춘천시민연대 3년」. 『한국의 시민사회와 새로운 진보』. 논형.

_____. 2004b. 「춘천지역의 발전과 시민들의 정치사회의식」. ≪한국사회학평론≫, 제8집.

유팔무·김원동. 2000. 「춘천지역의 시민운동과 지방자치」. 한국행정학회 2000년도 세미나 발표논문.

유현옥. 2003. 『도깨비 되어볼까』(춘천마임축제 리포트). 다움.

이강익. 1998. 「지역위기에 대응하는 지역운동에 관한 연구: 강원남부권 광산지역 운동사례의 분석을 중심으로」. 강원대학교 석사학위 논문.

이보형·김혜정·박관수·진용선·전신재·이창식. 2005. 『강원도 민요와 삶의 현장』(강원학 학술총서2). 집문당.

이봉구·이충기. 2004. 「강원랜드 카지노 개발이 지역주민의 삶의 질에 미친 영향에 관한 연구」. ≪관광학연구≫, 제27권 4호.

이선향. 2004. 「지방의회 10년의 정치적 성과와 한계: 춘천시의회의 정치적 역할 및 기능에 대한 분석」. ≪사회과학연구≫, 제43집.

이재열·강희경·설동훈. 2004. 『충청지역의 사회의식과 지역정체성』. 백산서당.

이재혁. 2004. 「춘천시민의 정체성에 대한 분석」. ≪한국사회학평론≫, 제8집.

이태원 외. 2005. 『폐광촌과 카지노: 강원폐광지역사회변동연구(1)』. 일신사.

_____. 2006. 『카지노와 폐광촌: 강원폐광지역사회변동연구(2)』. 일신사.

장영민. 2004. 『원주 역사를 찾아서』. 경인문화사.

장정룡. 2003. 『강릉단오제』(강원발전연구원 강원학총서1). 집문당.

지현병. 2005. 「강원의 선사문화」. ≪강원학연구≫, 창간호.

진용선. 2004. 『정선아리랑』(강원발전연구원 강원학총서3). 집문당.

최 균. 2004. 「춘천시민의 생활상태와 복지욕구」. ≪한국사회학평론≫, 제8집.

최웅·김용구·함복희. 2006a. 『강원설화총람 I(춘천시·철원군·화천군)』. 북스힐.

_____. 2006b. 『강원설화총람 II(홍천군·양구군·인제군)』. 북스힐.

_____. 2006c. 『강원설화총람 III(원주시·태백시·횡성군)』. 북스힐.

_____. 2006d. 『강원설화총람 IV(영월군·평창군·정선군)』. 북스힐.

_____. 2006e. 『강원설화총람 V(강릉시·동해시·삼척시)』. 북스힐.

_____. 2006f. 『강원설화총람 VI(속초시·고성군·양양군)』. 북스힐.

최정남. 2004. 「우리나라 여성정책의 실태 분석과 개선 방안: 강원도의 여성참여를 중심으로 」. ≪지역개발연구≫, 제13집.

최　철. 2005. 『강릉 그 아득한 시간-해방 전후와 전란기』. 연세대출판부.

한경혜·김주현·강혜원. 2005. 「생활공간으로서의 농촌마을의 특성과 노인들의 상호 작용: 강원도 지역 3개 마을 사례연구」. ≪농촌사회≫, 제16집 1호.

한림대사회조사연구소·춘천문화방송. 1991. 『춘천리포트: 지방자치와 전환의 모색』. 나남.

_____. 1999. 『'99 춘천리포트: 춘천의 삶과 꿈』. 나남.

_____. 2004. 『춘천리포트3: 분권시대의 춘천』. 나남.

함광복. 2005. 『한국 DMZ 그 자연사적 탐방』(강원발전연구원 강원학총서4). 집문당.

기타

통계청. 2005. "시도별 장래인구 특별추계 결과." http://www.nso.go.kr.

제 3 부

미래를 위한 새로운 패러다임

3부는 강원 지역의 인적자원개발과 그에 따른 과제를 다루고 있다. 즉, 서론에 해당하는 1부와 강원 지역의 인적자원 실태를 전반적으로 언급한 2부의 내용을 토대로 미래를 위한 대안과 과제를 제시함으로써 강원도의 발전 방안을 모색하고 있다. 그런 의미에서 3부는 이 책의 가장 핵심적인 부분이라고 할 수 있을 것이다. 그 내용을 요약·정리하면 다음과 같다.

「지속가능한 발전을 위한 인적자원체제 구축: 독일 마이스터 제도 도입을 중심으로」에서 박상규는 우리나라의 직업교육과 선진국의 직업훈련 현황을 살펴보고, 독일의 마이스터 제도를 기초로 강원 마이스터의 양성 필요성을 역설한다. 그리고 강원도도 이제는 중앙정부 및 부처의 인력 양성에만 의존할 것이 아니라 중앙정부 및 기존의 인력양성기관과 협력하여 강원도가 필요로 하는 인재를 양성할 수 있는 인적자원체제를 갖출 필요가 있다고 주장한다. 또한 지속가능한 강원경제의 발전에 필수적인 인적자원체제에 대한 기본적 구축 방안으로 강원 마이스터 제도를 제안한다.

한편 「평생학습사회 구축과 인재 확대 활용」에서 백종면은 지식기반사회의 도래로 인해 양질의 인적자원에 대한 수요가 증대되고 있음을 강조하고, 양질의 인적자원을 개발하기 위해서는 교육체제도 산업사회가 요구하는 대량의 상황 적응적 기능 인력을 양성하던 학교교육 중심의 패러다임에서 벗어나 다양한 교육 채널을 통해 지식기반사회가 요구하는 창조적 지식 근로자를 양성하는 평생교육체제로 전환되어야 한다고 주장한다. 이와 함께 평생교육의 국제적 동향과 우리나라 평생교육의 실태 및 문제점에 대해 살펴보고, 평생학습사회의 실현을 위한 과제도 제시한다.

마지막으로 「글로벌 시대의 지역인재 양성」에서 이칭찬은 세계화의 의미와 강원도의 지역 인재 양성 현황에 대해 살펴보고, 학교교육의 변화와 평생학습사회의 구축을 역설하였다. 그리고 지역 인재 양성의 중요성을 강조하면서 몇 가지 제언을 하였다. 제언의 주요 내용은 인재 양성에 관한 인식의 변화, 학교교육 내용의 변화, 일반 행정과 교육 행정의 분리, 인재 양성을 위한 지역체제의 구축 등이다.

1장

지속가능한 발전을 위한 인적자원체제 구축

독일 마이스터 제도 도입을 중심으로

박상규 | 강원대학교 경영학과 교수

1. 머리말

과거 산업화사회를 이끌었던 양적 성장 모형은 오늘날 유효성이 감소하고, 앞으로는 양질의 인적자원이 지속적 성장의 원동력이며 국가의 미래를 좌우하게 되었다. 21세기 문명사적 전환기를 맞이하여 새롭게 도약하기 위해서는 세계의 경제·사회 환경의 변화, 우리 경제의 발전 단계와 전망, 인구 및 사회구조의 변화 등을 총체적으로 고려할 필요가 있다. 인적자원의 개발과 활용을 통한 국가의 혁신은 그 속도보다 방향과 지속성이 중요하다(대한민국정부, 2001).

우리나라의 교육은 외형적으로 보면, 의무교육의 확대, 고등교육의 대중화로 인적자원의 양적 공급 기반은 대체로 양호(대학진학률이 80% 상회)하다.

하지만 의학 계열 등 특정 분야로 우수 인재가 편중되면서 이공계 및 자연계 분야로의 진학을 기피하는 추세이고, 고등교육의 양적 팽창과는 달리 전반적인 대학의 교육 환경은 악화되었으며, 대학교육의 질도 낮아졌다. 교육·훈련기관의 경직성과 폐쇄성이 창의적 인재 양성과 교육 기회의 확대를 저해하고 있다. 또한 대학과 연구기관 등 지식창출기관과 기업 등 지식활용기관 간의 유기적 연계와 협력이 부족하다(대한민국정부, 2001). 그로 인해 교육 내용의 산업 현장 적용 때 괴리가 나타나 교육 투자비가 낭비되는 비효율적 현상을 보이고 있다.

강원도 내에는 강원도 경제를 리드하는 기업도, 대표적인 산업도 없다. 강원도는 산업 입지 조건이 열악하여 기업 유치에 많은 어려움을 겪고 있는 실정이다. 산업 기반이 취약한 현실에서 대학(전문대학 포함), 실업계 고교 졸업생들이 도내 기업의 취업보다는 생활 여건이 좋고 성장의 기회가 많은 타 시·도에 소재한 기업체로의 취업을 선호하고 있다. 도내 대기업의 부족으로 도내 대학에서 양성된 고급 인력이 취업할 기업체가 부족하다는 현상이기도 하다(강원도, 2005). 도내 교육·훈련기관에서 배출된 인재의 유출현상이 심화됨으로써 더욱 도내 기업의 인재난은 심각한 수준에 이르고 있다. 산업화가 활성화되지 않는 현실에서 강원도 경제의 활성화는 더욱 난망한 상태이다.

또한 강원도 내 인력개발의 수요·공급 간에는 구조적인 틈인 불일치 현상이 존재함에도 불구하고(강원도, 2005), 도내의 전문기능인력 양성기관들은 도내 산업과 불일치된 인재를 양성하고 있는 현상을 볼 수 있다. 도내 전문기능 인력양성기관들은 국가산업에서 필요로 하는 인력 양성과 도내에서 필요로 하는 인재를 육성하는 양면적인 정책으로 선회를 하는 것이 국가와 지역을 위해 바람직할 것이다.

따라서 강원도는 현실의 어려움을 타개하고 지속가능한 경제발전을 위한 새로운 인적자원체제 구축에 대한 전향적인 논의가 필요하다. 강원도는 자연환경 보존과 활용의 최대화와 미래 지향적 생명·건강산업 육성을 종합적으로 고려하여 인적자원을 양성하는 체제 구축 시도가 요구된다. 강원도 경제를 지속적으로 활성화시키기 위해서는 창업을 통해 새로운 아이디어의 틈새산업을 육성할 가치가 있다.

산업 입지적 여건이 취약한 강원도에서는 중견·중소기업을 지역의 핵심적 동력으로 육성하여 지역발전을 주도하는 정책이 하나의 대안이고, 이를 위해서는 장인정신(entrepreneurship)의 기업가 육성이 필요하다. 독일 경제의 중추적인 역할을 담당하는 인력이 마이스터(Meister)이다. 강원도도 강원경제의 육성을 외생적인 요인에만 의존할 것이 아니라 내생적인 요인 가운데 강원도 고유의 인력육성정책을 통해 지속가능한 경제발전이 이루어질 수 있는 인적자원체제 구축이 요구된다. 기존의 우리나라 직업교육은 취업을 목표로 하는 기술 전수였기 때문에 취업 기회가 부족한 강원도의 직업교육은 강원도 경제 활성화에 결정적인 기여를 할 수 없었다고 해도 과언이 아니다. 이제는 도내 기능인력 양성기관에서 독일의 마이스터 제도를 도입하여 도내 기업의 취업뿐만 아니라 궁극적으로 창업을 통한 강원도 경제 활성화에 선도적인 역할을 담당할 강원 마이스터를 양성하는 인적자원체제 구축이 필요하다.

본 연구에서는 우리나라의 직업교육과 선진국들의 직업훈련 현황을 살펴보고, 독일의 마이스터 제도를 기초로 한 강원 마이스터 양성에 대한 필요성을 설명했다. 그리고 지속가능한 강원도 경제발전에 필요한 인적자원체제에 대한 기본적 구축 방안을 제시하는 데 본 연구의 목적을 두고자 한다.

2. 우리나라 직업교육의 실태와 문제점

1) 실태

우리나라의 직업교육은 산업발전에 필요한 인력 양성에 크게 기여해 왔으나, 경제적 환경의 변화와 지식·기술 발달의 가속화로 인해 직업교육이 본래의 기능을 잃고 있다는 비판이 지속적으로 제기되어 왔다. 이에 정부는 우리나라 직업교육체제 관련 주요 정책 및 직업교육기관의 운영 실태와 문제점을 분석하고, 직업교육체제 및 역할을 혁신함으로써 일과 학습, 그리고 삶이 하나되는 직업교육체제를 구축하고 있다(교육혁신위원회, 2005).

2004년 대통령자문 교육혁신위원회는 '21세기 지식기반사회를 위한 직업교육체제 혁신방안'에서 실업고를 중심으로 한 직업교육체제를 제안한 바 있다. 전문대는 근로자 재교육과 계속 교육 강화 등 지역사회 평생직업교육센터로서의 역할을 강조했다. 하지만, 정부는 실업고 졸업생의 대학입학 특별전형을 정원 외 3%에서 5%로 확대 결정하고, 「고등교육법」 시행령을 개정해 2008학년도부터 적용키로 했다. 사회양극화 해소책의 하나로 제시된 것이다. 직업교육을 담당하는 실업계 고등학교는 완전교육을 수행하는 종국교육기관으로 머물러 있다. 실업고와 전문대의 연계교육도 원활하지 않다. 실업고의 교육목적에도 맞지 않을 뿐더러 직업교육에 대한 인식이 낮다는 것을 보여주고 있는 정책이다(≪교수신문≫, 제403호).

이와 관련해 우리나라 고등직업교육체제의 현황을 총체적으로 검토해야 한다는 문제의식이 점점 현실화되고 있다(≪교수신문≫, 제403호). 전통적으로 직업교육은 실업계고등학교, 전문대, 산업대학을 중심으로 이루지는 것으로 인식되어 왔다. 초·중학교에서의 진로교육, 실업계 고교 직업교육, 전문대·기능대·대학 등 고등단계에서의 직업교육훈련, 근로자 및 성인을 대상으로 하는 직업교육훈련 등을 포괄하고 있다(교육혁신위원회, 2005). 고등직업교육을 수행하는 교육기관이 분산되어 있다. 문제는 설립목적에 어긋나게 되거나 중복현상을 빚고 있다는 점이다. 역대 정부에서 '직업교육의 중추기관'으로 내세웠던 전문대는 「고등교육법」 제47조에 '사회 각 분야에 관한 전문적인 지식과 이론을 교수·연구하고 재능을 연마하여 국가사회의 발전에 필요한 전문직업인 양성'이라고 그 교육목적을 명시하고 있다. 하지만 이미 4년제 대학에도 전문대의 특성화 영역학과들이 속속 개설되고 있고, 취업교육을 강화하는 데 앞장서고 있다. 또, 실업고와 전문대의 계속 교육을 담당할 목적으로 설립된 산업대도 이미 일반 대학으로 변화된 지 오래다. 이러한 혼란의 문제는 고등직업교육

관리·감독	대학	대학 수	도입 년도	설립 목적	설립 근거
교육부	전문대학	152개	1979년	전문직업인 양성	「고등교육법」
	산업대학	14개	1988년	계속 교육	「고등교육법」
	기술대학	1개 (한진그룹 정석대학)	1998년	기능·이론·실무를 겸비한 전문인력 양성	「고등교육법」
	사내대학	1개 (삼성전자 공과대학)	2001년	전문기술인력 양성	「평생교육법」
	원격대학	17개	2001년	전문기술인력 양성	「평생교육법」
노동부	한국폴리텍대학 (舊24개기능대학 +21개직업전문학교 통합)	11개	2006년 3월	다기능 기술자·기능장 고급기능인력 양성	「기능대학법」
과학 기술부	사내기술대학	1개 (LG CNS)	1999년	전문기술인력 양성	과학기술부 고시 제97-3호
산업 자원부	한국산업기술대학	1개	1997년	고급전문기술인력 양성	산업교육진흥및산학협력촉진에관한법률

자료: ≪교수신문≫, 제403호(2006년 6월 19일).

을 수행하는 교육기관이 분산되어 있고, 설립 목적과 어긋나게 되거나 중복현상을 빚고 있다는 것이다(≪교수신문≫, 제403호).

궁극적으로 모든 학생을 위한 직업교육 실현을 위해 정부는 직업교육과 관련하여 제도 정비, 재정 지원, 평가 등이 원활하게 이루어질 수 있도록 중앙과 지역 단위의 추진 체제를 구축하고 있다. 최종적으로 학교-산업체-학교(Work To School, School To Work)의 열린 직업교육체제 정착을 위해 중앙과 지역이 나름대로의 여건과 범위 내에서 범국가적으로 직업교육을 지원하는 체제로 구축하고 있는 중이다(교육혁신위원회, 2005).

교육인적자원부 내에서도 직업교육을 총괄하고 통일적으로 추진할 수 있는

체제가 되어 있지 않다. 「고등교육법」에는 전문대와 산업대가 크게 '직업교육'
을 담당하고 있는 것으로 되어 있지만 전문대는 평생학습국 내에 전문대학정
책과를 두고 있고, 산업대는 대학지원국 대학정책과에서 담당하고 있다. 또
「고등교육법」에 근거를 둔 기술대학은 평생학습국 내에 산학협력과에서 맡고
있다. 교육부가 관할하는 직업교육기관은 이들만이 아니다. 「평생교육법」에
따라 사내대학과 원격대학도 개설되어 있고, 노동부가 관리하는 한국폴리텍대
학도 있다(≪교수신문≫, 제403호).

2) 문제점

우리나라 직업교육은 지역산업과 연계되지 않고 있다. 직업교육의 관리·감
독을 담당하는 부처가 다르기 때문에 담당 부처의 계획에 따라 직업교육이
다양하게 이루어지고 있다. 이러한 직업교육으로 인한 지역의 산업적 여건을
충분하게 고려하지 않고 다양한 직업교육이 이루어지고 있어 수요와 공급의
불일치 현상을 나타내고 있다. 특히, 전문대학은 학생들이 선호하는 학과를
신설하고 지원율이 저조한 학과는 폐지하는 실정이기 때문에 지역산업에 기여
하지 못하고 있다.

정주연(2002)에 따르면, 우리나라 직업교육의 문제점을 다음과 같이 지적했
다. 첫째, 교육의 내용이 지나치게 이론적이고 추상적이어서 기업현장의 다양
하고 급변하는 업무상황에서 유연하게 적용될 수 있는 엔지니어링의 원칙이나
그 응용을 배우는 데 불충분하다는 점이다. 둘째, 각 전공 분야의 교육내용이
지나치게 일반적이고 광범위한 반면에 현재 근무하는 회사에서 제조하는 상품
은 한 종류의 특수한 상품에 전문화되어 있다. 마지막으로 우리나라 제조업체
들의 회사 내 훈련의 지배적인 유형은 비용 절약적이고 근시안적이며 상품
제조 지향적이고 그것의 경영성과에 대한 영향을 점검하면서 개선이 시도되지
않는 특성을 보이고 있다.

무엇보다 우리나라 직업교육의 문제점으로 지적되고 있는 것은 우리나라

직업교육생들의 패배의식과 사회적 인정에서 기술자에 대한 배려가 약하다는 것이고, 이것이 직업교육발전의 한계로 노정되고 있다. 하지만, 독일의 마이스터들의 자기 기술에 대한 애정과 집착은 놀라울 정도이다. 수년 동안 자기 밑에서 온갖 궂은일을 해가며 수발을 든 조수에게도 잘 가르쳐주지 않지만, 말없이 맡은 바 임무를 위해 묵묵히 일하는 조수와 토론이 필요할 때는 수 시간 동안 전문적인 부분까지 격론을 벌인다. '긴 시간과 정성을 갖고 하나하나에 인간의 혼을 불어넣는 자세를 가져야 진품이 탄생한다'는 것이 마이스터 정신이다. 독일에서 마이스터는 매우 높은 사회적 지위를 갖는데, 이는 독일 국가공동체 역사에서 완벽한 기술의 구사만이 강력한 국가건설에 기여할 수 있다는 독일인의 세계관에 근거한다(김광현, 2004). 독일에서는 어떤 사람의 학력을 물어보는 것이 아니라 그 사람의 직업을 물어본다. 전통적으로 사회적 인정을 받는 전문직은 제빵공, 소시지 등을 만드는 육가공업자, 페인트공 등 매우 다양하다.

우리나라의 직업교육은 취업 일변도의 목표를 갖고 있다. 직업교육은 취업만이 아닌 궁극적으로 창업을 할 수 있는 교육 프로그램의 개설도 필요하다. 취업을 하더라도 비즈니스 마인드를 갖는 직원과 그렇지 않은 직원과의 업무 성과는 다르게 나타날 것이다.

3. 선진국의 직업교육 현황과 독일 마이스터 제도

1) 현황 및 사례

선진국의 직업교육·훈련제도의 구조는 경제주체들의 역할분담에 따라 다섯 가지 모델로 분류된다(Crouch et al., 1999). 첫째, 정부주도형(direct state) 모델이란 프랑스, 스웨덴에서처럼 직업능력의 양성이 주로 회사 밖의 풀타임 학교교육 중심으로 이루어지고 이 교육정책의 수립과 집행을 중앙정부가 주로 담당하고 규제한다. 둘째, 독일, 덴마크, 스위스에서 관찰되는 사회적 합의형(corporatistic network) 모델은 회사에서 실무적인 직업능력을 양성하는 회사 내 훈련 과정과 함께 회사 밖의 파트타임 직업학교의 이론 위주의 교실수업으로 구성된 이중도제훈련(dual apprenticeship training)이 중심이 된다(Berg, 1994; Muench, 1991). 이 훈련 과정이나 직업학교의 운영을 위해 중앙정부, 지역정부, 사용자단체, 사용자협회, 노동조합, 교육 및 훈련전문가들이 서로 보완적이고 협력적인 역할분담을 한다. 셋째, 이탈리아의 북부 지방과 미국 및 일본의 일부 지역에서 관찰되는 지역사회주도형(local firm network) 모델은 어떤 지역에 위치한 소규모의 여러 기업들이 직업교육 및 훈련에 대해 협력적인 역할분담을 유지하고 또 지역정부가 지원하는 경우이다(Gottardi, 1996). 넷째, 일본의 기업주도형(institutional companies) 모델에서는 직업능력의 양성과 직접 연관된 훈련이 대기업 내에서 작업순환이나 비공식훈련 등으로 주로 이루어진다(Cole, 1979; Cusumano, 1985). 마지막으로 시장주도형 모델(free market model)은 직업교육 및 훈련을 규제하거나 유도하는 중앙정부나 다른 경제주체 혹은 기업의 뚜렷한 역할이 정립되지 않아서 자유방임의 원칙에 맡겨지는 경우이다(정주연, 2002).

주요 선진국의 고등직업교육기관은 크게 세 가지로 구분할 수 있다. 1~4년제 '폴리테크닉'과 2년제 지역사회대학(Community College), 특성화된 직업전문학교 등이다(이하 ≪교수신문≫, 제404호).

폴리테크닉 형태는 주로 유럽 지역의 나라에서 발달되었다. 영국, 핀란드, 독일이 대표적인 예다. 학술 이론 중심의 4년제 일반 대학에 대응되는 형태로 실무 중심 대학이다. 학사 학위는 물론 대학원 과정까지 개설되어 있으며, 1년 단기 과정부터 4년 과정까지 다양한 학사 운용이 되고 있는 것이 특징이다. 전일제는 물론 시간제도 병행하고 있다. 영국은 지난 1992년 내각의 결정으로 2~4년제 폴리테크닉을 '대학'으로 명칭을 바꾸고 대표적인 직업중심대학으로 일반 대학과 동등한 위상을 갖췄다. 주로 기술이나 직업에 초점을 두고 있으며 모듈 형태의 조합으로 전공 과정을 운영하고 있다. 산업체와 긴밀한 협조 관계를 맺고 있고, 직장인을 위한 시간제 운영도 많다. 현장실습학기 운영이 필수로 운영되고 있는 것도 특징이다. 독일의 고등교육기관은 일반 대학인 'Universitaet'와 기술전문대학인 'Fachhochschule'로 구분된다. 일반 대학이 74%, 기술전문대학이 26%를 차지하고 있다. 기술전문대학의 교수가 되기 위해서는 반드시 현장 근무 경력이 2년 이상이고 박사학위가 있어야 임용될 수 있다. 독일도 처음에는 2년제로 운영되다가 실습과 현장 학습이 강조되면서 수업 연한을 늘려 4년제 이상으로 전환했다. 직업 과정은 석사학위 까지 받을 수 있다. 핀란드는 폴리테크닉의 전형으로 꼽힌다. 핀란드의 고등교육기관은 일반 대학과 기술전문대학인 폴리테크닉으로 나뉜다. 250개의 후기 단기 중등교육기관을 통폐합해 승격시켜 현재 29개의 폴리테크닉을 만들었다. 학사학위는 물론 석사학위까지 수여할 수 있다.

지역사회대학은 주로 북미 지역 국가가 선호하는 형태다. 미국과 캐나다에서 발달되어 있는데, 초기에는 단기 직업교육에 초점을 두었지만, 평생학습의 중요성이 강조되면서 평생교육 기관화되었다. 고교 과정부터 직장인, 일반 성인까지 포함하는 열린 교육체계를 지향한다. 4년제 일반 대학의 편입을 위한 대학예비학교 기능도 크다. 미국은 초기부터 고등직업교육을 대학체제 내에서 수용하고 있다. 캐나다는 지역사회대학을 비롯한 직업전문학교(Career College)뿐 아니라 종합단과대학(University College)도 있다. 종합단과대학은 2~4년제 과정으로 폴리테크닉의 성격이다. 준학사와 학사학위를 수여하고 있다.

프랑스와 일본에서의 직업교육기관은 규모는 작지만 전통 있는 '직업 전문 학교'를 고수하는 형태다. 프랑스와 일본은 단일 전공을 중심으로 특성화된 형태의 '전문학교'를 운영하는데, 프랑스의 전문학교는 '디플롬' 학위가 수여된다. 일본은 1~5년제의 전수 학교와 2~3년제의 단기 대학을 들 수 있다. 전수학교는 1~2개 학과 중심의 소규모 실무 중심 교육을 실시하고 있고, 단기 대학은 여성 중심(80% 내외)의 교양 및 직업교육을 실시하고 있다. 이 외에도 단기 대학 졸업자와 5년제 고등전문학교(중등·고등 연계) 졸업자의 계속 교육을 위해 학사 학위 과정인 '전공과(2년제)'를 두고 있다. 기존의 전문대학 형태인 교육기관을 두고 계속 교육 기회를 연계한 모형이다.

주요 선진국의 직업교육이 중등 단계에서 고등 단계로 상향 조정되고 있고, 전일제와 파트타임제 운영 등 직장인과 성인을 위한 평생교육체제가 강화되고 있으며, 학술연구 트랙과 뚜렷이 구분되는 직업교육 트랙이 강화되고 있다는 점이다(≪교수신문≫, 제404호).

(1) 미국

「인력투자법(workforce investment act)」의 제정을 통해 조직화되어 있지 않은 고용 및 직업훈련의 활성화를 모색하고 있다. 일괄전달체계(one-stop delivery system)의 구축을 통한 고용과 훈련프로그램을 통합했다. 개인의 고용기회를 증진하기 위한 개인훈련계좌(individual training account)를 통해 스스로의 경력 관리 및 운영에 필요한 정보와 재원을 제공하고 있다. 직업선택과 구직 시 일괄전달체계를 통한 다양한 접근(universal access)이 가능하다. 주정부, 지방정부 그리고 직업훈련제공자의 책무성 강화 및 유연성 보장과 지방위원회와 민간 부문의 강력한 역할 수행이 이루어지고 있다. 지방 노동시장의 수요와 지역사회의 필요성에 긴밀하게 부응할 수 있도록 직업훈련프로그램을 개선하고 있다. 테크 프렙(Tech Prep) 교육법을 통한 직업교육정책을 추진하고 있다. 4년제 대학 미 진학 학생들을 대상으로 2년제 대학의 교육 과정과 상호 연계되어 있다. 학교에서 직업세계로 이행법(school-to-work transition opportunities)을 통한 일반교육과 직업교육의 통합을 이루고 있다. 학교교육과 산업현장의 긴밀한 연결을 위해서 체계적이고 종합적인 틀의 구축을 목표로 제정했고, 학생, 학교, 산업체, 학부모간 연계를 통해 학교학습(school-based learning)과 현장학습(work-based learning)을 연계하고 있다. 'School to Work'에서 'Work to Work'로 전환하여 기업이 스스로 교육기관 및 프로그램을 마련하고, 인력 개발을 기업의 경쟁력 강화로 연결시키도록 유도하고 있다(김철희, 2001).

(2) 영국

영국의 직업훈련에서 가장 강조되는 것은 16~18세 청소년에 대한 양성훈련이다. 의무교육을 마치고 노동시장에 진입하는 청소년들의 숫자는 대학진학자의 증가에 따라 감소추세를 보이고 있으나 의무교육을 마친 후 노동시장에 무기능 상태로 나오는 청소년들을 대상으로 하여 영국은 1980년 초부터 청소년훈련계획(YTS: Youth Training Scheme)을 수립하여 1~2년간의 양성훈련을 실시하고 있는데 16~18세의 청소년들 중 진학자 및 취업자를 제외한 사람은 누구나 YTS에 참가하여 필요한 직업훈련을 받을 수 있다.

YTS에 입각한 청소년에 대한 양성훈련의 실시는 직업훈련에 대한 사업주들의 연합단체인 '훈련 및 기업협의회(TEC: Training and Enterprise Council)'를 중심으로 이루어지고 있다. TEC는 정부의 재정 보조를 받는 비영리 민간 협의회로서 정부로부터 교육훈련의 위탁을 받아 각 훈련기관과 계약을 체결하고 감독하는 등 정부와 훈련기관 간의 가교 역할을 담당하여 영국 직업훈련의 허리 역할을 담당하고 있다. TEC는 개별 훈련기관과 훈련 약정을 체결함에 있어서 교육훈련 수요자인 기업의 요구와 정부의 직업훈련정책을 훈련 실시자인 훈련기관에 제시하여 이러한 요건에 가장 부합하는 교육훈련 과정을 운영하는 교육훈련기관과 훈련 계약을 체결하고 교육훈련기관을 감독하는 역할을 맡고 있다. 따라서 개별 훈련기관의 입장에서는 TEC의 요구에 맞는 교육훈련 프로그램을 개발하여 기업과 훈련생의 요구에 맞는 교육훈련을 실시해야만 정부의 재정 지원을 TEC를 통해 받을 수 있다. 1997년 현재 영국에는 100여 개의 TEC가 각 산업별·업종별로 구성되어 운영되고 있다. TEC가 관장하는 교육훈련시설이 수요자의 요구에 맞는 교육훈련시설을 개발하여 운영하지 못할 경우에는 정부의 재정 지원을 제대로 받을 수 없기 때문에 TEC 중에서는 파산되는 경우도 발생하고 있다. 이와 같이 영국의 직업훈련은 TEC를 중심으로 경쟁적인 직업훈련산업이 활성화되어 수요자의 요구에 맞는 교육훈련 과정을 개발하도록 유도하고 있는 점이 특징이다.

영국의 직업훈련은 종전의 교육부와 고용부가 1995년에 통합된 교육고용부가 관장하고 있다. 영국에서는 초·중등교육은 지방자치단체가 관장하고 대학교육은 각 대학이 자율적으로 시행하고 있기 때문에 교육고용부는 직업교육훈련과 고용정책 부문을 담당하고 있다. TEC는 각 산업 분야의 훈련수요를 파악하고 기업들의 훈련투자를 권장하며 교육훈련프로그램을 개발하고 교육훈련기관과 훈련계약을 체결하며 훈련기관에 대하여 훈련계약에 따라 훈련비용을 정부로부터 위임받아 지급하고 있다(유길상, 1998).

영국은 직업훈련시장을 활성화하기 위한 방식으로 사용자에게 재량권을 부여하고, 유연성을 강화하는 방식으로 진행하고 있다. 기업에 대한 간접적 재정 지원으로 소규모 기업을 위한 기술(Skills for Small Business), 소규모 기업 훈련비 대부(Small Firm Training Loans), 지역 경쟁력 강화 예산(The Local Competitiveness Budget), 인력 투자자(Investor in People) 등을 운영하고 있다. 개인의 계속훈련을 위한 지원제도로 경력개발대부(Career Development Loan), 직업훈련공제(Vocational Training Loans), 개인학습계좌(Individual Learning Account), 국가학습망(National Grid for Learning) 등을 구축하여 운영하고 있다(김철희, 2001).

(3) 독일

일반 학교나 직업학교 등에서 시행되는 직업교육에 대한 책임은 주정부에 있으며 학교 외의 직업교육, 현장 훈련은 연방 정부가 책임을 지고 있다. 인적자원개발에 대한 독일의 기본 방침은 전통적인 이원화제도의 골격을 유지하면서 그 내용과 운영의 개혁을 단행하여, 지역별, 산업별 단체 등 기업 이 외의 각종 훈련단체가 주도하는 훈련의 촉구를 통해 기업에게 저비용으로 양성훈련의 참가를 가능하도록 유도하고 있다. 독일의 직업교육훈련 전반에 걸친 개혁에서 가장 획기적이라 할 수 있는 것은 그동안 전 세계의 많은 나라에서 직업훈련의 모델로 삼았던 이원화제도의 개혁이다. 정보통신 등 첨단직종의 급상승으로 적합한 직업훈련이 적시에 제공되지 않는 시대적 변화가 원인이다. 산업수요와 지역의 특성을 반영한 직종을 개발 및 양성훈련에 비협조적인 대기업의 참가를 유인하고 있다(김철희, 2001).

독일에서는 직업학교와 생산현장을 연결하는 이원화제도(dual system)에 의해 직업학교의 교육시설과 생산현장의 훈련 및 생산시설을 활용하여 교육훈련 기관과 산업체가 연계된 이상적인 양성훈련을 실시하고 있다. 이원화제도에 의한 교육훈련은 이론과 실기교육을 포함하여 보통 3년간 교육훈련을 받는데 통상적으로 매주 1~2일은 직업학교에서 이론 교육을 받고, 3~4일은 기업체의 훈련시설 및 생산 현장에서 실기교육을 실시하고 있다. 독일은 전통적으로 도제제도가 발달되어 있었기 때문에 상공회의소, 수공업협회 등 사업주단체가 운영하는 직업훈련시설과 노동조합이 운영하는 직업훈련시설이 발달되어 있을 뿐만 아니라 각 사업장에서 필요한 인력은 자체 훈련시설에서 양성하여 활용하는 전통이 강하다. 이러한 전통과 정부의 정책이 조화를 이룬 이원화제도가 발달되어 독일 특유의 산학연계 직업교육훈련제도가 발달되어 있다.

이원화제도에 관한 기본 정책은 연방교육과학부가 담당하고 실질적인 집행 업무는 주정부에서 담당한다. 연방고용청은 양성교육훈련을 받은 훈련생에 대한 생활비 지원이 필요할 경우 고용보험기금에서 지원을 하고 있다. 양성교육훈련의 실시는 직업학교와 사업장에서 이루어지고 연방고용청은 교육에 대해 직접 참여하지 않고 훈련생에 대한 생활보조금 지원에 그치고 있다.

이원화제도에 의한 양성교육훈련에 소요되는 비용은 연방정부, 주정부 및 사업체 등이 분담하고 있다. 연방정부는 직업교육훈련에 관한 조사 연구 비용을 지원하고 연방고용청과 그 산하조직을 통해 훈련시설의 설치 및 보수에 필요한 융자와 직업훈련생에 대한 재정적인 보조를 담당하고 있다. 직업훈련 교사의 인건비와 실습 재료 등 직업학교의 운영에 소요되는 비용은 주정부와 지방자치단체가 7:3의 비율로 지원하고 있다. 사업주는 해당 사업장에서 이루어지는 직업훈련 비용을 전액 부담한다.

직업교육훈련을 받는 훈련생의 경우 전액 무료의 직업교육훈련을 받고 있는데 사업주가 실시하는 양성훈련의 경우에도 훈련생이 18세 미만이고 부모와 떨어져서 훈련을 수강하는 것이 불가피할 경우에는 훈련생의 나이, 결혼 여부,

거주비용, 부모와 배우자의 소득 등을 고려하여 양성훈련을 받는 훈련생에 대하여 훈련생의 생활비, 교통비, 의료보험료 등을 보조하기 위한 양성훈련보조금이 고용보험에 의해 연방고용청을 통해 지급된다. 양성교육훈련보조금의 금액은 교육과학부장관이 매년 고시한다(이상 유길상, 1998).

(4) 프랑스

프랑스는 4년의 중학교 교육 과정 중 처음 2년을 마친 뒤에 나머지 2년 동안 직업교육 과정을 선택할 수 있고 고등학교에서도 다양한 직업교육 선택의 길이 열려 있다. 그뿐만 아니라 다양한 직업교육훈련 과정이 비진학 청소년과 중퇴자들을 위해 마련되어 있고 각급 학교를 졸업한 이후에도 다양한 계속 직업교육훈련체계가 발달되어 있다.

프랑스의 직업훈련제도는 경영자단체와 노동조합 사이에 체결된 협정(1970년 7월)에 의해 시작되었고, 「직업훈련법」(1971년 7월)을 제정함으로써 정부, 사업주, 근로자가 참여할 입체적인 직업훈련제도가 발전되기 시작했다. 프랑스에서는 1979년부터 고교생들은 재학 중 2년에 걸쳐 직종에 따라 12~24주간 기업과 학교를 순환하며 직업교육을 받도록 의무화되었다. 이러한 학교와 기업 간의 순환직업교육훈련은 학생들이 직장생활에 필요한 규범과 지식·기능·기술이 무엇인지를 깨닫게 하고, 미래에 본인이 선택할 직업에 대해서 생각하고 준비하게 함으로써 학교로부터 직장으로의 원활한 진입을 유도하는 데 큰 기여를 하고 있다.

프랑스의 「직업훈련법」에 의하면 기업은 정규교육 기간 이후의 직업훈련 실시에 대한 의무를 지고 있다. 근로자는 직업훈련을 받을 수 있는 휴가권을 부여받고 사업주는 근로자의 직업훈련 실시 의무를 지며 국가는 체계적인 직업교육훈련 과정을 마련해야 할 책임을 지고 있다. 사업주는 임금총액의 일정 비율을 재직 근로자에 대한 직업훈련에 사용해야 할 의무, 근로자에 대한 직업훈련 휴직제도 실시 의무, 청소년 순환 직업훈련 실시 의무 등 3가지 의무를 가진다.

근로자를 위한 향상 훈련은 사업 내 직업훈련센터, 공공직업훈련기관, 민간 직업훈련기관 또는 교육기관에서 행해지는데, 최근에는 성인직업훈련협회 (AFPA)와 민간직업훈련기관들의 역할이 커지고 있다. 근로자는 직업훈련을 받을 수 있는 권리를 가지고 있을 뿐만 아니라 사업주가 직업훈련을 받도록 명령하는 경우 근로자는 이를 거부할 수 없다. 직업훈련을 받을 수 있는 우선순위는 첫째, 사업주가 보내는 지원자, 둘째, 개인 훈련 휴가를 받은 자, 셋째, 임금 근로자로서의 구직자, 넷째, 자영업 등 비임금 구직자, 다섯째, 국가기관에 고용된 자의 순으로 되어 있다.

근로자가 실직하여 실업급여의 수급자격자가 재취업을 위해 직업훈련을 받을 경우에는 훈련 종료 시까지 실업 급여액과 동일한 금액의 전직 훈련 수당이 지급되는데 전직 훈련 수당에 소요되는 비용의 73%를 고용보험에서 지원하고, 나머지 비용은 국고에서 지원해 주고 있다(유길상, 1998).

프랑스에서는 직업고등학교의 졸업증서와 자격증이 직접 연계되어 졸업증서가 자격증의 형태로 부여된다. 고등학교 내에서 직업교육을 받고 졸업증서 (자격증)를 취득한 뒤 직업 세계에 진출하는 학생들이 우리나라에 비해 상대적으로 상당한 사회적 인정을 받는다(이용순, 2006).

(5) 일본

일본의 직업교육정책은 문부성, 직업훈련정책은 노동성이 관장하고 있다. 산업구조 변화에 따른 고용 안정 및 고용 확대를 위한 직업능력 개발을 전개하고 있다. 그리고 개인주도에 의한 능력 개발과 근로자의 개성을 살리는 직업능력 개발을 전개하여 개인 주도적 직업능력개발체제를 지원하고, 고학력화 및 노동력 인구 감소에 따른 청년층 근로자의 능력 개발을 실시하고 있다(김철희, 2001).

일본은 근로자에 대한 직업훈련을 고용보험법상의 능력개발사업의 일환으로 통일적으로 추진하고 있는 점이 특징이다. 산업구조의 변화에 따른 평생직업능력개발체제의 구축을 위해 능력개발사업은 고용보험의 피보험자 및 피보험자였던 자가 직업 생활의 전 기간을 통해 본인의 적성 및 희망에 따라 능력을 개발·향상시킬 수 있도록 종합적인 지원제도를 갖추고 있다. 능력개발 사업 내의 주요 사업은 사업주 등이 실시하는 직업훈련에 대한 조성 및 원조, 생애 직업능력 개발 등을 촉진하기 위한 조성제도, 공공직업훈련시설의 설치·운영, 직장적응훈련의 실시, 재취직촉진강습급부금, 인정직업훈련시설에 파견 장려, 직업기능개발협회 등의 조성, 직업안정촉진 강습, 기능재개발적응 강습, 고연령 근로자 등 수강 장려금, 기타 능력개발사업 등이 있다.

중소기업과 대기업의 구분 없이 재직 근로자의 능력 개발을 지원하는 제도로서 생애능력개발급부금제도가 있다. 이 제도는 근로자의 직업생활의 전 기간을 통해 단계적·체계적으로 직업훈련이 이루어지게 함으로써 근로자의 능력 개발 및 생활의 안정을 도모하기 위한 것으로서 근로자에 대해 직업훈련을 실시하는 사업주에 대해 지급된다. 생애능력개발급부금에는 능력개발급부금, 자기계발급부금, 기능평가촉진급부금의 3가지가 있다.

공공직업훈련을 실시하기 위해 고용촉진사업단은 공공직업훈련시설을 설치·운영하고 있는데 고용촉진사업단의 훈련기관에서는 재직 근로자에 대한 다양한 향상 훈련 과정을 운영하고 있으며 그 비용은 고용보험기금에서 지원하고 있다. 고용촉진사업단훈련원의 운영은 각 훈련기관의 장에게 자율권이 보장되어 있으며 각 훈련기관은 당해지역의 훈련 수요에 맞추어 400~500개의 다양한 교육훈련 과정을 운영하고 있다. 각 교육훈련 과정은 3~5일 과정의 모듈(module)로 이루어져 훈련생이 기술·기능 수준에 맞추어 훈련 과정을 선택할 수 있도록 운영하고 있다(이상 유길상, 1998).

(6) 선진국 직업교육훈련제도의 시사점

선진국들은 인적자원개발을 통해 국민 개개인의 직업능력 획득 및 향상을 지원함으로써 복지정책으로부터 혜택을 받고 있는 사람들의 자립 능력을 신장할 수 있도록 유도하고 있다. 정부는 중앙정부와 지방정부, 그리고 민간 부문의 역할 분담 — 즉, 정부 부문과 민간 부문의 교육훈련재정 분담, 정부의 핵심역량을 정책 수립을 한정하여 교육훈련전달체계를 민간에 위임하는 것 등─을 명확히 하여 교육훈련에 대한 인프라 구축에 집중 투자할 필요가 있다. 교육훈련의 핵심 기준을 선정하고 이를 통한 직업훈련의 질을 관리 및 지원과 제재를 정책수단으로 활용해야 한다. 정부차원에서 수립된 직업교육훈련기본계획이 효과적으로 실천되기 위해서는 지역수준의 직업교육훈련촉진협의회 등과의 긴밀한 유대관계가 절대적으로 요구된다(김철희, 2001).

선진국의 직업교육훈련제도가 시사하는 바는 다음과 같으며(유길상, 1998), 이는 우리나라 직업훈련의 방향을 정하는 데 도움이 될 것이다.

첫째, 모든 선진국들은 훈련수요자인 기업과 훈련생의 요구를 충실히 반영한 직업교육훈련체계를 구축하고 있다는 점이다.

둘째, 직업교육과 직업훈련이 상호 유기적으로 연계되어 있고 직업교육훈련이 생산현장과 유기적으로 연계되어 실시됨으로써 직업교육훈련의 현장적 합성을 높여 나가고 있으며, 이를 통해 직업교육훈련의 효율성을 제고하고 있다는 점이다.

셋째, 평생직업교육훈련체제가 구축되어 있어 누구든지 언제 어디서나 필요한 직업교육훈련을 받을 수 있다는 점이다.

넷째, 산업구조의 고도화, 기술 진보의 가속화에 대처하고 무한경쟁시대에 근로자의 고용안정을 도모하기 위해 향상훈련과 전직훈련의 비중이 증대하고 있다는 점이다.

다섯째, 향상·전직훈련의 비중이 증대하고 있음에도 불구하고 청소년을 위한 양성훈련의 중요성을 인식하고 청소년에 대한 직업교육훈련에 많은 투자를 하고 있다는 점이다.

여섯째, 생산직뿐만 아니라 사무·서비스직까지 포함한 모든 직종에 걸쳐 직업능력의 개발·향상을 위한 다양한 교육훈련이 실시되고 있다는 점이다.

일곱째, 민간직업훈련에 대한 규제가 거의 없어 개별기업의 생산성 향상에 직결되는 직업교육훈련을 실시할 수 있다는 점이다.

여덟째, 직업훈련에 대한 재정 지원 방식이 훈련기관 간의 경쟁을 촉진하고 훈련성과에 따라 차등 지원하는 방식을 도입함으로써 훈련의 효율성과 성과를 높이고 있다는 점이다.

아홉 번째, 훈련기관 또는 훈련실시 기업에 대한 재징 지원 방식 외에 훈련생이 훈련기관을 선택할 수 있게 훈련생의 선택의 기회를 넓혀주고 훈련기관은 훈련생 확보실적에 따라 재정 지원을 받도록 하는 훈련생 중심의 재정 지원 방식이 도입되고 있다는 점이다.

열 번째, 직업교육훈련에 대한 정부의 과감한 투자가 이루어지고 있으며 중앙정부와 지방자치단체, 그리고 정부와 사업주단체 및 노동조합 간에 긴밀한 협조와 연계가 이루어지고 있다는 점이다.

열한 번째, 중앙집권적인 직업훈련체제에서 지방분권적인 직업훈련체제로 전환되어 있다는 점이다.

2) 독일의 대표적인 직업훈련제도: 마이스터

독일의 직업훈련에서 중요한 위치를 차지하는 특징적 제도는 마이스터 제도이다. 마이스터(Meister, 한국어로 기능장 혹은 匠人으로 번역)란 중세 수공업길드의 장인(Master)에서 유래한 명칭으로 유럽에서는 서기 700년경부터 방적, 제직, 도기제작, 목재가공, 가죽가공, 단조 등 전통적 수공업 직종에서 장인이 활약하고 있었다. 그 후 공장제 공업이 발달함에 따라서 수공업뿐만 아니라 대기업의 생산부서에서 우수한 능력을 소지하고, 생산관리와 후진에게 자신의 지식과 기능을 전수하는 역할을 수행하는 많은 마이스터가 등장했다(박덕제, 1994).

마이스터란 전 세계적으로 독일과 오스트리아에만 있는 직업훈련제도 중 최고 과정을 졸업한 사람에게 주어지는 타이틀이다. 독일의 직업훈련 과정은 만 16세부터 시작된다. 한국의 실업계 고등학교와 유사한 직업학교를 마치고 2년간 조수 과정(Lehrling), 도제실습 과정을 위해 사용자와 계약을 맺고 보통 3년 정도의 실습 과정(Geselle)을 마치고 시험을 거쳐 전문기능인(Facharbeiter)이 된다. 그리고 마이스터가 되기를 원하는 사람은 보통 1년 과정의 마이스터

학교에서 이론과 실습교육을 받은 후 시험을 통과하면 마이스터가 된다(보통 25세). 마이스터는 기술이 뛰어난 사람만을 뜻하는 것은 아니다. 독일은 사회 속에서 법적·제도적으로 마이스터 자격을 보호하는 시스템을 갖추고 있다. 마이스터 자격을 가진 사람만이 할 수 있는 고유한 직업 영역과 그 직업 속에서의 작업 영역을 가지고 있다. 그러므로 마이스터는 현장 작업자들과 기술 엔지니어 사이에서 중개자 역할을 하며 박사급 엔지니어와 같은 대우를 받으며 동료로서 일을 하고 있다(강원도·강원지역인적자원개발지원센터, 2006). 마이스터는 현장 노동자와 밀접한 관계를 가지지만 경영층의 일부에 속하기 때문에 노사관계의 중간적 위치에 있으며, 경영자들과 함께 작업 일정을 결정하는 회의에 참석한다. 독일기업의 경우 생산라인 조직의 발언권이 강하며, 의사결정의 첫 단계는 장인(마이스터)이 총괄하는 하부 라인에서 시작된다(박기안, 2004).

마이스터(장인)정신은 도제로부터 장인에 이르기까지 모든 기능인 계층에 깃들인 정신적 자세를 뜻한다. 도제는 장인 밑에서 수련을 쌓으며 필요한 기술을 습득하는데, 독일에서 공식적으로 인정받는 도제 직종만 467가지나 된다. 장인들은 수공업적 전통 속에서 자란 숙련노동자들로서 독일 노동계층의 상층부를 차지한다. 마이스터로 상징되는 장인제도는 독일 기업의 전문성을 높이고 직업의식을 고양시키는 출발점이다. 독일인에게 직업의식은 일종의 종교적 신념이다. 그들은 직업을 신에게서 부여받은 사명으로 생각한다. 16세기의 종교개혁가 칼뱅을 통해 독일인들은 '직업은 신의 소명이며, 인간은 신으로부터 자기 몫의 일을 하도록 부름 받았다'는 천직의식을 갖게 되었다. 독일인들은 모든 직업에 대한 존경심과 충성심을 가지고 있으며, 자기 직업에 대한 긍지도 대단하다. 마이스터로 대표되는 독일의 기능인들은 경영관리보다 특정 작업 기능을 중시하는 경향이 있다. 장인들은 제품의 질, 제품 인도 기한의 엄수, 판매 후의 서비스에 관한 기반조성에 주력한다. 독일 기능인들의 소명의식과 현장 감각 때문에 'Made in Germany'는 세계적 명성을 얻는 것이다(박기안, 2004).

마이스터는 크게 4종류로 구분된다. 첫째는 동업조합이 인정하는 조합 마이스터, 둘째는 회사 내에서 경험이 풍부한 전문 기능인으로 선발된 사내 마이스디, 셋째는 독일 수공업자회의소에서 실시하는 검정 시험에 합격한 수공업 마이스터, 넷째는 상공회의소의 시험에 합격한 산업 마이스터이다. 이 중 전문 기술자로 예우를 받고 있는 최고의 기능인 그룹은 산업 마이스터이다(박기안, 2004).

독일의 마이스터 정신은 수공업 시대의 유산이며 오늘과 같이 기술 발전 속도가 빠른 사회에서는 통하지 않을 것이라는 일부의 비판도 있다. 마이스터 정신을 강조해 온 독일 중소기업 가운데는 마이스터 양성에 실패하거나, 신기술·대량생산·세계화 등에 적응하지 못해 몰락하는 경우도 있었지만, 이것은 마이스터 제도의 문제라기보다는 변화에 적응하지 못하는 기업경영에 더 큰 문제가 있다. 오늘날에도 기술개발, 제조 분야에서 마이스터 정신이 더욱 요구되고 있다. 지멘스, 벤츠 등 독일의 초일류기업들도 제조·기술 분야의 사내 마이스터 교육제도를 더욱 강화하는 것을 보면, 마이스터 제도는 제조, 기술개발 분야의 사내 경영시스템의 일부로 정착되고 있다(월간조선 취재팀, 2004).

4. 강원도의 지속가능한 인적자원체제

1) 필요성

강원도 인적자원개발에 대한 다음과 같은 실태(강원도, 2005)를 살펴보면, 지속한 강원도 인적자원체제의 새로운 구축을 위한 필요성을 인식할 수 있을 것이다.

(1) 인적자원 공급과 수요의 불일치
① 강원도에는 현재 4년제 대학교 11개, 전문대학 10개 등 21개의 대학이

있어, 인적자원개발 및 활용여건이 매우 양호하다. 문제는 대학 입학 정원보다 진학 대상인 고등학교 졸업생이 현저하게 부족하다는 것이다. 인구의 지속적 감소로 그 폭은 계속 확대되고 있다.

② 대학 입학이 쉬워지면서 고등학교 졸업자는 취업보다 진학을 많이 하게 되며 실업계 고등학교 졸업생의 경우 대학진학자가 76.4%에 이르고 있다. 이는 고령화 현상과 함께 도내 기업체의 기초적인 인력조달 애로요인으로 작용하고 있다.

③ 강원도 내의 미약한 인적자원 수요기반도 구조적인 인력 수급 불일치의 요인이 되고 있다. 도내 총 사업체 수는 2003년 현재 115,302개이며 4인 이하 사업장이 87%에 달하고 있다. 제조업이 발달하지 못한 관계로 강원도에서 인적자원을 수요로 하는 곳은 도소매·음식숙박업, 개인 서비스업, 농림어업 등의 순서로 나타나고 있다.

④ 강원도의 산업구조 및 취업구조가 취약하여 전반적으로 고기술, 고학력의 인력을 필요로 하지 않음으로써 전국적인 취업자 학력의 상향 추세 속에 강원도 내 취업자들의 학력은 상대적으로 낮은 현상을 나타내고 있다.

(2) 인적자원개발에 대한 사회적 인식 부족

지역발전에 있어서 인적자원개발의 중요성에 대한 정책·의사결정자 및 사회지도층의 인식이 부족하며 강원도민 스스로도 평생학습사회 도래에 대한 자기계발의 욕구가 결여되어 있다.

(3) 인적자원개발의 제도적 인프라 미비

인적자원개발기관과 업무가 분산, 다기화되어 개별적인 종적 업무체계를 형성하고 있는 반면 이들을 연계시키는 횡적 네트워크체계가 전혀 형성되어 있지 않은 상태이다.

강원도 인적자원개발의 목표는 '사람 주도형 성장을 통하여 모든 도민이 만족하는 <강원도 중심, 강원도 세상>' 실현이다. '강원도 중심, 강원도 세상'

이란 강원도의 비전으로서 '강원도 중심'은 내발적 발전론의 의미이고, 이를 통한 자긍심과 만족도 높은 강원도의 모습이 '강원도 세상'이라고 한다. 인적 자원개발은 이러한 강원도의 비전을 달성하기 위해 가장 중요한 정책 수단으로 '사람 주도형 성장'이다.

강원도 전략산업과 연계된 산업과 지연산업, 그리고 새로운 틈새산업을 육성하기 위한 인력 양성에 대학, 기능인력양성기관(전문대학, 한국폴리텍대학, 인력개발원 등), 실업계 고등학교 등이 상호 연계된 인적자원체제 구축이 필요하다.

2) 독일 마이스터 제도 도입의 성공 사례

독일의 마이스터 제도를 도입하여 성공한 사례가 일본 사카이시 모노츠쿠리 마이스터 제도이다. 일본 중부 오사카부에 있는 사카이시는 회칼(일본 회칼의 90% 생산)로 유명한 작은 도시로 '동양의 베니스'로 불리고 있고 전국시대에 조총의 90%를 생산했고, 우리나라를 침범할 때 무기공급기지 역할을 했다. 지역경제가 침체되어 '사카이시 모노츠쿠리(제조) 마이스터 제도'를 창설하여 요즘은 사카이시가 르네상스를 맞게 되었다. '모노츠쿠리 마이스터 제도'는 전통기술을 가진 장인을 선발해 지원하는 제도이고, 제도 도입 후 사카이 칼의 명성은 더욱 높아졌다. 전통기술을 바탕으로 하는 살기 좋은 산업도시를 만들려는 사카이시와 지역기업의 노력에 힘입어 사카이시가 화려한 옛 명성을 되찾아가고 있다(≪한국경제신문≫, 2006.5.15).

3) 강원 마이스터 제도 도입과 그 당위성

독일 마이스터는 기술 중심의 독일 산업·경제시스템을 이루는 핵심적 주체로서 창업이나 지연산업 또는 지역특화산업 육성의 '밀알' 역할을 수행하고 있다. 이들을 통해 독일이 대량주의, 공장생산방식의 산업사회를 이겨내고 오늘날 소량, 고품질, 다품종 사회의 선진국으로 더욱 각광을 받고 있다고 해도 과언이 아니다. 일반 IT, 기계 등 제조업 기반 분야, 의공학, 재활공학, 환경기술 등 강원도의 전략산업인 생명·건강산업 분야, 제과제빵·소시지가공 및 관광산업 연계 분야 등 강원도의 지역특화산업 육성을 인적자원이 주도할 수 있도록 독일 마이스터 자격 취득 프로그램의 도입을 추진할 가치가 있다(강원도, 2005).

자동차의 상징인 독일제 자동차를 대표하는 벤츠, BMW, 포르쉐 등이 고가인 데도 세계인의 애호를 받고 있는 이유는 이들이 창업 때부터 우수한 부품을 안정적으로 공급받을 수 있는 초우량 중소기업들이 있기 때문이다. 이들 중소기업은 우리나라처럼 특정 회사에 종속되어 적은 마진으로 부품을 공급하는 하청업체들이 아니다. 세계적인 특허를 많이 보유하고 있으며 거의 모든 종류의 자동차에 일류 부품을 공급하는 기술력과 경쟁력을 갖고 있다. 그 토양을 이루는 것이 독일의 중간층('Mittelstand'의 우리말 직역)이다. 이 중간층은 국가를 움직이는 힘이라 할 수 있다. 중소기업이라는 용어로도 통하지만 그 의미는 더욱 광범위하여 중산층과 중소기업, 그리고 독일 특유의 마이스터 정신과 기술력이 합쳐진 개념으로 이해하는 것이 정확하다(김성국, 2004). 강원도의 입지적 특성과 환경적 조건에는 중견 및 중소기업의 육성이 바람직하고 이를 위한 인력 양성이 강원 마이스터 제도의 도입 배경이다.

독일의 직업훈련시스템에서 강원도가 벤치마킹을 할 수 있는 것이 독일 마이스터 제도이다. 유럽시장은 품질과 서비스에 대한 품질보장에 많은 신경을 쓰고 있지만, 독일에서는 품질보증이나 서비스보증보다는 개개인이 가지고 있는 개인 기능에 대한 품질보증을 해주고 있다. 그중에서 제일 중심적으로 증인을 해줄 수 있고 한 사람의 기능인이 가지고 있는 기술보증이라는 것에 대해서 인증을 해주는 것이 유일하게 마이스터 제도이다. 마이스터 시험이 소비자보호를 위한 단순한 것이 아니라 마이스터 시험 자체에 소비자보호의 목적이 이미 포괄되어 있기 때문이다.

독일 마이스터는 소비자보호 측면만 아니라 마이스터 과정에서 월등한 기술을 익히고 하나의 기업체를 운영하는 운영자로서의 능력을 발휘할 수 있는 기초교육도 충분하게 받는 다방면의 기술전문가이다. 마이스터가 되면 자영업을 하거나 혹은 하나의 사업체를 경영할 사람으로서 사회적인 책임도 굉장히 크다. 취업을 하여 매니저가 되는 차원과는 다른 경영인 수업을 받는다(강원도·강원지역인적개발지원센터, 2006). 마이스터 제도는 무자본, 무기술, 무산업이었던 중세 봉건시대에서 벗어나 산업화를 통해 경제발전을 이루는 핵심이었다. 마이스터는 세계적인 명품을 생산하는 일류기업, 모범적인 중소기업 제도, 공정거래제도, 과학 및 기술의 원천이 됨으로써 전후 독일이 '라인 강의 기적'을 이루는 원동력이 되었다. 강원도 경제를 활성화 시킬 수 있는 인재 양성인 강원 마이스터 제도를 통해 "강원도 중심, 강원도 세상"이라는 강원도의 비전 달성을 기대한다.

독일 마이스터 제도를 여과 과정 없이 한국에 그대로 적용하는 것은 위험한 발상이다. 외국 제도를 도입하려면 그 제도의 역사적 배경까지 확인하고, 강원도의 현실에 적합한 시스템으로 작동할 수 있는 제도적 장치를 면밀하게 그리고 합리적으로 분석하여 실시해야 한다.

지속가능한 강원발전을 위한 강원 마이스터 제도의 당위성은 다음과 같이 고려할 수 있다.

① 우리나라에서는 현재 산업사회의 진전으로 최첨단 산업에만 온 힘을 다하고 있다. 강원도는 지리적인 여건으로 최첨단의 대기업 창업 및 유치가 빠른 시일 내에 실현가능성이 희박하기 때문에, 강원도의 전통적인 지연산업을 활성화하여 중견·중소기업으로 육성하는 것이 더 효율적이고 강점이 있는 전략적인 산업이 될 수 있다.

② 강원도는 건강지향적인 사회적 변화에 적응할 수 있는 분야(예, 육가공·식품 등의 바이오산업, 재활의료기기 등의 의료기기산업 등)에 강원 마이스터를 양성하는 블루오션(Blue Ocean) 전략이 필요하다. 예를 들어, 웰빙의 열풍에 적합한 강원도의 육가공과 식품산업 등에서 건강 지향적으로 변화된 소비자의 욕구를 충족시킬 수 있다면 블루오션 전략으로 성공할 가능성이 높을 것이다. 모든

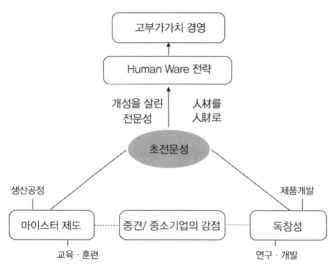

<그림 1-1> 고부가가치 경영을 위한 인력 양성

자료: 김원중(1992)의 일본노무라연구소 자료 재구성.

수공업이 산업화에 실패하는 것이 아니라 소비자의 새로운 욕구에 맞는 수공업을 육성하는 것은 산업발전의 지름길일 수 있다.

③ 강원도는 여타 시도가 시도하지 않은 전략으로 새로운 틈새시장을 통해 강원도 경제의 성장 동력을 찾는 것이 필요하고, 이 대안으로 부각할 수 있는 것이 독일 마이스터 제도를 강원도에 도입하는 것이다.

강원 마이스터 제도 도입에 따른 기대 효과는 산업 측면에서는 타 시·도와 차별적 산업전략(지연산업 육성)과 신산업(0.5산업 plus전략) 발굴 등이다. 고용 및 창업 측면에서는 고용창출, 창업활성화(특히, 소규모 창업의 활성화) 등이다. 교육 및 인력 양성 측면에서는 교육의 수요·공급 조정 효과, 강원인재 육성과 강원사랑 운동(향토사랑), 강원교육의 정상화에 기여, 장인/기능인 우대 문화 정착화 등이다.

<그림 1-1>에서 보는 바와 같이 강원 마이스터 제도를 도입하여 강원도 경제의 성장동력의 핵심인력으로 육성하는 것이 필요하다. 강원 마이스터

제도를 정착 및 활성화하기 위해서는 연구기관인 대학과 전략적 제휴를 하여 연구기관(대학)에서는 독창적인 R&D 및 제품개발을 하고 강원 마이스터는 생산을 하는 협력관계를 구축한다면 강원 마이스터는 중견 및 중소기업 경영에 필요한 초전문성을 갖출 수 있게 된다. 초전문성은 고부가가치의 경영을 실현할 수 있는 강원 마이스터의 핵심 'Human Ware'이다. 이러한 강원 마이스터는 인재(人財)로 성장하여 강원도 경제를 활성화시키는 첨병 역할을 수행할 수 있을 것이다.

5. 맺음말

강원도의 이미지에는 항상 낙후라는 부정적 수식어가 동반한다. 낙후의 이면적 이미지로 청정이라는 긍정적인 면도 있다. 강원도의 경제는 낙후되어 있지만, 강원도의 자연은 청정하여 미래 발전의 기반이 될 수 있다. 강원도 출신 가운데에는 인구에 비해 비교적 많은 경제 관료들과 재벌들을 배출했지만, 강원도 경제의 현실은 항상 광역지자체에서 최하위급이다.

강원도 경제 활성화를 위한 기업유치노력에 따라 유치된 기업은 강원도의 지원이라는 당근에 많은 관심을 갖고 있기 때문에 언젠가는 더 큰 당근을 찾아 이전할 가능성도 배제할 수 없다. 강원도의 경제발전에 기여하고 강원도 경제의 파수꾼 역할을 담당할 지역 인재를 양성하는 것이 바람직하다. 강원도 경제 활성화를 위한 강원도 경제의 DNA 역할은 강원 마이스터 양성이라고 생각한다. 독일의 경쟁력은 교육에서 나온다고 한다. 국가는 사회가 필요로 하는 최선의 인력을 공급해야 한다. 우리나라 교육시스템은 고급 인력 양성에만 목적으로 두는 데 비해 독일은 고급 및 저급인력 등 사회가 필요한 인재를 육성하고 있다. 강원도도 이제는 중앙정부 및 부처의 인력 양성에만 의존할 것이 아니라 강원도가 필요로 하는 인재를 양성할 수 있는 인적자원체제를 중앙정부 및 기존의 인력양성기관들과 협력하여 새로운 제도를 도입할 필요가 있다. 낙후된 강원도는 독일인의 특징을 새겨서 강원도의 특징으로 만들어가는 벤치마킹이 요구된다. 독일어에 '속도는 느리지만 완벽하게(langsam und perfekt)'라는 말이 있다. 합의를 이끌기 위해 오랜 시간동안 회의, 토론, 그리고 고민 등을 하지만 일단 결정이 되면 약간의 차질도 없이 일을 수행한다는 것이다. 강원 마이스터 제도라는 새로운 인적자원체제를 구축하는 것이 쉽지는 않지만 미래강원을 위한 투자로 생각하고 인내심을 갖고 추진할 만한 가치가 있을 것이다.

강원 마이스터의 'Made in Kangwon' 브랜드보다 품질 보증이 확실한 원산지 표시는 없다는 자존심을 가지고 확대재생산한다는 신념과 'Made in Kangwon'의 주체인 강원 마이스터의 신뢰를 통해 경쟁력이 있는 강원도 경제의 미래를 기대해 본다.

참고문헌

강원도. 2005. 『강원도인적자원개발기본계획 2006~2010』.

강원도·강원지역인적자원개발지원센터. 2006. 『인적자원개발과 지역발전: 독일 마이스터 제도의 사례』.

교육혁신위원회. 2005. 『'직업교육체제 혁신방안' Q&A』.

대한민국정부. 2001. 『국가인적자원개발기본계획. 사람, 지식, 그리고 도약』.

김광현. 2004. 「지나칠 정도로 완벽주의와 질서 추구」. ≪World Village≫, 1호(Vol.4).

김성국. 2004. 「미텔슈탄트의 비밀」. ≪World Village≫, 1호(Vol.4).

김원중. 1992. 「90년대의 일본기업의 과제와 대응책」. ≪보증월보≫, 139호(7월호).

김철희. 2001. 「선진국의 인적자원개발체제 혁신」. 한국직업능력개발원 보고서. 『국가인적자원개발의 비전과 전략』.

박기안. 2004. 「마이스터(명장) 세계 최고 제조업 경쟁력의 원천」. ≪World Village≫, 1호(Vol.4).

박덕제. 1994. 「독일의 직업훈련제도」. ≪한국방송통신대학 논문집≫, 제17집.

월간조선 취재팀. 2004. 「좌파정권이 친노동자 정책 포기하고 친기업 정책으로 선회」. ≪World Village≫, 1호(Vol.4).

유길상. 1998. 「기업인력의 수요변화에 따른 직업훈련진로에 관한 연구」. ≪경제연구총서≫, 303.

정주연. 2002. 『선진국과 한국의 직업교육·훈련제도의 특성과 한계』. 집문당.

Berg, P. B. 1994. "The German Training System" in R. Lahyard, K. Mayhew, G. Owen(eds.). *Britain's Training Deficit*. Hants: Avebury.

Cole, R. E. 1979. *Work, Mobility, & Participation: A Comparative Study of American and Japanese Industry*. Berkerly: University of California Press.

Crouch, C., D. Finegold, and M. Sako. 1999. *Are Skills the Answer?: The Political Economy of Skill Creation in Advanced Industrial Countries*. London: Oxford University Press.

Cusumano, M. A. 1985. *The Japanese Automobile Industry: Technology & Management at Nissan & Toyota*. The Council on East Asian Studies, Harvard University.

Gottardi, G. 1996. "Technology Strategies, Innovation Without R&D and the Creation of Knowledge Within Industrial Districts." *Journal of Industry Studies*, 3(2).

Muench, J. 1991. *Vocational Training in the Federal Republic of Germany*. Berlin: CEDEFOP.

기타

≪교수신문≫ 제403호(2006년 6월 19일).

≪교수신문≫ 제404호(2006년 6월 26일).

독일 마이스터 양성전문기관인 '뒤셀도르프 HWK' 전문가들과의 인터뷰.

이용순. 2006. "직업교육의 동향". www.sesri.re.kr/jinro/kds/16이용순.hwp.

"지역경제 활성화 日사카이市에 배운다 — 가내수공업을 글로벌기업으로". 2006. ≪한국경제
신문≫(2006.5.15.).

2장

평생학습사회 구축과 인재 확대 활용

백종면 | 강원도교육청 부교육감

1. 지식기반사회와 평생학습시대의 도래

1) 평생교육과 평생학습

'평생교육'의 개념은 광의와 협의의 두 가지 범주로 구분할 수 있다. 협의로는 종전의 「사회교육법」을 전면 개정하여 2000년 3월 제정된 「평생교육법」에서 사용하고 있는 개념으로서 "학교교육을 제외한 모든 형태의 조직적인 교육활동"을 말한다. 반면에 광의의 평생교육은 학교교육과 학교외교육을 포괄하는 개념이다. 즉, 인간의 모든 생애 단계에서 이루어지는 교육현상을 총칭한 것으로 수직적으로는 태교에서부터 노인교육에 이르기까지의 교육과, 수평적으로는 가정교육, 사회교육 및 학교교육을 포괄한다(교육인적자원부, 2000: 22~23). 한편 교육활동에 있어서 개개인은 수동적으로 교육을 받는 데 그치지 않고 학습 기회와 학습활동을 지원받아 이를 능동적으로 관리하는 주체적인 학습자로 인식된다. '평생학습'은 이러한 의미를 내포하고 있는 개념이다.

2) 지식기반사회와 인적자원개발

지식기반사회에서 개인·국가의 부와 경쟁력은 지식에 달려 있다. 오늘날 지식의 양은 폭발적으로 증가하는 반면, 지식의 생명 주기는 단축되고 있다. 종래의 토지·자본·노동에 기초한 자원기반경제는 지식이 생산·성장·부·삶의 질을 결정하는 지식기반경제로 급속히 전환되고 있다. 따라서 개인과 국가 발전을 위해서는 지식의 창출·유통·소비를 본업으로 하는 지식 근로자, 곧 양질의 인적자원개발이 요구된다. 이를 위해 교육체제도 산업사회가 요구하는 대량의 상황 적응적 기능 인력을 양성하던 학교교육 중심의 패러다임에서 벗어나 다양한 교육 채널을 통해 지식기반사회가 요구하는 창조적 지식 근로자를 양성하는 평생교육체제로 전환해야 한다.

3) 평생직업시대와 일터의 학습조직화

최근 몇 년 전부터 평생직장보다 평생직업을 더 중요시하는 사회적 인식이 급속히 확산되고 있다. 이는 지난 IMF 경제위기 당시 심각한 구조조정을 겪으면서 근로자들 사이에 평생직장의 개념이 붕괴되고 이직이 빈번해지면서 자신만의 전문성을 갖추는 것이 중요해진 것도 한 가지 원인이다. 그러나 보다 근본적인 원인은 지식기반산업의 증가, 노동시장의 유연화 및 양극화의 심화, 인력 수급의 불일치 등 노동시장의 변화에서 찾을 수 있다.

평생직업을 추구하면서 더욱 중요시되는 것이 평생능력개발이다. 최근 문제가 되고 있는 노동시장 양극화를 해소하기 위한 해법으로도 근로자 개개인의 직업능력 개발은 중요하다. 기술혁신과 경쟁이 심화되면서 직업세계에 필요한 지식과 숙련의 수준이 고도화되고 활용 주기도 단축되면서 근로생애에 걸친 학습이 요구되고 있다. 이러한 평생학습을 통해 개인의 고용 가능성을 높이고 기업의 경쟁 우위를 확보하며, 노동시장 진입에 애로를 겪거나 사회적으로 차별 대우를 받는 취약 계층에 대해 탈실업·탈빈곤을 촉진한다. 나아가 노동시장의 유연 안정성을 강화하고, 효율적인 자원배분을 달성하게 하여 개인적·사회적 비용을 최소화시킨다.

선진 각국은 이미 1980년대 이후부터 지식정보화시대에서 경쟁력의 원천인 인적자원의 개발과 활용의 극대화를 위해 학습인, 학습기업, 학습사회의 건설을 추진하고 있다. 이러한 학습혁명을 통해 국민 개개인은 평생직업을 향유하고, 고용복지와 삶의 질 향상을 실현하며, 기업은 일과 학습의 연계를 통한 학습조직의 구현으로 고성과 기업 및 참여·협력적 노사관계를 구축함으로써 국가의 신경쟁력을 창출하고 있다.

4) 고령화사회와 평생학습

최근 출산율의 저하와 수명 증대로 인해 우리 사회는 고령화가 급속히 진행되고 있다. 이미 2000년에 65세 이상의 노인인구 비율이 7%를 넘어서 고령화사회에 도달했으며, 2019년에는 14.4%로 고령사회, 2026년에는 20% 이상으로 초고령사회에 이를 것으로 보인다(삼성경제연구소, 2003).

이와 같은 저출산과 고령화는 노동력의 양적 감소를 초래하고 노동시장의 활력을 둔화시켜 성장잠재력을 저하시키는 반면, 고학력 노인인구의 증가는 경제활동 및 사회참여에 대한 욕구를 확대시키고 있다. 따라서 평생학습체제를 통해 다양한 연령대의 인적자원을 사회적 자본으로 흡수·활용해야 한다. 이를 통해 소극적 의미의 사회보장적 복지정책에서 벗어나 보다 적극적인 의미에서 교육을 통한 인력개발과 생산적 복지 증진, 노령자 인력 자원화, 생애 단계별 교육기회의 재분배 등을 이룰 수 있다.

5) 근로시간 단축과 평생학습

근로시간의 단축은 근로자의 건강하고 문화적인 생활을 통해 양질의 노동력을 재생산하기 위한 최소한의 조건이라고 할 수 있다. 선진 외국은 근로시간의 단축을 통해 양질의 노동력을 재생산하고, 사회적으로 일자리를 나누어 가짐으로써 실업을 방지하고 고용의 극대화를 지향하고 있다. 우리나라에서도 주5일 근무제의 본격 실시에 따라 근로자의 직무능력 향상을 위한 평생학습 시설과 프로그램의 확보 등 평생학습에 대한 접근 기회를 확대해야 한다.

6) 지방화시대와 평생학습

평생학습이 궁극적으로 이루어지는 장은 사람들의 생활권과 학습권이 있는 지역사회이므로 평생학습은 지역사회 속에 생활과 문화로서 뿌리를 내려야 한다. 따라서 지금까지의 중앙집권적인 평생학습체제 운영에서 탈피하여 지방자치단체 차원에서 주도적으로 추진되어야 한다. 이를 위해 지역평생학습의 거점 기구인 지역평생교육정보센터, 지역평생학습관, 지역평생교육협의회 등의 운영을 활성화하고 평생학습도시 운동의 확산을 통해 지방자치시대에서의 특색 있는 지방자치단체 건설을 도모해야 한다.

2. 평생교육 국제 동향

산업사회에서 지식기반사회로 전환되면서 선진 외국들은 평생학습을 인적자원개발 및 고용 확대를 위한 국가적 전략의 핵심 기제로 부각시키고 있다. UNESCO와 OECD를 비롯한 국제기구들도 인적자원개발과 교육개혁의 원리로서 평생학습정책 가이드라인을 개발하여 적용하고 있다.

UNESCO는 1970년 '모든 이를 위한 교육(Education for All)'이라는 평생교

육의 이념을 제시했으며, OECD는 1996년에 교육장관회의에서 '만인을 위한 평생학습(Lifelong Learning for All)'을 통한 고용 가능성의 확대를 촉구했다. 이는 OECD 노동장관회의(1997), 사회장관회의(1998) 및 각료이사회(1996, 1997)에서도 지지를 받았다. EU에서는 고용 제고의 4대 축을 '고용 가능성', '기업가 정신', '노동시장의 유연성', '학습 기회의 균등'으로 보고 1996년을 평생학습의 해로 지정했다. ASEM도 '만인을 위한 기초 기능의 보장'이라는 포용적 사회건설을 목표로 평생학습을 촉구한 바 있다. 평생학습의 국제적 동향에서 나타난 정책적 시사점은 다음과 같다(교육인적자원부, 2004: 446~ 450).

첫째, 평생학습을 교육혁신과 인적자원개발을 위한 국가적 전략으로 채택하고 있다. 기존의 전통적 학교중심의 교육체제를 벗어나 직장에서 학교로의 이동을 적극적으로 지원하고 직장인들의 지속적인 직무수행능력과 고용능력을 강화하는 대안적 교육체제로서 평생교육체제를 추구하고 있다. 둘째, 평생학습을 교육, 복지, 노동 문제 해결을 위한 종합적 전략 및 사회통합 전략으로 추진하고 있다. 과거와 같이 국민의 높은 조세 부담률을 기반으로 하여 일방적 실업급여를 제공하는 형태의 복지정책에서 벗어나서 실업자에게 재취업을 위한 교육기회를 제공함으로써 교육과 노동과 복지정책을 연계하고 있다.

셋째, 국가 전체의 평생학습정책을 기획하고 추진하는 중앙기구를 설치하는 등 제도적 기반을 강화하고 있다. 이는 평생교육이 교육만이 아니라 노동시장, 산업, 복지, 문화, 지방자치 등 사회의 여러 영역에 걸쳐서 이루어지며, 평생교육에 필요한 자원도 사회 여러 부문에 산재해 있기 때문이다.

넷째, 평생교육에 있어서 대학과 지역의 역할을 강화하고 있다. 성인들의 직업능력과 고용 가능성을 개발하는 데 초점을 두고 이를 위해 지역은 지역 단위의 평생교육기금을 조성하여 지원하고 대학은 성인들이 언제든지 대학에 복귀하여 필요한 교육을 받을 수 있는 교육체제를 구축하고 있다.

다섯째, 학습과 생활을 분리된 영역으로 보지 않고 일상적인 생활 속에서 자연스럽게 평생학습을 실천하게 하는 시민 참여적 평생학습 환경을 조성하고 있다.

여섯째, 일반 시민들을 대상으로 하는 교양·여가 교육 및 시민성 함양을
위한 교육과 함께 인적자원개발과 직업교육 등 경제 지향적 평생교육을 동시
에 추구하고 있다.

3. 평생교육의 실태 및 문제점

1) 평생교육의 유형

평생학습은 다양한 영역에서 여러 기관이나 시설을 통해 이루어진다. 문해
및 성인 기초교육, 취미·교양교육, 직업기술교육, 학력인정 학교보완교육, 문
화예술교육 등과 같이 평생교육이 이루어지는 영역은 매우 다양하다. 평생교
육을 담당하거나 평생학습이 이루어지는 기관·시설도 사회단체부설, 언론기
관부설, 사업장부설, 학교부설, 원격형태 등 다양하다. 대표적인 평생교육의
유형과 그 실태 및 문제점은 다음과 같다.

(1) 학교에서의 평생교육

학교는 풍부한 인적·물적 자원을 확보하고 있고, 어느 지역이든 골고루 분포
되어 있으며, 아울러 지역의 중심에 있어 접근성이 용이하기 때문에 평생교육
의 장으로 활용하기에 매우 유용한 기관이다. 「평생교육법」 제25조는 각급
학교는 다양한 평생교육을 실시하기에 편리한 형태의 구조와 설비를 갖추어
지역사회에 개방하고 다양한 평생교육 과정을 운영할 수 있도록 규정하고
있다.

초·중학교에서는 학생들을 대상으로 특별 활동을 통해서 학교 밖의 다양한
청소년 관계 단체들과 연계하여 청소년 수련활동을 실시한다. 또한 학교의
시설과 인력을 활용하여 지역 주민을 위해 다양한 평생학습 프로그램을 운영

한다. 정규 학교교육에 대한 대안적 교육의 성격을 가지고 있는 학교 형태 평생교육시설은 주로 정규 학교를 진학하지 않은 청소년들을 대상으로 정보, 실업, 예능 등 특정 분야를 중심으로 운영된다. 전국적으로 160여 개소(강원도 6개소)에 달하는 야학은 청소년위원회에서 청소년기금을 통해 지원하고 있으며 대학생 등 자원봉사자 교사에 의존하여 운영되고 있다.

대학은 부설 평생교육원이나 어학교육원을 중심으로 다양한 프로그램[1]을 제고하는 한편, 시간제 등록제, 공개강좌, 전문대 전공 심화 과정, 산업체 위탁 교육 등 성인을 위해 제도적으로도 문호를 개방하고 있다. 노동부 산하의 한국기술교육대학교와 폴리테크닉대학[2]에서도 병설 평생교육원과 직업훈련 과정을 통해 기능사 양성 훈련, 능력 개발 훈련, 실업 대책 훈련, 향상 훈련, 생활 기술 훈련 등의 프로그램을 제공하고 있다.

학교의 평생교육 프로그램 운영과 관련하여 지역 주민에게 보다 많은 서비스를 위해 학교개방 요구가 급증하고 있으나, 시설관리 책임 문제 등으로 인해 실제로는 소극적으로 추진되고 있다. 또한 학교는 지역 유관 기관 간의 네트워킹이 활발하지 못하며, 평생학습 프로그램 운영에 있어서도 여가 선용 및 교양교육에 치우쳐 있고 교사들의 성인교육 및 평생교육에 대한 전문성이 약하며, 학교시설이 성인들의 요구 및 특성에 적합하지 않다는 한계점을 가지고 있다. 이러한 문제를 극복하기 위해 전국적으로 약 170여 개(강원도 2개교)의 평생교육 시범학교를 지정·운영 중에 있으며, 학교를 주민에게 개방하여 주민 대상 평생교육 프로그램을 운영하는 경우에 지방자치단체장의 책임 분담 근거를 마련하는 「평생교육법」 개정안도 발의되어 있다.

---

1) 일반교양 및 취미 과정, 전문교육 과정, 독학에 의한 학위 과정, 학점은행제, 산업체 및 공공기관의 위탁 교육, 재취업을 위한 직업교육 과정, 자격취득 과정 등이 있음.
2) 종래 전국의 23개의 기능대학과 21개의 직업전문학교가 권역별로 7개의 폴리테크닉 대학과 지역 캠퍼스로 개편됨.

(2) 지역사회·지방자치단체에 의한 평생교육

1990년대 이후 지방자치와 교육자치가 실현되면서 지역사회를 단위로 주민들이 자주적 주인의식을 가지고 지역사회의 문제해결에 적극적으로 참여하게 되면서 지역공동체 중심의 평생학습이 활성화되고 있다. 지역사회의 평생교육기관이나 시설로는 영·유아 보육시설이나 방과 후 아동지도시설, 청소년을 대상으로 하는 청소년회관, 청소년 야영장, 유스호스텔 등 청소년수련시설, 여성회관, 여성복지관, 여성인력개발센터 등 여성 교육시설, 노인교실, 노인복지회관 등 노인교육시설이 있다. 그 밖에도 사회복지관, 시·군·구민회관, 주민자치센터, 도서관, 박물관, 미술관, 문화원, 언론기관이나 백화점 등 사업장부설 문화센터, 시민사회단체의 교육시설 등이 있다.

(3) 기업에서의 평생교육

지식과 정보가 경쟁력의 핵심적 기반으로 등장함에 따라 기업 자체의 경쟁력을 높이기 위해 다양한 형태의 근로자 교육훈련이 이루어지고 있다.[3] 또한 기업의 요구에 부합되는 인력을 더욱 체계적이고 효율적으로 확보하기 위해서 기업체 내에 제도화된 형태의 평생교육이 이루어지기도 하는데 여기에는 사내대학, 기술대학, 사내기술대학의 형태가 있다. 기업체의 근로자가 현장을 떠나지 않고 일하면서 배우고, 그 학습 결과를 전문대학 또는 대학졸업과 동등한 학력·학위로 인정받기도 한다.[4]

노동부는 2004 년 말 '근로자직업훈련촉진법'을 '근로자직업능력개발법'으로 전면 개정하면서 기업의 학습조직화를 위한 인프라 구축과 노사 참여형 직업훈련체제 구축, 중소기업 및 비정규직의 능력 개발 지원 등을 강화했다.

---

[3] 신입직원의 업무 및 실무 능력 향상, 인성 및 기업문화 교육, 간부 직원의 문제해결능력과정, 리더십 과정, 해외 주재원 양성 과정, 전산화 교육, 재무관리, 품질관리, 마케팅관리 전문가 프로그램, 선진외국기업 견학, 의식개혁 강좌, 취업 예정자 양성 과정, 그 밖에 국내외 장기 학위과정 등이 있음.

[4] 기술대학인 정석대학(전문학사, 학사 과정), 사내 대학인 삼성전자공과대학(학사 과정)이 있음.

구체적인 사업으로는 기업을 위한 인적자원개발 컨설팅을 실시하고, 수강 지원금 지원을 통해 근로자의 자기 주도적인 학습을 지원한다. 또한 직업훈련 여건이 어려운 중소기업을 위해 대기업이나 공공직업훈련 기관 등이 훈련컨소시엄을 구성·운영하고 비정규직 근로자에 대해서는 차별 없는 학습 기회를 제공하도록 하고 있다.

그러나 이러한 노력에도 불구하고 기업의 교육훈련 투자는 미약한 실정이다. 교육훈련 전담부서를 운영하고 있는 사업장은 22.8%에 불과하며, 전담자만 두고 있는 경우도 44.7%에 지나지 않는다(한국노동연구원, 2003). 종업원이 10~49명인 중소기업 중 계속 훈련을 실시하는 기업 비율이 OECD국가 평균은 23%인데, 우리나라의 경우 3.6%에 그치고 있다(한국노동연구원, 2004). 이와 같이 산업현장에서는 노사관계나 근로 조건에만 치중하고 중소기업 근로자나 비정규직 등 취약 계층은 생계도 어려운 상황에서 자신의 능력 개발은 엄두도 못 내고 있는 실정이다.

(4) 원격매체를 통한 평생교육

시간적·공간적·신체적 장애를 뛰어넘는 원격교육은 누구나, 언제, 어디서나 학습할 수 있는 평생학습사회의 구현을 위해 가장 효과적이고 현실적인 수단이 되고 있다. 원격교육은 우편, 텔레비전, CATV, 컴퓨터 및 인터넷 등 정보통신 매체를 매개로 원거리에서 진행하는 교육을 의미한다. 최근에는 컴퓨터 통신을 이용한 사이버 공간에서의 교육이 확장됨에 따라 사이버교육, 가상교육과 동일한 의미로 사용되기도 한다.

원격매체를 이용한 평생교육기관으로는 방송통신고등학교와 한국방송통신대학교, 원격 대학 형태의 평생교육시설, 대학에서의 사이버 과정, 교육방송 등이 있다. 방송통신고와 한국방송통신대는 그간 비진학 청소년 및 재직 근로자의 계속 교육에 기여해 왔으나, 최근 등록 학생 수가 감소 추세에 있다. 2004년도 현재 방송통신고등학교는 전국적으로 39개 학교가 운영되고 있으며 지역별로는 강원도가 7개교로 가장 많다. 학생들은 직업별로는 주부가

23.4%로 가장 많고, 연령대로는 40대가 29.9%로 가장 많으며, 학령기에 속하는 20대 초반까지의 학생들은 28.3%에 불과하다. 방송통신고 학생들의 경우 컴퓨터 보유율은 87.2%, 인터넷 활용능력은 79.2%가 가능한 것으로 나타난다.[5]

한국방송통신대학은 2005년 현재 학생 수가 총 18만 6,000여 명이며 그중 25세 이상 성인이 90%에 이르고 있다. 원격대학제도는 2001년부터 도입되어 2005년 현재 총 17개교가 설립되었다. 학생 수는 총 8만 5,000여 명으로 시간제 등록 학생이 40%에 이르며 20대 후반 이상이 약 84%로 평생교육기관 으로서의 역할을 충실히 수행하고 있는 것으로 나타난다.

2) 평생교육 참여 현황

우리나라의 평생학습 참여율은 2000년 17.2%에서 2005년 21.6%로 꾸준 히 상승하고 있지만 OECD 선진국의 2002년 평균 평생학습 참여율 35.5%에 비해 현저히 낮은 수준에 머물고 있다. 평생학습도시로 지정된 19개 도시의 2005년 주민 평생학습 참여율은 24.2%로 다소 높게 나타나고 있다(교육인적자 원부, 2006a: 7~8). 평생학습 참여율은 학력별, 지역별, 기업규모 및 고용상태별 로도 큰 차이를 나타내고 있다. 학력별로는 초졸 이하 5.0%, 중졸 9.1%, 고졸 18.7%, 대졸 이상 42.6%이며, 지역별로는 동 지역 22.2%, 읍·면 지역 18.9%로 나타난다(통계청, 2004). 기업 규모별로 보면 중소기업 8%, 대기업 77.7%이며, 고용 상태별로는 상용직 45.0%, 자영직 15.3%, 일용직 7.0%이 다.[6]

한편, 정규학교 위주의 교육으로 인해 대학졸업과 함께 교육은 끝이라는 인식 때문에 우리나라 35세 이상 성인의 대학 재학률은 2.9%로 미국 16.4%,

---

5) 2003년 방송통신고 7,870명 대상으로 정보화 실태 및 활용 실태를 조사한 결과임.
6) 2004년 고용보험 300인 기준.

영국 22.0%, 뉴질랜드 23.9%에 비해 현저히 낮으며 OECD 국가 중 최하위 수준이다. 그러나 최근 고령화사회 진입 및 주5일 근무제 확대, 이직률 상승 등 노동시장 변화 등으로 인해 평생학습의 중요성에 대한 인식이 증가되는 추세에 있다. 그 일례로 평생학습 참여 희망률은 78.9%에 이르고 있으며 주5일 근무제 이후 근로자의 91.1%가 교육훈련을 받는 것이 중요하다고 인식하고 있다(2004년도 한국직업능력개발원에서 실시한 설문조사 결과).

3) 평생교육기관·시설 및 프로그램 현황

전국적으로 평생교육기관 및 시설은 약 20만 8,000여 개소로서 참여하는 교육 연인원은 1,982만 여 명에 이른다(한국교육개발원, 2003). 강원도의 주요 평생교육기관·시설은 평생교육정보관 5개소, 평생학습관(도서관) 17개소, 대학평생교육원 16개소, 주민자치센터 75개소, 문화복지센터 3개소, 종합사회복지관 14개소, 노인복지회관 4개소, 여성 복지시설 10개소, 문화원 18개소 등이다(강원지역인적자원개발지원센터, 2006; 강원지역평생교육정보센터, 2005). 강원도 내의 평생교육기관·시설은 주로 시 지역에 집중되어 있으며, 군 지역의 대부분의 평생학습시설들도 주로 읍 지역에 위치함으로써 농·산·어촌 주민들이 접근하기 어려운 실정이다. 비교적 지역적으로 골고루 분포된 초·중등 각급 학교의 경우 평생교육 프로그램을 제공하는 학교는 초등학교가 59.2%(263개교/444개교), 중학교 74.5%(120개교/161개교), 고등학교 38.3%(44개교/115개교)에 이르고 있다.

평생교육기관 및 시설에서 제공되는 프로그램은 정책적인 측면에서는 능력개발과 관련한 직업교육을 강조하고 있으나, 아직은 취미·교양 위주의 프로그램으로 이루어져 있다. 평생학습도시에서 제공되는 프로그램을 보면 문해 및 시민교육 14%, 직업능력 및 외국어 11%, 취미·문화·여가 32%, 인문 및 지역학 15%, 기타 28%로 되어 있다. 전반적으로 볼 때 평생학습관련 프로그램은 직업별, 수준별, 연령별 등 대상을 고려한 차별화된 맞춤형 프로그램의 개발이 미흡한 실정이다.

4) 평생교육 재정

평생교육은 그 영역의 다양성으로 인해 재정의 주체도 광범위하고 복합적이다. 즉, 평생교육 재정(교육인적자원부, 2004: 70)은 교육인적자원부와 각 시·도 교육청뿐만 아니라 다른 정부부처와 지방자치단체에 의해서도 상당 부분의 재정을 확보·배분·지원받고 있다.

(1) 중앙정부 부처의 평생교육 예산

정부의 각 부처들은 「평생교육법」을 포함한 다양한 관계 법령에 근거하여 평생교육사업을 추진하거나 평생교육기관을 운영·지원하고 있다. 2004년 중앙정부의 총예산(405조 9,800억 원) 대비 평생교육 예산의 비중은 약 0.56%에 불과하다. 정부 전체의 평생교육 예산 중 부처별 비율은 노동부 36.2%, 과학기술부 12.2%, 문화관광부 11.7%, 보건복지부 5.6%, 교육인적자원부 4.7%, 정보통신부 4.5%, 행정자치부 4.2%, 중소기업청 4.1%, 산업자원부 3.9%, 경찰청 2.4%로 이루어져 있다.

정부 각 부처의 총예산 대비 평생교육 예산의 구성비를 보면 여성부가 25.9%(194억 원/750억 원)로 가장 높으며, 그 밖에, 과학기술부 13.1%, 국정홍보처 13.0%, 문화관광부 9.0%, 농촌진흥청 8.3%, 노동부 4.4%, 법제처 4.3%, 특허청 3.7%, 외교통상부 2.7%, 식품의약품안전청 2.0%의 순으로 나타난다. 이에 비해 교육인적자원부(1,075억 원/32조 6,523억 원)와 행정자치부(955억 원/29조 2,625억 원)는 각각 자체 예산의 0.3%만을 평생교육 분야에 지원하고 있다.

중앙부처의 평생교육 예산 중 교육 프로그램 개발·운영 예산(1조 1,342억 원)을 대상별로 살펴보면, 성인 대상 교육 프로그램 개발·운영 사업이 68.4%로 가장 큰 부분을 차지하고 있으며, 그 밖에 청소년 20.3%, 취약 계층 8.6%,

노인 1.7%, 여성 0.9%로 노인과 여성 및 취약 계층에 대한 지원이 크게 떨어지고 있는 것으로 나타난다.

(2) 광역 지방자치단체의 평생교육 예산

16개 광역 지방자치단체의 2004년 평생교육 예산은 전체 예산 84조 8,848억 원의 1.9%인 1조 5,954억 원을 차지하고 있는 것으로 나타난다.[7] 예산 규모로는 경기도가 5,182억 원(3.0%), 비율로는 부산광역시가 6.1%(2,694억원/4조4,411억 원)로 가장 높게 나타나고 있다. 강원도는 전체 예산 4조 2,862억원의 0.6%인 237억 원으로 16개 시·도 중 규모로는 11위, 비율로는 13위를 차지하고 있다.

전체 지방자치단체의 평생교육 예산 중 교육 프로그램 개발·운영 예산 6,862억 원에 대한 대상별 예산을 보면 성인 대상 교육 프로그램 개발·운영이 69.0%로 가장 높은 비중을 차지하고 있으며, 다음으로 청소년 16.6%, 취약계층 6.0%, 노인 5.9%, 여성 2.5%의 순으로 나타난다. 그러나 강원도의 경우는 프로그램 운영 전체 예산 183억 원 중 취약 계층에 82.7%, 청소년 8.3%, 성인 8.2%, 여성 0.7%, 노인 0.0%를 지원하고 있는 것으로 나타나 충북(78.8%)과 함께 취약 계층에 대한 지원을 우선시하고 있는 것으로 보인다.

(3) 시·도 교육청의 평생교육 예산

전체 시·도 교육청의 2003년도 총예산 규모는 25조 8,541억 원이며 그중 평생교육 예산 규모는 0.37%인 966억 원이다. 예산 규모로는 경기도가 196억원으로 가장 많고 서울특별시 188억 원, 부산광역시 78억 원, 전라남도 77억원, 인천광역시 59억 원, 강원도 49억 원, 대구광역시 47억 원의 순이다.

---

7) 평생교육의 영역 자체가 넓고 복잡하며 이에 따라 지방자치단체가 지역 주민을 위해 실시하는 평생교육 사업의 범위도 광범위하기 때문에 이를 정확히 추정하기는 어렵다. 여기서는 각 지방자치단체의 2004년 업무계획서와 성과 분석 자료를 근거로 살펴본 것임.

각 시·도의 자체 예산 중 평생교육 예산이 차지하는 비율로는 전남이 0.49%로 가장 높고, 인천광역시가 0.48%, 서울특별시 0.45%, 강원도 0.44%, 부산 0.43%, 경기도 0.42%, 경북 0.39%의 순이다. 각 시·도 교육청의 평생교육 예산은 대체로 평생교육 시범학교, 지역평생교육정보센터, 공공도서관 등 평생교육시설의 운영비로 책정되어 있다.

4. 평생학습사회 실현을 위한 과제

2006년 5월 실시된 지방선거에서 단체장들의 선거공약 중에는 평생교육정책과 인적자원개발에 관한 공약들이 많이 포함되었다(권인탁, 2006). 주요 내용은 평생학습 인프라 및 시스템 구축, 주민자치센터를 중심으로 한 평생학습의 실천, 학교교육에 대한 관심과 지원, 양극화 해소를 위한 소외계층 사업 등이며 이를 위해 제시된 개별사업은 일일이 열거할 수 없을 정도로 많다.[8] 이러한 사업들을 성공적으로 수행하여 지역 단위에서의 평생학습을 활성화하고 인적자원을 양성하기 위해서는 다음과 같은 제도적·물적·인적 기반이 구축되어야 한다.

---

8) 평생교육 행정조직 구축 및 강화, 평생학습센터 건축, 평생학습관 건립, 주민자치센터의 역할 재조명 및 평생학습마을 운동 전개, 학습동아리 활동 지원, 교육지원 조례 제정, 학교교육 발전기금 확충, 대학과의 연계협력체제 구축, 초중고 도서구입비 지원, 장학기금 및 재단설립, 지역 인재양성 교육연구센터 설립, 우수인재 해외연수지원 기회 확대, 노인교육 프로그램 운영 및 확대 지원, 경로당 학습센터로 전환, 실버타운 건립과 노인 일자리 창출, 종교기관 노인대학 프로그램 운영지원, 영어마을 조성, 학교 및 평생교육기관 원어민 강사 배치, 외국인 주부 대상 한국어 강좌 운영, 자연과 함께하는 농촌체험마을 조성, 생태하천 개발 및 체험프로그램 운영, 지역문화체험 프로그램 운영, 지역전통 및 역사체험 프로그램 운영, 주민 기초 및 문해 교육 프로그램 운영, 소외계층 정보화교육 프로그램 운영, 소외계층에 대한 대학생 멘토링제 도입, 외국인 대상 문해 교육 및 정보화교육, 교육권 및 노동권을 포함한 장애인 종합복지대책 등.

1) 평생교육 전담·지원기구 및 협의·조정체제의 구축

다양한 평생교육단체 및 평생교육시설을 통해 광범위하고 산발적으로 이루어지는 평생교육을 보다 체계적·효율적으로 실시하기 위해서는 이러한 활동과 조직을 연계하고 조정하는 전담 기구가 필요하다. 중앙, 광역 자치단체, 기초 자치단체 수준에서 평생교육 전담 기구의 역할을 할 수 있는 기구를 지정하고 행·재정적 지원을 강화하여 평생교육의 공공성을 확보하고 평생교육 활성화를 위한 거점기관으로 육성할 필요가 있다.

현재 법적 근거를 가지고 평생교육을 전담·지원하는 기관으로는 한국교육개발원이 국가 수준에서 중앙평생교육센터의 역할을 하고 있다. 시·도 단위로는 시·도 교육감의 추천을 거쳐 지정된 지역평생교육센터가 있으며, 시·군·구 지역에는 시·도 교육감이 지정하여 운영하는 평생학습관이 전담 기구의 역할을 하고 있다. 강원도의 경우 강원도교육청 산하기관인 춘천평생교육정보관이 지역평생교육센터로 지정·운영되고 있으며, 시·군 단위에는 강원도교육청 산하의 5개 평생교육정보관과 17개의 도서관 등 총 22개의 기관이 평생학습관의 역할을 하고 있다.

그러나 이러한 평생학습 전담 조직은 상호 수직적 연계 및 수평적 연계가 미흡하고 부가적 기능 수행에 머무르고 있으며 또한 교육청 산하기관으로만 지정되어 있어 자치단체의 평생교육을 담당하는 기관 및 각종 민간단체와의 상호 연계도 미약하다. 향후에는 대학과 지방자치단체의 산하기관을 포함한 다양한 기관과의 컨소시엄 형태를 시도하거나 평생학습도시를 포함한 기초 자치단체 중심의 네트워크를 기반으로 하는 새로운 지역 평생학습 추진체제를 구축하는 것도 바람직할 것이다. 평생학습을 위한 네트워크는 지역 주민을 위한 통합서비스 차원에서 교육, 고용, 보건, 복지, 문화 등의 분야를 포괄하고 평생교육기관, 기업, 대학, 직업교육기관 간의 연계를 강화해야 한다.

또한 평생학습은 대상과 영역, 참여기관이 다양하므로 어느 한 기관에서 독점적으로 추진할 수는 없다. 평생교육시설 및 단체들 간에 수준별, 분야별로 다양한 파트너십 구축이 요구된다. 넓게는 학교교육, 가정교육, 지역사회교육을 연계 통합시키고, 좁게는 제반 교육자원을 연계, 교류, 공유, 통합해야 한다. 특히 공적인 평생교육시설을 거의 독점하고 있는 일반자치단체와 교육자치단체 간의 전략적 파트너십 형성이 긴요하다. 지방자치단체와 교육청 상호 간 협력관제도를 운영하여 평생학습을 포함한 인적자원개발관련 업무를 협의·조정하는 방안을 검토할 필요가 있다. 이를 통해 노동부, 행정자치부 및 교육인적자원부에서 추진하고 있는 지역인적자원개발사업과 NURI 사업, 사회적 양극화 해소를 위한 교육복지투자우선지역사업, 위스타트(We-Start) 사업 등 각종 지역전략사업 간의 연계도 모색할 수 있을 것이다.

최근 정부에서도 '인적자원개발기본법'의 개정을 통해 각 부처에서 개별적으로 추진하고 있는 평생학습 관련 정책을 협의·조정하는 기능을 수행하는 범부처 간 협의·조정기구인 '국가인적자원위원회'의 설치를 추진하고 있다. 이와 함께 시·도별 '지역인적자원개발협의회' 등을 통해 광역단위의 평생학습 진흥 사업을 조정·심의하고, 기초단위에서는 시·군·구 기초 자치단체를 '평생학습도시'로 육성하고 '지역평생교육추진협의회'를 운영하여 지역 주민의 평생학습 참여를 양적·질적으로 제고시키는 방안도 추진하고 있다.

2) 지역평생학습 종합정보망 구축

평생학습기관, 시설, 단체, 학습 기회와 학습 내용, 교재 등 각종 평생학습 정보에 관한 DB를 구축하여 원하는 정보를 원스톱으로 제공하고, 각종 평생교육단체 및 시설 상호 간의 수직적·수평적 네트워크를 구축해야 한다. 이를 통해 주민들은 최소의 노력과 비용으로 필요한 정보를 획득하고 지방자치단체 및 교육청은 중복 투자를 배제할 수 있다. 학습자의 다양한 유형과 요구에 근거하여 수요자 중심의 맞춤형 평생교육 프로그램에 관한 정보제공 체제를 구축하고, 분산된 교육자원을 표준화하고 통합하여 공동 활용체제를 구축해야 한다.

3) 평생학습도시 조성 및 운영의 내실화

평생학습도시는 누구나, 언제, 어디서나 원하는 학습을 즐길 수 있는 학습공동체로서 궁극적으로 개인의 삶의 질을 제고하고, 도시 전체의 경쟁력을 향상시킬 수 있도록 하는 네트워킹 학습사회를 의미한다. 2000년 OECD 보고서에 따르면 외국에서는 평생학습도시 운동이 이미 보편화되어 26개국의 175개 도시가 국제적인 평생학습도시 연합을 결성하여 활동하고 있으며, 일본도 140여 개의 평생학습도시를 지정하여 운영하고 있다.

우리나라의 경우에는 2001년부터 평생학습도시 운동을 전개하여 2005년까지 전국적으로 33개의 평생학습도시를 지정·운영하고 있다. 2006년도에는 24개의 평생학습도시를 신규로 추가 지정했으며 향후 2008년도까지 100개 이상으로 확대를 추진하고 있다. 강원도의 경우 타 시·도에 비해 늦긴 했지만 금년도에 처음으로 삼척시와 화천군이 평생학습도시로 지정을 받았으며, 춘천시는 예비 학습도시로 선정되었다.

대도시가 없는 강원도의 경우 지역적 특성에 따라 중·소도시형과 농·어촌형으로 구분하여 조성할 필요가 있다. 중·소도시형은 평생학습기관과 대학, 시민단체 등이 연계된 평생학습전문기관 활용형으로, 농어촌형은 행정기관을 중심으로 주민자치센터, 문화복지시설, 문화원, 초·중등 각급학교시설을 활용한 공공시설 활용형으로 추진하는 것이 바람직하다(강원지역인적자원개발센터, 2006).

평생학습도시를 활성화하기 위해서는 학습도시별로 평생교육 one-stop 서비스 허브를 구축하고 평생교육 프로그램을 체계적으로 개발·보급해야 하며 지역사회 내 평생교육기관 및 프로그램 간 연계를 강화해야 한다. 특히 문화교육시설, 청소년수련시설, 스포츠시설, 복지시설 등 다양한 시설을 보유하고 그 운영을 위해 많은 인력과 예산을 투입하고 있는 지방자치단체와 지역교육청과의 유기적인 네트워크 체제가 구축되어야 한다.

4) 평생교육사 배치 및 평생학습전담공무원의 전문성 제고

평생교육기관 및 시설을 지역실정에 맞게 효율적으로 운영하고, 주민과 수요기관의 요구에 적합한 평생교육 프로그램을 기획·상담·제공하기 위해서는 인적 인프라로서 전문지식을 갖춘 전문가의 양성과 보급이 필요하다. 국가 전문자격제도를 통해 인정된 전문가로는 '평생교육사'가 있다.

평생교육사는 사회교육전문요원을 포함하여 대학 및 대학원의 정규교육 과정이나 지정 양성기관을 통해 2004년까지 약 3만 6,000여 명이 배출되었다. 그러나 평생교육사의 배치 현황을 보면 「평생교육법」상 의무 배치기관인 1,400여 기관의 일부에 800여 명만이 배치되어 있을 뿐이다. 강원도의 경우는 39개의 평생교육시설 중 일부에 11명이 배치되어 있다(교육인적자원부, 2006b; 한국교육개발원, 2004). 앞으로 평생교육사 의무 배치기관을 포함하여 일정 규모 이상의 민간 평생교육기관에 배치를 권장하는 한편, 평생학습 전담 공무원에 대한 직무 연수를 강화해야 한다.

5) 사이버교육체제 구축

오늘날의 정보화 사회에서 평생학습 활동의 상당 부분은 정보통신기술을 이용한 가상공간에서 이루어지고 있다. 사이버교육시스템은 인터넷을 통해 멀티미디어 수업자료를 학생들에게 제공해 줌으로써 시·공간을 초월하여 사이버 상에서 수업이 진행될 수 있도록 해준다. 정보화를 평생학습의 대상으로서뿐만 아니라 평생학습 이념을 실현할 수 있는 전략적 도구로 적극 활용하고 있는 것이다.

2000년도 현재 고교 졸업 학력을 취득하지 못한 인구는 전국적으로 약 400만 명으로 추정되며 강원도는 14만 6,000여 명에 이르고 있다. 이러한 교육소외 계층에게는 현실에 적합하고 차별화된 학습 환경을 제공하여 교육복지를 실현해야 한다. 사이버교육시스템은 교육소외계층에게 양질의 학습 기회를 제공할 수 있으며, 자기주도적인 학습을 통해 시·공간적인 제약을 많이 받는 학생들의 특성과 학습요구에 부응할 수 있다. 현재 방송통신고등학교에서도 사이버교육시스템 구축사업을 추진 중에 있다. 이와 함께 원격대학과 e-러닝 중심의 대학 개방을 통해 지역의 산업인력과 일반 주민의 직무능력 향상을 위한 학습지원 체제를 구축할 필요가 있다. 또한 행정자치부의 정보화 시범마을 사업과 에듀넷을 연계하는 것도 바람직할 것이다.

6) 농·산·어촌 학교의 평생학습센터로서의 기능 활성화

농·산·어촌은 평생학습 기회의 접근성이 매우 제한되어 있다. 따라서 공공 기능적 성격이 강한 마을회관, 경로당 등 마을 단위 사회기반시설을 농·산·어촌의 기초평생학습기관으로 리모델링할 필요가 있다. 지역 주민의 생활권과 밀접한 주민자치센터를 농·산·어촌 평생학습지원센터로서 거점화해야 한다. 특히 농·산·어촌의 초·중·고는 지역사회교육을 위한 우수한 인적자원과 시설·설비를 갖추고 있고, 지역 주민이 접근하기가 용이하며, 학생들을 위해 활용되지 않는 유휴 공간 및 시간이 많다. 그러므로 학부모를 대상으로 한 학부모교실 운영과 일부 시설의 개방 수준을 넘어서 지역평생학습의 기간시설로서 재구조화하는 것이 필요하다. 또한 주5일 수업제 도입에 따라 학교시설을 이용한 주말 성인학습 모델을 개발하고 아동과 성인이 함께 이용할 수 있는 학교시설의 복합화도 추진해야 한다. 이를 위해 농·산·어촌 평생학습 연구시범학교 사업을 확대할 필요가 있다.

7) 취약 계층의 교육훈련 기회 확대

지식과 정보의 급속한 증가와 함께 소득별, 학력별, 연령별, 지역별 지식 격차 및 교육훈련 기회의 격차가 심화되고 있다. 특히 취약 계층은 시간과 경제적 자원의 부족으로 평생학습 참여율이 저조하여 그 격차는 오히려 벌어지고 있다. 평생학습의 출발 이념은 교육 기회를 놓친 사람들과 상대적 소외계층 또는 취약 계층9)에게 제2의 교육 기회를 제공하여 고용 가능성과 경제적 경쟁력을 높임으로써 교육의 사회적 통합성을 승진하는 데 있다. 사회적 약자에 대한 복지적 차원에서의 구제만이 아니라 생산적 복지인 평생교육 사업을 통해 취약 계층의 사회적 적응과 사회적 일자리 창출을 도모해야 한다. 즉 사회적 갈등과 소외의 문제에 대한 일반적인 해결방식인 시혜적·복지적 방식의 한계를 극복하고 '교육-고용-복지'가 연계·통합된 예방적 차원의 평생학습 복지체제의 구축이 요구된다.

정부에서는 취약 계층을 위해 매우 다양한 평생교육 지원 사업을 실시하고 있다.10) 그 가운데 교육인적자원부가 중심이 되어 추진 중인 '교육복지투자우선지역사업'과 행정자치부에서 주관하고 있는 위스타트 운동을 상호 연계할 필요가 있다. 강원도의 경우 2006년도에 춘천의 일부 지역이 교육복지투자우선지역으로 최초로 지정되었으나 향후 정선, 철원, 속초 등 대상 지역을 확대하여 위스타트 운동과 연계하여 해당 지역의 아동, 청소년뿐만 아니라 성인인 지역 주민을 대상으로 빈곤퇴치와 함께 지역공동체성 증대, 사회문제 해소, 주민자치역량 강화, 우수인력 양성 등을 추진할 필요가 있다.

한편, 취약 계층 또는 소외 집단을 위한 평생교육 프로그램은 직업훈련 비중을 확대하여 고용 가능성과 직업 경쟁력, 사회 적응력을 증대시켜야 하며, 아울러 학력 취득 기능도 강화하여 대상 집단이 학력 교육과 직업능력 개발 교육을 동시에 받을 수 있도록 하는 것이 바람직하다. 특히, 고령자, 저학력자,

---

9) 저소득층, 저학력 청소년 또는 학업중단 청소년, 저학력·저숙련 근로자, 실업자, 비정규 근로자, 장애인, 재소자 및 출소자, 고령자, 여성(저학력, 저소득, 실업, 중고령 여성), 새터민, 외국인 근로자 등을 들 수 있음.

10) 교육인적자원부의 소외계층 평생교육, 학력인정 평생교육시설 지원, 방송고 운영 등, 노동부의 고용보험기금에 의한 실업자, 영세자영업자 등 취약 계층 직업훈련, 정보통신부의 정보격차 해소를 위한 문해교육기관 지원, 법무부의 재소자 사회적응 교육지원, 보건복지부이 자활지원, 장애인·노숙자·노인 복지사업, 청소년위원회의 청소년 공부방, 학업중단 청소년 지원 등이 있음.

비진학청소년, 저소득자, 장애자 등을 위한 맞춤형 평생학습프로그램을 개발·발굴해야 한다. 여가선용 차원의 건강, 오락 위주인 노인교육은 급속한 고령화에 수반되는 노인문제를 사회복지 서비스를 통해 해결하려는 소극적인 태도에서 벗어나 보다 적극적인 대안으로 취업에 중점을 두는 정책 변화가 필요하다. 학업포기 또는 부적응 청소년을 위한 대안교육은 진로와 직업적 특성을 고려하여 직업훈련 프로그램을 운영하거나 지역공공기관, 평생교육기관, 지역기업, 사회단체에서 시행하는 교육 과정에 참여를 유도하는 경험학습프로그램 제도의 도입이 필요하다. 참여율이 상대적으로 낮고 프로그램이 취미여가 및 교양교육에 집중된 여성교육은 주부 등을 대상으로 하는 전문 자격증 과정을 확대하고 창업프로그램을 보급하며 파트타임 훈련 직종 등 여성 친화적인 훈련프로그램을 개발해야 한다. 외국인 노동자 및 국제결혼 이주여성 등을 위한 한글교육, 문화이해 등 사회적응 평생교육 프로그램의 개발과 지원도 요구된다.

8) 주민 평생학습 의식 고취

우리나라의 평생학습 참여율은 선진국에 비해 현저히 낮은 것으로 나타나며 강원도의 참여율도 이와 유사하거나 보다 저조할 것으로 추정된다. 평생학습 문화의 창달을 위해서는 학습은 즐거운 것이며 언제 어디서 누구나 자연스럽게 즐길 수 있는 삶의 과정이라는 인식을 확산시켜야 한다. 이를 위해서는 다양한 평생학습 이벤트 개최, 캠페인, 홍보 등의 노력이 필요하다.

2001년부터 개최된 전국 단위의 평생학습축제는 평생학습도시로 선정된 기초 자치단체 주도아래 지역의 문화행사나 지역축제와 연계해서 개최되고 있다. 이러한 전국 단위 평생학습축제는 일반 시민들의 평생학습에 대한 인식을 제고하고 평생학습 유관 기관 간 협조체제 구축의 계기를 마련하는 데 기여하고 있는 것으로 나타난다. 또한 전문적인 지식과 경험을 축적한 55세 이상의 퇴직 전문직으로 구성된 '금빛평생교육봉사단'의 활동도 평생학습의식의 고취에 기여하고 있다. 아동, 청소년, 소외계층, 여성, 장애인, 노인 등 지역사회의 모든 사람을 대상으로 평생교육의 사각 지대나 지역특화 평생교육 영역에서 이루어지고 있는 자원 봉사활동을 좀 더 활성화해야 한다.

이 밖에도 개인이나 기업, 평생교육기관 및 단체, 행정기관 등을 대상으로 다양한 부문의 평생학습 우수사례를 발굴하여 시상할 필요가 있다. 지역 주민의 학습동아리 활동 지원과 마을평생학습축제, 각종 문화축제, 인적자원개발 및 직업교육박람회 등의 연계도 필요하다. 다양한 평생학습기관과 시설이 상호 연계된 평생학습 포럼을 설립하고 평생학습 프로그램 개발을 위한 연구회 설립도 지원할 필요가 있다.

참고문헌

강원도교육청. 2006. 「평생교육운영계획」. 강원도교육청 내부 자료.

강원지역인적자원개발지원센터. 2006. 「2006~2010 강원도 인적자원개발기본계획」.

강원지역평생교육정보센터. 2005. 『2005 강원지역평생교육기관 편람』.

교육인적자원부. 2000. 『평생교육법 해설자료』.

_____. 2001. 『평생교육백서』.

_____. 2002. 「평생학습진흥종합계획」.

_____. 2004. 『평생교육백서』.

_____. 2006a. 『주요업무통계자료집』.

_____. 2006b. 「2006년 평생교육정책 추진계획. 교육인적자원부 내부 자료.

권인탁. 2006. 「민선4기 단체장의 평생교육 및 HRD의 공약과 향후 과제」. ≪교육정책포럼≫, 제131호.

삼성경제연구소. 2003. 『늙어가는 대한민국: 저출산 고령화의 시한폭탄』.

통계청. 2004. 『인구주택총조사』.

한국교육개발원. 2003. 『교육통계분석집』.

_____. 2004. 『교육취약 계층을 위한 평생교육 지원방안 연구: 교육정책연구과제』.

_____. 2005a. 「평생학습 지원 추진기구 혁신 방안 연구」.

_____. 2005b. 「평생교육 정책방향과 과제」.

_____. 2005c. 『평생교육 정책자료집』.

한국노동연구원. 2003. 『사업체패널』.

한국노동연구원. 2004. 『학습국가 건설의 비전과 정책과제: 평생학습·평생고용·신경쟁력』. 한국노동연구원 내부 자료.

글로벌 시대의 지역 인재 양성

이칭찬 | 강원대 교육학과 교수

1. 머리말

미래를 확실히 아는 사람은 없다. 하물며 어떤 일이 언제 일어날 것인지를 미리 정확하게 예측할 수 있는 사람은 더더욱 없다. 그것은 현대 사회가 너무도 빠르게 변화하고, 변화와 관련된 변인들이 너무 복잡하기 때문이다. 『부의 미래』(2006)를 저술한 앨빈 토플러(Alvin Toffler)는 "미국을 포함한 여러 선진국이 두뇌 중심의 지식경제로 전환되고 있다는 것은 누구나 알고 있다. 하지만 이런 변화가 초래한 영향에 대해서는 개인, 국가 또는 대륙 차원에서건 어느 누구도 아직 제대로 체감하지 못하고 있다. 이는 지난 반세기의 변화가 서막에 불과했기 때문이다. 앞으로 지식의 중요성은 한 단계 더 높은 차원으로 도약할 것이고, 지속적으로 커지면서 변신을 거듭할 것이다"라는 말을 통해 변화의 속도가 더욱 빨라질 것이고 이러한 변화에 적응하지 못하면, 개인이나 집단, 사회를 막론하고 도태될 것이라는 사실을 분명히 하고 있다. 결국 우리가 앞으로 살아갈 사회는 예전과는 비교할 수 없는 다른 세계가 될 것이다.

이러한 변화 속에서 살아갈 미래 세대가 준비해야 할 일들은 어떠한 것일까? 토플러는 낙관적이고 희망적인 미래를 그리고 있기는 하다. 지역적·종교적·인종적 다양성과 인간 개개인의 차이를 받아들이고 발전적으로 포용하는 문명사회를 예견한다. 또한 현재의 사회와는 혁명적인 차이를 보이는 질서와 제도, 가치관을 가지면서도 실현가능한 긍정적인 미래를 말하고 있는 것이다. 그는 "인류에게 희망은 있다"는 가정을 큰 소리로 외치면서 그 실례로 실리콘 칩의 대체와 같이 이제까지 우리 손이 미치지 못했던 극저단위의 세계가 가능할 것이라고 말한다. 즉 단순한 나노 단위가 아니라 피코(pico)와 펨토(femto), 아토(atto), 젭토(zepto)에 이르게 될 것이고 결국에는 1M의 0.000,000,000, 000,000,000,000,001을 의미하는 욕토(yocto)에 이르게 될 것이라고 예언한다. 우리는 이제까지와 달리 우리 이전의 모든 세대들이 이룩한 것을 모두 합한 것보다 더 많은 양의 새로운 자료와 정보, 지식을 창출했으며, 그리고 그것을 다른 방식으로 조직화하고, 다른 방식으로 분배하며, 새롭지만 더욱 찰나적인 유형 속에서 결합, 재결합시키고 있다. 아울러 우리는 21세기의 여명기에 살면서 직·간접적으로 새로운 혁명적인 내용을 핵심으로 한 새로운 문명을 설계하는 데 동참하고 있다고 믿는다. 이들 프로세스가 과연 그 자체로 완성될 것인가? 아니면 여전히 불완전한 혁명이 완전히 중단되는 사태를 맞을 것인가 하는 점은 오늘날의 사회를 구성하는 모든 계층과 분야에 달려 있다고 본다. 결국 이러한 바람직한 미래는 이제까지와는 전연 다른 새로운 삶의 방식, 즉 문명을 동반하고 올 것이다. 새로운 비즈니스 구조와 함께 새로운 가족 형태, 새로운 종류의 음악과 미술, 음식, 패션, 신체적 미의 기준, 새로운 가치관, 종교나 개인의 자유에 대한 새로운 태도 등이 함께 밀려올 것이다. 이 모든 것이 상호 작용하며 새롭게 떠오르는 특정한 시스템을 구체화한다.

현대의 변화하는 시대 속에서는 심지어 상품을 만들어 소비자에게 일방적으로 팔아야 하는 기업의 의미도 눈부시게 변화하고 있다. 그들은 이제까지와 같이 단순하게 자신들의 제품을 잘 만들어 고개들에게 제시해 주는 것으로 만족하지 못하고 있다. 그러한 의미에서 공익 마케팅(Cause Related Marketing) 이라는 새로운 변신을 시도하고 있다.

공익 마케팅이란 '상호 이익을 위해서 기업이나 브랜드를 사회적 명분이나 쟁점에 전략적으로 연계시키는 포지셔닝과 마케팅 도구'를 말한다. 물론 이러한 공익 마케팅 실현에 있어 중요한 열쇠는 바로 그 브랜드와 연계한 공익기관이 서로 공유할 수 있는 공동 영역을 갖고 있어야 한다는 것이다. 어떤 브랜드가 단순히 가치 있는 공익 활동에 돈을 기부하거나 기업의 특정 부서가 기업 활동과는 전혀 관계없는 자선 활동을 전략적으로 지원하는 '자선을 통한 홍보' 마케팅을 하는 경우가 있다. 그러나 이러한 행위는 기업이 의도한 바처럼 상호 이익을 위한 이타적 파트너십으로 여겨지기는커녕 소비자들에게는 형식적인 행위나 심지어는 쓸데없는 돈 낭비로까지 인식되고 있는 상황이다. 이 때문에 공동영역의 중요성은 더욱 커지고 있다(이동현, 2005). 이러한 점에서 기업의 마케팅팀은 한 브랜드의 영역을 단순히 '기능적' 영역에만 묶어놓지 말고, '선망과 동경'의 영역으로 확대하고 나아가 최종적으로는 '윤리적'이고 '신뢰받을 수 있는' 영역으로까지 확대한다. 이러한 영역 확대를 할 수 있는 한 가지 방법이 바로 공익 마케팅이다. 브랜드의 중심 가치관과 꼭 들어맞는 공익 마케팅을 구현하게 되면 그야말로 브랜드가 진정으로 원하는 고귀한 이미지에 도달할 수 있는 것이다.

신용카드 회사들이 보여주는 파트너십 마케팅이야말로 공익 마케팅의 진수다. 이들은 사전에 적절한 전략을 수립한 후, 신망 있는 파트너를 선택해 상호 이익이 되는 공익 마케팅을 펼침으로써 성공을 거두고 있다. 특히 아메리칸 익스프레스 카드의 '기아 퇴치 캠페인'은 브랜드 인지도 향상과 매출 증대, 그리고 관련된 사람들의 적극적인 참여라는 세 마리 토끼를 한꺼번에 잡을 수 있었다. 그래서 이 사례는 공익 마케팅을 가장 빠르고 효과적으로 이해할 수 있는 백미로 꼽히고 있다.

20세기 후반으로 접어들면서 제조업체와 소매업자들이 늘어나고 그 결과 경쟁은 점차 심화되었으며, 새로운 기술이 속속 등장했다. 따라서 특정 브랜드가 확실한 차별화를 이루고 유리한 가격 고지를 점하는 일은 하늘의 별따기만큼이나 어려운 일이 되었다. 여기에다 인터넷의 확산으로 중간상인이 필요 없게 되는 현상이 확대되면서 브랜드 차별화의 문제는 더욱 심각한 양상을 띠게 되었다. 이러한 문제는 매스미디어 자체와 미디어 이용자들의 세분화로 더욱더 악화되고 있다. 이에 따라 광범위한 광고보다는 특정 고객 시장을 겨냥한 직접 광고가 증가하는 추세를 보이고 있는데, 문제는 이러한 광고의 홍수에 질린 소비자들은 한편으로 자신이 원하지 않는 메시지에 대해서는 과감하게 '거르고 차단해 버리는' 현상을 보이고 있다는 점이다. 그렇다면 마케터들은 어떻게 이러한 이중, 삼중의 필터를 뚫고 들어가 소비자들에게 새로운 메시지를 전달할 수 있을 것인가?

많은 전문가들이 이미 무르익은 성숙한 시장에서 시장점유율을 높이기 위해 신규 고객을 확보하려는 계획을 구시대적인 전략이라고 평가하고 있다. 시장점유율을 올리는 데만 혈안이 되다보면 업체 간 출혈경쟁이 심해져 수익성이 오히려 떨어질 수 있기 때문이다. 이러한 이유로 우수고객의 생애가치(Lifetime Value)에 대한 관심이 더욱 증대되고 있으며, 기업들은 신규고객의 유치보다는 기존 고객 잡기 경쟁에 더 열을 올리고 있다. 그리하여 몇 년 전부터 기업들은 고객충성도 확보 전략을 구사하고 있는데, 이러한 전략으로 사실상 기업의 판매는 3% 정도 하락했다. 그러나 이러한 판매 감소에도 불구하고 기업들이 충성 고객 확보전략에 적극 나서고 있는 이유는 고객의 진정한 충성도는 돈으로 살 수 없으며 브랜드의 노력으로 얻어져야 함을 잘 알고 있기 때문이다. 물론 충성도를 얻는 일은 경비가 매우 많이 드는 어려운 작업이다. 서구화된 경제사회에 사는 소비자들은 그들이 어디에 거주하든지 간에 불과 3세대 전까지만 해도 꿈에서도 상상할 수 없었던 엄청난 물질적 부를 누리며 살고 있다. 통계 수치를 보면 소비자들은 매슬로(Maslow)의 욕구 계층 이론에 따라 점차 위쪽에 위치한 필요와 욕구를 향해 올라가는 경향을 보이고 있다. 즉, 물질적으로 풍요해지는 세상일수록 사람들의 행복은 물질적인 것이 아닌 소속감, 자존감, 자아 성취감 등과 같은 정신적인 요소에 의해 결정된다는 것이다. 영국의 다이애나 황태자비가 사망했을 때 나타났던 세계적인 반응은 이 시대의 사람들이 어디엔가 소속되고 싶어하는 강렬한 욕구를 갖고 있음을 잘 보여주고 있다. 이러한 특별한 반응을 반대로 해석하면 사람들을 묶어줄 수 있는 장치가 이 사회에 그만큼 부족하다는 것을 의미한다.

이러한 소비자 심리변화는 브랜드들에게 위협이 될 수도 있지만 동시에 기회가 될 수도 있다. 점점 거세지는 경쟁으로 인해 범용 상품으로 전락할 위험이 도사리고 있는 반면에 새로운 커뮤니케이션 방법을 구사함으로써 소비자가 쳐놓은 필터를 뚫고 들어가 새로운 브랜드 가치를 창출할 수 있는 기회가 이 시대에는 공존하고 있는 것이다. 공익 마케팅은 바로 이런 기회를 잡을 수 있는 방법 중 하나로 알려지고 있다.

바로 이렇게 모든 면에서 변화가 극심한 사회에 새롭게 적응해 나가야 할 구성원들은 어떻게 준비되어야 할까? 그것도 아직은 변화의 내용을 감지하지 못하고, 체감하지 못하고 있는 뒤떨어진 지방의 사회 구조 속에서 어떻게 미래를 준비해 나갈 것인지는 우리의 생존과 직결된 중요한 문제가 아닐 수 없다. 오늘날 한국인의 삶의 방식에 대해 토플러를 위시한 많은 외국인들은 경이적인 관점에서 그 내용을 피력하고는 한다. 단 한 세대 만에 논밭에서 이루어지는 제1의 물결의 삶에서, 다음 단계인 공장에서 벌어지는 삶을 겪고, 거기에서 더 나아가 가장 진보된 형태의 개인용 기술을 중심으로 형성되고 발달하고 있는 제3의 물결의 삶을 눈으로 보고 있는 특이한 세대인 경우이다. 하버드 대학 한국학 연구소는 동시대 한국인에 대한 실질적 경험의 핵심이 '속도에 대한 민감성'이라고 언급하고 있다. 극단적으로 신속한 변화는 한국인의 삶에 깊숙하게 자리 잡고 있으며 그것은 '스피드'라는 일반 단어 속에 내재된 신념이라는 것이다. 그러나 한국의 서울이나 부산과 같은 대도시의 삶과 일부 지역적 특성을 드러내고 있는 지방 거주민들의 삶이 모두 한국인의 일반적 삶의 형식으로 함께 자리 잡을 수 있을지에 관해서는 좀 더 현실성 있는 심층적 분석이 있어야 하겠다. 과연 21세기의 여명을 살아가는 한국의 지방인들의 삶이 희망적인 미래를 예견할 만큼 준비되고 있는 것인지? 아니면 우물 안 개구리처럼 밖에서 논의되고 있는 변화에 눈과 귀를 막은 채 하염없이 시간만 보내고 있는 것은 아닌지에 대한 진지한 검토가 필요하다는 것이다.

2. 세계화의 의미

세계화에 대한 논의가 시작된 지도 벌써 20여 년이 지났지만, 많은 사람들은 여전히 세계화의 문제를 두고 논쟁을 벌이고 있다. 애초에 글로벌라이제이션(Globalization)은 지난 1983년 미국 하버드 비즈니스 스쿨의 데오도르 레빗 교수가 ≪하버드 비즈니스 리뷰≫ 5월호에 기고한 「시장의 세계화(Globalization of Markets)」란 글을 통해 처음 등장했다는 것이 정설이다. 글로벌라이제이션(Globalization), 즉 세계화란 무역·자본 자유화의 추진으로 재화·서비스·자본·노동 및 아이디어 등의 국제적 이동 증가로 인한 각국 경제의 통합화 현상을 지칭한다.

레빗 교수는 기고문에서 "지역 소비자의 기호에 맞게 제품을 생산·공급하는 '다국적(multinational) 기업' 시대는 가고, 생산 분배 마케팅 등에서 '규모의 경제'를 실현한 글로벌 기업들이 활약하는 세상이 올 것"이라고 예측했으며, 이후 '세계화'는 경제, 정치, 사회 등에서 가장 널리 사용되는 용어가 되었다. 그는 '세계화'를 신기술의 발달로 미디어의 영역이 넓어져 세계가 좁아진다는 의미로 사용했다. 이로 인해 전 세계 소비시장에서 국경개념이 무너지고, 글로벌기업의 표준화된 제품이 휩쓰는 시대가 올 것이라고 예고했던 것이다. 미디어의 발달로 사람들의 욕구나 수요가 균질화되기 때문에 코스트 경쟁력을 갖춘 글로벌 기업이 소비시장을 석권할 것이라는 주장이었다. 그의 이 같은 예측은 이후 글로벌 기업들의 마케팅 전략에 이론적 기반을 제공했으며, 20년이 지난 지금 그대로 실현되고 있다. 글로벌 시장의 탄생에서 출발한 그의

'세계화' 개념은 1990년대 말부터 '글로벌 스탠더드(global standard)'라는 이름 아래 무역 통상은 물론 각국 정부의 경제정책과 기업의 지배구조에 이르기까지 확대, 적용되고 있다. 지난 2005년 타결을 목표로 했던 세계무역기구(WTO)의 도하개발어젠다(DDA)의 경우 '세계화'란 명분을 앞세워 농산물에서부터 교육 등 서비스 시장에 이르기까지 완전한 시장 개방을 요구하고 있다. 이와 같은 세계적 추세 속에서 칠레와의 FTA를 성사시킨 한국의 현 참여정부는 미국과의 FTA도 적극적으로 추진하고 있다.

이러한 무역 및 자본자유화를 중심으로 한 세계화의 추진은 물론 세계경제의 성장에 기여하는 긍정적인 효과가 있는 반면 소득 분배의 불균형 확대, 국제 금융시장의 불안정성 증가, 환경오염 등 부정적 효과도 유발한다. 이에 따라 글로벌 스탠더드는 결국 강자인 미국의 이익만을 대변, 약소국가들을 더욱 빈곤상태로 몰아넣고 있다는 비판도 크다. 이는 반세계화 시위로 표출되고 있으며 신흥시장들에서 세계화 브랜드의 배척으로 나타나고 있다. 그러나 이러한 경제적 관점과는 달리 각 개인에게 적용되는 '세계화'라는 개념은 변화하는 세상 속에서 보다 적극적으로 자신의 역량을 보완해야 하는, 그리하여 지역적인 편협성을 탈피해야 하는 당위적 개념으로 이해되기도 한다. 분명한 것은 이와 같은 세계화의 논쟁이나 관심이 과연 지방에 몸담아 살고 있는 우리에게 어떤 의미를 줄 것이며, 특별히 변화하는 사회 속에서 희망적인 미래를 준비해 가야 하는 우리의 다음 세대에게 어떤 의미를 줄 것인지 확인할 필요가 있다는 것이다.

두 차례나 퓰리처상을 수상한 ≪뉴욕 타임스≫의 논평가인 토마스 프리드먼(Thomas Friedman)은 『세계는 평평하다(The World is Flat)』(2005)에서 우리가 잠자는 동안에도 변하는 세상에서 '세계화'도 세 개의 큰 시기로 나눌 수 있다고 주장한다(프리드먼, 2005: 19~22).

첫 번째 시기는 콜럼버스가 대서양을 항해해 구세계와 신세계의 장벽을 허문 1492년에서부터 1800년 전후까지이다. 프리드먼은 이때를 세계화 1.0(Globalization 1.0) 시대라고 부른다. 이 시기는 세계를 중간 정도의 크기로 줄여 놓았으며, 국가와 힘의 시대였다고 주장한다. 이 시기 지구 규모의 통합을 이뤄내는 변화의 동력은 마력(馬力)이나 풍력(風力), 화력(火力)으로 표시할 수 있는 국력과 그 힘을 얼마나 적절하게 배치하는가에 관한 창조적 재능이었다. 종교적 열정이나 제국주의, 혹은 두 가지가 모두 섞인 동기에 끌려 힘을 가진 국가와 정부들은 국가 간의 장벽을 허물고 세계를 하나로 엮었다. 세계화 1.0의 시기에 주어진 근본적인 질문은 이런 것들이었다. 내 나라는 어떤 부문에서 세계적 경쟁력의 우위에 서서 기회를 가질 수 있을까? 그리고 국가 간의 경쟁과 협력 속에 내 나라 안에서 나는 또 어떻게 해야 할까?

두 번째 중요한 시기는 세계화 2.0(Globalization 2.0) 시대이다. 이 시기는 1800년 무렵에서 대공황과 제1·2차 세계대전에 의해 잠시 방해를 받기는 했지만 대략 2000년까지로 볼 수 있다. 이 시기에 세계는 중간 정도의 크기에서 다시 작게 줄어들었다. 이 시기 세계적 통합을 가져오는 변화의 주체는 국가가 아니라 다국적기업이었다. 다국적기업들은 처음에는 산업혁명이나 영국과 네덜란드의 합작자본의 형태로 시장과 노동력을 찾아 끊임없이 확장했다. 이 시기 처음 100년 동안 세계화의 진전을 이루게 된 것은 증기기관과 철도 같은 교통수단의 효율성과 그로 인한 비용의 하락 덕분이었다. 그리고 그 후 100년 동안은 통신 수단의 효율성이 높아진 데 따른 비용의 하락에 힘입었다. 바로 전보, 전화, PC, 위성, 광케이블, 그리고 초기 인터넷 덕분이다. 이 시기 우리는 상품의 정보가 대륙에서 대륙으로 건너가면서 글로벌 경제가 탄생하고 성장을 거듭하며 생산물과 노동력이 세계적 규모로 재배치되는 것을 목격했다. 이때 변화의 강력한 추진력은 초기의 화력선과 기차에서부터 전화와 컴퓨터에 이르기까지 주로 하드웨어에서 찾을 수 있을 것이다.

이 시대의 근본적인 질문은 세계화 1.0의 시기와는 다르다. 이 시대의 질문이라면 이런 것들일 게다. 나의 회사는 과연 세계경제에 적응할 수 있을까? 기회를 먼저 잡기 위해서는 무엇을 어떻게 해야 할까? 회사가 세계경제에 적응해서 협력하고 경쟁해 나갈 때 나는 회사 안에서 무엇을 해야 할까? 이 시기는 세계의 장벽들이 무너져 내리고 세계화 과정이 그에 대한 반발과 함께 완전히 새로운 단계까지 진전된 시기였다. 하지만 장벽들이 무너져 내렸을 때에도 세계화의 통합을 이루는 데에는 또 다른 장벽들이 남아 있었다. 1992년 빌 클린턴이 미국 대통령에 당선되었을 당시, 학계나 정부 관계자들 외에는 이메일 주소라는 것을 갖고 있는 사람이 별로 없었다. 1998년에도 인터넷과 전자상거래는 이제 막 시작단계에 불과했다. 물론 변화는 우리가 모르는 사이에 다른 많은 일들과 함께 일어났다.

2000년을 전후해 우리는 완전히 다른 시대로 접어들었다. 이를테면 세계화 3.0(Globalization 3.0) 시대가 된 것이다. 세계화 3.0시대는 그렇지 않아도 작은 세계를 더욱 작게 만들고 있다. 그뿐 아니라 게임의 무대를 평평하게 만들고 있다. 세계화 1.0 시대에 변화의 원동력은 국가였고, 2.0시대에는 기업이 있었다면, 3.0 시대 변화의 주체이자 동력은 개인이다. 그리고 개인이 전 세계적 차원에서 협력하고 경쟁하게 된 이러한 변화야말로 세계화 3.0 시대의 특징이다. 개인이나 집단이 세계화를 해나가는 데 필요한 힘 역시 군사력이나 하드웨어가 아니라 광케이블을 통한 네트워크와 여러 가지 새로운 형태의 소프트웨어로 우리 모두를 바로 옆집에 사는 이웃처럼 만들어 놓았다. 이와 같은 상황에서는 개인도 마찬가지 질문을 던질 수 있을 것이다. 예를 들자면, 나는 이 시대의 세계적 경쟁과 기회의 무대에 과연 적응할 수 있는가? 그 질문은 어떻게 하면 나 스스로 지구상의 다른 사람들과 협력하고 어떤 일에 기여할 수 있는가 하는 것이다.

하지만 세계화 3.0 시대는 세계가 어떻게 작아졌고 어떻게 평평해졌는가, 그리고 개인은 어떻게 힘을 갖게 되었는가 하는 부분에서 그 전까지와는 전혀 다르다고 얘기할 수 있다. 우선 세계화 1.0과 2.0의 시대는 주로 유럽과 미국의 개인과 기업이 주도했다는 점을 들어야겠다. 물론 18세기 중국은 경제적으로 세계에서 가장 강력한 나라였음에 틀림없지만, 그 시대의 세계화를 주도하고 시스템을 만들어낸 것은 서구의 뛰어난 몇몇 개인과 기업과 국가들이었다. 하지만 시간이 흐르고 흘러 지금은 과거와 많이 달라졌다. 세계가 평평해지고 더욱 작아지면서 세계화 3.0의 시대는 뛰어난 몇몇 개인보다는 더욱 다양해진 개인 그룹(비서구, 비백인)이 주도하는 모습으로 바뀌고 있다. 평평한 지구에서 개인은 어디에서 살든지 과거보다 더 많은 힘을 갖게 되었다. 세계화 3.0은 보다 많은 사람들의 참여를 가능하게 만들었다고 할 수 있다. 그리하여 보다 많은 인종적 다양함을 볼 수 있게 되었다. 개인이 이렇게 많은 힘을 가지고 세계에 반응하게 되었다는 사실이야말로 세계화 3.0 시대의 가장 중요한 특징일 것이다. 물론 크든 작든 기업들 역시 새롭게 힘을 갖게 되었다.

이러한 세계화 3.0의 시대에서 지방 인재의 양성이 어떤 의미를 지니며, 어떠한 준비를 할 수 있을 것인가를 논의할 필요가 있다. "생각은 세계적으로, 행동은 지역적으로(Think globally, act locally)"라는 말은 이제 지방에 살고 있는 사람들에게는 보편적인 명제가 되고 있다. 비록 국내의 조그마한 지역에 거주하고 있지만, 세계가 1일 생활권으로 묶여 있는 요즘 모든 것을 예전처럼 지방 위주로 생각해서는 조그마한 것 하나도 이룰 수 없는 지경에 이르렀다. 세상이 변해 가는 속도를 감지하지 못한 채, 예전처럼 자신이 살고 있는 지역에서의 조망대로만 살아간다면 뒤처질 수밖에 없다. 뒤처진다는 것은 어쩌면 생존을 위협받을 수 있는 심각한 문제로 다가올 수도 있다. 실제로 전 세계의 수많은 도시 또는 촌락이 변화하는 세상 속에서 눈을 감은 채 세월만 보냄으로써 누구도 돌아보지 않는 이름 없는 모습으로 남겨져 있는 것을 쉽게 확인할 수 있다.

한편 오히려 다른 발상의 전개를 통해 이러한 지방이 안고 있는 뒤처짐을 극복하고 글로벌화된 인재를 양성함으로써 전 세계적인 리더로서의 역할을 자임하고 나서는 독특한 발전 모델을 확인할 수도 있다. 우리는 이탈리아의 밀라노를 중심으로 하는 중부의 피렌체, 볼로냐뿐만 아니라, 현대 패션의 중심이라 불리는 네덜란드의 앤트워프나 스페인의 바르셀로나, 일본의 가나자와, 요코하마 또는 오사카, 뉴욕의 할렘가로 버림받았던 SOHO(South of Houston), 심지어는 체코의 첼스키 크롬로브를 중심으로 하는 창조도시의 발전된 모형을 목도하고 있다.

3. 창조도시 모형

일본 오사카 시립대학교의 사사키 교수는 「창조도시론과 인적자본 형성」이라는 논문 속에서 창조도시론과 그와 관련한 인적자본 형성의 중요성을 강조한다(사사키, 2005). 그녀는 현대 창조도시론의 주창자로 제이콥스(J. Jacobs)를 꼽으며, 그녀가 주목하는 창조도시는 뉴욕이나 도쿄와 같은 거대도시가 아니라 조그마한 지방도시이다. 이러한 지역에서는 특정 분야에 한정된 중소기업 군(이탈리아에서는 '장인기업'이라 부른다)이 이노베이션에 잘 적응하고, 탄력적으로 기술을 이용하는 고도의 노동의 질을 보유하고 있으며, 대량생산 시스템 시대에 일반적이었던 시장, 기술, 공업사회의 계층적 구조에 대한 획기적인 재편성을 가능하게 한다는 것이다. 역사적으로 볼 때 이러한 소규모 지역사회는 18세기까지 지역경제의 역군이었던 섬유 산업이 쇠퇴하기 시작하자, 지역 경제의 위기를 우려했던 지방민들이 선진 지역에서 기술을 배워 20세기 초에 걸쳐 독자적인 노력에 의해 새로운 산업을 일으켰던 것이다. 이때 제일 커다란 역할을 한 것이 1844년에 이탈리아 최초의 공업 전문학교로 시작한 알디니·발레리아니 공업학교이다(현재는 볼로냐 시립대학으로 운영되고 있다). 그 당시에는 공업학교의 근처로 발전된 소규모 농기계, 수송 기계 또는 각종 포장 기계 제조업체가 몰렸고, 탄력적인 전문 특화 시스템을 특징으로 전 세계의 주목을 받고 있으며, 또한 최근에는 첨단 광전자 인식 장치 기업이나 예술 문화를 콘텐츠로 하는 마이크로 기업을 육성하여 멀티미디어 산업지구로 발돋움하고 있다.

그런데 이러한 창조도시론의 핵심을 이루는 요소는 역시 창조적인 인적자원의 개발이다. 랑드리(C. Landry)를 중심으로 하는 유럽의 창조도시 연구 그룹에서는 도시 문제의 창조적인 해결을 위한 창조적 풍토를 어떻게 만들어내고 어떻게 운영할 것인가, 그리고 그 프로세스를 어떻게 지속해 갈 것인가 등에 지대한 관심을 가지고 있다. 우리 모두가 알고 있는 것처럼 유럽이나 일본에서는 우리보다 먼저 새로운 세기에 들어오면서 제조업의 쇠퇴를 경험했으며,

우리도 역시 근래에 들어 이러한 현상에 직면하고 있다. 지방의 제조업 일자리가 줄어들고 있으며, 청년실업의 문제가 초미의 관심사로 떠오르고 있다. 산업 공동화와 지방정부의 재정 부족 속에서 어떻게 도시의 발전 방향을 찾아낼 수 있을 것인가 하는 문제는 모든 지방의 공통적인 과제가 되고 있다. 바로 여기에서 예술문화가 가지는 '창조적인 힘'을 살려 사회의 잠재력을 이끌어내려는 각 도시들의 시도가 시작되었다. 그들은 '창조성'을 공상이나 상상보다도 실천적이며, 지식과 혁신의 중간 단계로 보고 예술문화와 산업경제를 이어주는 매개물로 규정한 것이다. 그들은 멀티미디어나 필름, 음악, 극장 등의 문화산업이 제조업 대신 역동적인 성장성과 고용 면에서의 효과를 보일 수 있다는 점을 들면서, 예술 문화가 도시 주민들에게 문제해결을 위한 창조적인 아이디어를 자극하는 등 다면적으로 영향을 들 수 있다는 점을 강조하고 있다. 따라서 도시의 창조성에서 중요한 것은 경제, 문화, 조직, 금융 등 모든 분야의 창조적 해결과 그 연쇄 반응이 잇달아 일어나 기존 시스템을 변화시키는 유동성이 될 수 있다고 주장한다. 만일 도시가 가지고 있는 문화적 유산과 문화적 전통이 그 사회에 살고 있는 사람들에게 도시나 역사의 기억을 되살리고 세계화의 변화된 흐름 속에서도 도시의 정체성을 확고히 하며, 미래에 대한 통찰력을 높일 수 있는 소양을 길러줄 수 있다고 하면 이는 곧 창조도시의 시작이 될 수 있다고 생각한다. 여기에서 기본이 되는 요소가 곧 이러한 경향을 이끌어 나갈 인적 요소, 즉 인적자원을 길러내는 일이 된다. 창조성 넘치는 인재를 양성, 집적시켜 도시경제의 발전을 지향하는 방식을 '문화자본을 활용한 도시의 문화적 생산' 방식이라고 말할 수 있다. 다시 말하자면 구태의연한 교육체제와 교육방식을 통해 전연 새로울 것이 없는 똑같은 인재 양성의 방식을 가지고는 죽은 사회를 재생산할 수밖에 없다는 것이다.

우리는 지난 1997년 외환위기를 겪으면서 뼈저리게 느낀 수많은 교육적 실패의 내용을 너무도 잘 알고 있다. 우리보다 한발 빠르게 한국의 경제위기를 진단했던 수많은 외국의 전문기관들이 한결같이 지적한 내용이 바로 이 문제이다. 한국 교육은 창조성을 상실한, 쓸모없는 시간의 낭비일 수 있다는 진단이

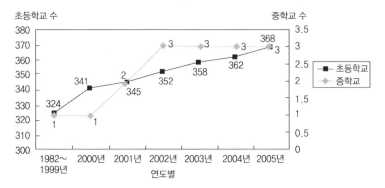

<그림 3-1> 연도별 강원도 내 폐지 학교 현황

다. 그중에서도 교육의 모든 부문에 걸친 정부의 개입으로 그동안 끊임없이 이루어왔던 교육개혁의 내용도 잘 짚어보면 교육에서의 정부 역할의 제거에 힘을 쏟기보다는 정부의 역할을 재조정하는 수준에서 타협을 이루려고 했다는 것이다(부즈·앨런 & 해밀턴. 1997). 부즈·앨런 & 해밀턴의 한국 경제보고서는 바로 그러한 점에서 한국 교육에 대한 직접적인 권고를 하고 있다. 1) 기능적 지식, 경영지식, 다국적 지식의 함양에 역점을 두고, 2) 한국의 경영대학원을 세계 유수의 경영대학원과 적극적 교류를 맺도록 하고, 3) 전통적인 교육방식에서 탈피하여 인터넷을 통한 학습과 같은 원격교육을 확대하여 중진급 경영진이 이러한 교육혜택을 받도록 해야 한다는 것이다.

결국 지방의 인재 양성을 위한 교육적 처치는 지방적일 수 없다는 것이다. 세계적인 경향과 통하는 세계화된 관점의 강조를 통해 창조적인 인재를 키워 나갈 수 있을 때에 지방이 살아날 수 있다는 결론이다.

4. 지방 인재 양성의 현실

전국의 인구 감소 문제는 한국 사회가 안고 있는 가장 큰 문제일 수 있다. 2005년 말 현재 인구 증가 수는 1.06명으로 전 세계에서 가장 낮은 수치이다.

<표 3-1> 시·군별 폐교 현황

교육청별	춘천	원주	강릉	속초	동해	태백	삼척	홍천	횡성	영월	평창	정선	철원	화천	양구	인제	고성	계
폐교 수	27	22	17	7	3	7	29	42	23	42	37	40	8	18	15	29	5	371

자료: http://www.kwe.go.kr/info/html/close_search.jsp 발췌.

<표 3-2> 학교 및 학생 수 전국 비교

(단위: 개, 명, %)

구분	학교 수	학생 수	학생 1,000명당 학교 수			학급당 학생 수		
			강원	수도권	전국	강원	수도권	전국
초등학교	366(87)	122,661	3.7	0.91	1.48	26.73	36.14	32.86
중학교	160	57,523	2.79	1.01	1.50	32.39	36.94	35.09

주: 1) ( ) 안은 분교장 수이며 전체 수에 불포함.
　　2) 분교 수 포함.
자료: 한국교육개발원(2004) 발췌.

이러한 추세는 강원도의 경우 더욱 심각한 양상으로 다가오고 있다. 65세 이상의 고령자 수만 하더라도 다른 시·도와 비교해 볼 때 무척 높은 수준으로 11.4%에 이르고 있으며, 신생아의 출생률은 반대로 낮은 수치를 기록하고 있다. 이러한 형편에서 강원도의 인적자원은 해가 갈수록 점차 고갈되고 있는 형편이다. 전체 인구수만 하더라도 150만을 밑돌고 있고, 각급 학교의 재학생 수도 해가 갈수록 줄어들고 있다. 이에 따라 강원도 내 시·군별 폐교 수도 점차 늘어나고 있어서 지난 20여 년 동안 약 371개의 초·중학교가 폐지되었다. 현재의 인구 감소 추세로 보아 이러한 현상은 앞으로도 계속될 것으로 예상된다(강원도, 2005).

　강원도 내의 인구당 학생 수를 살펴보면, 수도권은 물론이고 전국적인 기준에 비추어 보아도 학교 수가 많은 것으로 나타나고 있다. 또한 학급당 학생 수를 비교해 보면, 전국의 어느 지역보다도 학생 수가 적은 것으로 나타나고 있다. 이것은 그만큼 농·어촌 지역의 학생 수가 급격하게 감소하여 학교당

<표 3-3> 도내 고등학교 현황

(단위: 학교 수/학생 수)

구분	계	일반계	종합고		실업계
			보통과	실업과	
시 지역	59/41,972	34/21,702	6,561	10/8,969	25/20,225
군 지역	53/13,075	29/6,962	2,840	17/4,682	24/6,483
합계	112/55,002	63/28,294	9,401	27/13,579	49/26,708

주: 종합고 내에 보통과와 실업과가 설치되므로 학교 수는 실업계에 기재.
자료: 강원도교육청(2004).

<표 3-4> 도내 인적자원 양성 기관 현황

(단위: 개, 명)

구분	4년제 대학	2년제 대학	직업훈련계 대학	계	인문계 고등학교	실업계 고등학교	계
학교수	11	10	2	23	63	49	112
입학(졸업) 정원	19,506	11,160	425	31,081	9,647	9,523	19,170

주: 대학은 입학 정원, 고등학교는 졸업생 수.
자료: 한국교육개발원(2004).

학생 수가 줄어들었고, 따라서 학급당 학생 수가 적게 배정되어 있다는 것을 확인할 수 있다. 문제는 거리가 도시 지역보다 훨씬 먼 곳으로 통학을 해야 하는 학생들의 경우 현재의 분교나 소규모 학교를 폐지할 수밖에 없는 정부의 교육정책에 따라 더욱 불리한 통학을 해야 하는 점이다. 또한 지역발전의 거점 역할을 해야 하는 학교를 어쩔 수 없이 폐교할 수밖에 없는 현실이 문제다.

현재 강원도 내에는 2004년 기준 고등학교 112개교가 설치되어 있으며, 학생 수는 5만 5,002명으로 절대수가 급감하고 있는 형편이다. 강원도 내의 특수 목적 고등학교는 6개교가 설치되어 있고, 특성화 고등학교 6개교도 설치되어 있다. 또한 학교 재정, 학생 선발, 수업 운영 등 학사 전반에 걸쳐 교육부 또는 교육청으로부터 독립성을 인정받은 자립형 사립 고등학교로서, 민족사관 고등학교가 운영되고 있다. 강원도 내의 특수 목적 고등학교의 교육 분야는

<표 3-5> 도내 주요 고교 강원도 내 대학과 타 지역 대학 진학생 수 비교

(단위: 명, %)

학교(2005년)	강원도 내 대학	타 지역 대학	합계
춘천고*	153(35.6)	277(64.4)	430(100)
원주고*	77(22.6)	264(77.4)	341(100)
강릉여고**	159(38.4)	255(61.6)	414(100)

주: 1) *: 진학자 현황.
   2) **: 합격자 현황.
자료: 각 학교 홈페이지.

주로 농업 분야가 많으며, 그 외 체육, 과학 및 예능 계열의 학교가 각각 1개교씩 있다. 현재 외국어 고등학교를 설립하기 위한 준비가 진행되고 있으나 2008년에 가서야 그 윤곽이 드러날 수 있을 것 같다.

한편 강원도 내 4년제 대학은 총 11개교로서, 총 입학 정원은 1만 9,506명이며, 10개의 전문대학 입학 정원은 1만 1,160명이다. 여기에 산업학사 자격을 주는 춘천 기능대학과 전문학사 학위를 받을 수 있는 대한상공회의소 강원인력개발원(홍천 소재)의 입학 정원인 각각 205명과 210명을 포함하면 총 대학급 교육기관 입학 정원은 3만 1,081명이다. 이와 같은 대학 과정 입학 정원을 현재 도내 고등학교 졸업예정자 1만 9,170명과 비교해 보면, 대학 입학 정원이 1만 2,000여 명 더 많은 것으로 나타난다. 이는 곧 도내 대학의 미충원율이 높을 수밖에 없을 것이라는 우려를 낳는다. 2004년 현재 도내 대학의 신입생 미충원율은 4년제 대학교가 8.9%, 2년제 대학이 31.4%로 나타나고 있으며, 이러한 현상은 앞으로 더욱 심화될 것으로 추정된다. 그뿐만 아니라 도내 고등학교 졸업자들의 타 지역 대학으로의 진학률은 다른 지역에 비해 상대적으로 높다. 이렇게 지역의 우수 인재가 외지에 있는 대학으로 진학하는 현상은 도내 대학의 경쟁력이 취약하다는 반증이기도 하다.

결국 도내 대학의 경쟁력은 상대적으로 낮아서 모든 부문에서 열악한 교육적 결과를 낳고 있다. 대학 연구 활동을 나타내 주는 지표로서 전국에서 한 해에 출원되고 있는 특허 건수를 보더라도 2004년 현재 도내 대학에서 신청한

<표 3-6> 시·도별 특허 출원 건수

구분	전국				강원			
	2001	2002	2003	2004	2001	2002	2003	2004
특허	73,147	76,570	90,313	105,198	470	429	418	500
실용	40,389	38,662	40,174	37,146	565	480	552	424
디자인	35,074 (36,657)	35,399 (37,792)	34,994 (36,689)	37,670 (0)	227 (229)	232 (245)	192 (192)	237
상표	86,408 (111,105)	90,014 (116,760)	92,368 (122,080)	91,940 (0)	743 (1,087)	808 (954)	852 (1,112)	803
계	235,585 (261,865)	240,645 (269,721)	257,849 (289,256)	271,955 (0)	2,005 (2,351)	1,949 (2,108)	2,014 (2,274)	1,964

주: ( ) 안은 복수디자인·다류 상표 기준.

건수는 약 500여 건으로 전국의 0.5%를 차지하는 데 불과한 실정이다.

앞에서 살펴본 강원도의 지역 인재 양성 현황은 제도화된 학교교육을 통한 인재 양성의 내용을 양적으로만 확인해도 문제가 많은 것을 알 수 있다. 도내에서 필요한 각 부문의 인재가 골고루 배출되지 못하는 것은 물론이고, 이들 양성되는 인재의 질적 수준도 결코 우수하다고 할 수 없는 여러 징후를 발견할 수 있다. 물론 단적으로 조사 발표되는 통계적인 내용만을 가지고 미루어 짐작하기에는 많은 무리가 따를 수도 있으나, 이미 발표된 대로 강원도 내의 인구수만큼도 배출되지 못하는 각종 국가고시 합격자의 수라던가, 해마다 발표되는 대학입학 수학능력시험의 결과 또는 우수 대학 입학자의 수 등을 통해 간접적으로 확인할 수 있는 내용도 결코 만족스럽지 못하다는 사실은 모두가 인정할 수밖에 없다. 문제는 이것으로 그치지 않는다. 양성되는 인재의 적정한 배치, 활용 면에서도 강원도의 인적자원배분의 문제는 많은 문제점을 나타내고 있다. 우선 강원도 내의 사업체가 워낙 영세하고 그 수도 적어서 한 해에 배출되는 인적자원을 활용하지도 못할 뿐만 아니라, 정작 필요로 하는 부분의 인적자원을 제대로 확보하지도 못하고 있다(강원도, 2005). 강원도 전체 산업에서 필요로 하는 인력의 적정 수를 파악할 수 있는 통계도 분명하지 않을 뿐 아니라, 수요와 관련하여 면밀하게 배출되어야 하는 인력양성체제도

갖추어져 있지 않다. 그뿐만 아니라 이미 배출된 인적자원을 적절하게 배분할 수가 없다면 상대적으로 남아도는 인력을 재교육시켜 재배분할 필요가 있는데도 불구하고 이에 대한 대책이 전무한 형편이다.

강원도의 평생교육체제는 전국적인 수준에서 비교해 보았을 때 제일 낙후된 현상을 그대로 보여주고 있다. 변화하는 세상 속에서 피터 드러커가 『Next Society』에서 지적한 것처럼 제2의 인생을 설계할 수 있도록 준비할 수 있는가능성은 전연 존재하지 않는다. 현재 강원도 내의 평생교육은 도와 도교육청 산하의 일부 교육기관, 평생교육정보관, 평생학습관, 대학 부설 평생교육원, 박물관, 문화센터, 주민자치센터, 학교, 종교시설, 그리고 일부의 시민단체에서 산발적으로 운영하고 있는 실정이 전부인 셈이다.

5. 학교교육의 변화

이제까지 우리는 인재 양성이라고 하면 학교교육을 통한 일방적인 인재 양성의 방안만을 생각해 왔다. 사실 학교교육을 제외한 더 방대한 인재 양성의 방안이 있다는 것을 애써 부정해 온 셈이다. 그것은 이제까지 새로운 지식을 일정 기간 동안 주로 학교교육을 통해 배우고 전수받아 개인의 일생 직업을 통해 활용할 수 있는 기회를 만들어갔기 때문이다. 그만큼 학교교육의 중요성이 강조되었고 새로운 지식이나 경향은 학교교육 과정에 먼저 반영될 수 있는 조치가 취해져 왔다. 개인적 능력을 발휘하고, 개인이나 사회가 가지는 목표를 달성하기 위한 구체적 방법은 바로 학교교육의 성공을 통해 이루어졌다. 따라서 학교교육의 중요성은 아무리 강조해도 지나칠 수 없었고, 요즈음도 여전히 학교교육의 성공을 위한 투자가 제일 중요한 가계의 지출 항목이고, 여전히 한국 사회의 제일 커다란 쟁점으로 대두되고 있다. 일 년 중 어느 때를 가리지 않고 제일 커다란 사회적 문제는 대학입학시험의 방식이고, 오늘에도 대학입학시험에 반영되는 내신 성적의 산정방법이나 반영률이 문제이고 논술고사의 형식이나 기준이 문제다. 심지어 고등학교 입학 제도를 놓고 어느 한쪽도 양보하지 않은 채, 평준화 아니면 아무것도 이룰 수 없는 것처럼, 아니면 비평준화만이 학습자들의 학력을 높여 명문 대학에 진학할 수 있는 유일한 방안처럼 싸우고 있다.

더욱 중요한 학교의 원래적 책무가 무엇이고, 학교에서 어떠한 내용들이, 어떻게 가르쳐져야 하는지에 대해서는 모두 관심 밖이다. 그러나 바로 이러한 이유 때문에 학교교육 과정이 시대에 뒤떨어진다거나 새로운 학문의 발전내용을 담아내지 못한다는 문제, 그리고 우리 사회를 이끌어가야 하는 기본적 덕목에 대한 바른 교육이 이루어지는가에 대한 끊임없는 반성이 뒤따라야 한다. 과연 학교교육을 통해 이루려고 하는 목적이 무엇인지, 그리고 현재의 형편에서 그러한 목표가 제대로 이행되고 있는가에 대한 논의는 여전히 중요한 문제이다. 이러한 학교교육의 책무성에 관한 논의는 특별히 한국의 현재 형편에서, 교육계 전반에 걸쳐 심각하게 논의되어야 한다. 그뿐만 아니라 이러한 논의는 이제 초·중학교 수준에서만이 아니라 대학교육의 장에서도 진지하게 논의할 필요가 있다. 초·중학교의 경우 단순하게 명문대학의 입학준비를 위한 편협한 지식 일변도의 교육이 모든 학생들의 다양한 경험을 가지는 것을 방해하고 있고, 오히려 정상적인 삶을 유지할 수 있는 기초적 인간교육을 소홀하게 만들며, 결과적으로 자신만의 편안함만을 추구하는 극도로 이기적인 인간으로 만든다는 교육에 대한 근본적 비판에 직면하고 있다.

이에 못지않게 요즈음의 대학교육의 목표가 과연 취업에 있는지 그리하여 인문학의 기초교양 교육은 어떻게 되든 어느 직종의 입사시험에서 필요로 하는 극도의 실용적 학문만이 강조되는 현실이 우리 전체 사회의 미래에 어떤 영향을 미칠 것인가에 대한 성찰 없이 이대로 진행되어야 하는지에 대한 의문이 제기되고 있다. 인문학의 소멸이라는 명제는 올해 들어 갑자기 대두된 것이 아니다. 모두가 알고 있듯이 각종 국가고시에 매달려 젊음을 유보한 채, 시간을 보내고 있는 엘리트 학습자들이 전국적으로 12만 명에 이르고 있고, 강원도 내에만도 1,000명이 넘는다. 모두가 원하는 바의 꿈을 이루면

좋겠지만, 소수의 합격자를 제외한 대부분의 인재들은 그들의 전 인생을 그늘 속에서 지낼 수밖에 없게 된다. 행정고시나 사법고시, 또는 각종 기술고시 아니면 임용고시를 통해 원하는 직종으로 진출하는 인재들은 전체 12만 명 중 불과 1~2%밖에 안 된다. 그러한 현실을 알면서도 각 대학에서는 경쟁적으로 학교 내에 고시원을 만들고 이들의 도전을 독려하고 있다. 이는 어떻게 보면 범죄에 가까운 행위이다. 그들 개인적으로도 그렇고 대학의 입장은 물론 지역적으로도 대단한 낭비가 아닐 수 없다. 그러나 누구도 이에 대해 이의를 제기하지 않는다. 오히려 이러한 준비가 일종의 혜택이라고 주장하며, 그러한 처치를 하지 못하는 학교 당국에 대해 비난을 일삼는다. 이러한 배려가 과연 인적자원개발이라고 할 수 있겠는지에 관한 근본적 의문을 가져야 하며, 그러한 의미에서 인적자원개발을 위한 평생학습사회의 조성이 의미하는 바가 무엇인지에 관한 공감대를 형성할 필요가 있다. 어쩌면 평생학습사회의 도래를 예견하고 이에 알맞은 준비를 하자고 하는 이러한 의견을 나타내는 모임에서마저도 지역 내의 산업을 일으키고, 그곳에서 필요로 하는 생산 인력의 창출만을 단견적으로 모색하며, 보다 많은 고시 합격생을 배출하여 중앙의 인재 풀에 한 명이라도 더 많은 지방 출신자들을 배출하는 것을 평생학습사회의 조성 목표로 삼게 된다면 어느 때인가는 우리 사회 전체에 극복할 수 없는 커다란 병을 안겨줄 수 있다는 점에서 우리 모두가 한번쯤 생각해 보아야 할 문제이다.

어쨌거나 과거와 달리 이제는 학교교육이 교육의 기본적 내용에 관한 심층적 분석을 통해 새로운 학문 발전의 내용을 담아낼 수 있는 체제가 학교라는 제도 속의 중요한 내용이 되어야 하고 미래의 변화마저도 예견할 수 있는 방향으로 나아가야 한다. 이렇게 할 때에 올바른 인재 양성도 가능해진다. 그리고 더 중요한 요소는 넘쳐나는 새로운 지식과 정보의 특성상 이제는 더 이상 정해진 학교교육의 한정된 기간 속에서 특정한 일부의 엘리트만을 위한 교육을 진행할 수 없다는 점을 분명하게 인식할 필요가 있다. 이제부터의 학교교육은 변함없이 새로운 지식이나 정보를 배워 나가는 데 필수적인 기본

교육에 충실해야 하고, 사람다운 사람을 충실하게 길러내는 일에 몰두해야 한다. 이제 빠르게 전개되는 새로운 지식에 대한 학습은 학교교육의 울타리를 뛰어넘어 개인의 전 생애적인 문제로 다루어져야 하며, 아울러 한정된 사람들만이 배울 수 있는 것이 아니라 전 사회 구성원 모두가 다 함께 배워야 하는, 그리고 배움의 기회를 균등하게 가질 수 있는 평생학습사회를 이룰 수 있어야 한다. 물론 이러한 평생학습사회의 출현에 대비하는 사회적 관심은 날로 고조되어 가고 있으며, 심지어 많은 기업에서도 경쟁적으로 새로운 학습사회를 구성하기 위한 노력을 계속하고 있다. 『월드클래스』(1998)의 저자인 로자베스 모스 캔터는 비즈니스 전쟁에 나서고 있는 수많은 기업과 지역사회를 연결시킬 수 있는 교육만이 세계 일류기업을 이룰 수 있고, 지역사회 구성원들의 삶의 질을 향상시켜 번영하는 사회로 만들 수 있다고 주장한다.

6. 제언

어떠한 지역사회이건 그 사회를 이끌어갈 수 있는 인재의 양성의 중요성은 이제 많은 사람들에게 이해되고 있으며, 이에 따라 국가적으로도 학교교육을 통한 교육 인증제도만이 용인되는 것이 아니라 사회 내의 다양한 학습기관을 육성하고 지원하기 위한 기본 시스템 구축이 필요하다는 공감대를 형성하게 되었다. 영국 연방 산하의 많은 나라들 특별히 뉴질랜드에서는 뉴질랜드 국립학습평가센터(NZQ)를 설립하여 이제까지 각급 학교에서 일정한 기간의 학습 후에 발부하던 졸업장 대신 각 학습 내용에 따라 국가에서 독립적으로 학력을 인증하는 레벨 증을 발부하고 있다. 영국에서마저도 이제는 학위증이 문제가 아니라 각 직종별 레벨 증이 더욱 신뢰를 얻고 있는 형편이다. 이에 따라 실제로 사회의 각 부문에 걸쳐 다양한 학습기관들이 생겨나고 있다. 우리의 경우도 마찬가지여서 학교의 수업을 보충하기 위한 각종 보습학원이나 과외학원은 물론이고 기업체마다 사내 대학이나 원격 기관을 설립하고 있고, 온라인을 이용한 직원연수교육, 재교육 등에 많은 투자를 하고 있다. 이제부터는 어쩌면 미국을 위시한 선진국들처럼 공식적인 학교를 통한 교육투자보다 기업체의 사내교육에 투자되는 비용이 훨씬 더 많아지는 경우도 예상할 수 있다. 또한 백화점마다 문화교실을 설치하고 있으며, 각 지방자치단체에 따라서 다양한 계층의 학습의욕을 고취시키기 위한 노인교실, 여성대학 등이 만들어지고 있다. 이 외에 다양한 동호인들끼리 학습을 위한 각종 모임을 결성하는 것을 지원하고 있으며, 이제는 소외 계층을 위한 각종 학습의 기회도 속속 증대되고 있다. Longworth(1999) 등은 일찍이 "이제 구세기는 죽었다. 평생학습의 중요성은 이 시점에서 모든 사람들이 동의하는 바이지만, 차이가 있다면 그것은 그 시급성(urgency)을 누가 먼저 느끼고 반응하는가이다. 정보, 기업, 전문가 단체 등이 앞장서서 새로운 변화를 준비해 가야 한다. 그들이 지향해야 하는 것은 바로 '학습조직(learning organization)'이다"라고 그 중요성을 강조하고 있다.

바로 이러한 관점에서 한 지역사회 특별히 조금은 낙후되어 있는 우리 지역사회를 위한 인재 양성의 중요성을 강조하고 몇 가지 제언을 하고자 한다.

우선 우리에게 중요한 것은 인재 양성에 관한 우리의 인식(mind sets)을 바꾸는 일이다. 학교교육이나 평생학습을 통한 글로벌화된 인재 양성이라는 구호는 모종의 기술이나 방법, 또는 특정한 지식이 아니다. 그것은 우리의 사고구조를 혁명적으로 바꾸는 일이다. 이제는 사회 구성원 누구나 인재 양성의 중요성 정도는 알고 있다고 생각한다. 그러나 일반적으로 인재 양성하면 지역에서 어느 정도 교육받은 이후에 서울로 진출하여 우수한 대학을 졸업하고 관계나 정계에서 두각을 나타낼 수 있는 정도의 인물로 성장하는 것을 이상적인 경로로 인식해 온 것이 사실이다. 때문에 적극적이고 공격적인 의식구조의 변화 없이는 인재 양성의 실제적 효과를 거두기가 쉽지 않다. 적어도 지역에서 성장하고 교육을 받되 국제적이고 세계적인 관점을 가질 수 있도록 교육받고 지역의 문제를 솔선해서 해결하는 데 전력할 수 있는 인물들을 키울 수 있어야 한다. 그리고 이러한 인재의 양성에 대한 분명한 의식이 드러나야 한다. 모든 것이 부족한 지역사회에서는 모두가 미래에 닥칠 어떤 문제보다는 당장 그보다 더 시급한 문제가 발생하고 있다고 믿기 때문에 장기간에 걸쳐 준비해야 할 인재 양성의 문제에 신경을 쓰지 않는다. 하지만, 남보다 한발 먼저 준비하고 변화하지 않고는 결코 앞설 수 없다는 점을 분명하게 인식할 필요가 있다.

둘째, 앞에서 지적했듯이 기존의 학교교육의 내용은 책무성의 관점에서 변화되어야 한다. 물론 우리나라와 같이 아직도 학교에서 가르쳐야 하는 교육 과정의 내용이 국가 단위에서 결정되어 일방적으로 전달되는 형편에서는 쉬운 일이 아니지만, 그러나 제7차 교육 과정에서 강조하듯 지역의 특성을 살릴 수 있는 여지가 있는 이상 지역 인재 양성의 관점에서 학교교육의 내용을 재정비할 필요가 있다. 아울러 지역 교육청의 역할이 단순히 학교교육의 가능성을 높이는 쪽만이 아니라 지역민 전체를 대상으로 하는 인재 양성의 형편에 맞도록 재조정되어야 한다. 이제는 교육을 더 이상 좁은 학교의 울타리 속에 가두어 놓을 것이 아니라 사회 전체의 문제로 꺼내 놓아야 한다. 바로 이 점에서 세 번째 필요한 제안이 자연스럽게 도출된다.

셋째, 일반 행정과 교육 행정의 분리를 의도적으로 풀어갈 필요가 있다. 물론 교육의 중립성이 훼손될 것이라고 하는 교육계 내부의 걱정도 충분하게 고려할 필요가 있다. 하지만 이제는 더 이상 교육의 문제가 교육계 내부의 문제로 국한시킬 수 없게 되었다. 어떻게 정리할 것이냐 하는 문제는 더 논의해 보아야 하겠고, 이곳에서 논의할 문제도 아니지만, 적어도 지역의 일반 행정을 담당하는 사람들은 교육의 문제가 곧 지방의 문제이며, 그것도 가장 중요한 문제라는 인식을 분명히 가져야 한다. 전문가적인 관점에서 교육의 문제를 교육계 사람들이 관심을 가지고 해결해야 한다는 점에는 전적으로 동의하지만, 그렇다고 지역 주민들이나 일반 행정가들의 관심을 교육계에서 다른 쪽으로 돌리라고 주문하는 것은 분명히 잘못된 생각이다. 교육의 문제는 더 이상 특정한 집단의 문제가 아니라 지역사회 구성원 모두의 문제라는 분명한 인식을 가져야 한다.

넷째, 우리는 지식기반사회의 특징으로 내세우는 여러 가지 특징 중에서 특별히 지식기반경제의 성장에 주목해야 한다. 왜냐하면 지식기반경제의 성장은 결국 어타 사회부문의 성장을 이끄는 주도적인 힘으로 작용하기 때문에 그렇다. 재정 자립도가 25%에도 미치지 못하는 지역경제의 여건 속에서 계속해서 지식기반경제의 성장에 관심을 가지지 못하고는 평생학습사회의 구현도 성공할 수 없다. 많은 학자들이 지적하듯이 지식은 생산영역의 외부에서 그것을 독점하고 있던 소수 전문가들의 손에서 벗어나 생산과 직접적으로 관계를 맺는다. 이제 지식은 생산의 투입 요소일 뿐 아니라 생산의 방식이며 생산의 결과이기도 하다. 이제 지식은 생산의 전 영역에 걸쳐 작용한다. 바로 이러한 새로운 특성을 지역 경제인들에게 각인시켜야 한다. 그리고 이러한 이해를 지원하기 위한 구체적 체제를 갖추어야 한다. 영세한 각 기업체의 수준에서 이러한 변화를 담아낼 수 없다면, 전도적으로 그에 알맞은 방안을 강구할 필요가 있다. 바로 인재 양성을 위한 지역 시스템을 구축하는 일이다. 먼저 자기개발을 통한 학습자의 지적 영역을 구축할 수 있는 기반을 마련해 줄 필요가 있다. 학교교육의 내용을 정비하는 일에서부터 출발하여 일과 학습을 연계할 수 있는 방안의 강구, 즉 일하는 장소에서 자신의 직업적 능력을 계발할 수 있는 체계를 갖추어주는 것이다. 그리고 이러한 체제가 지역의 기업체와 연계될 수 있도록 조정해 줄 수 있는 종합적 기구를 설립할 필요가 있다.

다섯째, 지역의 산업체와 성인 학습자 전문 교육기관(전문대학 또는 정규대학)과의 연계를 생각할 필요가 있다. 특별히 각 산업체의 생산물과 특화된 대학과의 유기적인 연계작업은 모두에게 이득을 가져다 줄 수 있다. 바로 그러한 점에서 대학의 교육 과정도 맞춤식 교육 과정이 될 수 있도록 특별한 배려가 뒤따라야 한다.

여섯째, 이제는 전문대학이나 대학에서도 교육의 주된 대상자를 다르게 생각할 필요가 있다. 진학 인구수가 계속적으로 감소하고 있고, 특별히 지역적 특성에 따라 진학자 수가 급격하게 줄고 있는 상황에서 더 이상 해당 학령인구만을 대상으로 하는 대학교육은 의미가 없을 뿐 아니라 결국은 대학을 유지할 수 없게 된다. 대학 내의 e-learning 프로그램이나 인터넷을 통한 원격교육의 주된 대상도 이제는 더 이상 재학생이 아니라는 사실을 분명하게 인식해야 한다. 물론 재학생들의 다양한 경험을 확보하기 위해 이러한 새로운 교육방법의 도입도 절대적으로 필요하겠지만, 성인학습자들 중에서도 특별히 특성화된 학습 대상자들을 발굴하고 그들에게 알맞은 교육적 처치가 이루어져야 한다. 따라서 강원도 내에 산재해 있는 군부대의 요원들에게 다양한 연계과정을 통해 교육을 받고 특정한 인재로 활용할 수 있는 기회가 만들어져야 한다.

일곱째, 지역사회 인재 양성의 토대를 국제적으로 개척해야 한다. 창조적 도시를 구현하기 위한 창조적 인재 양성의 필요성을 인식하여 지역의 독특한 특색을 살릴 수 있는 문화·예술적 토대를 구축하되, 국제적인 네트워크를 통해 필요한 인적자원을 길러낼 수 있는 방안을 강구해야 한다.

마지막으로 지역의 인재를 양성하기 위해서는 일부 엘리트 위주의 인적자원 개발만 이루어져서는 안 된다. 소외될 수 있는 여러 계층, 노인이나 장애우, 여성과 저소득계층, 그 외 우리 사회에서 뒤처질 수밖에 없는 사람들에게까지 골고루 혜택이 돌아갈 수 있도록 그들을 반드시 배려해야 한다.

참고문헌

강원도. 2005. 「2006 - 2010 강원도 인적자원개발 기본계획」.

강원도교육청. 2004. 「강원교육통계연보」.

강원발전연구원. 2005. 『강원도 인적자원개발기본계획 조사자료 모음집』.

드러커, 피터(Peter Drucker). 2002. 『Next Society』. 한국경제신문.

부즈·앨런 & 해밀턴(Booz·Allen & Hamilton). 1997. 『한국 보고서』. 매일경제신문사.

사사키 마사유키(佐佐木正之). 2005. 「창조도시론과 인적자본 양성」. 『지역자원개발을 위한
    한·중·일·대만 국제 심포지엄 발표 논문집』. 강원발전연구원 강원지역인적자원개발지
    원센터.

이동현. 2005. 『경영의 교양을 읽는다』. 더난출판.

이칭찬. 2005. 「지역 평생학습사회형성을 위한 제언」. 『지역자원개발을 위한 한·중·일·대만
    국제 심포지엄 발표 논문집』. 강원발전연구원 강원지역인적자원개발지원센터.

토플러, 앨빈·하이디 토플러(Alvin Toffler & Heidi Tofler). 2006. 『부의 미래』. 청림출판.

프리드먼, 토머스(Thomas L. Friedman). 2005. 『세계는 평평하다』. 창해.

한국교육개발원. 2004. 『2004 교육통계연보』.

Longworth, N. 1999. *Making Lifelong Learning Work: Learning Cities for a Learning Century*.
    London: Kogan Page.

찾아보기

[ㄱ]

가용 자금 93

강원대학교 BR 미디어 프로덕션 157, 163, 166

강원정보영상진흥원 84, 164~166

개방 직위제 197

개방형 채용제도 201

결사체적 민주주의 189

경력단절여성 247, 248

고용보험 43, 265, 320~321

공익 마케팅 363, 365

교육정보시스템 75

국제 경쟁력 34, 107, 126

규모의 경제 60, 112, 366

글로벌 스탠더드 367

[ㄴ]

남성 경활률 231

내생적 경제성장 68

내생적 성장이론 110

네트워킹 학습사회 353

노동시장의 유연성 341

[ㄷ]

다원주의적 사회 172

도제실습과정 324

디지털 경제화 73

또래집단효과 121, 126

[ㄹ]

로컬 거버넌스(local governance) 169~171, 174, 177, 180~183, 187~189

[ㅁ]

마이스터(Meister) 306, 309, 313, 324, 326, 328~333

마이스터제도 306~309, 313, 324~326, 328~333

매너리즘 206

멘토링 72, 131, 208

모듈 형태 314

문화 교육 프로그램 337

문화 상품 155

문화 콘텐츠 84, 155~158, 160~166

문화 콘텐츠 산업 155~157, 160~161

문화벨트 37

물적자본 15~17, 21~23, 28~34, 87, 111

물적자본 기여율 17, 87

[ㅂ]

『부의 미래』 361

부양지수 255

부즈, 앨런 & 해밀턴 373

분권형 국가운영체제 276

[ㅅ]

사람 주도형 성장 327~328

사용자 제작 콘텐츠(UCC) 165~166

생산가능인구 19~20, 49, 254~255

생산자서비스업 86

선택사양효과 122, 126

성과 창출 행동 192

성과배분제도 133, 146

성별 생산성 27

성장잠재력 16, 34, 86, 88, 255, 339

세계화 3.0 369

순환보직제 201~202

스톡옵션 146

시니어클럽 266

쌍봉형 구조 58

[ㅇ]

아웃소싱 86, 136

앨빈 토플러 361

유관 직렬 203

유년인구 92, 253~254

유연생산기술 85

이익 집약 184

인력투자법 316

인사 사이클 192, 200

인적자본개발체제 39

인적자원개발 14, 37, 39~46, 59~78, 90,
　　　94, 103, 108~114, 119, 123~126,
　　　145, 222, 246, 268, 318, 322, 326~
　　　328, 338, 340, 342, 345, 350, 358, 380,
　　　385

인적자원개발종합정보망(HRD-Net) 226

[ㅈ]

자활직업훈련 228

장소재산권 169

재취직촉진강습부금 322

전문 직업교육 115

전방연쇄효과 140

전후방연계효과 95

조기퇴직연금제도 262

지속 가능한 경제발전 308~309

지식 로드맵 214

지식기반경제 37, 88, 338, 384

지식기반사회 40, 41, 73~78, 112, 221,
　　　337~338, 340, 384

지식정보화시대 66, 69, 339

지역 유관 기관 343

지역내총생산 51

지역내총생산(RGDP) 48, 51, 94

지역문화 337

지역문화공동체 191

지역문화정보네트워크 361

[ㅊ]

총요소생산성 16~18, 21, 28, 31~33, 87,
　　　93

춘천MBC 시청자 미디어 센터 84, 157,
　　　161~166

취업 일변도 313

[ㅌ]

테일러식의 과학적 관리법 194

[ㅍ]

퍼블릭 액세스 프로그램 162

피터 드러커 4, 378

[ㅎ]
학습조직 339, 382
한계수익 23
훈련컨소시엄 345

[기타]
1인당 산출물 증가율 87
6T 산업 294
McLean & McLean 67
NURI 사업 352
SOHO 370
We-Start 사업 352

　　강원사회연구회는 강원 지역에 대한 포괄적인 이해를 통해 지역발전에 기여하기 위해 1996년 5월 발족된 순수 학문 공동체입니다. 본 연구회는 강원사회가 안고 있는 문제를 다양한 학문의 시각에서 찾아내어 분석함으로써 강원사회 구성원들에게 비전을 제시하고자 그동안 노력해 왔습니다. 그 노력의 결실들은 매년 한 권의 책으로, 즉 『강원사회의 이해』(한울, 1997. 6), 『강원환경의 이해』(한울, 1998. 6), 『분단강원의 이해』(한울, 1999. 5), 『강원관광의 이해』(한울, 2000. 5), 『강원교육과 인재 양성』(한울, 2001. 6), 『강원경제의 이해: 진단과 발전전략』(한울, 2002.7), 『강원복지의 이해: 현황과 비전』(한울, 2003. 11), 『강원문화의 이해: 현황과 비전』(한울, 2005.3), 『문화의 세기와 강원문화』(한울, 2006.5)로 엮어져 나와 많은 분들의 애정과 기대에 찬 관심을 받고 있으며, 이번에는 강원사회연구총서 제10권인 『강원지역의 인적자원관리와 개발: 실태와 과제』(한울, 2006.3)를 여러분 앞에 내어놓습니다.

　　그러나 본회는 서적편찬만이 유일한 목적은 아닙니다. 예컨대 『강원환경의 이해』를 출판한 후 기념회와 동시에 환경세미나를 개최함으로써 강원환경에 대한 주의환기와 이해증진에도 노력했던 것처럼, 이 지역문제에 이론적 연구와 병행하여 현실적 대화에도 관심을 갖고 있습니다.

　　강원사회연구회는 앞으로도 강원 지역 문제에 대한 연구와 이해증진 사업을 지속적으로 수행해 나아갈 것입니다. 이러한 연구회의 목적을 이루기 위해 많은 분들의 의견을 듣겠습니다.

1. 『강원사회의 이해』 발간일지

① 발간 취지

국제화 민주화 지방화시대를 맞이하여, 강원 지역 주민의 올바른 주민의식을 찾으며, 낙후된 강원 지역의 현실에 대한 자성과 그 원인분석에 능동적으로 대처하고자 한다. 이는 강원 지역발전을 위해, 강원도의 실상을 제대로 아는 일부터 시작해 그 가능성의 미래 지렛대를 찾고자 함이다.

② 발간일지

* 1996년 5월: 편집위원 구성

　대표: 전상국(강원대 국어국문학과 교수)

　편집위원장: 최종천(강원대 삼림경영학과 교수)

　편집위원: 민경국(강원대 경제학과 교수), 서준섭(강원대 국어교육학과 교수),

　　　　　옥한석(강원대 지리교육과 교수), 윤용규(강원대 법학부 교수), 이경수

　　　　　(강원대 국어국문학과 교수) 이병천(강원대 경제학과 교수), 장노순(강

　　　　　원대 행정학과 교수), 전운성(강원대 농업자원경제학과 교수)

* 1996년 8월 7일: 『강원사회의 이해』 목차내용 확정(11차의 편집회의)
* 1996년 11월 1일: 필자선정 및 원고청탁(43꼭지)
* 1997년 3월 31일: 원고접수 마감(42꼭지)
* 1997년 4월 30일: 원고를 한울에 인계

③ 『강원사회의 이해』(총 685쪽) 출판기념회

* 1997년 6월 17일: 강원대학교 태백관 3층 교수식당
* 식순

　인사: 강사연 대표 전상국(강원대 국어국문학과 교수)

　경과보고: 최종천(강원대 산림경영학과 교수)

　축사: 하서현(강원대학교 총장)

격려사: 최각규 강원도지사(김진선 행정부지사 대독)

서평: 김우택(한림대 경제학과 교수), 배동인(강원대 사회학과 교수)

2. 『강원환경의 이해: 상황과 비전』 발간일지

① 발간 취지

강원환경의 올바른 이해를 통한 각종 개발 보전정책에 슬기롭게 대응하기 위함이다.

② 발간일지

* 1997년 5월: 편집위원 구성

    대표: 전상국(강원대 국어국문학과 교수)

    편집위원장: 전운성(강원대 농업자원경제학과 교수)

    편집위원: 김진영(강원대 일반사회과 교수), 민경국(강원대 경제학과 교수), 박상규(강원대 경영학과), 서준섭(강원대 국어교육학과 교수), 신효중(강원대 농업자원경제학과 교수), 옥한석(강원대 지리교육과 교수), 윤용규(강원대 법학부 교수), 이경수(강원대 국어국문학과 교수), 이병천(강원대 경제학과 교수), 이종민(강원대 경제학과 교수), 장노순(강원대 행정학과 교수), 최종천(강원대 삼림경영학과 교수)

* 1997년 8월 20일:『강원환경의 이해: 상황과 비전』목차내용 확정을 위한 전문가 초청세미나(전상호 강원대 환경학과, 김지홍 강원대 삼림경영학과, 신효중 농업자원경제학과 교수)

* 1997년 10월 1일: 목차내용확정

* 1997년 11월 25일: 필자확정 및 원고청탁(32꼭지)

* 1998년 4월 14일: 원고접수 마감(32꼭지 접수)

* 1998년 5월 14일: 동 원고를 한울에 인계

③ 『강원환경의 이해: 상황과 비전』(총443쪽) 출판기념 세미나 및 기념회

* 1998년 6월 17일: 강원대학교 정보통신연구소 국제회의실

* 주제발표:

  ㄱ. 강원 지역 환경보전과 지역사회 발전 가능성(신효중 강원대 교수)

  ㄴ. 환경정책과 지방자치단체의 역할(전병성 환경부 환경정책과장)

  ㄷ. 합동토론자: 박수준(강원도 보건환경국장), 최열(환경운동연합 사무총장),

     이종민(강원대 경제학과 교수), 김병현(한림대 교수)

* 출판기념회

  사회: 전운성(강원대 농업자원경제학과 교수)

  인사말: 전상국 강원사회연구회 대표(강원대 국문학과 교수)

  격려사: 최각규 강원도지사(이돈섭 정무부지사 대독)

  서평: 박민수(춘천교육대학 총장), 권기홍(영남대 경제학과 교수, 대구사회연구

     소장)

* 출판기념 리셉션: 동 연구소 잔디밭

3. 『분단강원의 이해: 상황과 전망』 발간일지

① 발간 취지

　한반도의 분단으로 둘로 나뉜 강원도의 분단상황을 이해하고 통일을 준비함으로써 지역통일은 물론 국가통일의 촉진을 꾀하고, 통일 후의 강원 지역 모습을 기획해 보고자 함이다.

② 발간일지

* 1998년 6월: 편집위원 구성

  대표: 전상국(강원대 국어국문학과 교수)

  편집위원장: 전운성(강원대 농업자원경제학과 교수)

  편집위원: 『강원환경의 이해: 상황과 비전』과 같음.

* 1998년 8월 5일: 『분단강원의 이해: 상황과 전망』 목차내용 선정을 위한
  전문가 초청 세미나(전상인 한림대 사회학과 교수)
* 1998년 10월 20일: 목차내용, 필자확정 확정 및 원고청탁(38꼭지)
* 1999년 1월 22~23일: 강사연의 향후진로 모색과 발전을 위한 워크숍
  ㄱ. 장소: 춘천시 사북면 원평리 소재 대추나무집
  ㄴ. 옥한석, 전운성 교수 주제발표
* 1999년 4월 25일: 원고 최종마감(37꼭지 접수)
* 1999년 4월 26일: 제1차 교정원고 한울에 인계

③ 『분단강원의 이해: 상황과 전망』(총 608쪽) 출판기념회
* 1999년 5월 27일: 강원대학교 태백관 3층 교수식당
  사회: 윤용규(강원대 법학부 교수)
  경과보고: 전운성(강원사회연구회 편집위원장, 강원대 농업자원경제학과 교수)
  인사말: 전상국(강원사회연구회 대표, 강원대 국문학과 교수)
  격려사: 김진선 강원도지사(임무룡 행정부지사 대독)
  서평: 박영은(한국정신문화연구원 대학원장),
       전태국(강원대 사회과학대학장)
* 출판기념 리셉션: 태백관

4. 『강원관광의 이해』 발간일지

① 발간 취지

강원 지역이 가진 여러 자산 가운데 수월성이 있다고 할 수 있는 관광자산을
포괄적으로 검토해 보고자 한다. 동시에 강원관광은 강원도 성장의 중요한 모멘트
로서 강원도의 역점사업 분야이기도 하여 사회적 필요성 또한 크다.

② 발간일지

* 1999년 6월: 편집위원 구성

  대표: 전상국(강원대 국어국문학과 교수)

  편집위원장: 윤용규(강원대 법과대학 교수)

  편집위원:『분단강원의 이해: 상황과 전망』의 편집위원 외에 3명의 편집위원
       이 더 참여함[김선배 교수(춘천교육대학교 국어교육과), 염돈민 박사
       (강원개발연구원 수석연구원), 전상인 교수(한림대 사회학과)]

* 1999년 7월 28일:『강원관광의 이해』세부내용 선정을 위한 전문가 초청
  세미나(이광희 한국관광연구원 관광개발실장)

* 1999년 8월 24일:『강원관광의 이해』세부내용과 목차 선정을 위한 전문가
  초청 세미나(이승구 강원대 관광경영학과 교수)

* 위 두 차례의 전문가 초청 세미나 외에 10여 회의 편집위원회의를 거쳐
  1999년 10월 20일 목차내용, 필자확정 확정 및 원고청탁(37꼭지)

* 2000년 4월 26일: 원고 최종마감(36꼭지 접수)

* 2000년 5월 10일: 제1차 교정원고 한울에 인계

③『강원관광의 이해』(총 576쪽) 출판기념 세미나와 출판기념회

가. 출판기념 세미나(주제: 강원관광의 과제와 전략)

* 2000년 5월 30일(화), 강원대학교 정보통신연구소 1층 국제회의실

* 사회: 김경숙(강릉대 교수)

* 주제발표

 · 전통사회와 관광(한경구 국민대 교수)

 · 강원관광정책의 현황과 문제점(정의선 강릉대 교수)

 · 외국관광객 유치를 위한 관광소프트웨어 개발전략(박상규 강원대 교수)
   토론자: 전상인(한림대 교수), 황익주(강원대 교수), 방재홍(강원도 관광문화국
       장), 박정원(상지대 교수), 이승구(강원대 교수), 신동주(강원개발연구
       원 연구위원)

나. 출판기념회

* 출판기념 세미나에 이어 태백관 3층 교수식당

* 사회: 서준섭(강원대 국어교육과 교수)

* 경과보고: 윤용규(강원사회연구회 편집위원장, 강원대 법학대학 교수)

* 인사말: 전상국(강원사회연구회 대표, 강원대 국문학과 교수)

* 축사: 하서현(강원대학교 총장)

* 격려사: 김진선(강원도지사)

* 서평: 손대현(한양대 사회과학대학 학장)

* 감사패 증정

5. 『강원교육과 인재양성: 현실과 방향』 발간일지

① 발간 취지

강원 지역발전에 초석이 될 교육과 인재 양성의 현실적 문제점을 정확히 진단하고, 그 발전방향을 모색하기 위해 학제적 연구를 하였다. 지식사회도래로 학교교육에 의존하기보다는 만인을 위한 평생학습(Lifelong Learning for All)체계구축이 필요한 시점에서 책을 발간하고자 하였다.

② 발간일지

* 2000년 7월 25일: 편집회의(2001년 사업 주제선정 논의)

　　김진영 교수, 염돈민 실장 주제제안

　　편집위원 구성

　　　　대표: 전상국(강원대 국문학과 교수)

　　　　편집위원장: 이경수(강원대 국문학과 교수)

* 2000년 8월 16일: 주제선정을 위한 전문가 초청세미나(발표: 이종각 교수, 안범희 교수)

* 2000년 9월 5일, 9월 20일, 10월 10일, 10월 24일: 목차 및 필자 선정

논의

* 2000년 11월 14일: 목차 및 필자 선정 완료
* 2001년 4월 6일: 원고 한울에 인계(36꼭지, 인물연표)

③ 『강원 교육과 인재양성: 현실과 방향』(총 464쪽) 출판기념 세미나와 기념회

가. 출판기념 세미나(주제: 강원 교육과 인재 양성)
* 2001년 6월 7일(목), 강원대학교 교육4호관 108호(시사실)
* 사회: 옥한석 교수(강원대 지리교육과)
* 주제발표
  · 강원 지역사회가 요구하는 교육의 방향(이칭찬 강원대 교육학과 교수)
    토론자: 김진영 교수(강원대 사회교육학부), 한장수 교육장(양구교육청)
  · 인재 전출입의 실태와 문제(김판석 연세대 교수)
    토론자: 유원근 교수(삼척대 경제학과), 장노순 교수(강원대 행정학과)

나. 출판기념회
* 강원대 태백관 3층(교수 식당)
* 사회: 전운성 교수(강원대 농업자원경제학과)
* 경과보고: 박상규 교수(강원사회연구회 편집위원장, 강원대 경영학부)
* 인사말: 전상국 교수(강원사회연구회 대표, 강원대 국문학과)
* 축사: 박용수 총장(강원대학교)
* 격려사: 김진선 지사(강원도지사)
* 서평: 이종각 교수(강원대 교육학과), 박민수 교수(춘천교대)

6. 『강원경제의 이해: 진단과 발전전략』 발간일지

① 발간 취지

본 연구총서는 지역불균형성장으로 인해 낙후된 강원경제 활성화 방안을 모색함과 동시에 강원경제에 대한 기본적인 이해를 돕기 위한 기초적 자료로 활용할 수 있도록 구성하였다. 한국경제 속에서의 강원경제의 위상과 역사적 개관, 강원경제의 구조적 특성과 문제점, 그리고 강원도 대 내외의 여건을 바탕으로 한 전략방안들을 모색하여 보았다. 다양한 활성화 방안을 강원경제라는 구체적인 틀에서 연구를 하였기 때문에 강원경제를 다루는 실무담당자들이나 지역경제에 관심이 많은 사람들에게 도움을 주고자 하였다.

② 발간일지

* 2001년 7월: 편집위원 구성

　　대표: 전상국(강원대 국어국문과 교수)

　　편집위원장: 박상규(강원대 경영학과 교수)

　　편집위원: 이병천(강원대 경제학과 교수), 신효중(강원대 농업자원경제학과
　　　　　　　교수), 옥한석(강원대 지리교육학과 교수), 박상규(강원대 경영학
　　　　　　　과 교수), 김형준(강원대 문화인류학과 교수), 김진영(강원대 사회
　　　　　　　교육학과 교수)

* 2001년 7월 18일 편집위원회회의에서 주제선정에 대한 논의
* 2001년 8월 22일 김진영 교수(복지)와 이종민 교수(경제) 주제 제안
* 2001년 9월 4일 강원도의 주요 현안인 "강원경제" 분야로 결정
* 10월 9일 목차 결정
* 11월 13일 필자 선정
* 12월 4일 필진들에게 원고 청탁 완료

③ 『강원경제의 이해: 진단과 발전전략』(총 448쪽) 출판기념회와 세미나

가. 출판기념회
* 2002년 7월 4일(목), 강원대학교 정보통신연구소 국제회의실
* 사회: 이경수 교수(강원사회연구회 편집위원, 강원대 국문학과)
* 경과보고: 신효중 교수(강원사회연구회 편집위원, 강원대 농업자원경제학과)
* 인사말: 전상국 교수(강원사회연구회 대표, 강원대 국문학과)
* 축사: 박용수 총장(강원대), 박기병 사장(강원민방GTB)

나. 출판기념 세미나(주제: 강원경제의 진단과 발전전략)
* 강원대학교 정보통신연구소 국제회의실
* 사회: 박상규 교수(강원사회연구회 편집위원장, 강원대 경제학과)
* 주제발표
 · 국가 차원에서 본 강원발전전략(지해명 박사, 산업연구원 연구위원)
 · 강원경제의 문제제기(김진영 강원대 사회학과 교수)
   토론자: 채용생 국장(강원도청 산업경제국),
        홍경식 과장(한국은행 강원본부 기획조사과)
        안영창 과장(강원중소기업청 지원총괄과)
        최의열 사장(바디텍주식회사, 한림대 교수)
        박천정 공장장(메디슨 홍천공장)
        최문경 사무국장(한국여성경제인협회 강원지회)
        김완기 차장(GTB보도국)

7. 『강원복지의 이해: 현황과 비전』 발간일지

① 발간 취지
강원도민의 삶의 질 향상을 위한 복지문제를 다루고자 하였다. 본 연구총서는

강원도민들의 복지를 증진하기 위한 선행과제로 강원도의 복지분야에 관한 현황을 대상별 영역별로, 그리고 인력 시설 예산 등의 전달체계를 살펴보고 강원도민의 복지에 대한 전망과 비전 등을 분석 연구하기 위한 내용으로 구성되었다. 탈(脫)강원도 현상의 원인으로도 볼 수 있는 열악한 강원복지문제를 해결하기 위한 기초자료를 제공하여 강원복지를 다루는 실무담당자들이나 강원복지에 관심이 많은 학생 및 일반인들에게 도움을 주고자 하였다.

② 발간일지
* 2002년 8월 13일: 김진영 교수의 주제(강원복지)에 대한 제안 설명과 주제 결정
* 2002년 8월 27일: 목차 작업(김진영 교수, 김원동 교수, 박상규 교수) 및 전문가 (최균 교수, 한림대) 의견 수렴
* 2002년 9월 10일: "강원복지" 세미나 개최(발표: 최균 교수, 한림대 사회복지학과)
* 2003년 1월 14일: 목차 및 필자선정을 위한 최종 검토 회의
* 2003년 2월 22일: 원고청탁
* 편집위원 구성
    대표: 전상국 교수(강원대 국문학과)
    편집위원장: 박상규 교수(강원대 경영학부)
    책임편집위원: 김원동 교수(강원대 사회학과), 김형준(강원대 문화인류학과), 신효중 교수(강원대 농업자원경제학과), 전운성 교수(강원대 농업자원경제학과), 김진영 교수(강원대 일반사회교육과)

③ 『강원복지의 이해: 현황과 비전』(총 457쪽) 출판기념회와 세미나

가. 출판기념회
* 2003년 11월 28일(금), 강원대학교 정보통신연구소 국제회의실

* 사회: 이경수 교수(강원사회연구회 편집위원, 강원대 국문학과)

* 경과보고: 김진영 교수(강원사회연구회 편집위원, 강원대 일반사회교육과)

* 인사말: 전상국 교수(강원사회연구회 대표, 강원대 국문학과)

* 축사: 박용수 총장(강원대학교 총장), 최동규 원장(강원발전연구원)

나. 출판기념 세미나

2003년 11월 28일(금), 강원대학교 정보통신연구소 국제회의실

* 사회: 김원동 교수(강원사회연구회 편집위원, 강원대 사회학과)

* 주제발표

 · 선진국의 복지정책(김교환 교수, 강원대 윤리교육과)

 · 강원복지증진을 위한 비전(이병렬 교수, 동해대 사회복지학과)

   토론자: 박준식 교수(한림대 사회학과)

   토론자: 이선향 교수(강원대 정치외교학과)

   토론자: 김은숙 박사(강원발전연구원)

   토론자: 정복현 관장(강원사회복지관협회장, 강릉사회복지관장)

8. 『강원문화의 이해: 현황과 비전』 발간일지

① 발간 취지

강원사회연구회가 여덟 번째의 공동연구 주제로 '강원 문화의 이해'를 잡은 것은 강원 문화의 정체성은 어디에 있고 그 특성은 어디에서 찾아야 하는가를 이해하는 과정에서 지방분권화한 문화 경쟁력 시대에 필요한 강원 문화 발전의 밑그림을 그려낼 수 있을 것이란 편집위원들의 뜻이 모인 것이다.

정치적인 소외, 산간오지, 관광객들을 통한 생활문화의 이질감은 지역문화 발전의 장애가 되어왔다. 또한 문화의 변방지대라는 환경과 지역문화는 촌스럽다는 편견이야말로 지역문화 발전의 가장 큰 장애요인이었다고 할 수 있다.

빠른 변화의 시대에 뒷전으로 밀려난 가장 한국적인 것, 강원도적인 것이

무엇인가를 되짚어 찾아내는 일이야말로 새 시대에 필요한 문화 이미지일 것이다. 좀 느리지만 유순한 성품의 강원도 인심이 점점 각박해져 가는 현대인에게는 향수처럼 인간 본연의 따뜻한 유대로 연결되는 강원 문화의 모체가 될 것이기 때문이다.

강원사회연구회의 이번 연구 결과는 지역문화의 폐쇄성에서 벗어나 문화역량 결집을 위한 지역 주민들의 문화의식을 고양하는 일에도 크게 이바지할 것이라 확신한다.

② 발간일지
* 2004년 2월 10일: 전상국, 서준섭, 이경수, 박상규, 이종민 교수가 모여서 2004년의 연구 주제로 강원 문화 결정
* 2004년 3월 25일: 김병철 연구위원(강원발전연구원) 강원 문화 편집 기획 발제
* 2004년 3월 31일: 서준섭 교수(국어교육과) 『강원문화의 이해』 목차 발제
* 2004년 4월 1일: 원고 청탁 개시
* 편집위원 구성
    대표: 전상국 교수(강원대 국문학과)
    편집위원장: 김진영 교수(강원대 일반사회교육과)
    책임편집위원: 서준섭 교수(강원대 국어교육과), 옥한석(강원대 지리교육 과) 김형준(강원대 문화인류학과), 윤학로 교수(강원대 영상문화학과), 김풍기 교수(강원대 국어교육과)
* 2005년 3월: 『강원문화의 이해: 현황과 비전』(총 390쪽 발간)

9. 『문화의 세기와 강원문화』 발간일지

① 발간 취지
강원사회연구회가 『강원문화의 이해: 현황과 비전』을 발간할 때 강원 문화

의 정체성과 특징의 이해에 초점을 맞추었다. 동시에 강원 문화의 발전전략 모색을 연이은 작업으로 구상하였다. 이런 장기적인 구상에 근거하여 이 책을 구성하였다. 과거에는 문화가 고상한 취미를 충족시키는 것, 혹은 소비적 행위라는 인식이 강하였다. 그러나 문화가 삶의 질을 개선하는 수단이 될 뿐만 아니라 경제적 가치를 지닌 것이라는 인식이 대두하고 문화산업이라는 말이 익숙해진 시대가 되었다. 따라서 『문화의 세기와 강원문화』는 강원인의 삶의 질 개선을 위한 문화 발전, 경제적 가치를 창출하는 산업으로서의 문화발전을 위한 전략과 발전방안이 무엇인지를 탐구해 보았다.

시간을 두고 토론을 하였지만 문화가 가지는 다양성이라는 속성 때문에 책의 목차를 일관성 있게 정리하는 것이 쉽지 않았다. 공간적 배열, 시간적 배열, 주제별 배열 등 다양하게 시도해 보았지만 마땅하지가 않았다. 최종적으로 1부에는 총론적인 성격이 강한 주제를 가진 글 들을 배열하고 2부에서는 강원도의 넓은 지역을 고려하여 권역별 문화발전 동력을 탐구하는 글들이 실렸다. 그리고 3부에서는 문화발전 사례나 문화발전 전략을 제안하는 글들로 구성되었다.

강원사회연구회의 9번째 저작인 이 책의 발간이 지역사회의 문화 창달과 지역민의 삶의 질 향상에 기여하기를 기대한다. 아울러서 이 책에 모아진 아이디어가 경제적 가치를 창출하는 데 기여한다면 이 또한 책을 만든 사람들에게 큰 즐거움일 것이다.

② 발간일지

* 2005년 3월: 박용수, 김진영, 서준섭, 김풍기 교수들이 강원 문화 발전 전략이란 주제로 책의 목차 다듬기를 계속 진행함. 외부 인사로는 김병철 연구원의 의견을 청취함
* 2005년 4월: 전체 회의를 통하여 강원 문화 발전전략을 위하여 특별소위 원회를 구성하기로 함.
* 2005년 5월: 박용수, 서준섭, 박상규, 이종민, 김진영, 김풍기 교수가

참가한 편집회의에서 책의 제목을 '이해'시리즈에서 벗어날 수도 있다는 것을 논의하고 부별 편집책임자를 정하여 작업을 진행하기로 함

* 2005년 10월: 편집소위원회는 회장 편집위원장 외에 1부를 서준섭 교수가 맡고 2부를 정성훈 교수 그리고 3부를 김풍기 교수가 담당하기로 함. 일의 진행사항으로 보아 금년 중 발간이 어렵기 때문에 발간세미나를 2006년 초반에 개최하기로 함

* 2005년 11월: 원고 수합내용을 점검하고 발간세미나를 내년 2월 중에 GTB 문화재단과 공동 개최하기로 함

* 2006년 2월: '강원문화의 발전전략과 새로운 모색'을 주제로 세미나를 개최. 박용수 회장의 사회로 서준섭 교수가 '강원문화혁신을 위한 정책방향', 윤명철 교수가 '동아시아 지중해 모델과 동해안 발전 전략'을 발표하고 김병철 연구원과 정성훈교수가 지정토론을 맡았다. 새로운 문화발전 아이디어를 수렴하기 위하여 김기봉(지역문화네트워크 상임대표), 김진영(강원대), 김풍기(강원대), 박상규(강원대), 송승철(한림대), 유현옥(문화커뮤니티 금토 대표), 임상호(상지대), 전종률(GTB), 홍기업(강원도청), 홍성구(강원대), 홍호표(동아일보) 씨가 종합토론에 참여하였다.

* 2006년 4월: 『문화의 세기와 강원문화』(총 375페이지 발간)

10. 『강원지역의 인적자원관리와 개발: 실태와 과제』 발간일지

① 발간 취지

세계화와 지식 경제화가 심화되면서 핵심 경쟁 원천이 종전의 물적자원에서 인석자원으로 급속히 이행되는 문명사적 변화를 배경으로 강원사회연구회는 10번째 지역총서로 강원지역의 인적자원의 관리와 개발에 관한 실태를 점검하기로 회원들이 뜻을 모았다. 「제3차 강원도 종합계획(2000~2020년)」을 보면, 강원도의 미래 정책방향으로 인프라 구축과 자연 자원에 대한 활용 계획은 잘 정비되어 있으나 미래 사회의 어젠다인 인적자원의 관리와 개발계획은

문화·복지 차원에서만 일부 반영되어 있을 뿐 전반적인 계획은 전무한 실정이다. 또한 18개 시·군의 발전 방향 및 전략 역시 인적자원의 개발이 반영되어 있지 않다. 이러한 미비를 누군가는 일깨워주어야 한다는 사명감으로 1996년 이래 강원사회의 미래 어젠다를 선도해 온 본 연구회는 강원도정이 앞으로 도래될 트렌드를 반영한 인적자원관리 및 개발 정책을 시급히 마련할 것을 촉구하는 취지로 이 주제를 선정했다.

『강원지역의 인적자원관리와 개발: 실태와 과제』는 강원 지역의 인적자원의 개발과 관리에 대한 '문제 해결서'라기보다는 '문제 제기서'로서의 성격을 가진다. 문제 해결의 방향을 설정할 수 있게 하기 위해 '무엇이 문제인가'를 명확히 하고 그것에 기초하여 원론적인 해결안을 모색하는 것에 초점을 두었다고 할 수 있다. 본 연구회의 이번 연구 결과가 강원도정으로 하여금 이 지역의 경쟁력을 좌우하는 것이 결국은 인적자원임을 새롭게 인식하는 계기가 될 것이라 믿어 의심치 않는다.

② 발간일지
* 2005년 12월 18일: 박용수, 이종민, 김진영, 김풍기, 홍성구 교수가 향후 강원사회연구회 연구 주제로 '강원지역의 자원'을 총체적으로 점검하기로 의견을 모음. 그중 우선 '인적자원'부터 다루기로 함.
* 2005년 12월 30일: 『강원지역의 인적자원관리와 개발: 실태와 과제』라는 제목으로 강원도에 학술사업보조금 신청
* 2006년 3월 10일: 보조금 사업 대상자로 선정
* 2006년 4월 6일: 박용수, 이종민, 김진영, 김풍기, 홍성구, 전운성, 서준섭, 장노순, 옥한석 등 전·현직 일부 회원들이 모여 향후 일정 논의. 핵심 주제 선정을 위한 TF 팀 구성
* TF 팀 구성
    대표: 박용수(GTB 사장)
    팀장: 이종민 교수(강원대 경제무역학부)

위원: 김원동 교수(강원대 사회학과), 김진영 교수(강원대 일반사회교육과), 박상규 교수(강원대 경영학부) 이선향 교수 (강원대 정치외교학과), 김풍기 교수(강원대 국어교육과), 홍성구 교수(강원대 신문방송학과), 이의한 교수(강원대 지리교육과), 이철희 교수(강원대 IT학부), 조희숙 교수(강원대 의과대학), 김준순 교수(강원대 산림경영학부), 염돈민 박사(강원발전연구원)

* 2006년 4월 20일: '인적자원의 관리와 개발'이라는 주제로 전문가 초청 세미나(강원대 경영학과 김정원 교수 발제)

* 2006년 5월 4·10·12·16·18·25일: 주제 선정을 위한 TF 팀의 브레인스토밍 및 토론회

* 2006년 6월 15일: 목차 및 필자 선정을 위한 최종 검토 회의

* 2006년 6월 20일: 원고 청탁

* 편집위원 구성

대표: 박용수(GTB 사장)

편집위원장: 이종민 교수(강원대 경제무역학부)

책임편집위원: 김풍기 교수(강원대 국어교육과), 홍성구 교수(강원대 신문방송학과), 이선향 교수(강원대 정치외교학과), 이의한 교수(강원대 지리교육과)

* 2007년 2월 28일: 『강원지역의 인적자원관리와 개발: 실태와 과제』(총 412페이지) 발간

11. 한국학술단체연합회 등록

검색사이트: www.kric.ac.kr

12. 강원사회연구회 홈페이지 주소

http://www.kangwon.ac.kr/~sks

지은이들(논문 게재 순)

제1부 필자

최숙희
미국 코넬 대학교 경제학 박사
현재 삼성경제연구소 공공정책실 수석연구원
주요 저서 및 논문: 「한국의 출산율 제고를 위한 제언」, 「제조물책임법의 도입과 경제적 파급효과」, 「소비자법제의 경제적 검토」 외 다수

김승택
미국 브라운 대학교 경제학 박사
현재 한국노동연구원 연구위원
주요 저서 및 논문: 『FTA로 인한 무역피해근로자 지원방안 연구』, 『근로시간 단축과 고용정책과제』, 『지식기반경제의 인력정책』 외 다수

김정원
미국 오클라호마 주립대학교 박사
현재 강원대학교 경영대학 조교수
주요 저서 및 논문: "Commitment to Company and Labour Union: Empirical Evidence from South Korea," "Employee Commitment: A Review of Background, Determinants, Theoretical Perspectives," "Managerial Problems In Korea: Evidence from Nationalized industries" 외 다수

제2부 필자

염돈민
경희대학교 행정학 박사
현재 강원발전연구원 부원장
주요 저서 및 논문: 『임대주택 공급정책의 효과분석』, 『강원지역혁신발전5개년계획』,
『강원지역인적자원개발기본계획』 외 다수

김진영
미국 인디애나 대학교 경제학 박사
현재 강원대학교 일반사회교육과 교수
주요 저서 및 논문: 『고등학교 경제』, 『체험경제학』, 『경제교육의 현황과 전망』 외
다수

김재명
고려대학교 경영학 박사
현재 강원대학교 경영대학 교수
주요 저서 및 논문: 『경영학원론』, 『강원테크노파크의 경영학적 의미』, 『재무지표 비
교분석에 의한 병원도산예측모형 평가』(공저), 『상충이론과 자본조달순위이론에 기초
한 병원 자본조달행태 분석』(공저) 외 다수

홍성구
고려대학교 신문방송학 박사
현재 강원대학교 신문방송학과 교수
주요 저서 및 논문: 『숙의 민주주의와 인터넷 시민미디어』, 『언론자유와 공정성』, 『
코포라티즘적 계급정치와 언론보도』 외 다수

이선향
이화여자대학교 정치학 박사
현재 강원대학교 정치외교학과 부교수
주요 저서 및 논문: 『카지노와 폐광촌: 강원폐광지역사회변동연구』, 『지방분권시대 춘천
읽기』, 『강한 시민사회, 강한민주주의』(역저), 『한국의 근대화과정과 공공성의 문제』 외 다수

사득환

고려대학교 행정학 박사

현재 동우대학 복지행정학부 부교수

주요 저서 및 논문: 『새행정이론』(공저), 『한국 환경정책의 이해』, 「네트워크 거버넌스와 경제적 성과」, 「지방분권의 추진과 정부간 기능재배분」 외 다수

황선경

강원대학교 교육학 박사

현재 강원발전연구원 HRD센터 책임연구원

주요 저서 및 논문: 『교육과정과 교육평가』(공저), 『효율적인 수업효과 증진을 위한 교사수업행동 연구: Hough & Duncan의 수업형태분석 모형을 중심으로』(공저), 『효율적인 교사수업행동과 교사평가제도에 관한 연구』 외 다수

박준식

연세대학교 사회학 박사

현재 한림대학교 사회학과 교수

주요 저서 및 논문: 『생산의 정치와 작업장 민주주의』, 『경제발전과 산업민주주의』, 『분권과 혁신』 외 다수

김영범

연세대학교 사회학 박사

현재 한림대학교 고령사회교육센터 연구조교수

주요 논문 및 저서: 「한국노년학 연구에 대한 비판적 고찰」(공저), 「한국노인의 사회관계망 결정요인에 대한 연구: 비혈연집단을 중심으로」(공저), 「한국노인의 가족관계망과 삶의 만족도: 서울지역노인을 중심으로」(공저), 「비정규근로자의 결정 요인에 대한 연구: 서비스산업을 중심으로」 외 다수

김원동

고려대학교 사회학 박사

현재 강원대학교 사회학과 교수

주요 저서 및 논문: 『한국사회의 불평등과 정치변동』, 『정보사회와 지역정보화』, 『노무현 정부의 공공기관 이전 정책: 평가와 과제』, 『춘천의 지방자치와 권력구조』 외 다수

제3부 필자

박상규
독일 아헨 대학교 경영학 박사
현재 강원대학교 경영대학 교수
주요 저서 및 논문: 『중소인터넷비즈니스 기업의 경영전략과 기업성과에 관한 실증적 연구』(공저), 『인터넷 비즈니스 조직의 e-서비스지향성 결정요인과 성과에 관한 연구』(공저), 『인터넷 쇼핑몰의 지각된 이용편리성과 유용성이 신뢰, 만족, 애호도에 미치는 영향』(공저) 외 다수

백종면
미국 조지아 대학교 교육학 박사
현재 교육인적자원부 이사관
강원도교육청 부교육감 역임

이칭찬
연세대학교 교육학 석사
미국 미네소타 주립대학교 대학원 철학박사
현재 강원대학교 사범대 교수, 춘천 YMCA 이사장
주요 저서 및 논문: 『교사론』, 『교육과정 및 교육평가』, 『교육방법 및 교육공학』 외 다수

한울아카데미 926

강원 지역의 인적자원관리와 개발: 실태와 과제

ⓒ 강원사회연구회, 2007

엮은이 | 강원사회연구회
펴낸이 | 김종수
펴낸곳 | 도서출판 한울

편집책임 | 안광은
편집 | 서윤아

초판 1쇄 인쇄 | 2007년 2월 21일
초판 1쇄 발행 | 2007년 2월 28일

주소 | 413-832 파주시 교하읍 문발리 507-2(본사)
        121-801 서울시 마포구 공덕동 105-90 서울빌딩 3층(서울 사무소)
전화 | 영업 02-326-0095, 편집 02-336-6183
팩스 | 02-333-7543
홈페이지 | www.hanulbooks.co.kr
등록 | 1980년 3월 13일, 제406-2003-051호

Printed in Korea.
ISBN 978-89-460-3682-6 93330

* 가격은 겉표지에 있습니다.